Apocalipsis

UN COMENTARIO

J. Vernon McGee

Agradecemos a Joe Ferguson y Joseph Miller
por su labor de edición de la presente obra.

Radio Trans Mundial
PO Box 8700
Cary, NC 27512-8700
Tel: 1.800.880.5339
www.atravesdelabiblia.org
atb@transmundial.org

Radio Trans Mundial es el ministerio en español
de Trans World Radio

A TRAVÉS de la BIBLIA
con *J. Vernon McGee*

Al Dr. McGee, autor del estudio bíblico A Través de la Biblia, le importaba mucho que todos los que quieran entender la Palabra de Dios tengan las herramientas para hacerlo. Es por eso que escribió el librito titulado

Las Guías para el Entendimiento de la Escrituras.

Este recurso le brinda siete principios para la lectura y comprensión de la Biblia.

Para obtener una copia, descárguela gratis en nuestro sitio web:
www.atravesdelabiblia.org/EstudiarLaBiblia

www.atravesdelabiblia.org
atb@transmundial.org

Radio Trans Mundial es el ministerio en español
de Trans World Radio

Indice

Apocalipsis

INTRODUCCIÓN

Al empezar este Libro del Apocalipsis, tengo sentimientos mixtos. De hecho, siento miedo al acercarme a éste, uno de los grandes libros de la Palabra de Dios. Francamente, debo también decir que es con gran gozo que lo empiezo. Permítame explicar por qué digo esto.

Desde hace mucho tiempo, acostumbro a leer novelas de misterio en mi tiempo libre, porque esto me ayuda a relajarme. Pero, a veces, cuando estoy leyendo a la una de la mañana, y la heroína está en una situación muy peligrosa, no la puedo dejar así. Es hora de que me acueste, así que abro el libro en las últimas páginas a ver cómo se resuelve la situación. Entonces, al ver que todo se revuelve felizmente, vuelvo al sitio donde dejé de leer y le digo a la heroína: "¡No te preocupes! No sé cómo vas a salir de de esta situación, pero sé que todo te va a salir bien".

Amigo, tengo un libro en la Biblia llamado el Libro del Apocalipsis, y me dice cómo este mundo va a terminar. Hablando francamente, me preocupo hoy cuando veo lo que está pasando en el mundo. Es un cuadro oscuro, y me pregunto cómo va a solucionarse. Bueno, todo lo que tengo que hacer es, ir al último libro de la Biblia, y cuando empiezo a leer allí, encuentro que va a salir bien. ¿Sabía usted eso? Emerson dijo que las cosas están en la silla de caballo, y ellas controlan al hombre. Parece que es así. De hecho, parece que el diablo está gozándose mucho con el mundo, y yo creo que es así, pero Dios va a solucionarlo. Dios Mismo tomará el control—de hecho, Él nunca perdió el control—y Él está moviéndose al tiempo cuando Él va a colocar a Su Hijo, el Señor Jesucristo, sobre el trono de Su Universo aquí abajo. Las cosas parecen oscuras ahora. Creo que cualquier persona hoy que mira a la situación mundial y asume una vista optimista está mal en su modo de pensar. El mundo está en una situación desesperada. Sin embargo, yo no soy pesimista porque tengo el Libro del Apocalipsis, y le puedo decir a toda persona que ha confiado en Cristo, "No se preocupe. Todo va a salir bien". Amigo, todo terminará con Dios por encima por todo. Por lo tanto, quiero estar con Él. Como dijo Calvino, "Yo prefiero perder ahora y ganar más tarde a ganar ahora y perder más tarde". Quiero decirle, que yo estoy del lado que parece estar perdiendo ahora, pero nosotros vamos a ganar más tarde. La razón por la cual sé esto, es que he estado leyendo el Libro del Apocalipsis. Y espero que usted lo lea conmigo.

Me acerco al Libro de Apocalipsis, en esta ocasión con temor y temblor, no por falta primordial de confianza de mi parte, aunque eso es evidente, estoy seguro de ello, sino por los muchos aspectos que entran en este campo, ya que hay una falta de parte de los lectores. Éste es el sexagésimo sexto libro de la Biblia, y eso indica que necesitamos conocer otros 65 libros antes de llegar aquí. Es necesario tener antecedentes de un conocimiento activo de todo lo que dice la Biblia, de todo lo que se ha presentado anteriormente. Uno necesita tener cierto sentir de las Escrituras, así como también de los hechos que se destacan en ella.

Luego, hay otro hecho que hace que yo entre al estudio de este libro con cierta alarma, y la razón nuevamente es el clima en el cual estoy dando estos estudios en Apocalipsis. Esto no es primordialmente a causa de la era escéptica e incrédula, aunque eso es cierto, sino que es más bien a causa de estos días tenebrosos, desesperados y difíciles en los cuales vivimos; el fracaso del liderazgo en todo campo, ya sea gubernamental o político, científico o académico. Los educadores del presente ni siquiera pueden controlar las universidades. ¿Cómo pueden entonces suplir el liderazgo que necesita el mundo? También tenemos a los militares, y a los grandes hombres de negocios, y los actores y actrices, y uno puede ver a esta gente en las entrevistas por televisión, y solamente necesita unos pocos minutos, para darse cuenta que ellos no tienen nada que decir. Hablan mucho pero dicen muy poco que valga la pena.

Debo decir que ninguno de estos grupos y segmentos de nuestra sociedad tienen soluciones en sí. En realidad, son fracasos en el campo del liderazgo porque en el presente existe esta falta de liderazgo. No hay nadie que nos guíe para poder salir de este pantano o embrollo moral en el que nos encontramos, o de los difíciles problemas que nos tienen atrapados. Estamos viviendo en tiempos difíciles. Creo en realidad que éste es uno de los peores tiempos en la historia de la iglesia. Se hace muy difícil. A causa del gran peligro que existe hoy, el Dr. Carl Ray escribió hace muchos años, después de la segunda guerra mundial, lo siguiente: "Yo tengo temor, todos los científicos que conozco tienen temor, están atemorizados por las vidas de ellos, y están atemorizados también por la vida suya". Éste es el cuadro de estos días y podríamos citar muchos más.

Por tanto, ha habido un renovado interés en la profecía, y como resultado muchos hombres que habiendo demostrado muy poco interés en la profecía anteriormente, de pronto han resultado expertos en este campo de la profecía; pero aparentemente no la han estudiado mucho, porque como dijo Sir Robert Anderson: "Hay algunos que han salido con extravagantes manifestaciones proféticas entre nosotros". Esto ha llevado a interpretaciones de las Escrituras de lo más extrañas y de lo más absurdas que uno pueda imaginar. Esta gente hace del Libro de Apocalipsis algo místico, fanático, y un libro difícil de comprender. Están comenzando a establecer hechos y fechas, y traducen el Apocalipsis como algo que está sucediendo ahora o que ha sucedido recientemente, y algunas de estas interpretaciones hasta me hacen dar risa, de veras. Podríamos decir mucho más, pero solamente quiero presentar una ilustración aquí para demostrar el extremo ridículo a que pueden llegar algunas personas. En el pasado, he utilizado otras ilustraciones, pero aquí tenemos a un hombre que se supone es un maestro de la Biblia, y nosotros hace tiempo estuvimos estudiando el Libro de Amós, usted recordará. Este hombre, pues, me escuchó. Allí mencioné que el Señor Jesús era el León de la tribu de Judá, y que de Judá saldría el Señor Jesús, y que Él vino como el Cordero de Dios, pero que Él regresará otra vez como el León de la tribu de Judá. Este hombre, pues, me escribió diciendo: "De Judá saldrá el anticristo. Usted está equivocado otra vez. ¿Qué es lo que la Biblia dice? Dice que él vendrá como un león rugiente. ¿De dónde vienen los leones? Los leones vienen del África. Por lo tanto, él vendrá del África".

No creo que alguien puede apartarse mucho más de lo que ha hecho este hombre al interpretar la profecía así de esta manera. Esta clase de cosas es lo que censuro en esta ocasión, porque al llegar ahora a este libro, quiero hacer una declaración tal vez un poco sorprendente, y estoy seguro que habrá muchos que no estarán de acuerdo con esto. Voy a tratar de responder a todas estas interpretaciones extravagantes al avanzar en este estudio, y voy a demostrar que el Libro de Apocalipsis es uno de los libros más sensatos que existen en la Biblia. Permítame hacer esta declaración un poco sorprendente. El Libro de Apocalipsis no es un libro difícil. Los liberales han tratado de hacer de él, esta clase de libro, diciendo que es un libro muy difícil; es un libro simbólico, difícil y complicado de comprender, y por supuesto, los pre-milenaristas del presente en general, están tratando de demostrar que éste es un libro extravagante y quizá absurdo. Pero en realidad, no es un libro difícil. Es el libro mejor ordenado de la Biblia, y no hay ninguna razón para entenderlo mal. En primer lugar, quiero decir que no hay ningún otro libro en la Biblia, y voy a tratar con esto al seguir más adelante en el estudio; no hay otro libro pues, en la Biblia, que sea tan ordenado como es el Libro de Apocalipsis. Este libro se divide a sí mismo, como ya hemos de ver. Juan dice que a él se le ha indicado que debe escribir las cosas que ha visto, las cosas que son, y las cosas que serán; o sea, pasado, presente y futuro. Luego, usted verá que este libro se divide a sí mismo, como no lo hace ningún otro libro, en una serie de siete. Cada uno es tan ordenado como lo puede ser. Usted descubrirá que ningún otro libro en la Biblia se divide a sí mismo de esta manera, si es que prestamos la debida atención a la forma en que el libro está escrito.

A causa de esto, no tenemos ningún derecho de ir al Libro de Apocalipsis y tratar de sacar de él algunos de estos maravillosos cuadros que nos presenta Juan, y algunos de ellos son, en realidad, simbólicos, pero simbólicos de una realidad que no es una realidad que está teniendo lugar ahora; pero antes de entrar en esto, permítame decir algo más, y luego desarrollaré esto más adelante. El Libro de Apocalipsis es profético del futuro. Cuando fue dado, todo allí era profético, y todo miraba hacia el futuro, aun comenzando con el Cristo glorioso resucitado. Él pudo verle a Él como es en el presente, pero ésa era una visión que fue dada y ya que fue una visión dada, él tuvo que escribirlo como una visión que fue, es decir, en el pasado. Pero era una visión del Señor Jesucristo, como Él es hoy. Así es que, la iglesia se presenta ante nosotros en un cuadro de siete iglesias que en realidad existían, que eran iglesias verdaderas, y uno puede visitar esos siete lugares, y hay algunos que han pasado mucho tiempo visitándolas, y más de una vez también, porque esto es algo realmente maravilloso, y hace que estas iglesias vivan para nosotros en el presente. Uno puede ver y admirar y contemplar las ruinas de esto en el presente, y puede apreciar cómo Juan estaba hablando a una situación local. Estaba dando la historia de la iglesia.

Desde hace tiempo los hombres educados han estado diciendo cosas muy interesantes en cuanto a esta hora actual. Note que no estoy citando a predicadores, sino a hombres destacados de otras profesiones.

El Dr. Urey, de la Universidad de Chicago, quien trabajó en el desarrollo de la bomba atómica, empezó un ensayo hace varios años en la revista Collier's, diciendo: "Soy un hombre asustado, y le quiero asustar a usted".

El Dr. John R. Mott, después de concluir un viaje alrededor del mundo dijo lo siguiente: "La era más peligrosa que el mundo ha conocido es la del presente. Cuando pienso en la tragedia humana como la vi y como la sentí; en los ideales cristianos, sacrificados como lo han sido, se me ocurre a mí que Dios está preparando el camino para una inmensa acción directa". De esto es que trata el Libro de Apocalipsis. Dios está preparando al mundo para una acción directa.

El Canciller Robert M. Hutchins, de la Universidad de Chicago, sorprendió a mucha gente hace varios años al hacer la declaración que, "devotar nuestros esfuerzos educativos a infantes entre la edad de seis a veintiún años de edad, parece fútil. " Entonces, él añadió, "Puede que el mundo no dure bastante tiempo como para lograr eso". Su conclusión era, que debíamos principiar un programa de educación para adultos.

El gran estadista inglés Winston Churchill, antes de morir dijo: "El tiempo es corto".

El Sr. Luce, quien fuera propietario y editor de las revistas Life, Time y Fortune, dijo en una ocasión que cuando él era muchacho, hijo de un misionero presbiteriano en la China, que él y su padre a menudo discutían sobre el reino pre-milenario de Cristo, y él pensaba que todos los misioneros que creían en esa enseñanza tenían ciertas tendencias a ser fanáticos. Luego el Sr. Luce dijo, y cito sus palabras: "Me pregunto si no había algo de cierto en esa posición, después de todo".

Es interesante notar que The Christian Century publicó un ensayo por Wesner Fallaw que decía, "Una función del cristiano es prepararse para el fin del mundo".

Por su parte, el historiador norteamericano, Charles Beard, dijo: "Por todo el mundo, los pensadores y filósofos sondean el horizonte del futuro, y están tratando de fijar los valores de la civilización, y están especulando en cuanto a su destino".

El Dr. William Yogt, en su libro "El Camino hacia la Civilización", escribió: "La escritura en la pared de cinco continentes nos dice ahora que el día del juicio está a la puerta".

El Dr. Raymond B. Fosdick, quien fue presidente de la Fundación Rockefeller, dijo: "A muchos oídos les llega el ruido de las pisadas del juicio. El tiempo es corto".

Por su parte, H. G. Wells, antes de morir, declaró lo siguiente: "Este mundo se encuentra en las últimas. El fin de todo aquello que llamamos vida está a la puerta".

Luego, el General Douglas McArthur dijo: "Hemos tenido nuestra última oportunidad".

También, el expresidente norteamericano Dwight Eisenhower, dijo: "Sin una regeneración moral a través de todo el mundo no hay ninguna esperanza para nosotros. Vamos a desaparecer un día en el polvo de una explosión atómica".

El Dr. Nicolás Murray Butler, ex presidente de la Universidad Columbia, dijo, "El fin no puede ser muy lejos".

La iglesia hoy no tiene ninguna solución a los problemas de esta hora en la que vivimos, lo que hace de eso algo muy difícil. Una de las cosas que se ha notado es el crecimiento fenomenal de la membresía en la iglesia, especialmente después de la segunda guerra mundial, y eso sólo por un tiempo. Pero hubo un crecimiento fenomenal de la membresía de un 20 por ciento de la población en 1.884 a un 35 por ciento de la población allá por el año 1.959. Ése fue el punto más elevado al que llegó la membresía en las iglesias protestantes. Eso indicaría la posibilidad de una iglesia llena de entusiasmo para Dios. Tenía riquezas, llevaba a cabo tremendos programas, pero recientemente la iglesia ha comenzado a perder, y hoy por cierto que no está afectando la cultura de esta hora, la cultura contemporánea del presente. Estamos por cierto viviendo en días como éste.

El 19 de diciembre de 1.958, el finado David Lawrence escribió un editorial tratando el tema de la confusión y el desorden en que se encuentra el mundo del presente. Él lo pudo describir, pero no tuvo la solución para el desorden y la confusión en la cual está el mundo en el presente. ¡Qué cuadro éste el que tenemos de la hora actual! Al contemplar a nuestro alrededor al mundo, vemos que realmente se encuentra en un estado completamente desordenado. Yo podría citar de varias fuentes relacionadas con esto, y probablemente lo haré más adelante, pero creo que esto es suficiente para destacar el hecho de que estamos viviendo en esta clase de día.

El señor James D. Forrestal, quien fuera Secretario de Defensa de los Estados Unidos hace muchos años, dijo: "En mi opinión, el estado de tensión continuará por el resto de nuestras vidas, y la de nuestros hijos; es un porvenir tenebroso, pero se aprecia un rayo de esperanza. Nuestras vidas terrenales pueden ser cortadas en cualquier momento por la voz del arcángel y la trompeta de Dios a la venida de Cristo, quien es anunciado por segunda vez a un mundo destrozado por las luchas".

De modo que, por mucho tiempo, los hombres que han ocupado altos cargos han mirado hacia el futuro, y lo mejor que ellos podían decir es que se avecinaba una gran crisis. Me pregunto lo que dirían si hubieran vivido en nuestros días. Como resultado de esto, se ha podido apreciar un gran giro hacia la profecía. Creo que se está desarrollando hoy, como nunca ha sucedido antes en nuestra época.

Aunque los buenos expositores difieren en cuanto a los detalles del Libro del Apocalipsis, en cuanto a la interpretación general, hay cuatro sistemas principales. (Broadus da siete teorías de interpretación y Tregelles da tres.)

1. La interpretación pretérita es la que interpreta que todo el Libro de Apocalipsis ha sido cumplido en el pasado. Tiene que ver con

referencias locales en la época de Juan. Tiene que ver con los días de Nerón. Este punto de vista es mantenido por Renán, y por la mayoría de los eruditos alemanes, y también por Eliot. El propósito del Libro de Apocalipsis era el de traer consuelo a la iglesia perseguida y estaban escrito en símbolos que los cristianos de aquel período podían entender.

Debo decir que es cierto que el Libro de Apocalipsis tiene consuelo, y que algunas personas no piensan en esto cuando leen en las copas de la ira de Dios, y de los cuatro jinetes del Apocalipsis. Pero, vamos a poder ver que el Libro de Apocalipsis no es en cuanto a estas cosas. Tiene otro tema, y que, en realidad, es para el consuelo del pueblo de Dios, y lo ha sido por todas las edades. Pero la interpretación de esto, este tipo de interpretación, indica que uno bien puede sacarlo de la Biblia, ya que no tiene ningún significado para la hora presente. Este punto de vista, opino yo, ha sido bien contestado y relegado al limbo de las cosas perdidas.

Según las notas de otro expositor destacado del pasado, él divide cada una de las teorías preteristas en 20 divisiones diferentes. Así es que, ha habido mucha diferencia de opinión en la interpretación de este libro.

2. La histórica: El punto de vista de esta interpretación es que el cumplimiento del Libro de Apocalipsis se desarrolla en la historia de la iglesia, y que uno lo puede ubicar en la historia. Bueno, creo que hay un poco de verdad en esto en las siete iglesias, pero más allá de eso, es obvio que el Libro de Apocalipsis es profético, como veremos después.

3. La histórico-espiritual: Lo histórico, es que el cumplimiento de la revelación tiene lugar en la historia, y que el Apocalipsis es la historia profética de la iglesia hasta el fin, de acuerdo a esta teoría; pero la teoría histórico-espiritual es un refinamiento de la teoría que fue presentada por el Dr. William Ramsey, según creo yo. Esta teoría declara que las dos bestias son Roma imperial y provincial, y que el motivo del libro es el de animar a los creyentes. Según esa teoría, el Apocalipsis se ha cumplido en su mayor parte, y allí hay sólo lecciones espirituales para la iglesia del presente.

El sistema que conocemos en el presente como a-milenarista o a-milenarismo ha adoptado este punto de vista. Esto disipa y derrota el propósito del libro. En este sistema es sorprendente ver cómo las cosas pueden disiparse hasta el punto de desaparecer, diciendo sencillamente, que son símbolos. Pero esta gente nunca es capaz de decirle a uno qué clase de símbolos son. Siempre existe un verdadero problema en hacer eso. La realidad es que a veces resultan interpretaciones un poco fuera de lo común y extrañas dentro de ese punto de vista. De vez en cuando, voy a mencionar algunas de las declaraciones ridículas que se hacen allí. Una de ellas se refiere a Martín Lutero y la Reformación; otra se refiere a la invención de la imprenta. Esos puntos de vista están muy separados. Aun así, representan esa clase o tipo de interpretación, y es algo que opino ha dañado o perjudicado la interpretación de este libro más que cualquier otra cosa.

4. La última es la conocida como la futurista, y mantiene el punto de vista que el Libro de Apocalipsis es primordialmente profético y aún futuro, especialmente a partir del capítulo 4 de Apocalipsis hasta el final del libro. Empieza con la revelación del Cristo glorificado. Entonces se nos presenta la iglesia, y luego, se da toda la historia de la iglesia. Entonces, al final del capítulo 3, la iglesia sube al cielo y la vemos, ya no como la iglesia, sino como la esposa que vendrá a la tierra con Cristo cuando Él venga a establecer Su reino—ese reino milenario del cual nos contará Juan. Éste será un tiempo de prueba, porque al final de ese período Satanás será soltado por un período breve de tiempo. Entonces la rebelión final será derribada y empieza la eternidad. Éste es el punto de vista de todos los pre-milenaristas, y es el punto de vista que acepto yo; es el punto de vista que le voy a presentar a usted.

Reconozco que hay muchos en el presente que están tratando no sólo de dejar de lado esto, sino que ellos dicen cosas duras en cuanto a esta interpretación. Un libro que se publicó hace ya varios años, cita a varios expositores destacados de la Biblia, y entiendo que el escritor de este libro es un laico. En cierta ocasión, el autor de este libro me llamó y me hizo una pregunta. No me encontraba bien de salud en aquella ocasión, y no quise responder a la pregunta de este hombre, y no respondí. Sin embargo, este escritor indicó en su libro que yo no pude contestar su pregunta, cuando lo cierto es que no quise dar respuesta a esa pregunta. No quería verme mezclado en un argumento con un hombre de quien me había convencido adoptaba una posición muy fanática. Ahora, si este escritor cita mal a otras personas de la misma forma en que me citó mal a mí, pues entonces, no hay razón para tener confianza en su libro.

El interrogante que ese libro presenta es que el punto de vista pre-milenarista futurista es algo completamente nuevo. Yo admito que se ha desarrollado, como la mayoría de las otras interpretaciones, en la segunda mitad del siglo XX. Ahora, por mucho tiempo existió, y todavía quedan algunos residuos, de lo que se conocía como el post-milenarismo. Ellos creen que el mundo mejorará, que la iglesia convertirá al mundo, y que Cristo vendrá y reinará. Bueno, éste es un punto de vista que ya ha pasado de moda en el presente. Hoy uno encuentra muy pocas personas que mantienen este punto de vista.

Yo mantengo la teoría futurista. Es decir que, expreso lo que se conoce como el punto de vista pre-milenario. Éste es el punto de vista de todos los pre-milenaristas. La mayoría de los pre-milenaristas siguen cierta forma de interpretación que se conforma al Libro de Apocalipsis. Es decir, que veremos cuando consideremos el bosquejo de este libro, que aquí tenemos la revelación de Cristo glorificado. Luego, se nos presenta la iglesia, y entonces, toda la historia de la iglesia se presenta. Dos guerras mundiales, una depresión mundial, y la incertidumbre y las crisis por las cuales está pasando el mundo, eso no ayuda mucho al post-milenarismo. Tenemos luego, los llamados "a-milenaristas". Ellos no creen que existe un milenio. Es decir, que aquí es a donde se han escapado la mayoría de los post-milenaristas. Todavía quedan algunos por allí, pero la mayoría de los post-milenaristas, han llegado a ser ahora, a-milenaristas.

Aunque corro el riesgo de ser un poco monótono, quisiera regresar un poco y considerar los puntos de vista de hombres del pasado, aquéllos que estaban esperando que Cristo viniera. Ellos no estaban esperando la Gran Tribulación, ni siquiera estaban esperando el milenio. Ellos estaban esperando que Él viniera, y ése es el corazón mismo del punto de vista pre-milenario, según lo mantenemos en el presente.

Podemos considerar lo que dijo por ejemplo, Bernabé, quien fue compañero del Apóstol Pablo. A él se le ha citado diciendo: "El verdadero sábado es esos mil años… cuando Cristo venga a reinar".

Clemente Primero, quien era obispo de Roma en el año 96 d.C., dijo: "Debemos esperar cada hora el reino de Dios… nosotros no sabemos el día".

Policarpo, en el año 108 d. C., cuando era obispo de Esmirna, usted recuerda que él fue quemado en la hoguera, dijo: "Él nos levantará de entre los muertos... reinaremos con Él".

Ignacio, quien fue obispo de Antioquía, y según dice uno de los historiadores fue el sucesor del Apóstol Pedro, dijo: "Considerad los tiempos, y esperadle".

Papios, en el año 116 d.C., siendo obispo de Hierápolis, de quien Ireneo dijo que había oído a Juan, dijo: "Habrá mil años... cuando el reino de Cristo será establecido personalmente en la tierra".

Justino Mártir en el año 150 d.C., dijo: "Yo y todos los demás que eran creyentes ortodoxos en todos los puntos sabemos que habrá mil años en Jerusalén... como Isaías y Ezequiel han declarado".

Luego, Ireneo dijo: "Esto... puede ser sólo cumplido en el regreso personal a la tierra de nuestro Señor". Ése era el reino del cual el Señor dijo que Él bebería de nuevo del vino en el reino.

Tertuliano, por su parte, en el año 200, dijo: "Nosotros confesamos verdaderamente que un reino ha sido prometido en la tierra".

También uno puede ver lo que dijo Martín Lutero: "No pensemos que la venida de Cristo está muy lejos".

Juan Calvino, en su tercer libro del Institutos, dijo: "La Escritura uniformemente nos ordena que esperemos con expectativa el advenimiento de Jesucristo".

Luego, Canon A. R. Fausset dijo: "Los padres primitivos de la iglesia, Clemente, Ignacio, Justino Mártir, Ireneo, todos esperaban el pronto regreso del Señor, como el precursor necesario del reino milenario. No fue sino hasta cuando la iglesia profesante perdió su primer amor, y se convirtió en una ramera, descansando en el poder mundial, que ella dejó de ser la esposa que salía a encontrarse con el esposo, y buscaba reinar sobre la tierra, sin esperar Su advenimiento".

Luego, el Dr. Elliot escribió: "Todos los expositores primitivos, con la excepción de Orígenes y de unos pocos que rechazaron Apocalipsis, eran pre-milenarios".

La obra de Gussler sobre la historia de la iglesia dice de esta bendita esperanza que "era tan distintamente y prominentemente mencionado que no vacilamos en considerarlo como la creencia general de esa edad".

Chillingworth, declaró: "Era la doctrina creía y enseñada por los padres más eminentes de la edad después de los Apóstoles y no era condenada por ninguno de esa edad".

El Dr. Adolfo von Harnack escribió: "Los padres primitivos - Ireneo, Hipólito, Tertulio, etc.- lo creían porque era parte de la tradición de la iglesia primitiva. Es así a través de los siglos tercero y cuarto con esos teólogos latinos que escaparon la influencia de la especulación griega".

Amigo, he citado a estos hombres del pasado como prueba del hecho de que desde los días de los Apóstoles y a través de la iglesia de los primeros siglos, la interpretación de la Escritura era pre-milenarista. Cuando alguien hace la declaración que el pre-milenarismo es algo que originó hace cien años con una vieja bruja en Inglaterra, esa persona no sabe de qué está hablando. Es interesante notar que el pre-milenarismo era la creencia de estos hombres destacados de la iglesia primitiva.

Después de todo, debemos preguntarnos: "¿Qué es lo que dice la Biblia?" Eso es lo importante. Como respuesta, podemos decir esto: "No estamos interesados en lo que dijo alguna bruja hace 100 años. ¿Qué es lo que dice Pablo? ¿Qué es lo que dice el Señor Jesucristo? ¿Qué es lo que dice la Palabra de Dios? Eso es lo importante". ¿No le parece interesante que ésta era la creencia de aquellos hombres?

Permítame mencionar aquí seis de las características singulares en cuanto a este Libro de Apocalipsis.

1. Éste es el único libro profético en el Nuevo Testamento. Hay 17 libros proféticos en el Antiguo Testamento, y solamente uno en el Nuevo.

2. El escritor, Juan, se extiende mucho más allá en la eternidad que cualquier otro escritor en la historia. Eso lo podemos ver en su evangelio: En el principio era el Verbo, y el Verbo era con Dios, y el Verbo era Dios. (Jn. 1:1) Luego, seguimos hacia el tiempo de la creación. Todas las cosas por él fueron hechas, y sin él nada de lo que ha sido hecho, fue hecho. (Jn. 1:3). En el Libro de Apocalipsis, él se extiende mucho

más allá en la eternidad que cualquier otro libro. En realidad, hacia allí es a donde va él al fin del libro. Hacia la eternidad en el futuro, hacia el reino eterno de nuestro Señor y Salvador, Jesucristo. Es un cuadro glorioso, digamos de paso, que lamentablemente ha sufrido abuso o negligencia en el presente.

3. Este libro tiene una bendición especial que se promete a los que leen el libro. Bienaventurado el que lee, y los que oyen las palabras de esta profecía, y guardan las cosas en ella escritas; porque el tiempo está cerca. (Ap. 1:3) Ésta es una promesa de bendición. Al final del libro se nos da una advertencia: Yo testifico a todo aquél que oye las palabras de la profecía de este libro: Si alguno añadiere a estas cosas, Dios traerá sobre él las plagas que están escritas en este libro. Y si alguno quitare de las palabras del libro de esta profecía, Dios quitará su parte del libro de la vida, y de la santa ciudad y de las cosas que están escritas en este libro. (Ap. 22:18-19) Esto debería ser algo que llame la atención a aquéllos que gustan de presentar interpretaciones absurdas y extravagantes. Es peligroso el decir cualquier cosa en cuanto a este Libro de Apocalipsis, porque la gente se da cuenta de que hemos entrado a una gran crisis en la historia. Luego, el decir algo que está completamente fuera de línea, es engañoso. Pero, lo más desafortunado es que los maestros más populares en cuanto a la profecía del presente, son aquéllos que han asumido posiciones insostenibles. Esto precisamente, presenta, según opino, un problema muy serio. Más adelante veremos las repercusiones de esto.

4. No es un libro sellado. Usted recuerda que Daniel estaba hablando en cuanto al libro sellado, hasta el fin. Pero aquí en el Libro de Apocalipsis, se le dice a Juan: Y me dijo: No selles las palabras de la profecía de este libro, porque el tiempo está cerca. (Ap. 22:10) Yo estoy en desacuerdo con aquéllos, especialmente los liberales del presente, que gustan decir que el Libro de Apocalipsis es un libro muy difícil, lleno de cosas que uno no puede comprender, y todo eso. Eso es contradecir aquello que el Señor Jesucristo Mismo ha dicho, que éste no es un libro sellado. Como he dicho antes, es probablemente el libro mejor organizado que se encuentra en la Biblia.

5. Es una serie de visiones expresadas en símbolos que tratan con la realidad. La interpretación literal se prefiere casi siempre, a no ser

que Juan presente claramente ante nosotros que se debe hacer de otra manera.

6. Este libro es como una gran estación terminal del ferrocarril. Allí es donde van a parar todas las líneas de profecía, que vienen de otras porciones de las Escrituras. El Apocalipsis no origina, y tampoco da principio a nada, sino que consume y concluye aquello que ha comenzado en otra parte. Es imperativo, entonces, que antes de entender correctamente el libro, uno debe ser capaz de localizar el punto de procedencia de cualquier gran tema de la profecía, desde la primera referencia hasta la última. Se calcula que de 404 versículos en Apocalipsis, 278 contienen referencias al Antiguo Testamento. Es decir, que más de la mitad de este libro depende en su entendimiento del Antiguo Testamento. Se calcula que más de 500 referencias aluden al Antiguo Testamento en el Apocalipsis. Los libros que más se destacan en citas en el Apocalipsis, según creo yo, son los Salmos, Daniel y Zacarías. Usted recuerda que en el estudio de Zacarías, mencioné cuán importante sería para el Apocalipsis. También tenemos a Génesis, Isaías, Jeremías, Ezequiel y Joel, y todos los demás.

Allí vemos diez grandes temas de la profecía que encuentran su culminación en este libro. Ésa es la razón por la cual un conocimiento del resto del libro, es decir, de toda la Biblia, es imperativo para poder comprender el Apocalipsis. Esto hace que éste sea un libro destacado y maravilloso.

Este Libro de Apocalipsis es como un aeropuerto, y hay diez grandes compañías aéreas que entran a ese aeropuerto, y usted necesita saber donde comenzó el viaje, y cómo se desarrolló al llegar al Libro de Apocalipsis. Esto es importante de saber de nuestra parte. Permítame mencionar estas aerolíneas, por así decirlo, y luego vamos a analizarlas más detenidamente.

1. El Señor Jesucristo. Él es el tema del libro. No es la bestia, sino Aquél que lleva el pecado. No quite sus ojos de Él, cuando se hable de las copas de la ira, porque usted perderá el significado del libro si hace eso. Comenzamos con Él en Génesis 3:15 donde le vemos como la Simiente de la mujer.

2. La iglesia. Uno puede ver allí, dónde comienza la iglesia, no en el Antiguo Testamento, porque el Señor Jesucristo Mismo la menciona por primera vez, en Mateo 16:18: Y yo también te digo, que tú eres Pedro, y sobre esta roca edificaré mi iglesia; y las puertas del Hades no prevalecerán contra ella.

3. La resurrección y la traslación de los santos, o sea, el traslado de los santos. (Véase Jn. 14; 1 Ts. 4:13-18, 1 Co. 15:51-52)

4. La Gran Tribulación que comienza en Deuteronomio 4, donde Dios dice que Su pueblo estará en tribulación.

5. Satanás y el mal. ¿Dónde comenzó él? (Véase Ezequiel 28:11-18)

6. El hombre de pecado. (Véase Ezequiel 28:1-10)

7. El curso y el fin del cristianismo apóstata. (Véase Dn. 2:31-45; Mt. 13)

8. El comienzo, el curso y el fin del "tiempo de los gentiles". (Véase Dn. 2:37-45) El Señor Jesucristo dijo: Y Jerusalén será hollada por los gentiles, hasta que los tiempos de los gentiles se cumplan. (Lc. 21:24)

9. La Segunda Venida de Cristo. Tenemos esto en gran lujo de detalles. Según Judas 14-15, Enoc habló de eso, lo cual nos regresa al tiempo del Libro de Génesis.

10. Los pactos de Israel, comenzando con el pacto que Dios hizo con Abraham, en Génesis 12:1-3, y cinco cosas que Dios prometió a Israel. Dios dijo aquí que Él va a cumplir todas ellas, como cumplirá las promesas que Él nos ha hecho a nosotros.

Ahora quiero hacer una declaración positiva. El Libro de Apocalipsis no es un libro difícil. El teólogo liberal ha tratado de hacerlo un libro difícil, y el a milenarista lo considera un libro simbólico y difícil de entender. Hasta algunos pre-milenaristas están tratando de demostrar que es extraño.

De hecho, es el libro más ordenado en la Biblia. No hay razón por no entenderlo. Esto es lo que quiero decir: se divide a sí mismo. Juan escribe las instrucciones dadas a él por Cristo: Escribe las cosas que has visto, y las que son, y las que han de ser después de éstas. (Ap. 1:19) Es decir, el pasado, el presente, y el futuro. Entonces encontraremos que el libro se divide aun más en una serie de siete cosas, y cada división es tan ordenada como sea posible. Usted no encontrará ningún otro libro en la Biblia que se divida a sí mismo así como éste.

A aquéllos que dicen que es todo simbólico y más allá de nuestra comprensión, digo que el Libro de Apocalipsis ha de entenderse literalmente. Cuando se usa un símbolo, así se dice. También será simbólico de la realidad, y la realidad será aun más real que el símbolo por la sencilla razón que Juan usa símbolos para describir la realidad. En nuestro estudio del libro, ése es un principio muy importante a seguir. Permitamos que Apocalipsis diga lo que quiere decir.

Por lo tanto, no tenemos el derecho a sacar del libro alguno de los maravillosos cuadros que Juan describe para nosotros e interpretarlos como algo que tiene lugar en nuestro día. Algunos de ellos son simbólicos, simbólicos de la realidad, pero no de una realidad que está teniendo lugar actualmente. La iglesia está ante nosotros en la figura de las siete iglesias que eran iglesias reales en existencia en la día de Juan. He visitado las ruinas de todas esas iglesias y he pasado horas allí. De hecho, he visitado algunas de ellas cuatro veces, y me gustaría volver allí mañana. Examinar las ruinas y estudiar el lugar es una experiencia maravillosa. Ha hecho vivir para mí estas iglesias, y puedo entender cómo describía Juan situaciones locales pero cómo también daba la historia de toda la iglesia.

Después, al final del capítulo 3, usted no va a encontrar ya más a la iglesia, sino que encontrará a la esposa del Cordero cuando llegue al final. Pero ésa ya no es la iglesia, porque la iglesia ya ha dejado el mundo, y la iglesia va a regresar con Él a la tierra cuando Él regrese y establezca Su reino, ese reino de mil años del cual nos habla Juan. Es un tiempo de prueba. Al final de este período, Satanás es liberado por un poco de tiempo, y luego se domina la rebelión final, y entonces, uno entra a la eternidad. Eso, pues, a grandes rasgos es el punto de vista que se acepta generalmente.

Luego, al comienzo del capítulo 4, la iglesia ya no se menciona más. En realidad, no se menciona más en el Libro de Apocalipsis. Alguien quizá me diga: ¿quiere usted decir con eso, que ya deja de existir? Sale de esta tierra y va al cielo, y ¿qué es lo que le sucede? La iglesia llega a ser la esposa de Cristo. Usted va a poder ver a la esposa en la última parte del

Libro de Apocalipsis. No es ya la iglesia. Ahora es la esposa que va a ser presentada a Cristo. ¡Qué cuadro, es éste!

Comenzando con el capítulo 4 hasta el capítulo 22, tenemos el futuro. Cristo dice que Juan debe escribir de las cosas que han de ser después de éstas, y esto es muy importante. La expresión Después de éstas viene del griego meta-tauta. ¿A qué cosas se refiere? A las cosas después de las cosas de la iglesia. Así es que, comenzando con el capítulo 4, uno trata con las cosas que van a tener lugar después que la iglesia salga de la tierra. El gran engaño de la hora presente es el buscar o tratar de sacar del Libro de Apocalipsis, del capítulo 4, estas cosas para el presente. Es por eso que tenemos todas esas interpretaciones extravagantes hoy. ¿Por qué no seguimos simplemente lo que Juan nos está diciendo? Él dice: "Aquí tienen mi bosquejo, seguidlo". Escribe las cosas que has visto, y las que son, y las que han de ser después de éstas —meta-tauta— después de éstas. Juan va a informarnos cuando él llegue a meta-tauta. Eso comenzará con el capítulo 4, las cosas que han de ser después de éstas. Así es que, no hay cómo perder esto de vista, a no ser que usted tenga algún sistema de interpretación que no encaje dentro del Libro de Apocalipsis. Entonces, si no sucede así, entonces usted va a tener sus problemas. Debemos permitirle a Juan que nos diga las cosas tal cual son. Y, necesitamos permitir a la Biblia que nos hable de esa manera. Hay algunos que sacan de aquí ideas realmente absurdas y extravagantes. Ésa es la razón por la cual entro a este libro con mucho temor y temblor.

Es interesante notar que el tema de la profecía se está desarrollando en nuestro día. Las grandes doctrinas de la iglesia han sido desarrolladas en ciertos períodos históricos. Al principio, era la doctrina de la Escritura como siendo la Palabra de Dios. Esto fue seguido por la doctrina de la Persona de Cristo, que se conoce como Cristología. Entonces la doctrina de la soteriología, o salvación, fue desarrollada. Y ha sido así a través de los años. Ahora usted y yo estamos viviendo en un día cuando la profecía de verdad se está desarrollando, y necesitamos ejercer cuidado en cuanto a qué y a quién escuchamos.

Cuando los peregrinos salieron para América, el pastor en la ciudad de Leyden, Holanda, les recordó algo, que quisiera citar ahora: "El Señor tiene muchas verdades aún que presentar de Su Santa Palabra. Lutero y Calvino eran luces brillantes en sus épocas; aún así, no penetraron la totalidad del consejo de Dios. Estén listos para recibir cualquier verdad que sea dada a conocer a ustedes, de la Palabra escrita de Dios". Dios no está revelando Su verdad dándole a usted una visión, o un sueño, o una nueva religión. Dios hoy está revelando Sus nuevas verdades de Su propia Palabra. Así es que, necesitamos tener mucho cuidado que toda verdad nueva venga de una interpretación correcta de la Palabra de Dios.

El siglo XX ha sido testigo, como he dicho ya, de un renovado interés en la escatología. Ésa es la doctrina de las cosas postreras, o en el lenguaje común, de la profecía. Especialmente desde la primera guerra mundial, se dieron grandes pasos en el campo de la profecía, y en especial en las últimas dos décadas del siglo XX. En realidad, se le ha dado nueva vida a esta fase de las Escrituras. Toda esta atención ha enfocado la luz de un estudio más profundo en el Libro de Apocalipsis.

Aún en esta serie larga, voy a tratar de evitar los escollos de intentar presentar algo nuevo y novedoso, sólo por tratar de ser diferente. Del mismo modo, trataré de no repetir continuamente expresiones muy conocidas. Hay muchas obras que tratan del Libro de Apocalipsis que son sencillamente una copia a carbón de otras obras. Pudiera tener más libros en mi biblioteca sobre el Libro de Apocalipsis que sobre cualquier otro libro de la Biblia; pero la mayoría de ellos no son otra cosa sino una copia de algo que ya se había escrito anteriormente; por tanto, no era necesario escribirlos.

Hay otro peligro que debemos tratar de evitar, y es el peligro de pensar que el Libro de Apocalipsis puede ser presentado en un gráfico. Quiero decir esto porque tengo un gráfico, pero no lo voy a usar en este estudio, y le diré por qué. Un gráfico por lo general es demasiado complicado, si uno coloca todo lo que debe poner allí, y entonces nadie lo entiende. Por otra parte, si es tan sencillo, que uno puede llegar a comprenderlo, entonces no le dice a uno lo suficiente. Ése siempre ha sido el peligro que tenemos. Tengo varios gráficos que diferentes personas me han enviado, hombres en los cuales tengo mucha confianza, y uno de ellos es tan complicado que uno necesita otro gráfico para poder entender el gráfico mismo. Así es que, no voy a estar usando gráficos, pero trataré de indicar los diferentes períodos o las diferentes etapas al avanzar en este estudio. Presentaré un cuadro completo, porque la Biblia comienza no sólo con una vista global, sino con una vista universal. Dice, usted recuerda: En el principio creó Dios los cielos y la tierra. (Gn. 1:1). El Libro de Apocalipsis es otro libro que no es sólo un libro global, sino un libro universal. Demuestra lo que Dios va a hacer con Su Universo y con Sus criaturas. No hay ningún libro que se le asemeje.

Aquí tenemos algo más, y quisiera mencionarlo. En las notas y bosquejos que enviamos a nuestros oyentes, tenemos un pequeño gráfico. Es algo muy sencillo sobre Apocalipsis, y también en mi libro sobre "Resumiendo la Biblia." Lo considero importante.

Comienza con la cruz de Cristo y Su ascensión. En el capítulo 1, podemos ver al Cristo glorificado aquí en Apocalipsis. En los capítulos 2 y 3, vemos a la iglesia. En los capítulos 4 y 5, la iglesia se encuentra en el cielo. Luego, tiene lugar aquí en la tierra ese período de la Gran Tribulación, del capítulo 6 al capítulo 18. En el capítulo 19, Él regresa a la tierra nuevamente y establece Su reino, y usted tiene en el capítulo 20 los 1.000 años del reinado de Cristo. Luego se prepara el Gran Trono Blanco, y allí es donde son juzgados los perdidos, y comienza la eternidad. Ése es el Libro de Apocalipsis.

Ahora, ¿es así como se nos ha dado? Juan escribió este libro en la isla de Patmos, alrededor del año 95 o 96 d.C., alrededor de esa fecha, cuando Domiciano se encontraba en el trono. Stauffer hace una importante observación: "Domiciano también fue el primer emperador que ejecutó una campaña contra Cristo Mismo, y la iglesia respondió al ataque bajo el liderazgo del último Apóstol de Cristo, Juan del Apocalipsis. Nerón había hecho destruir, por así decirlo, a Pablo y a Pedro, pero lo hizo considerándolos como judíos sediciosos. Domiciano fue el primer emperador que llegó a comprender que detrás de este movimiento cristiano existía una figura enigmática, que amenazaba la gloria del emperador. Él fue el primero en declarar la guerra contra esta figura, y el primero también en perder la guerra del vislumbre de las cosas venideras". Eso es muy importante.

Una cosa más que quiero mencionar antes de darle la división de este libro, es presentarle el tema del libro. Quiero establecer esto porque es muy importante. Quiero enfatizarlo y re-enfatizarlo. Para hacer eso, permítame darle el primer versículo del Apocalipsis: La revelación de Jesucristo, que Dios le dio, para manifestar a sus siervos las cosas que deben suceder pronto; y la declaró enviándola por medio de su ángel a su siervo Juan.

Quiero mantener siempre delante de nosotros esto, que este libro es la revelación de Jesucristo. En los Evangelios, tenemos los días de Su carne. No tenemos allí la revelación total de Jesucristo. Allí le podemos ver, en humillación. Aquí le podemos apreciar, en gloria. Le podemos ver a cargo de todo lo que tiene lugar. Él tiene un comando absoluto en este Libro de Apocalipsis, y éste es el descubrimiento de Jesucristo. El comentarista Snell lo dice así: "En la revelación, el Cordero es el centro alrededor del cual se agrupa todo lo demás; la Fundación sobre la cual se edifica todo aquello que perdura; el Clavo que une a todo; el Objeto al cual todo señala, y el Manantial del cual salen todas las bendiciones. El Cordero es la Luz, la Gloria, la Vida, el Señor del Cielo y la Tierra, frente al cual toda profanación o mancilla debe desaparecer, y en Cuya presencia se conoce la totalidad del gozo. De aquí que no podamos avanzar mucho en el estudio de Apocalipsis sin ver al Cordero, como las señales que marcan el camino para recordarnos que Aquél que por Sí Mismo nos limpió de nuestros pecados, ahora ha sido exaltado, y ante Él debe inclinarse toda rodilla, y confesar toda lengua".

A esta gran declaración yo puedo decir: "¡Aleluya, aleluya!" porque el Cordero va a reinar en esta tierra. Ése es el plan de Dios; ése es el propósito de Dios.

He dicho que el Libro de Apocalipsis no es verdaderamente un libro difícil; que es un libro que es dividido a sí mismo de una manera muy fácil. Por cierto que lo hace. Si usted lee los versículos 18 y 19 de este primer capítulo, Juan lo dividirá para usted. Éste es un libro en el cual uno no debe trabajar tratando de hacer alguna división. Juan lo hace todo por usted y en el versículo 18, tenemos al Señor Jesucristo hablando como el Cristo glorificado, y dice: Y el que vivo, y estuve muerto; mas he aquí que vivo por los siglos de los siglos, amén. Y tengo las llaves de la muerte y del Hades.

Note las cuatro grandes declaraciones en cuanto a Él. Él dice: el que vivo. En otro lugar: estuve muerto. Luego Él dice: He aquí que vivo por los siglos de los siglos. Luego Él dice: Y tengo las llaves de la muerte y del Hades; es decir, de la tumba.

Luego a Juan se le dice que escriba, y éste va a ser su bosquejo. Él presenta esto en el versículo 19 de este capítulo 1 de Apocalipsis: Escribe las cosas que has visto, y las que son, y las que han de ser después de estas.

Esto es realmente maravilloso, una división grandiosa la que se presenta aquí. En realidad, no hay nada que se le pueda comparar. Primero él dice: "Yo soy el que vive". Luego dice: Las cosas que has visto, es decir, al Hijo del Hombre en el cielo, Cristo en la gloria. Ése es el capítulo 1 de Apocalipsis. Él dice: El que vivo, y estuve muerto; mas he aquí que vivo por los siglos de los siglos. Él le dice a Juan que escriba las cosas que son.

Usted va a poder apreciar, que el Cristo viviente está muy ocupado hoy. ¿Sabía usted que Él es la Cabeza de la iglesia en el presente? ¿Sabe usted la razón por la cual la iglesia se encuentra en tal desorden? La iglesia es como un cuerpo que ha sido decapitado. Ya no está en contacto con la Cabeza de la iglesia. Tenemos el bosquejo que se nos presenta de las siete iglesias en los capítulos 2 y 3 de este libro. Ésas son las cosas del presente.

Debemos mantener en mente que el Señor Jesucristo está detrás de todo lo que tiene lugar en este libro. Él está a cargo completamente de todo. Él es el Cristo glorificado. ¡Ah, que usted y yo pudiéramos verle a Él hoy!

He tratado de presentar ciertas divisiones de este libro en formas o maneras diferentes. Lo he dividido en la misma división que Juan da; o sea, en el capítulo 1, tenemos a la Persona de Jesucristo, Cristo en la gloria. Luego, en los capítulos 2 y 3, tenemos la posesión de Jesucristo, es decir, Su iglesia. Es Suya, Su iglesia, de que Él amó a la iglesia, Él se entregó por ella para que fuera Suya. Y esto lo tenemos en los capítulos

2 y 3, la iglesia, Su iglesia.

Luego tenemos, el programa de Jesucristo como es visto en el cielo, en los capítulos 4-22, donde está la consumación de todas las cosas sobre esta tierra. Esto es lo que hace de este Libro de Apocalipsis, un libro tan glorioso, maravilloso.

En el Antiguo Testamento, Malaquías concluye diciendo que nacerá el Sol de Justicia. Presenta una esperanza para una tierra maldita y donde está la maldición del pecado: que Él viene a la tierra. El Libro de Apocalipsis concluye con la estrella resplandeciente de la mañana, y una invitación a la iglesia. La realidad es que ésta es la esperanza de la iglesia, el rapto. La esperanza del Antiguo Testamento es la revelación de Cristo. Este libro completará la revelación, pero hoy quiero unir al Libro de Apocalipsis con Génesis, el primer libro de la Biblia. Vamos a unir al primero y al último libro de la Biblia. Génesis presenta el principio, y Apocalipsis presenta el fin.

Aquí podemos ver que todo es contraste. En el Génesis se crea la tierra. En Apocalipsis la tierra pasa. En Génesis se presenta la primera rebelión de Satanás. En Apocalipsis se presenta la última rebelión de Satanás. En Génesis, el sol, la luna y las estrellas eran el gobierno de la tierra, y en Apocalipsis, estos mismos cuerpos celestiales son para juicio de la tierra. En Génesis, el sol debía gobernar el día. En Apocalipsis, ya no hay necesidad del sol. En Génesis, las tinieblas fueron llamadas "noche". En Apocalipsis, ya no hay noche. En Génesis, a las aguas se les llamaba "mares". En Apocalipsis, no hay mares. En Génesis tenemos la entrada del pecado. En Apocalipsis tenemos el éxodo del pecado. En Génesis se pronuncia la maldición. En Apocalipsis la maldición es quitada. En Génesis, la muerte termina con todo. En Apocalipsis, no hay más muerte. En Génesis se presenta el dolor, la tristeza y el sufrimiento. En el Apocalipsis ya no hay más tristeza ni lágrimas. En Génesis tenemos la boda del primer Adán. En Apocalipsis tenemos la boda del último o postrer Adán. En Génesis debemos decir que vemos a la ciudad del hombre, Babilonia. En Apocalipsis vemos a esa ciudad del hombre, Babilonia, destruida, y se presenta la ciudad de Dios, la nueva Jerusalén. En Génesis se pronuncia el juicio de Satanás, y en Apocalipsis se ejecuta ese juicio que se pronunció.

Es interesante que Génesis empieza la Biblia no sólo con un punto de vista global, sino también con un punto de vista universal: En el principio creó Dios los cielos y la tierra. (Gn. 1:1) Y la Biblia termina con otro libro global y universal. El Apocalipsis muestra lo que Dios va a hacer con Su Universo y con Sus criaturas. ¡No hay otro libro como éste!

BOSQUEJO

I. La PERSONA de Jesucristo—Cristo en la gloria, Cap. 1

A. El título del libro, 1:1

B. El método de la revelación, 1:2

C. La bienaventuranza del estudio bíblico, 1:3

D. Los saludos de Juan, el escritor, y de Jesucristo en el cielo, 1:4-8

E. El Cristo post-encarnado en un cuerpo glorificado juzga a Su iglesia (gran Sumo Sacerdote en el Lugar Santísimo)1:9-18

F. La división del contenido de Apocalipsis, 1:19

G. La interpretación de las siete estrellas y los siete candeleros, 1:20

II. La POSESIÓN de Jesucristo—la iglesia en el mundo, Cap. 2-3

A. La carta de Cristo a la iglesia de Éfeso, 2:1-7

B. La carta de Cristo a la iglesia de Esmirna, 2:8-11

C. La carta de Cristo a la iglesia de Pérgamo, 2:12-17

D. La carta de Cristo a la iglesia de Tiatira, 2:18-29

E. La carta de Cristo a la iglesia de Sardis, 3:1-6

F. La carta de Cristo a la iglesia de Filadelfia, 3:7-13

G. La carta de Cristo a la iglesia de Laodicea, 3:14-22

III. El PROGRAMA de Jesucristo—la escena en el cielo, Cap. 4-22

A. La iglesia en el cielo con Cristo, Capítulos 4-5

Vendré otra vez, y os tomaré a mi mismo, para que donde yo estoy, vosotros también estéis. (Jn. 14:3)

1. El trono de Dios, 4:1-3

2. Los veinticuatro ancianos, 4:4-5

3. Los cuatro seres vivientes, 4:6-11

4. El libro con siete sellos, 5:1-4

5. Cristo: el León de la tribu de Judá y el Cordero que fue inmolado, 5:5-10

6. Un gran número de ángeles del cielo unen sus voces en un

himno de alabanza y redención, 5:11-12

7. La adoración universal del Salvador y Soberano del Universo, 5:13-14

B. La Gran Tribulación, Capítulos 6-18

1. El libro con siete sellos se abre, Capítulos 6:1-8:1

a. Apertura del primer sello—jinete en el caballo blanco, 6:1-2

b. Apertura del segundo sello—jinete en el caballo bermejo, 6:3-4

c. Apertura del tercer sello—jinete en el caballo negro, 6:5-6

d. Apertura del cuarto sello—jinete en el caballo amarillo, 6:7-8

e. Apertura del quinto sello—oración del remanente martirizado, 6:9-11

f. Apertura del sexto sello-el día de la ira ha venido-el principio de la última mitad de la Gran Tribulación, 6:12-17

g. Interludio, Capítulo 7

(1) El motivo del interludio entre el sexto y el séptimo sello, 7:1-3

(2) El remanente de Israel es sellado, 7:4-8

(3) La multitud redimida de los gentiles, 7:9-17

h. Apertura del séptimo sello—introducción de las siete trompetas, 8:1

2. Las siete trompetas son tocadas, Capítulos 8:2-11:19

a. El ángel en el altar con el incensario, 8:2-6

b. La primera trompeta—los árboles quemados, 8:7

c. La segunda trompeta—los mares se convierten en sangre, 8:8-9

d. La tercera trompeta—las aguas se hacen amargas, 8:10-11

e. La cuarta trompeta—la luna, el sol y las estrellas son heridos, 8:12-13

f. La quinta trompeta—la estrella caída y la plaga de langostas, 9:1-12

g. La sexta trompeta—los ángeles son desatados junto al Río Eufrates, 9:13-21

h. Interludio entre la sexta y la séptima trompeta, 10:1-11:14

   (1) El ángel fuerte con el librito, 10:1-7

   (2) Juan come el librito, 10:8-11

   (3) La fecha para el fin de "los tiempos de los gentiles", 11:1-2

   (4) Duración del tiempo de profetizar de los dos testigos, 11:3-12

   (5) El juicio del segundo ay—el gran terremoto, 11:13-14

i. La séptima trompeta—el fin de la Gran Tribulación, el templo en el cielo se abre, 11:15-19

3. Los siete actores durante la Gran Tribulación, Capítulos 12-13

   a. La mujer—Israel, 12:1-2

   b. El dragón—Satanás, 12:3-4

   c. El Hijo de la mujer—Jesucristo, 12:5-6

   d. Miguel, el arcángel, hace la guerra al dragón, 12:7-12

   e. El dragón persigue a la mujer, 12:13-16

   f. El remanente de Israel, 12:17

   g. La bestia del mar—un poder político y una persona, 13:1-2

      (1) La bestia, su descripción, 13:1-2

      (2) La bestia, su herida mortal, 13:3

      (3) La bestia, su pretensión de deidad, 13:4-5

      (4) La bestia blasfema a Dios, 13:6-8

      (5) La bestia, su desafío negado a cualquiera, 13:9-10

   h. La bestia en la tierra—un líder religioso, 13:11-18

      (1) La bestia, su descripción, 13:11

      (2) La bestia, su autoridad delegada, 13:12-14

      (3) La bestia, su decepción es perpetrada sobre el mundo, 13:15-17

      (4) La bestia, su designación, 13:18

4. Mirando el fin de la Gran Tribulación, Capítulo 14

   a. La descripción del Cordero con los 144,000, 14:1-5

   b. La proclamación del evangelio eterno, 14:6-7

   c. El pronunciamiento de juicio sobre Babilonia, 14:8

d. El pronunciamiento sobre aquéllos que recibieron la marca de la bestia, 14:9-12

e. Un encomio para aquéllos que mueren en el Señor, 14:13

f. Una vista previa de Armagedón, 14:14-20

5. Las siete copas de la ira de Dios se derraman, Capítulos 15-16

a. Preparativos para el juicio final de la Gran Tribulación, 15:1-16:1

(1) Los santos de la Tribulación en el cielo adoran a Dios porque Él es santo y justo, 15:1-4

(2) El templo del tabernáculo en el cielo se abre a fin de que los siete ángeles que tenían siete copas de oro puedan salir, 15:5-16:1

b. La primera copa, 16:2

c. La segunda copa, 16:3

d. La tercera copa, 16:4-7

e. La cuarta copa, 16:8-9

f. La quinta copa, 16:10-11

g. La sexta copa, 16:12

h. Interludio: Los reyes de la tierra habitada marchan hacia Armagedón, 16:13-16

i. La séptima copa, 16:17-21

6. Las dos Babilonias son juzgadas, Capítulos 17-18

a. La iglesia apóstata de la Gran Tribulación, Capítulo 17

(1) La gran ramera se sienta sobre la bestia, 17:1-7

(2) La bestia destruye a la gran ramera, 17:8-18

b. La Babilonia política y comercial es juzgada, Capítulo 18

(1) Anuncio de la caída de la Babilonia comercial y política, 18:1-8

(2) La angustia en el mundo a causa del juicio sobre Babilonia, 18:9-19

(3) La expectación de alegría en el cielo a causa del juicio sobre Babilonia, 18:20-24

C. Las Bodas del Cordero y el regreso de Cristo en juicio, Capítulo 19

1. Los cuatro Aleluyas, 19:1-6

2. La novia del Cordero y la Cena de Bodas, 19:7-10

3. El regreso de Cristo como Rey de reyes, y Señor de señores, 19:11-16

4. La batalla de Armagedón, 19:17-18

5. La bestia y el falso profeta son lanzados vivos dentro del lago de fuego, 19:19-21

D. El Milenio, Capítulo 20

1. Satanás es atado por mil años, 20:1-3

2. Los santos de la Gran Tribulación reinan con Cristo por mil años, 20:4-6

3. Satanás es suelto después de mil años, 20:7-9

4. Satanás es lanzado en el lago de fuego y azufre, 20:10

5. El gran trono blanco donde los perdidos son juzgados y lanzados al fuego y azufre, 20:11-15

E. Entrada a la eternidad; la eternidad es revelada, Capítulos 21-22

1. Cielo nuevo, tierra nueva, la Nueva Jerusalén, 21:1-2

2. Nueva era, 21:3-8

3. Nueva Jerusalén, una descripción de la eterna morada de la novia, 21:9-21

4. La nueva relación—Dios morando con los hombres, 21:22-23

5. El centro de la nueva creación, 21:24-27

6. El Río de Agua de Vida e el Árbol de la Vida, 22:1-5

7. La promesa del regreso de Cristo, 22:6-16

8. La invitación y advertencia final, 22:17-19

9. La promesa y oración final, 22:20-21

CAPÍTULO 1

La Persona de Jesucristo

En la primera división de este libro vemos a la Persona de Cristo. Vemos a Cristo en Su gloria y posición como el Sumo Sacerdote que está a cargo de Su iglesia. Lo vemos en control absoluto. En los Evangelios lo encontramos un manso, humilde, y muriendo sobre una cruz. Él se sujetó a Sus enemigos sobre la tierra. Él no es así en el Libro de Apocalipsis. Él está en control. Él todavía es el Cordero de Dios, pero vemos la ira del Cordero que hace temblar a la tierra.

El tema principal de toda la Biblia es el Señor Jesucristo. Las Escrituras son teo-céntricas y Cristo-céntricas. Eso significa que están centradas en Dios y en Cristo. Y ya que Cristo es Dios, Él es Aquél que llena el horizonte de la Palabra de Dios en su totalidad. Es necesario que mantengamos esto ante nosotros de una forma muy especial en este Libro de Apocalipsis; más aún que en cualquier otro libro de la Biblia, aún más que en los Evangelios mismos. La Biblia nos dice lo que Él ha hecho; lo que Él está haciendo, y lo que Él hará. El Libro de Apocalipsis enfatiza lo que Él está haciendo y lo que Él va a hacer. Necesitamos tener eso en mente.

El título del libro

La revelación de Jesucristo, que Dios le dio, para manifestar a sus siervos las cosas que deben suceder pronto; y la declaró enviándola por medio de su ángel a su siervo Juan. [Ap. 1:1]

La palabra revelación es importante. El título del libro se da en forma singular. Cierto hombre se me acercó en una ocasión, y me criticó por mi interpretación sobre el Libro de Apocalipsis. Como usted sabe, Apocalipsis es una palabra griega que significa "Revelación". El hombre me dijo: "Usted no sabe nada en cuanto al libro de revelaciones". Yo le respondí: "Hermano, usted tiene toda la razón, yo no sé nada en cuanto al libro de revelaciones, ni siquiera lo he visto". El hombre se sorprendió mucho, y se sintió realmente avergonzado cuando más tarde descubrió que no se usa la palabra en plural en este libro. Ésta es la apokalupsis o la revelación de Jesucristo.

Para manifestar a sus siervos las cosas que deben suceder pronto. Usted recuerda que a Daniel se le dijo que debía sellar el libro. Al final del Libro de Apocalipsis se dice: No selles las palabras de la profecía de este libro. (Ap. 22:10) Éste no es un libro sellado. Éstas son cosas que deben ser comprendidas. El Señor presentó en Mateo 13, lo que se conoce como la parábola del misterio. Hablando francamente, para la mayoría de las iglesias en el presente, esto es aún un misterio. El Señor Jesucristo lo expresó de la siguiente manera, en Marcos 4:11-12: A vosotros os es dado saber el misterio del reino de Dios; mas a los que están fuera, por parábolas todas las cosas; para que viendo, vean y no perciban; y oyendo, oigan y no entiendan; para que no se conviertan, y les sean perdonados los pecados. Aquí tenemos el develar, o sea el quitar el velo, la revelación del Cristo glorificado en toda Su hermosura, en Su poder y en Su gloria. Uno solamente tiene la mitad de la historia cuando lee los Evangelios. Es necesario leer el Libro de Apocalipsis, que es la consumación de esto. Sólo puede ser comprendido si el Espíritu de Dios es nuestro Maestro. Este libro quita el velo. Uno puede apreciar Su gloria sin ningún impedimento. Este libro es lo opuesto a los secretos y a los misterios. Aquí se revelan los secretos. El velo del misterio fue puesto sobre el capítulo 13 del Evangelio según San Mateo sobre el reino de Cristo, y el mundo no lo comprende.

Cuando alguna persona dice hoy, especialmente aquéllos que se supone son creyentes, dicen que no comprenden el Libro de Apocalipsis, lo hacen a uno pensar, porque éste es el libro donde el Señor Jesucristo dice que ha sido dado para que comprendamos, para que entendamos los misterios del reino de Dios. Él presentó esto de una manera muy clara.

Que Dios le dio, para manifestar a sus siervos las cosas. Eso quiere decir, por medio de palabras o expresiones pictóricas, por símbolos, por representación directa e indirecta. Es decir, que los símbolos, son símbolos de la realidad. Necesitamos tener eso en mente. Pedro nos dio una regla muy importante para la interpretación de la profecía, y la encontramos en 2 Pedro 1:20: entendiendo primero esto, que ninguna profecía de la Escritura es de interpretación privada. Uno no la interpreta por sí mismo, sino que la interpreta a la luz de toda la Palabra de Dios. Ottman dijo, "Aun el lenguaje figurativo de Apocalipsis es figurativo de hecho". Debemos mantener esto en mente. Un símbolo, es un símbolo de algo que es real.

Las cosas que deben suceder pronto. Estas cosas que revela no son cosas etéreas o efímeras, material de sueño, nada más. Son el núcleo mismo de hechos reales. Son cosas. ¿Qué es esto de cosas? Si usted tiene un niño en su casa, se puede dar cuenta de esto. Un niño puede jugar con sus juguetes en casa, pero, para jugar, los saca del lugar donde los tiene. Ahora, digamos que después de haber jugado con ellas, el niño no las guarda en una caja, sino que las deja esparcidas por el piso. De noche usted se levanta para buscar algo, y no recuerda que todas esas cosas están por el suelo y tropieza en ellas y se cae. Usted no se cae en algo que es nada más que un símbolo, sino que es algo sólido, es una realidad. En cualquier momento en que Juan utiliza un símbolo aquí, él presentará de una manera muy clara que él está utilizando un símbolo porque hay una realidad mucho mayor que este símbolo. El símbolo es una representación pobre de la realidad.

Él dice aquí en cuanto a estas cosas: que deben suceder pronto. Esta palabra 'deben' demuestra una necesidad urgente; pero una seguridad absoluta. Deben suceder pronto. Esta palabra pronto aquí, indica algo que creo es importante de notar de nuestra parte. Esta palabra se repite varias veces en las Escrituras. Por ejemplo, la tenemos en Lucas 18:8: Os digo que pronto les hará justicia. Pero cuando venga el Hijo el Hombre, ¿hallará fe en la tierra?

Aquí tenemos nuevamente esta palabra: Os digo que pronto les hará justicia. ¿Qué es lo que quiere decir? Quiere decir que cuando la justicia comience, tendrá lugar rápidamente. No habrá necesidad de esperar largamente para que suceda. Esto no implica que Él pronto vendrá, como vamos a ver más adelante. No indica que va a suceder pronto, sino que cuando estas cosas de las cuales Juan está hablando, comiencen a suceder, sucederán rápidamente. Tendrán lugar pronto. Tendrán lugar en un breve período de tiempo. Luego Juan dice aquí la forma en que esto va a suceder. Yo quisiera que usted se dé cuenta de esto:

La revelación de Jesucristo, que Dios le dio. Note los pasos de la revelación aquí. Se originó con Dios el Padre, fue dada a Jesucristo, y Él la dio a Su ángel, y Su ángel se la dieron a Sus siervos: Para manifestar a sus siervos las cosas que deben suceder pronto.

LOS GRADOS DE REVELACIÓN

DIOS
JESUCRISTO
EL ÁNGEL
JUAN
LOS SIERVOS

Así es como fue dado. De Dios el Padre, al Señor Jesucristo; luego al ángel; del ángel a Juan, y de Juan a sus siervos. Y así es como le llega a usted y me llega a mí en el presente. Éstos son los pasos de la revelación.

Debo responder a esto al avanzar en este estudio, ya que alguien quizá diga que me he acorralado, porque dije que un ángel no estaba conectado con la iglesia. Todavía digo eso, pero creo que el ángel aquí es un mensajero celestial. Pero ¿de qué es que Juan va a hablar aquí, principalmente? De las cosas futuras. De lo que Jesús va a hacer en el futuro. Comenzando con el capítulo 4, todo estará en el futuro, y tiene lugar después que la iglesia salga de la tierra. De modo que, es algo muy apropiado aquí después de que la iglesia salga de la tierra, poder ver a ángeles que ocupan un lugar de prominencia. Así es que, esto es cierto al ver la forma en que se desarrollan las cosas en este libro.

El método de la revelación

Que ha dado testimonio de la palabra de Dios, y del testimonio de Jesucristo, y de todas las cosas que ha visto.
[Ap. 1:2]

Que ha dado testimonio. Existe aquí un énfasis que nosotros debemos darle a esto de que ha dado testimonio. La palabra testimonio viene del griego marturéo, y la frase está en el tiempo aoristo epistolar. Indica que Juan se coloca a sí mismo donde están aquéllos que leen su escritura.

Donde usted y yo nos encontramos hoy, y que él mira hacia aquello que está escribiendo.

Que ha dado testimonio de la Palabra de Dios. La Palabra de Dios aquí creo que se refiere a Cristo, así como al contenido de este libro. Él es la Palabra viviente, y nosotros tenemos la Palabra escrita. Cuando la Palabra escrita nos lo revela, Él es la Palabra viviente.

Y del testimonio de Jesucristo. Prefiero la palabra testigo más que un testimonio. Esto ocurre como 90 veces en los escritos de Juan—50 veces en su Evangelio, digamos de paso. Él habla de todo lo que ha visto. Él fue un testigo presencial.

Y de todas las cosas que ha visto. En el versículo 1, Él lo declaró. Es como si hubiera sacado fotos de esto. Esto es televisión. Éste fue el primer programa de televisión que se preparó, y fue el Señor Jesucristo quien lo presentó desde el cielo a través de Sus ángeles, a través de Juan, para usted y para mí. Así es como Él lo quiere. Aquí tenemos un programa de televisión que puede hacerle mucho provecho si usted lo ve.

Juan fue testigo ocular de esta visión que se presenta aquí, y él no sólo oyó, sino que vio. Éstas son dos avenidas por medio de las cuales recibimos la mayoría de nuestra información. A veces me pregunto si quizá Juan no lo olió un poquito también; porque hay partes de este libro donde uno puede percibir el olor también, y quizá Juan hizo eso.

La bienaventuranza del estudio bíblico

Bienaventurado el que lee, y los que oyen las palabras de esta profecía, y guardan las cosas en ella escritas; porque el tiempo está cerca. [Ap. 1:3]

Note al entrar al versículo 3, que hay una bendición triple. Es decir, que ésta es la primera de siete bienaventuranzas de este libro. Voy a tratar a cada una de esas bienaventuranzas cuando se presenten, pero aquí tenemos la primera.

Note usted: Bienaventurado el que lee. Esto indica a aquél que lee esto en la iglesia. El maestro. Aquél que lee. Y los que oyen las palabras de esta profecía. Esto indica la iglesia, los creyentes que están en su clase. Aquéllos que están en la iglesia. Ellos oyen las palabras. El lector las lee y ellos las oyen, y ambos deben guardarlas. Así es que, aquí tenemos una bendición triple: leyendo, oyendo y guardando. Eso es muy importante para nosotros en el presente y creemos que cada uno de nosotros que pasa a través del Libro de Apocalipsis va a recibir una bendición especial; creo verdaderamente en eso porque eso se nos dice aquí.

Porque el tiempo está cerca. Esto no quiere decir que las cosas que se mencionan al final de este libro están sucediendo hoy, sino que quiere decir que el principio de la iglesia en el día de Pentecostés dio comienzo a este movimiento del ministerio del Señor Jesucristo en el cielo. Vamos a ver una visión de Él en este capítulo, una visión del Cristo glorificado. Luego, vamos a ver cuál es Su ministerio hoy, y eso nos llevará hacia el futuro, porque el tiempo está cerca.

Salutación por parte de Juan, el escritor, y de Jesucristo en el cielo

Juan, a las siete iglesias que están en Asia: Gracia y paz a vosotros, del que es y que era y que ha de venir, y de los siete espíritus que están delante de su trono. [Ap. 1:4]

Esto es algo verdaderamente tremendo. Ésta es una salutación que viene de parte de Juan aquí en la tierra, y de parte del Señor Jesucristo en el cielo. Note usted que dice: Juan, a las siete iglesias que están en Asia. Ahora, Asia aquí abarca mucho de lo que nosotros conocemos hoy como Asia Menor. Note que Juan no coloca ningún título delante de su nombre, y él tampoco se identifica por ninguna otra cosa sino solamente por su nombre, Juan. Es decir, me imagino que Juan era muy bien conocido en estas siete iglesias. Él había sido pastor de la iglesia en Éfeso, y aparentemente tenía supervisión sobre el resto de las iglesias en aquella zona.

Quiero decir algo aquí en cuanto al número siete. El número siete no significa la perfección, significa más bien, algo que está completo. Existe, por cierto, una diferencia. Es decir, que aquí tenemos a siete iglesias. En aquel entonces había literalmente cientos de iglesias en aquella zona, y siete cualesquiera podrían haber sido elegidas. Pero, éstas fueron elegidas para un propósito muy definido, que veremos más adelante. Son representantes de la iglesia en su totalidad a través de las edades y de la iglesia sobre la tierra. El número siete tiene un significado religioso en la Palabra de Dios, y para la gente del día de Juan, que es algo completamente extraño para nosotros en el presente. Es decir, que nosotros no le asignamos ningún significado religioso a los números ya que no estamos acostumbrados a hacer esto. El mundo en general presta mucha atención a los números. Se utiliza mucho en juegos de azar. Pero aquí en la Palabra de Dios el número 7 era un número sagrado. Y queremos dirigir nuestra atención a esto. No quiere decir perfección. El significado es que denotaba lo completo. A veces lo completo significa perfección, aunque no siempre.

Pero cuando él utiliza el número siete, habla de aquello que es completo, de aquello que es representativo. El número siete aquí, es el número clave en este libro, y tenía que ver en una forma muy particular con los pactos de Dios y Sus tratos con Israel. El sábado, por ejemplo, es el séptimo día, la circuncisión, y la adoración, todos giran alrededor del séptimo día. Usted puede notar, al recorrer las páginas de la Palabra de Dios, que el pueblo de Israel dio 7 vueltas alrededor de Jericó, y luego en el último día fue alrededor de la ciudad 7 veces. Pero fueron 7 días. También Naamán, tuvo que sumergirse 7 veces en el Río Jordán, y uno puede encontrar muchas referencias de esto. Hubo 7 años de abundancia, y 7 años de hambre en la época de José en Egipto. Nabucodonosor estuvo enajenado por 7 años. Hay 7 bienaventuranzas en el Nuevo Testamento, hay 7 peticiones en la Oración del Señor, hay 7 parábolas en el Evangelio según San Mateo 13; y hay 7 panes con los cuales Él alimentó a las multitudes. El Señor Jesucristo habló 7 veces desde la cruz. Uno no puede ignorar un número, así como si fuera algo accidental, y cuando uno viene al libro de Apocalipsis, el número 7 se destaca en gran manera, así es que, aun una persona que lea esto casualmente no puede ignorarlo.

Juan dice aquí: a las siete iglesias que están en Asia. ¿Era que no había otras iglesias allí? Sabemos que había iglesias en Colosas, en Mileto, en Hierápolis, en Troas, y en muchos otros lugares. Podríamos destacar aquí, este lugar llamado Hierápolis, que aún hoy existe y está ubicado a unos 16 kilómetros de las ruinas de Laodicea. Allí hay unos tres moteles y dos o tres negocios. Las ruinas de Hierápolis son realmente magníficas. Tienen mucho significado, y revelan el tremendo lugar que era; mientras que las ruinas de Laodicea están en su mayor parte, bajo un campo de avena silvestre. Aún no ha sido excavado, y me pregunto por qué Él no usó a Hierápolis si iba a utilizar a Laodicea. Bueno, porque sucede que el número siete es un número completo, y cuando él tomó este número siete, significaba que estaba dando la historia completa de la iglesia, y que estas iglesias eran iglesias representativas. Así que, aquí Asia refiere a la provincia de Lidia, la zona de Misia, Caria y partes de Frigia y no significa el continente de Asia, y tampoco significa toda el Asia Menor. "Asia Menor" es una expresión que no fue utilizada hasta el siglo cuarto, pero Asia sí señala una gran área de Asia Menor, especialmente aquélla que se encuentra en la zona costera.

Gracia y paz a vosotros. Éste es un libro que nos revela la gracia de Dios y la paz. Gracia viene de la palabra griega jaris, que es la forma griega de ser saludado, la forma de saludar. En Hebreo, la forma de saludar es shalom, o paz. Es decir que en la palabra "gracia", tenemos la forma gentil, y en el Hebreo tenemos "paz". O sea que, la paz fluye de la gracia, y la gracia es la fuente de todas las bendiciones nuestras en el presente. Y uno no debe asustarse al estudiar este Libro de Apocalipsis. Usted puede tener la paz de Dios en su corazón.

Esto es de parte de Él, y de los siete espíritus. O sea que, la Trinidad se nos presenta aquí en esta sección en particular. El Señor Jesucristo será mencionado en el siguiente versículo. Los siete espíritus se refieren al Espíritu Santo, y opino que en realidad se refieren a los siete brazos del candelero, que vamos a ver, esas siete luces en él; siete lámparas dando luz representan al Espíritu Santo.

Del que es y que era y que ha de venir enfatiza la eternidad y la inmutabilidad de Dios. Note ahora la mención de cada miembro de la Trinidad: Jesucristo se refiere a Dios el Hijo, los 'siete espíritus' se refiere al Espíritu Santo, y Él que es y que era, y que ha de venir, se refiere a Dios el Padre.

Y de Jesucristo el testigo fiel, el primogénito de los muertos, y el soberano de los reyes de la tierra. Al que nos amó, y nos lavó de nuestros pecados con su sangre,

> *Y nos hizo reyes y sacerdotes para Dios, su Padre; a él*
> *sea gloria e imperio por los siglos de los siglos. Amén.*
> *[Ap. 1:5-6]*

Aquí tenemos estos títulos que se han dado al Señor Jesucristo, y lo interesante de notar es que hay siete títulos aquí:

1. Y de Jesucristo el testigo fiel—dice—el primogénito de los muertos. Él es el testigo fiel. Jesucristo es el único Testigo digno de confianza para los hechos de este libro. Él es el único Testigo digno de confianza para usted y para mí en el presente. Es muy difícil creer a otras personas, pero podemos creer al Señor Jesucristo. Los hechos aquí son en cuanto a Él, y Él testifica aquí de Sí Mismo.

2. El primogénito de los muertos. "Primogénito" en griego es prototókos, y esto tiene que ver con Su resurrección. Él fue el primero en levantarse de entre los muertos para no morir jamás. Éste es en realidad un cuadro maravilloso el que tenemos aquí. La muerte fue la matriz que le dio a luz. Él vino de la muerte a la vida. Él es el Único que ha regresado de entre los muertos con un cuerpo glorificado. Nadie más ha recorrido ese camino hasta el presente. Pero los Suyos le seguirán en la resurrección, y el rapto será lo siguiente (véase 1 Ts. 4:14), y la revelación cuando Él venga a la tierra. Eso será mencionado aquí.

3. Él es soberano de los reyes de la tierra. Esto habla de Su última posición durante el milenio. Por lo cual Dios también le exaltó hasta lo sumo, y le dio un nombre que es sobre todo nombre, para que en el nombre de Jesús se doble toda rodilla de los que están en los cielos, y en la tierra, y debajo de la tierra; y toda lengua confiese que Jesucristo es el Señor, para gloria de Dios Padre. (Fil. 2:9-11)

4. Al que nos amó. Es una expresión en tiempo presente, y enfatiza Su actitud constante hacia los Suyos. Este libro, no debería asustarle a usted demasiado, porque proviene de aquél que nos ha amado, y Él no sólo nos amó cuando Él murió en la cruz, aunque eso es cierto, sino que Él nos ama hoy. Este mismo momento Jesús le ama.

5. Y nos lavó de nuestros pecados con su sangre. Desafortunadamente hoy hay unos cuantos, aun hombres buenos, que a mi juicio, están tratando de manera ligera a la sangre de Dios. El caso es, que la sangre de Cristo es algo de suma importancia, y no es solamente un símbolo.

Dios le enseñó a Su pueblo en el Antiguo Testamento que la vida de la carne en la sangre está, y yo os la he dado para hacer expiación sobre el altar por vuestras almas. (Lv. 17:11) Cuando Cristo derramó Su sangre, y creo que hasta la última gota salió de Su cuerpo, Él la entregó por usted y por mí. Él entregó Su vida totalmente. Él llegó a morir. Así es que, yo francamente no me inclino a tratar ligeramente la sangre de Cristo, y aun puedo cantar ese himno que dice: "Hay un precioso manantial de sangre de Emmanuel, que purifica a cada cual que se sumerge en él".

Pedro escribió: Sabiendo que fuisteis rescatados de vuestra vana manera de vivir, la cual recibisteis de vuestros padres, no con cosas corruptibles, como oro o plata, sino con la sangre preciosa de Cristo, como de un cordero sin mancha y sin contaminación. (1 P. 1:18-19) A causa de eso, Pablo pudo escribirle al joven Timoteo y decirle: Porque hay un solo Dios, y un solo mediador entre Dios y los hombres, Jesucristo hombre. (1 Ti. 2:5) Él es eso porque derramó Su sangre. Él nos liberó de nuestro pecado en Su propia sangre. ¡Qué cosa más gloriosa, más maravillosa!

6. Y nos hizo un reino, sacerdotes para Dios, su Padre. Los creyentes nunca son llamados "reyes". Francamente hablando, no me entusiasmo demasiado con este canto que es tan popular, llamado "El Rey Ya Viene". Cuando el Rey venga, Él viene a la tierra. Él va a controlar o a dominar toda la injusticia. Vamos a ver la actitud hacia Su venida; pero cuando Él venga, Él viene como mi Salvador, viene como el Esposo buscando a Su esposa, a la iglesia que Él ama, y por la cual se entregó a Sí Mismo. Él viene, Él es mi cariñoso Salvador. Así es que, no me entusiasmo demasiado con ese asunto del cántico que dice: "El Rey Ya Viene". El Rey sí viene, pero cuando Él venga como Rey, Él vendrá a la tierra, y entonces Él echará abajo toda injusticia. Pero mi relación con Él es mucho más íntima. Los creyentes no son llamados reyes, y en nuestra relación con Él debemos reconocerle como nuestro Señor. Pero Él es, en primer lugar, nuestro Salvador.

Pero aquí se indica que nosotros somos un reino de sacerdotes, y que vamos a reinar con Él. Ahora, el dice aquí: Para Dios, su padre. ¿Por qué no dijo Él nuestro Padre? Por la razón de que Él es Su Padre en un sentido que no es nuestro Padre. Ésa es Su posición eterna en la Trinidad. Nosotros llegamos a ser hijos de Dios a través de la regeneración. Él nació de arriba. Es una relación que Él tiene en la Trinidad. Nosotros llegamos a ser hijos aceptándole como nuestro Salvador.

7. A él sea gloria e imperio por los siglos de los siglos. Eso está enfatizando la eternidad. Amén. Él es el Amén. Vimos en Isaías que ése era un título para Él, Amén. Jesucristo, es el Tema y el Objeto de este libro. Él es el Motivador de todas las cosas, de todos los sucesos, y todos los sucesos se dirigen hacia Él. Él es el Propósito distante y eterno en todo. Todas las cosas no sólo fueron creadas por Él, sino que todas las cosas fueron creadas para Él. Este Universo existe para Él.

He aquí que viene con las nubes, y todo ojo le verá, y los que le traspasaron; y todos los linajes de la tierra harán lamentación por él. Sí, amén. [Ap. 1:7]

He aquí que viene con las nubes. Eso demuestra la venida personal física de Cristo. Cuando dice: Y todo ojo le verá, eso indica que será una aparición física corporal, que podrá apreciarse visualmente. Según lo que sabemos nosotros, cuando Él saque a la iglesia de este mundo, Él no se aparece a todos. Yo no creo en un rapto secreto como algunos han tratado de describirlo, pero en el momento del rapto de la iglesia, Él no viene a la tierra. Nosotros vamos a ser sacados para encontrarnos con el Señor en las nubes. (Véase 1 Ts. 4:17) Si Él viene a la tierra, entonces no hay ninguna razón para ser llevados a las nubes.

Todo ojo le verá. El énfasis en el Libro de Apocalipsis va a ser sobre Su venida a esta tierra a establecer Su reino, y aquí tenemos referencias a eso.

¿Qué es lo que quiere decir esto de los que le traspasaron? Esto es en referencia a la nación de Israel. Luego: y todos los linajes de la tierra. Es decir, todos los gentiles, y ¿van a deleitarse ellos? No, amigo. Harán lamentación por él.

Todos los linajes de la tierra harán lamentación por él. Ésta va a ser la reacción de todos aquéllos que rechazan a Cristo. Es que, el mundo no querrá verle.

La palabra "Amén" significa en realidad, "fiel". O sea que, Él va a hacerlo. Esto es algo sobre lo cual Él no va a cambiar Su modo de pensar. Él es fiel.

Sí, amén. ¿Ve usted? Amén, otra vez. Ése es Su nombre. Él es quien va a dar los toques finales a todas las cosas.

> *Yo soy el Alfa y la Omega, principio y fin, dice el Señor, el que es y que era y que ha de venir, el Todopoderoso. [Ap. 1:8]*

Yo soy el Alfa y la Omega. Esto es algo muy destacado en el idioma griego. En el texto griego, el Alfa y la Omega son la primera y la última letra del alfabeto griego; y de un alfabeto uno puede hacer palabras. Él es llamado el Verbo de Dios. Él es la revelación completa, y la comunicación inteligente de Dios. Él es el único alfabeto que usted puede usar para alcanzar a Dios. El único idioma que Dios habla y comprende es este idioma donde Jesús es el Alfa y la Omega, y todas las letras en el medio. Él es la letra "a" y la letra "z", y Él es el abecedario completo. Si usted, quiere comunicarse con Él, lo tiene que hacer por medio del Señor Jesucristo. En realidad, el énfasis aquí es sobre el principio y el fin. La Omega no se detalla, es decir, no se presenta con detalles de la misma forma en que se presenta Alfa. El Alfa se presenta con muchos detalles. ¿Por qué? Porque Él es el Principio, eso ya se ha cumplido. Pero el fin aún no se ha cumplido; así es que, en realidad, Él no lo ha presentado con muchos detalles. Para mí eso es algo sobresaliente. El fin aún no ha sido cumplido, no ha sido completo. Él va a completar el programa de Dios.

Principio y fin se refieren a la eternidad del Hijo, y a Su inmutabilidad. Jesucristo es el mismo ayer, hoy y por los siglos. Esto no quiere decir que cuando uno dice que Él es "el mismo", Él está aún caminando sobre el mar de Galilea en el presente. Él no está haciendo eso. No indica que Él está en un bote con los Apóstoles. Él no lo está, sino que significa que, en Sus atributos, Él es el mismo. Él no ha cambiado. Él es inmutable. Se nos dice aquí que ya que Él es principio y fin, Él abarca todo el tiempo y la eternidad.

Dice el Señor. Ésta es una afirmación de la Deidad del Señor Jesucristo. El que es, esto es tiempo presente. El Cristo glorificado. Y que era, tiempo pasado, la Primera Venida de Cristo, el Salvador. Y que ha de venir, tiempo futuro, la Segunda Venida de Cristo como el Soberano a esta tierra.

Con esto, completamos esta sección muy destacada, por cierto, de la salutación de Juan, el escritor y también del Señor Jesucristo. Él dice que nos ama. No tengamos, pues, ningún temor de lo que seguirá en este libro.

El Cristo post encarnado en un cuerpo glorificado juzgando a Su iglesia

Yo Juan, vuestro hermano, y copartícipe vuestro en la tribulación, en el reino y en la paciencia de Jesucristo, estaba en la isla llamada Patmos, por causa de la palabra de Dios y el testimonio de Jesucristo. [Ap. 1:9]

Esta expresión, Yo Juan, se usa probablemente tres veces en este Libro de Apocalipsis, y las últimas dos se encuentran al fin de este libro. Él dice: Yo Juan, vuestro hermano, y copartícipe vuestro en la tribulación. Note usted que dice: En la tribulación, no la Gran Tribulación. Juan estaba teniendo problemas. Domiciano (96 d.C.), el Emperador romano, le había colocado en la isla de Patmos, a causa de las acciones de este hombre. Juan era muy activo en la iglesia de Éfeso, y él tenía supervisión de todas las demás iglesias, y estaba enseñando la Palabra de Dios. Uno tiene problemas cuando enseña toda la Palabra de Dios. Aquí él dice: Yo Juan, vuestro hermano, y copartícipe vuestro en la tribulación. ¿Tribulación? Juan sabía todo en cuanto a esto. La iglesia primitiva también lo sabía. Y si le toca a usted o a mí, no es nada nuevo.

Continúa Juan diciendo: En el reino y en la paciencia de Jesucristo, estaba en la isla llamada Patmos, por causa de la palabra de Dios y el testimonio de Jesucristo. Permítame cambiar un poco esto y volver a leerlo. "Yo Juan, quien soy vuestro hermano y copartícipe con vosotros en la persecución por amor a Cristo, en el reino y en la paciencia de Jesús, estaba en la isla llamada Patmos, a causa de, en cuenta de la Palabra de Dios y el testimonio de Jesucristo". Juan no se está refiriendo aquí a la Gran Tribulación, sino a la persecución que ya estaba cayendo sobre los creyentes; y el reino se refiere al presente estado del reino, y por virtud del nuevo nacimiento que coloca al pecado en Cristo, él es del mismo modo llevado al reino de Dios, y éste no es el reino milenario y no ha sido establecido aún porque Cristo lo va a instituir en Su venida.

Alguien ha dicho que estamos viviendo hoy en el reino en paciencia. Paciencia es donde está el énfasis.

Juan explica la razón por la cual se encuentra en la isla de Patmos. Él fue exiliado a ese lugar entre los años 86 al 96 d.C. Es una isla volcánica, árida, en la costa de Asia Menor, de unos 16 kilómetros de largo, por 10 kilómetros de ancho. Jesucristo es el nombre utilizado por Juan en su Evangelio y también en el Apocalipsis. Cuando él quiere traerle gloria a Él, le llama Jesucristo, y luego le eleva hacia los mismos cielos. Yo espero poder hacer eso también.

Antes de ver los próximos versículos, permítame recordarle que Juan fue dado esta gran visión estando en la solitaria Isla de Patmos. Es una visión del Cristo post encarnado en Su cuerpo glorificado mientras Él está juzgando a Su iglesia. En otras palabras, veremos el Gran Sumo Sacerdote en el Lugar Santísimo.

> *Yo estaba en el Espíritu en el día del Señor, y oí detrás de mí una gran voz como de trompeta, Que decía: Yo soy el Alfa y la Omega, el primero y el último. Escribe en un libro lo que ves, y envíalo a las siete iglesias que están en Asia: a Éfeso, Esmirna, Pérgamo, Tiatira, Sardis, Filadelfia y Laodicea. [Ap. 1:10-11]*

El Espíritu Santo está aquí desempeñando Su función. Ésa es la razón por la cual oro para que Él tome las cosas de Cristo y nos las muestre. Porque eso es exactamente lo que el Señor Jesucristo dijo que el Espíritu de Dios iba a hacer cuando viniera. Él lo expresó de la siguiente manera: Pero cuando venga el Espíritu de verdad, él os guiará a toda la verdad; porque no hablará por su propia cuenta, sino que hablará todo lo que oyere, y os hará saber las cosas que habrán de venir. Él me glorificará; porque tomará de lo mío, y os lo hará saber. (Jn. 16:13-14)

Estamos observando esta visión de Jesucristo glorificado. No hace falta decir que me siento completamente incompetente en un lugar así, y sólo el Espíritu de Dios puede hacer que esto sea real para nosotros. Sin embargo, Hebreos 3:1 dice: Por tanto, hermanos santos, participantes del llamamiento celestial, considerad al apóstol y sumo sacerdote de nuestra profesión, Cristo Jesús. Así es que, le estamos considerando a Él en Su profesión como el Sumo Sacerdote.

Juan estaba en el Espíritu; es decir, que el Espíritu Santo estaba actuando sobre Juan, y le estaba dando a él este cuadro panorámico. Esto es cinerama, con vista y sonido. Aquí tenemos algo que apela a los ojos y a los oídos.

En el día del Señor. Honestamente hablando, éste es un pasaje controversial, y es un lugar donde hay bastante desacuerdo; y hay desacuerdo entre buenos expositores bíblicos. Hay aquéllos que opinan que esto se refiere al Día de Jehová. Pero, yo no puedo aceptar esto, aunque el gran tema de Apocalipsis tratará con el comienzo del Día de Jehová, el cual es el período de la Gran Tribulación, y luego continúa hacia el reino milenario, y todo eso lo encontramos aquí. Pero Juan está diciendo: Yo estaba en el Espíritu en el día del Señor. El Día de Jehová y el día del Señor, a mi juicio, son en realidad dos cosas diferentes. Parecería que fueran la misma cosa, pero son completamente diferentes. Según entiendo yo, esta expresión día del Señor aquí indica lo que nosotros llamamos "domingo". Nosotros hemos aceptado eso en el pasado, y lo aceptamos en el presente.

Oí detrás de mí una gran voz como de trompeta. ¿Quién era? Él nos lo dirá. Y me volví para ver la voz que hablaba conmigo; y vuelto, vi siete candeleros de oro, Y en medio de los siete candeleros, a uno semejante al Hijo del Hombre, vestido de una ropa que llegaba hasta los pies, y ceñido por el pecho con un cinto de oro. [Ap. 1:12-13]

Juan oyó una voz como una trompeta de guerra, y le habló. Cuando el Señor Jesucristo descienda del cielo a buscar a Su iglesia, lo hará de la siguiente manera: Porque el Señor mismo con voz de mando, con voz de arcángel, y con trompeta de Dios, descenderá del cielo. (1 Ts. 4:16) Su voz será como la de un arcángel, y Su voz será como la de una trompeta, porque así se nos identifica aquí. Pero será la voz de Cristo Mismo. Él no va a necesitar ningún arcángel para que le ayude a levantar a los muertos o aquéllos en Su iglesia. Aquí tenemos esto explicado de una forma maravillosa.

Lo que es emocionante de esto aquí es este cuadro del Señor Jesucristo. Es la visión de uno semejante al Hijo del Hombre. Él está vestido con ropa que le llega a los pies, ceñido por el pecho con un cinto de oro. Estos siete candeleros de oro nos hacen recordar del tabernáculo, y aquí en lugar de ser un candelero con siete brazos, lo que tenemos ante nosotros son siete candeleros separados. Siendo que estos candeleros representan a siete iglesias separadas, y esto será explicado más adelante, la función de todos y cada uno es la misma. Es decir, que usted, es una luz en el mundo. El Señor Jesucristo dijo: "Yo soy la luz del mundo, pero cuando yo me vaya, vosotros seréis la luz en el mundo". (Véase Jn. 8:12) Y Su iglesia debe ser una luz en el mundo.

Aquí tenemos un cuadro del Señor Jesucristo como nuestro Gran Sumo Sacerdote, y lo encontramos en medio de los candeleros; ¿qué es lo que Él está haciendo allí? En primer lugar, hablemos de la ropa que Él tiene. Él está vestido como el Sumo Sacerdote. (Ex. 28:2-4) Allí se describe estas ropas. Todo representa la justicia inherente de Cristo. En Él no hay pecado; Él no conoció pecado. Este cinto que se menciona aquí, según lo que expresa el historiador Josefo, los sacerdotes se ceñían por el pecho. La costumbre ordinaria era ceñirse por la cintura. Pero el énfasis aquí no es de servicio, sino de fortaleza. Habla de Su juicio en verdad.

A nosotros se nos dice que debemos considerar a nuestro Gran Sumo Sacerdote mientras Él está en medio de las iglesias. ¿Qué es lo que está juzgando? A las iglesias. Él está juzgando a las iglesias; Él está juzgando a los creyentes para que la luz siga brillando. Es importante ver cuál es el ministerio actual de Cristo.

Creo personalmente que este capítulo es muy importante. Uno escucha hablar tantas tonterías en el presente en cuanto al Señor Jesucristo. La Escritura no nos deja en las tinieblas en cuanto a lo que Él está haciendo en el presente. Se nos ha indicado de una manera muy clara tres ministerios diferentes.

En primer lugar, tenemos la intercesión de Cristo. Él es nuestro Gran Sumo Sacerdote. Él está ante ese altar de oro en el cielo en el presente, donde vive para siempre, y hace intercesión por nosotros. (Véase He. 7:25) Me gusta mucho esto; esto es maravilloso.

En segundo lugar, tenemos la intervención de Cristo. No sólo tenemos la intercesión, sino la intervención de Cristo; porque Él salió del Lugar Santísimo al lavacro, donde Él lava los pies de aquéllos que le pertenecen. Él está lavando a aquéllos que traen sus pies, sus manos, sus ojos ante Él, y han confesado sus pecados. Los creyentes han pecado, y tenemos que confesarlo si queremos tener comunión con Él. Juan dice: Si confesamos nuestros pecados, él es fiel y justo para perdonar nuestros pecados, y limpiarnos de toda maldad. (1 Jn. 1:9) Él está ceñido hoy con una toalla y ante el lavacro; Él interviene a nuestro favor.

Juan dice en su primera epístola: Hijitos míos, estas cosas os escribo para que no pequéis. (1 Jn. 2: 1a). Él ha hecho un arreglo para que nosotros no pequemos. Yo no sé en cuanto a usted, pero yo todavía no he llegado a ese estado. Hablando honradamente, nunca me he encontrado con nadie que haya llegado allí. Pero Él dice: Y si alguno hubiere pecado, abogado tenemos para con el Padre, a Jesucristo el justo. (1 Jn. 2:1b). Él es nuestro Abogado. O sea, Él está de nuestro lado para defendernos cuando el acusador, Satanás, acusa a los hermanos.

Luego, hay otro ministerio, que no es muy popular, y es éste que se menciona aquí; y creo que ésta es una de las razones por la cual esta sección de Apocalipsis es tan poco conocida. Porque aquí tenemos la inspección de Cristo. Lo que Cristo está haciendo en el presente se ha establecido claramente en la Escritura. Él ha ascendido al cielo, se sentó a la diestra de Dios, pero no está allí sentado sin hacer nada. Cuando aquí dice que Él se sentó, indica que Él ha terminado con la tarea de la redención aquí en la tierra. Él murió aquí para salvarnos, pero Él vive allá arriba para mantenernos salvos. Creo que Él está más ocupado tratando de mantenernos salvos que cuando Él estuvo aquí sobre la tierra.

De modo que, tenemos la intercesión de Cristo; la intervención de Cristo; y ahora tenemos la inspección de Cristo, y eso es lo que vamos a observar ahora. ¿Dónde está Él ahora? Le podemos ver aquí andando en medio de los siete candeleros. Ése es el cuadro que se nos presenta aquí en Apocalipsis. En el Libro de Éxodo, se nos presenta los candeleros de oro. Éstos eran los artículos más hermosos que había en el tabernáculo, y tienen un significado muy hermoso también. Fueron construidos de oro macizo, y del brazo principal salían tres brazos de cada lado; había tres copas en forma de flor de almendro en cada brazo, una manzana y una flor. Éstos se abrían y allí se colocaban las lámparas. La lámpara representa al Espíritu Santo. El candelero de oro representa en sí a Cristo, a Cristo glorificado, Cristo la Deidad. Cristo envió al

Espíritu Santo al mundo. El candelero de oro sostiene la lámpara. Pero esa lámpara a su turno revela la belleza y la gloria del candelero. Ése es el cuadro que tenemos aquí. El Espíritu Santo confío que aún en este instante hará que Cristo y toda Su gloria, y toda Su maravilla y hermosura sea algo real para usted, y que usted pueda verse a sí mismo a la luz de Su presencia, y que Él pueda inspeccionarle. Esto no es muy popular en el presente. No nos gusta que alguien nos inspeccione, pero aquí le vemos a Él andando en medio de los candeleros.

El sumo sacerdote llevaba a cabo estas tareas. Sólo él era quien cuidaba los candeleros. Los otros sacerdotes tenían cuidado de otras cosas, pero el sumo sacerdote se encargaba de los candeleros. Él era el único que encendía las luces. Él era quien las llenaba de aceite. Él era el único que controlaba la cantidad de luz que deberían dar. Él era el que, si las lámparas comenzaban a humear y no daban una luz clara, las apagaba, y solamente él hacía eso. El Señor Jesucristo está andando en medio de los candeleros, en medio de Su iglesia, y de los creyentes individualmente, y Él hace varias cosas. Él es quien corta la mecha, por así decirlo. En Juan 15, se nos dice que Él es quien limpia los pámpanos para que den más fruto. Una de las razones por la cual Él nos permite a usted y a mí que pasemos por ciertas pruebas aquí, es que quiere sacar alguna fruta de estos pámpanos. Luego, Él hace algo más. Él lo hace para obtener una luz más brillante. Él es quien derrama el Espíritu Santo. A veces nos cansa escuchar a personas que dicen: "El Espíritu Santo hizo esto, el Espíritu Santo hizo aquello". El Señor Jesucristo es la Cabeza de la iglesia. Él es quien envía el Espíritu Santo al mundo. Él dijo que iba a hacer eso, y que cuando el Espíritu Santo viniera, iba a ejecutar ciertas cosas, y no cualquier cosa que usted quiera que Él haga. Él está haciendo aquello que el Señor Jesucristo le envió a hacer en el mundo. El Señor Jesucristo es la Cabeza de la iglesia. Él quiere luz, y Él es quien derrama el Espíritu Santo para que podamos recibir esa luz. Cualquier luz que salga de mi ministerio, el Espíritu Santo tiene que hacerlo, porque no hay ninguna luz en mí. Eso lo descubrí hace mucho tiempo.

Luego, Él hace algo más, y esto me hace temblar de veras. Él a veces usa un apagavelas. Si la luz no da luz, y solamente llena el lugar de humo, el Señor Jesucristo actúa y la apaga. Eso es lo que Juan dijo: Hay pecado de muerte. (1 Jn. 5:16) Uno puede ser puesto a un lado, puede ser archivado hoy. Hay una gran cantidad de personas que han sido puestas a un lado, han sido archivadas. Predicadores, sí, y ancianos y diáconos y maestros de la escuela dominical, Él los ha archivado, los ha puesto a un lado. ¿Por qué? Porque Él quiere luz, y Él está andando en medio de los candeleros hoy.

Su cabeza y sus cabellos eran blancos como blanca lana, como nieve; sus ojos como llama de fuego; Y sus pies semejantes al bronce bruñido, refulgente como en un horno; y su voz como estruendo de muchas aguas. [Ap. 1:14-15]

Sus cabellos eran blancos como blanca lana, como nieve habla de la eternidad. Él es el Anciano de Días. (Véase Dn. 7:9) Eso nos habla de Su dignidad.

Sus ojos como llama de fuego. Esto nos habla de Su vista penetrante, y nos muestra que Él es testigo de toda la vida de la iglesia. Él sabe todo en cuanto a usted, y Él sabe todo en cuanto a mí. Recuerde que Él estaba allá cerca del tesoro del templo, y observaba cómo daba la gente. El domingo pasado Él le observó a usted cuando puso su ofrenda en la iglesia. Usted pensaba que nadie sabía de eso, ¿verdad? Usted recuerda que el Señor Jesucristo miró a Simón Pedro después que éste le había negado, y Simón, salió y lloró. Si usted sólo pudiera ver los ojos de su Salvador hoy, recuerde que Él está observándole. Le está mirando.

Y sus pies semejantes al bronce bruñido es juicio. Ese altar de bronce afuera nos habla de Su obra en esta tierra cuando Él murió en la cruz por su juicio y el mío, por nuestro castigo del pecado. Ahora, Él está juzgando a aquéllos que son Suyos.

En cierta ocasión, un general norteamericano que formaba parte de la OTAN, la Organización del Tratado del Atlántico Norte, informó a varios generales europeos que ellos no estaban sobrellevando su carga de la defensa de Europa, y que, por tanto, la organización estaba perdiendo fuerza y coherencia. Aunque lo que él dijo tuvo lugar hace ya muchos años, aún hoy se está sintiendo las repercusiones a través de toda Europa. Aunque este hombre tenía razón en lo que dijo, la reacción a esto fue algo amargo, y se presentaron toda clase de negativas y excusas. Y, todo esto, ¿por qué? Porque al corazón humano no le agrada ser criticado. La naturaleza humana se rebela contra el juicio que se pasa contra ella. A nosotros nos gusta recibir unas cuantas reglas y normas, y ésa es la razón por la cual son tan populares estos cursillos que se presentan hoy, porque los creyentes quieren ser legalistas, ya sea que lo sepan o no. No les gusta vivir por gracia. Démosles unas cuantas reglas para que puedan funcionar y tenemos como resultado un grupo de creyentes todos vendados. Ellos simplemente se ponen una pequeña venda, y piensan que eso es todo lo que se necesita para sanar una pierna quebrada o algo por el estilo. ¿Por qué? Porque ésa es la naturaleza humana que usted y yo tenemos, ronronea como un gatito cuando se lo halaga, ah, pero llega a erizarse como un puerco espín cuando se señala fracaso en hacer una tarea. Ésa es la razón por la cual la posición presente de Cristo y Su tarea contemporánea de Alguien que inspecciona, es ignorada en su gran mayoría por la iglesia. Él ocupa la posición de Juez en la iglesia, y Él no está halagando a la gente. Él no ignora lo que observa. No cierra sus ojos al pecado, y a aquello que está mal. Su acusación constante y Su mandamiento a la iglesia es como veremos: Arrepiéntete, y haz las primeras obras; pues si no, vendré pronto a ti, y quitaré tu candelero de su lugar. (Ap. 2:5). La iglesia ha ignorado esto, y ha tratado de escabullirse de esa acusación a través de todos los tiempos y aún lo hace. Es el resentimiento natural que se encuentra en el corazón de creyentes tibios en el presente. Y la iglesia de Laodicea ha prestado muy poca atención a lo que Él tiene que decir en el presente. Alguien ha dicho: "Hay un hombre en la gloria, pero la iglesia lo ha perdido de vista".

Su voz como estruendo de muchas aguas es la voz de la autoridad, la voz que llamó a este Universo a la existencia, la voz que va a resucitar a los Suyos de la tumba, y la voz que sacará a los Suyos del mundo a estar con Él.

Todas estas figuras se agregan al cuadro de Cristo como nuestro Gran Sumo Sacerdote. Considere a su Gran Sumo Sacerdote. El Espíritu de Dios le puede ayudar aquí a verle a Él, a verle en toda Su hermosura, y a verle en toda Su gloria, lo maravilloso que Él es, lo glorioso que es.

Tenía en su diestra siete estrellas; de su boca salía una espada aguda de dos filos; y su rostro era como el sol cuando resplandece en su fuerza. [Ap. 1:16]

Tenía en su diestra siete estrellas indica Su Universo. De su boca salía una espada aguda de dos filos. Cierto hombre me preguntó en cierta ocasión si esto hablaba de una espada de dos filos, literalmente, que salía de Su boca. Por supuesto que no es eso. La Palabra de Dios nos dice que la espada representa Su Palabra. Hebreos 4:12, dice: Porque la palabra de Dios es viva y eficaz, y más cortante que toda espada de dos filos; y penetra hasta partir el alma y el espíritu, las coyunturas y los tuétanos, y discierne los pensamientos y las intenciones del corazón. Dios juzga por Su Palabra. Él juzga hoy por ella. Cuando Él habla la Palabra, es mejor que usted preste atención, porque lo que Él dice, cuenta.

Su rostro era como el sol cuando resplandece en su fuerza. Es imposible mirar directamente al sol. ¿Piensa usted que podrá mirar directamente al Creador que hizo el sol? ¿A Aquél que hoy es Cristo glorificado? ¡Cuán maravilloso es esto!

Cuando le vi, caí como muerto a sus pies. Y él puso su diestra sobre mí, diciéndome: No temas; yo soy el primero y el último. [Ap. 1:17]

Juan es aquél que era muy amigo de Cristo cuando estaba aquí en la tierra. ¿Recuerda usted cómo él se reclinaba en Su pecho en el aposento alto? ¿Recuerda que él podía reprenderle? Ah, este hombre Juan era muy amigo, estaba muy cerca del Señor Jesucristo. De hecho, se atrevió a reprenderle a Él una vez. Pero cuando él vio al Cristo glorificado en la Isla de Patmos, él no fue a darle palmadas en la espalda. Él no se acercó al Señor a darle la mano. Él no se acercó para comenzar una conversación, sino que cuando le vio, cayó como muerto a sus pies. El efecto que tuvo esta visión en Juan es que lo dejó completamente paralizado.

Ahora él cae a Sus pies como muerto. Si Juan hizo eso, cuando usted y yo lleguemos a la presencia del Señor Jesucristo no vamos a hablar familiarmente con Él. Él es el Cristo glorificado hoy. El Señor Jesucristo está hoy sentado a la diestra de Dios, y si Él viniera ante usted o ante mí en este instante, y nosotros pudiéramos contemplarle a Él en toda Su gloria y en toda Su hermosura, usted y yo no nos acercaríamos a Él con familiaridad; no nos acercaríamos a Él ni le daríamos palmadas en la espalda, ni le daríamos la mano, ni tendríamos demasiada confianza con Él, sino que iríamos a caer ante Él como muertos, e iríamos a adorarle y alabarle. Pero Jesús dijo, Vosotros sois mis amigos, si hacéis lo que yo os mando. (Jn. 15:14) Si usted dice que Jesús es su Amigo, usted debe estar dando a entender que está obedeciéndole. Oh, amigo, si pudiéramos verle en toda Su gloria y belleza, no le trataríamos con familiaridad.

Lo maravilloso de esto aquí es que Él dice: No temas. Ésa es la expresión, el saludo de la Deidad cuando se dirige a la humanidad.

Él da cuatro razones para no temer:

1. Él dice: Yo soy el primero y el último. Eso habla de Su Deidad. Él salió de la eternidad, y avanza hacia la eternidad. El salmista dice: Desde el siglo y hasta el siglo, tú eres Dios. (Sal. 90:2). Esta palabra "siglo" indica un punto en la lejanía que se desvanece. Así es que, es desde un punto en la lejanía que se desvanece en el del pasado, hasta un punto en la lejanía que se desvanece en el futuro, Él es Dios. Y hasta donde uno desee proyectarse a sí mismo, Él es Dios. Tenemos, entonces, que habla de Su Deidad. Él es el Primero, porque no hubo nadie antes de Él, y Él es el Último, porque no hay nadie que le siga.

> *Y el que vivo, y estuve muerto; mas he aquí que vivo por los siglos de los siglos, amén. Y tengo las llaves de la muerte y del Hades. [Ap. 1:18]*

2. Él dice: Y el que vivo, y estuve muerto. Eso habla de Su muerte redentora y Su resurrección. Eso es exactamente lo que dijo el Apóstol Pablo. La mayoría de nosotros tenemos complejo de culpa. Tememos que alguien nos señale y nos diga: "Usted es culpable". Por supuesto que lo somos. Pero el Apóstol Pablo hace una pregunta en Romanos 8:34, donde dice: ¿Quién es el que condenará? Cristo es el que murió; mas aun el que también resucitó, el que además está a la diestra de Dios, el que también intercede por nosotros. Entonces, ¿dónde está la persona que le va a condenar? Hay muchos de ellos que pueden hacerlo y lo hacen, digamos de paso. Pero, el Apóstol Pablo dice: ¿Quién es el que condenará? Cristo es el que murió. Usted puede hallar faltas en mí. Puede decir que soy gran pecador. Pero, Cristo murió por mí. Quiero que usted sepa esto. Más aun el que también resucitó. Él resucitó para nuestra justificación, para demostrar que somos perdonados, y que

vamos a ir al cielo algún día.

3. Él dice: Mas he aquí que vivo por los siglos de los siglos, amén. Esto nos habla del estado presente: que Él no sólo está juzgando, sino que está intercediendo, y ¡necesitamos esto!

4. La cuarta cosa que se menciona es, Y tengo las llaves de la muerte y del Hades. Estas llaves nos hablan de autoridad y de poder. Él, el Señor Jesús, tiene poder sobre la tumba y sobre la muerte ahora, ahora mismo, gracias a Su propia muerte y resurrección. Hades aquí, es la palabra griega para el mundo que no se ve, pero puede referirse a la tumba donde están los cuerpos después, o a donde va el espíritu.

El orden cronológico y la división del contenido de Apocalipsis

Llegamos ahora al versículo 19, y aquí tenemos la división de tiempo y el contenido del Apocalipsis. Aquí tenemos el orden cronológico y la división de este libro en esta serie de tres tiempos: pasado, presente y futuro. De forma arbitraria, quiero hacer esta división, y luego, al continuar, creo que puedo demostrar lo que estoy tratando de hacer.

Escribe las cosas que has visto, y las que son, y las que han de ser después de estas. [Ap. 1:19]

1. Las cosas que has visto. Hasta este momento, ¿qué es lo que él ha visto? Él ha visto al Cristo glorificado. El Cristo glorificado es Aquél que es el centro mismo de este libro. Este libro es Cristo-céntrico. El Señor Jesús es el tema de este libro. No interesa de qué esté hablando uno, sea de los jinetes, de los vasos de la ira, de bestias y todo eso. No ponga sus ojos en esas cosas. Son cosas que están pasando, nada más. Es el Señor Jesucristo quien es el Centro. Él es quien ha sido, quien es, y quien será. Él es el mismo ayer, y hoy, y para siempre. Y Juan debe escribir las cosas que ha visto, el Cristo glorificado.

2. Las que son. ¿Cuáles son esas cosas que son? La iglesia en el mundo. Aún estamos aquí después de más de 2.000 años. Estaremos partiendo uno de estos días, y eso lo veremos en los capítulos 2 y 3 de Apocalipsis.

3. Las cosas que serán después de estas. Ése es el programa de

Jesucristo, y vemos la iglesia yendo al cielo, y las cosas que tienen lugar sobre la tierra, después de haber partido la iglesia. Es un cuadro glorioso el que tenemos ante nosotros. Debemos reconocer que el Señor Jesucristo es el Centro y Corazón mismo de este libro. Éste es el programa de Jesucristo, y veremos que la iglesia va al cielo, y entonces veremos las cosas que tienen lugar sobre la tierra después que la iglesia lo deje. Este programa de Cristo se cubre en los capítulos 4-22.

Interpretación de las siete estrellas y los siete candeleros

El misterio de las siete estrellas que has visto en mi diestra, y de los siete candeleros de oro: las siete estrellas son los ángeles de las siete iglesias, y los siete candeleros que has visto, son las siete iglesias. [Ap. 1:20]

Como usted puede notar, Juan presenta claramente cuándo él está utilizando símbolos, y él nos ayudará a comprender lo que esos símbolos significan. De otro modo, él está hablando de esa misma cosa que menciona, y si usted no puede espiritualizar estos símbolos porque son símbolos de algo, entonces él los presenta claramente aquí.

El misterio de las siete estrellas... y de los siete candeleros... Un misterio en la Escritura significa un secreto sagrado, que no había sido revelado antes. Y esto no había sido revelado hasta el momento en que fue dado a Juan. Pertenece específicamente a aquello que Juan ha visto. Él es el único que ha visto al Cristo glorificado. Quizá usted pregunte, "¿no había visto Pablo al Cristo glorificado"? El Apóstol Pablo le vio a Él en el camino a Damasco. Pero, ¿qué fue lo que vio? Él mismo dice: Vi una luz del cielo que sobrepasaba el resplandor del sol. (Hch. 26:13). Yo ni siquiera puedo mirar al sol, y no creo que el Apóstol Pablo pudiera tampoco hacerlo. Pero él no lo pudo ver a Él en toda Su gloria. Pero sabía que estaba allí, y esto causó una ceguera en Pablo que le duró unos cuantos días. Por lo tanto, Juan fue el primero en ver al Cristo glorificado.

Aquí se nos identifica a las siete estrellas como los siete ángeles. Las estrellas representan autoridad. A los apóstatas hoy se les llama "estrellas errantes". (Judas 13) Los ángeles pueden ser humanos o divinos. La palabra, por supuesto, significa "mensajeros". Podría referirse a un mensajero de las huestes angelicales del cielo. Puede referirse a uno que está a cargo de una congregación o a un maestro. A mí, me gusta pensar de esto personalmente como que se refiere a los pastores locales de las siete iglesias, que vamos a considerar. Hablando francamente, me gustaría ver que se le llame ángel a un pastor, porque a veces se les llama muchas otras cosas. Si me perdona, me gustaría mantenerme en esto.

Los siete candeleros representan a las siete iglesias de Asia. Ellas a su vez representan, en realidad, a la iglesia en su totalidad. La iglesia como el cuerpo de Cristo.

INTRODUCCIÓN A LOS CAPÍTULOS 2 Y 3

Llegamos a esta sección, donde tenemos la posesión de Jesucristo, es decir, la iglesia. La iglesia que es Su cuerpo, la iglesia que Él amó, y por la cual se entregó, y los creyentes en ella, los cuales le fueron dados a Él por el Padre. Él le da gracias al Padre por eso, en Su oración en Juan 17. Ahora, aquí estamos tratando con siete iglesias, y esto cubrirá todas las iglesias.

Después del capítulo 3, la iglesia brilla por su ausencia. Hasta el capítulo 4, la iglesia ha sido mencionada 19 veces. Pero después del capítulo 4, hasta el capítulo 20 donde tiene lugar el juicio ante el Gran Trono Blanco, la iglesia no se menciona ni una sola vez. La reacción normal es la de preguntar en cuanto al destino y la ubicación de la iglesia durante este período. Por cierto, que la iglesia no está en el mundo. Ha sido sacada ya del mundo.

Estas siete cartas tienen una interpretación y una aplicación triple:

En primer lugar, tienen un significado contemporáneo, es decir, que tienen un mensaje directo para las iglesias locales del día de Juan. Yo voy a llevarle a usted, a la localidad de estas siete iglesias en los próximos dos capítulos. Yo he podido visitar algunas de estas localidades personalmente, y quisiera seguir visitándolas, porque es tan emocionante y me acerca más a la Biblia. Usted se puede acercar más a la Biblia, visitando estas siete iglesias que caminando por la tierra de Israel. Las ruinas de esas iglesias a las cuales les escribía Juan, tienen un mensaje obvio. En su libro The Letters to the Seven Churches of Asia [Las cartas a las siete iglesias de Asia], el comentarista Sir William Ramsey dijo: "La persona que escribió estas siete cartas a las siete iglesias había estado allí y conocía las condiciones locales".

Hay un segundo significado, y es conocido como un significado compuesto. Es decir, cada uno es un cuadro compuesto de la iglesia; o sea que, hay algo que se puede aplicar a todas las iglesias en todas las edades; y cada uno de los mensajes, a cada iglesia individualmente. O sea que, cuando usted lee el mensaje a la iglesia de Pérgamo, usted puede tener allí un mensaje para su propia iglesia y para usted personalmente. Ése es el mensaje compuesto que está allí.

Luego, hay una tercera interpretación y aplicación, y es algo cronológico. Aquí se presenta la historia panorámica de la iglesia. Se presenta en las siete cartas, de Pentecostés, la Parousía; del Aposento Alto, al aire alto. Hay siete períodos definidos en la historia de la iglesia, y aparentemente nos encontramos en el último en el presente, y es el de Laodicea, o muy cerca a ese período.

Éfeso, representa la iglesia apostólica, la iglesia en su mejor momento. Ése es el primero. Laodicea, la última iglesia, representa a la iglesia apóstata, bien lejos de lo apostólico. Este cuadro tan patético se ha cumplido en su gran mayoría, y es ahora la historia de la iglesia. Eso lo hace algo muy destacado, por cierto.

El Señor seguirá un formato muy definido en dirigirse a cada una de las iglesias. Ésa es la razón por la cual digo que el Libro de Apocalipsis es principalmente un libro muy sencillo, porque se nos presenta en este libro el material mejor organizado que puede uno encontrar en cualquier libro de la Biblia. No hay ningún otro libro en la Biblia que sea tan organizado como lo es éste.

1. La primera iglesia mencionada aquí en Apocalipsis es Éfeso, porque era la más prominente, y representa a la iglesia apostólica, la iglesia en su situación óptima. En primer lugar, se destacaba a Cristo glorificado. Eso fue destacado de la visión en el capítulo 1, y fue enfatizado al

dirigirse a cada iglesia. Fue enfatizada una cosa en particular para cada iglesia en particular, por supuesto.

2. La carta es dirigida al ángel de cada iglesia. Como ya he indicado, creo que el ángel era sencillamente un mensajero humano, y me gustaría decir que era el pastor de cada iglesia.

3. Comienza diciendo a cada una: Conozco tus obras, aunque ha habido ciertas cuestiones, es decir, se ha cuestionado un par de estas cartas.

4. Al principio él da una palabra de encomio, y luego una palabra de condenación. Ése es Su método, pero debemos notar algunas excepciones. No hay palabra de condenación, por ejemplo, para las iglesias de Esmirna y Filadelfia. Esmirna era la iglesia mártir. Él no va a condenar a esa iglesia. Filadelfia era la iglesia misionera. Era la iglesia que estaba esparciendo la Palabra de Dios, y Él no la condenó. No hay palabra de encomio para la iglesia de Laodicea. Ésa es la iglesia apóstata.

5. Cada carta concluye con una advertencia: El que tiene oído, oiga lo que el Espíritu dice a las iglesias. Eso hace que éstas sean cartas tremendas, que haya aquí un mensaje tremendo.

Aquí comienza la segunda división principal de este libro, donde se habla de las cosas que son, cosas relacionadas con la iglesia. Cada una de las siete cartas, es un mensaje que el Señor Jesús envió a una iglesia particular.

Probablemente no estamos muy familiarizados con la realidad de que en el primero y el segundo siglos, el escribir cartas era una cosa muy común en el Imperio Romano. Había una comunicación abundante a través del Imperio Romano en aquel período; así es que, estas siete cartas del Apocalipsis son muy destacadas por otras razones, y la más importante es que es una carta directa del Señor Jesucristo a estas iglesias. Por tanto, aquí en el Nuevo Testamento tenemos dos cartas a los Efesios, la Epístola que escribió el Apóstol Pablo, y ahora la que escribe Juan. El Señor Jesucristo es quien la está enviando por medio de Juan. Fue el erudito Dr. Adolfo Deissmann quien, en su libro Light from the Ancient East [Luz del oriente del pasado], hace ya muchos años, hizo una distinción entre las cartas y las epístolas;

en realidad, se ha probado como algo artificial y completamente falso. El hecho de que se llamaran "cartas" en vez de "epístolas", no resta de su importancia. Estas siete cartas tenían un alcance bastante amplio, y llegaban a multitudes de personas. Estaban dirigidas a un área. Estas iglesias eran muy destacadas en aquel día. Esta área del Imperio Romano era probablemente la parte más importante de todo el Imperio Romano en los primeros dos siglos y quizá en el tercero. La razón es que aquí es donde se unía el oriente con el occidente. Alrededor del año 2.000 a.C., hubo una civilización a lo largo de la costa de Asia Menor como la conocemos hoy, la costa occidental de Turquía, una zona muy hermosa, por cierto. Allí se puede contemplar paisajes muy hermosos, también tierras muy fértiles. Ése era, pues, el corazón mismo de la gran nación hetea de épocas antiguas. Para el año 2.000 a.C. ya había ciudades que estaban habitadas allí. Éfeso ya había sido habitada para el año 2.000 a.C., y también lo era Esmirna, la cual es la moderna Izmir; Pérgamo, fue fundada obviamente un poco más tarde. Luego, Tiatira y Sardis vinieron más adelante, y llegaron a ser grandes ciudades en la época de Alejandro Magno. La civilización de Anatolia se unió a la civilización griega en ese lugar. Y uno siempre puede darse cuenta de la diferencia porque los dioses de la gente de Anatolia, que eran gente más primitiva, esos dioses eran animales, mientras que los dioses de los romanos eran seres humanos. Por supuesto que eran proyectados y hechos de un tamaño mucho más grande. Así es que, lo que tenemos aquí son cartas que viajaron a través de esa zona, y el impacto que tuvieron fue tremendo en esa ocasión.

Por ejemplo, la ciudad de Éfeso, era una ciudad de unos 200.000 habitantes; era una gran ciudad, y allí había un gran teatro, un teatro al aire libre, un teatro con capacidad para unas 20.000 personas. Era una ciudad hecha de mármol blanco, un lugar muy hermoso. Pablo habló de eso. Si pensamos que el evangelio no tenía un impacto muy grande en esas ciudades en particular, estamos completamente equivocados. En realidad, la ciudad de Éfeso hizo tal impacto que a la entrada del puerto había cuatro grandes columnas, y allí tenían la cruz. Sólo una de esas columnas se mantiene en el presente y tiene la cruz sobre ella. Una de esas columnas era en honor a Mateo; la otra, en honor a Marcos; la otra, en honor a Lucas; y la otra, en honor a Juan. Como usted puede ver, después de Pablo y Juan, hubo allí una gran población cristiana en esa zona. Hasta el doctor Lucas escribe en cuanto a esa zona que, en toda Asia, tanto judíos como gentiles habían escuchado el evangelio, y podría haber habido en esa zona unos 25 millones de personas. Éste es el lugar donde pasaba sus vacaciones el emperador romano. Era un buen lugar de vacaciones, y éste es el lugar del cual hemos dicho que el oriente es oriente, y el occidente es occidente, y donde ambos se juntaron y formaron una gran civilización. Creemos que éste es el lugar donde el Apóstol Pablo tuvo su ministerio principal dentro de la ciudad de Éfeso, y de allí salió a todas partes de Asia, según nos dice el Dr. Lucas todos lo que habitaban en Asia... oyeron la palabra del Señor Jesús. (Hch. 19:10) Así es que, todos oyeron, tanto judíos como griegos; no todos se volvieron a Cristo, pero todos lo oyeron. Éste fue probablemente el movimiento más grande, podríamos llamarlo de avivamiento que haya tenido lugar en la historia de la iglesia, y tuvo lugar en esa zona en particular.

CAPÍTULO 2

La iglesia en el mundo

La ciudad de Éfeso, por cierto, era una ciudad muy hermosa y la ciudad principal de Asia. Cuando el Apóstol Pablo llegó al puerto, había allí una gran avenida de mármol blanco, y aún existe en el presente; a cada lado había hermosos edificios, templos, y muchos negocios donde se podía hacer compras, negocios que hoy los turistas utilizan para comprar recuerdos. Hacia la derecha había un gran mercado, y luego más adelante, del lado de la montaña, había un gran teatro donde se podían sentar unas 20.000 personas. Más lejos, hacia la izquierda, había sí un gran anfiteatro donde podían sentarse unas 100.000 personas. Había ocasiones en las cuales probablemente se podían reunir de uno a dos millones de personas, en esa ciudad de Éfeso. Aquí es donde el Apóstol Pablo estuvo con su ministerio principal, y donde más tarde Juan llegó a ser Pastor.

Los de Anatolia establecieron primero la ciudad alrededor del templo de Diana. Ellos estaban adorando a Diana de los Efesios. Al principio este templo era hecho de madera. Fue construido en primera instancia en un lugar muy bajo, al lado del océano, y el puerto llegaba hasta allí. Con el tiempo, el Río Cayster y el Río Meandro, un río serpenteante pequeño cuyas aguas bajaban cargadas de lodo y arena, hicieron que se llenara la zona alrededor del templo, para la época en que llegó allí Alejandro Magno. El río es tan espeso, que parece sopa porque carga tanto lodo y arena. De paso digamos que la noche en que nació Alejandro Magno, se quemó ese templo, y luego, cuando él llego a la ciudad, él sencillamente se la entregó a uno de sus generales llamado Lisímaco. Lisímaco trató de evacuar la gente de ese lugar, porque el puerto ya se estaba llenando de arena, y él hizo entonces que la gente fuera a un lugar más alto, y allí es donde uno puede apreciar las ruinas de la ciudad en el presente, la ciudad que existía allí cuando llegó el Apóstol Pablo.

Luego, sobre las ruinas donde había estado el antiguo templo, la gente colocó carbón y pieles, ya que era un lugar muy bajo, y allí Alejando Magno dirigió la construcción del templo de Diana, y éste llegó a ser una de las siete maravillas del mundo antiguo; y allí estaba edificado sobre un cimiento artificial de piel y carbón. Eso lo hacía a prueba de terremotos, y fue edificado en esa zona pantanosa. Sus puertas fueron talladas en madera de ciprés. Su escalinata fue tallada también de madera de ciprés. Las columnas y paredes, eran de mármol.

Este lugar era como una galería de arte, con obras maestras de Praxíteles, Fidias, Escopas, Policleto, y el famoso cuadro de Alejandro Magno por Apeles estaba allí. Pero detrás de una cortina púrpura se encontraba el ídolo terrible, el ídolo más sagrado del paganismo, Diana, la de muchos pechos. Ese lugar llegó a ser un banco donde se depositaba el dinero de Asia; era el templo griego más grande que se haya construido. Tenía unos 127 metros de largo por 60 de ancho. Había más de 100 columnas exteriores, y existe cierta diferencia de opinión en cuanto al tamaño exacto del templo, pero era cuatro veces más grande que el Partenón de Atenas. Fue finalmente destruido por los godos allá por el año 256 d.C. Así es que, allí estaba este gran templo, el templo que estaba en la época del Apóstol Pablo, donde se practicaba la inmoralidad más crasa que uno pueda imaginarse, porque cuando uno avanza más al interior del país, todo eso se convertía en orgías sexuales, y su nombre era cambiado de Diana a Cibeles. Eso le da a usted una idea de ese lugar. Si usted quiere tener una idea de lo grandioso que era ese templo, en lo que a belleza física se refiere, si usted llega a visitar la ciudad de Estambul, puede ir a ver el templo de Santa Sofía, y allí puede apreciar unas hermosas columnas verdes que fueron tomadas del templo de Diana. Eso lo hizo Justiniano cuando él construyó Santa Sofía. El templo de Diana era en realidad una cosa muy hermosa.

Diana era la diosa oriental de la fertilidad, la de muchos pechos. Ella tenía un tridente en una mano y un mazo en la otra. Era una imagen muy tosca la que estaba en el templo, y era adorada probablemente por la mayor cantidad de personas que cualquier otra forma de idolatría. Los adoradores se entregaban a los ritos religiosos más bajos de sensualidad, orgías bacanales y todo eso tenía lugar allí, practicadas en exceso, y con gran vicio. Lo que allí tenía lugar, hacía que "la nueva moralidad" del presente pareciera un paseo de una escuela dominical.

Pablo llegó allí en su tercer viaje misionero, allí comenzó su ministerio y por dos años él estuvo en la escuela de Tirano. Allí predicaba la Palabra. Pero estaré en Éfeso hasta Pentecostés; porque se me ha abierto puerta grande y eficaz, y muchos son los adversarios. (1 Co. 16:9) Juan, el "Apóstol del amor", el "hijo del trueno", llegó a ser un Pastor. Él fue exiliado a Patmos, y luego de haber pasado diez años en el exilio y en la prisión, él regresó a Éfeso. La basílica de San Juan, que es el punto más elevado en ese lugar, está construida sobre el lugar tradicional de entierro del Apóstol Juan.

La carta de Cristo a la iglesia en Éfeso

El Señor Jesucristo, pues, habla a esta iglesia en medio de un materialismo craso; un animalismo que degrada; un paganismo despreciable, ruin. Note usted con cuidado cuando Él le habla a esta iglesia, porque creo francamente que éste es uno de los más importantes de todos.

Escribe al ángel de la iglesia en Éfeso: El que tiene las siete estrellas en su diestra, el que anda en medio de los siete candeleros de oro, dice esto. [Ap. 2:1]

Note que Él sostiene la iglesia con Su mano. Está bajo Su control. No lo tiene ahora, pero lo tenía entonces. Él anda de un lugar a otro. Creo que Él todavía está andando de un lugar a otro y todavía está juzgando a la iglesia.

Él tiene siete palabras de encomio que dice a esta iglesia.

Yo conozco tus obras, y tu arduo trabajo y paciencia; y que no puedes soportar a los malos, y has probado a los que se dicen ser apóstoles, y no lo son, y los has hallado mentirosos. [Ap. 2:2]

1. Yo conozco tus obras. Es necesario que comprendamos que está hablando a los creyentes. Dios no le pide al mundo perdido que haga obras. Pablo, escribiendo a Tito, dice: Nos salvó, no por obras de justicia que nosotros hubiéramos hecho, sino por su misericordia, por el lavamiento de la regeneración y por la renovación en el Espíritu Santo. (Tit. 3:5) Pablo dice también en Romanos 4:5: Mas al que no obra, sino

cree en aquél que justifica al impío, su fe le es contada por justicia. Cristo está hablando aquí a los Suyos, después que han sido salvos. Él, entonces, quiere hablar con ellos en cuanto a buenas obras. Y tiene mucho que decir en cuanto a esto. Se nos dice a nosotros: Porque por gracia sois salvos por medio de la fe; y esto no de vosotros, pues es don de Dios; no por obras, para que nadie se gloríe. Porque somos hechura suya, creados en Cristo Jesús para buenas obras, las cuales Dios preparó de antemano para que anduviésemos en ellas. (Ef. 2:8-10) El mismo Apóstol Pablo podía escribirle a Tito y decirle: Profesan conocer a Dios, pero con los hechos lo niegan, siendo abominables y rebeldes, reprobados en cuanto a toda buena obra. (Tit. 1:16) Alguien ha dicho que el creyente debería ser como un buen reloj, todo de oro, con el rostro abierto, que marche regularmente, en el que se pueda confiar y lleno de buenas piezas. Así es que, Él le está diciendo aquí a esta iglesia, como lo dijo el Apóstol Pablo: Sed llenos del Espíritu Santo. (Ef. 5:18). Y él les dijo lo que uno puede hacer con creyentes llenos del Espíritu Santo; y ahora el Señor encomia o elogia a estos creyentes por sus buenas obras.

2. Y su arduo trabajo. ¿Cuál es la diferencia entre "obra" y "trabajo"? La palabra "trabajo" tiene significado de cansancio. Hay referencia de que el Señor Jesús se cansaba en algunas de sus jornadas o caminatas que tuvo. Los creyentes efesios se cansaron trabajando con el Señor. Se cansaron por el trabajo.

3. Y paciencia. Ése es el fruto del Espíritu Santo.

4. Y que no puedes soportar a los malos. No podían soportar a los hombres malos.

5. Y has probado a los que se dicen ser apóstoles, y no lo son, y los has hallado mentirosos. Ellos probaban a cualquiera que venía, y decía que era un Apóstol. Ellos le preguntaban si había visto a Cristo resucitado, y rápidamente sabían si era o no era un Apóstol. Si no lo era, entonces le decían que se apartara de ellos, que saliera de la ciudad, y por lo general así ocurría. Es decir, que ellos siempre probaban a los que venían, algo que es muy cierto y necesario en la época presente más de lo que era entonces.

Y has sufrido, y has tenido paciencia, y has trabajado

arduamente por amor de mi nombre, y no has desmayado.
[Ap. 2:3]

6. Has trabajado arduamente por amor de mi nombre. Ellos habían sufrido; ellos estaban llevando la cruz porque habían creído en Cristo, habían creído en el nacimiento virginal, habían creído en Su Deidad, en Su muerte de sacrificio. Y tenían que pagar un precio por eso.

7. No has desmayado. En realidad, debería decirse que no se habían cansado. ¿Qué es lo que Él quiere decir aquí? Antes, Él había dicho que se habían cansado, y ahora dice que no se han cansado. Bueno, ésta es una de las grandes paradojas de la fe cristiana, y podemos ilustrarlo con lo que dijo el Dr. Moody en cierta ocasión, cuando llegó a su hogar después de una campaña que le había dejado agotado. Su familia le rogaba que no fuera a la siguiente reunión, y él les dijo: "Me canso en el trabajo, pero no del trabajo". Hay mucha diferencia. Uno puede cansarse en la obra de Cristo, pero es algo trágico si usted se cansa de la obra de Cristo.

Éstas son las palabras de encomio que Él tenía que decirle a la iglesia apostólica. Estas siete palabras de encomio también se aplican al período de la historia de la iglesia entre Pentecostés y a.C. 100, el cual representa la iglesia de Éfeso.

Tenemos ahora una palabra de condenación:

Pero tengo contra ti, que has dejado tu primer amor. [Ap. 2:4]

El significado realmente es, Pero tengo contra ti, que has dejado tu mejor amor. Esto parece que fuera algo sin importancia, trivial. ¿Por qué dice esto? Lo que él estaba diciendo en realidad, es: "Vosotros estáis dejando vuestro mejor amor". Ellos no lo habían hecho aún. Y, es algo difícil para nosotros, en este día frío e indiferente en el que nos toca vivir, en esta era escéptica y cínica en la que vivimos, donde la iglesia se ve envuelta en las cosas del presente, es decir que el mundo se ha metido dentro de la iglesia en una forma muy definida, pero usted y yo hoy, no podemos concebir la devoción intensa y entusiasta a la Persona de Cristo que tenía la iglesia primitiva. El Espíritu Santo había llevado a los creyentes en Éfeso a una relación íntima y personal con el Señor Jesucristo, donde ellos podían decirle a Él, y confío que usted y yo podamos decir: "Señor Jesucristo, yo Te amo". Ellos ahora se estaban apartando de ese primer amor. La iglesia primitiva se descaminó, no en la doctrina, sino en su relación personal con Jesucristo.

Y, en Éfeso siempre se podía encontrar atracciones. Era una gran ciudad, y eso estaba comenzando a apartarlos y separarlos, y era una iglesia que llegó a ser una iglesia muy poderosa en lo que se refiere al evangelismo en toda esa zona, donde había unos 25 millones de personas, y aun los emperadores romanos y la nobleza de aquel día llegaban a escuchar el evangelio. Ellos tuvieron la oportunidad de oírlo, y pudieron ver la actuación del Espíritu de Dios de una manera tal que probablemente no se ha duplicado desde entonces.

Hay algunas personas, que han llegado a tener esa relación personal tan cerca del Señor Jesucristo. Por ejemplo, David Brainard, misionero norteamericano a los indios de los Estados Unidos, quien sufría de tuberculosis, viajaba mucho a lomo de caballo, y a veces él sufría un ataque, una convulsión, vomitaba sangre, perdía el conocimiento y caía de su caballo, y quedaba tendido allí sobre la nieve. Cuando esto le sucedía, su caballo permanecía allí a su lado. Y cuando él recobraba el conocimiento, volvía a subirse al caballo y a continuar su viaje para predicar a los indios. Él exclamaba: "Señor Jesucristo, yo Te he fracasado, Te he fallado, pero Tú sabes que yo Te amo". Me admira, ver gente como él en el pasado que ha tenido una relación muy personal e íntima con el Señor Jesucristo.

Eso es de suma importancia, aún en el presente. Nosotros no estamos haciendo esto hoy. Es sorprendente y me llaman la atención estos cursillos que toman los creyentes hoy pero que no llegan a ser de mucha ayuda. Son cosas superficiales nada más. Es como un pequeño sistema legal en el cual uno sigue ciertas reglas, observa ciertas normas sicológicas que le pueden llegar a resolver los problemas a uno. Uno puede llegar a llevarse bien consigo mismo (y eso es algo sorprendente en sí); luego, uno puede llevarse bien con sus vecinos, puede llevarse bien con los demás, especialmente con la esposa. Todas estas cosas son importantes, y hay algunos que tienen estos problemas, y hay muchas personas que piensan que si pueden tener ciertas reglas, que esto les va a resolver ciertas cosas, que va a resolver su vida cristiana. Pero, permítame resumirlo en una pregunta: ¿Ama usted al Señor Jesucristo?

No interesa cuál sea su sistema, cuál sea la combinación que tenga, cuál sea su programa, o cuál sea esa norma que siga. Todas estas cosas llegan a ser completamente nada si usted no ama al Señor. Si usted le ama, algunos sistemas son mejores que otros, pero la mayoría de los sistemas van a dar resultado si usted ama al Señor Jesucristo. Esto hará que su relación del Señor Jesucristo llegue a ser algo hermoso, maravilloso.

Se cuenta la historia de dos jovencitas que trabajaban en una fábrica textil. Una de ellas dejó de trabajar para contraer matrimonio. Esta joven, cuando trabajaba en la fábrica textil, siempre estaba observando el reloj, y cuando llegaba la hora de salir, ella dejaba ese lugar apresuradamente. Ese trabajo era bastante duro, y a ella no le gustaba. Las dos perdieron el contacto una con otra. Un día se encontraron en la calle. Había pasado ya mucho tiempo, y una de ellas le preguntó a la otra que se había casado: "¿Cómo te va?" Ésta le contestó: "Muy bien, ya me casé". La otra le preguntó: "¿Estás trabajando todavía?" Entonces, la otra contestó: "No, no estoy trabajando. Me he casado". Ella dice que ha dejado de trabajar, que se ha casado. Pero, usted puede apreciar que ahora ella se ha casado, se levanta temprano para preparar el desayuno para su esposo, prepara la comida que él debe llevar a su trabajo, y ella tiene que madrugar para hacer todo esto. Luego, se despide de él, y tiene que trabajar todo el día cuidando los dos hijos traviesos que tiene, que le parecen angelitos porque son suyos y la mantienen muy ocupada. Luego, llega la hora de preparar la cena, y ella se entrega a esa labor. No deja de trabajar. Comienza a preparar la comida. Luego regresa su esposo por la noche, y ella se encuentra a la puerta, le abraza y le dice cuánto le ha extrañado durante ese día. Y, cuando usted regresa a su hogar en horas de la noche, cansado de trabajar y a la puerta no hay nadie que le reciba, y cuando usted abre la puerta de la casa y por allá de adentro escucha una voz que le dice: "¿Eres tú?", pues, usted sabe muy bien que se acabó la luna de miel. Pero, esta muchacha, ¿ve usted? está enamorada. Ella dice que ya no está trabajando más. Pero ella no deja de trabajar a las 5 de la tarde, sino que tiene que continuar haciéndolo sin horario fijo; tiene que alimentar a los hijos, ponerlos en la cama, y son cosas que no son fáciles. Ella queda bastante cansada y fatigada, cuando finalmente puede ir a dormir. Pero esta muchacha no está trabajando, ¿ve usted? Ésa es la diferencia, el amor.

Cuando la obra en la iglesia llega a ser una carga pesada, hay algo que anda mal en su relación con Cristo. Pero cuando usted arregla eso, entonces, todas las demás cosas se arreglan también.

Ésta es la razón por la cual el Señor Jesús les dijo a los creyentes efesios, que ellos se estaban apartando del primer amor, del mejor amor, del amor de Él. ¿Cuál es la solución? ¿Qué es lo que deben hacer ellos?

Recuerda, por tanto, de dónde has caído, y arrepiéntete, y haz las primeras obras; pues si no, vendré pronto a ti, y quitaré tu candelero de su lugar, si no te hubieres arrepentido. [Ap. 2:5]

Recuerda, por tanto. La memoria es algo maravilloso. Alguien ha dicho que un recuerdo es algo que Dios nos ha dado para que podamos tener rosas en el invierno. Alguien ha dicho también que es un lujo que sólo un buen hombre puede disfrutar. ¿Recuerda usted, cuando se convirtió? ¿Recuerda cuán real era todo esto? ¿Lo que el Señor Jesucristo significaba para usted y ahora ha llegado a ser frío e indiferente? ¿Se ha apartado usted de Él? Recuerde, dónde estaba usted y usted puede todavía regresar allí.

Arrepiéntete. Necesitamos mucho esto hoy. Es necesario que nos libremos de ese caparazón de autosuficiencia que tenemos, de esa corteza de vanidad, de ese escudo de sofisticación, de ese encubrimiento de engreimiento. Debemos librarnos de esa fachada falsa de piedad. Debemos arrepentirnos. Debemos ir a Él. Arrepentimiento significa el volvernos a Él, y el arrepentimiento es un mensaje para los creyentes. ¿Cómo se atreve la iglesia de hoy a decirle a un hombre incrédulo que se arrepienta? Lo que él necesita es volverse a Cristo para ser salvo. Cuando él se vuelva a Cristo, entonces él se volverá del pecado, como hicieron los tesalonicenses cuando se apartaron de los ídolos. Cualquiera sea su pecado, usted se volverá de él. Pero primero es necesario volverse hacia Cristo. Así es como lo hicieron los tesalonicenses: Cómo os convertisteis de los ídolos a Dios, para servir al Dios vivo y verdadero, y esperar de los cielos a su Hijo. (1 Ts. 1:9-10). Pero la iglesia necesita arrepentirse, y ése es un mensaje que ellos no quieren escuchar hoy. Recuerda… arrepiéntete…vuélvete a Él, pues si no, vendré pronto a ti, y quitaré tu candelero de su lugar, si no te hubieres arrepentido. ¿Cuántas iglesias han sido cerradas? Por un tiempo había multitudes allí. Pero ya no ocurre así. Porque ya no se enseña allí la Palabra de Dios. Permítame decirle que Él aún está observando esos candeleros, y a Él no le molesta cortar la mecha un poco cuando comienza a humear, y tampoco le preocupa apagarla cuando ya no quiere dar más luz.

> *Pero tienes esto, que aborreces las obras de los nicolaítas, las cuales yo también aborrezco. [Ap. 2:6]*

Esta palabra nicolaítas es una palabra doble, nikó—significa gobernar o conquistar, y laos—significa la gente, de allí proviene nuestra palabra "laico". Es difícil explicar quiénes eran los nicolaítas. Hay algunos que opinan que era una orden sacerdotal que estaba comenzando a formarse, y que estaban tratando de gobernar a la gente. La segunda opinión es que no hay forma de identificar a este grupo en ninguna de las iglesias primitivas, o de las que vinieron después. Luego, hay una explicación que se ofrece y es que había un hombre llamado Nicolás de Antioquía, que era un apóstata de la verdad y que había formado un culto gnóstico, autónomo, en el cual se pensaba que uno podría practicar el pecado para poder comprenderlo. Ellos se entregaron a las cosas sensuales con la explicación de que estos pecados no tocaban el espíritu. Este término, nicolaítas entonces, se refiere a este culto. Creo que ésta es la mejor explicación. La iglesia en Éfeso aborrecía esto, y más adelante vamos a ver que la iglesia en Pérgamo lo toleraba.

> *El que tiene oído, oiga lo que el Espíritu dice a las iglesias. Al que venciere, le daré a comer del árbol de la vida, el cual está en medio del paraíso de Dios. [Ap. 2:7]*

El que tiene oído, oiga. Yo digo, "el que tiene un oído untado con sangre". Esto es lo que se requería de los sacerdotes en el Antiguo Testamento. No todos pueden escuchar la Palabra de Dios. Sé que pueden oír un sonido audible, pero no captan el mensaje. Ésta es una frase que el Señor utiliza para alertar nuestros oídos sordos. Usted recuerda que Él utilizó esta expresión: Tienen oídos para oír, pero no oyen. Él está hablando a aquéllos que tienen una percepción espiritual.

Oiga lo que el Espíritu dice a las iglesias. El Espíritu es el Espíritu Santo, el que enseña a la iglesia.

Al que venciere se refiere a los creyentes verdaderos, y nosotros sólo podemos vencer a través de la sangre del Cordero.

Le daré a comer del árbol de la vida. Usted recuerda que al hombre le fue prohibido comer de este árbol después de la caída. (Gn. 3:22-24) En el cielo, ese cartel que dice "Prohibido comer" será quitado de ese árbol, y todos nosotros tendremos el privilegio de comer del Árbol de la Vida. No sé qué clase de fruto tiene ese árbol, pero creo que esto nos va a permitir vivir en una manera extraordinaria. La mayoría de nosotros, en realidad, no sabemos cómo vivir aquí. Tenemos una existencia, por así decirlo, "vegetal". Pero, allí vamos a tener una existencia "frutal", cuando podamos comer del Árbol de la Vida. Vamos a vivir como nunca antes habíamos vivido.

Aquí se menciona el paraíso de Dios, y esto significa el jardín de Dios. El cielo es un jardín donde prevalece lo verde, y no es solamente un lugar con calles de oro. Hay muchas personas que creen que el cielo es un lugar donde abundan los palacios y todo está pavimentado con oro, las calles son de oro. Parece que hacen mucho énfasis en lo metálico. Pero, este versículo aquí no enfatiza eso.

La iglesia de Éfeso, representa la iglesia en su estado óptimo, la iglesia apostólica.

La carta de Cristo a la iglesia de Esmirna

Llegamos ahora a la iglesia en Esmirna, la iglesia mártir; ésta es la iglesia que murió por Él. De la palabra "Esmirna", obtenemos la palabra "mirra". En realidad, significa sufrimiento.

Esta ciudad todavía se encuentra en existencia. El nombre moderno quizá le haga difícil identificar, está en Turquía y se llama Izmir, pero es la misma ciudad y ha estado ocupada continuamente desde su fundación hace mucho tiempo ya. Es una ciudad muy comercial hoy y hay algunas personas que opinan que Izmir, llegará a ser más grande que Estambul algún día. Por cierto, que será mayor comercialmente. A causa de eso, y de la gran cantidad de gente que vive allí, y a la gran expansión, ya que cubre la mayor parte de las ruinas de la antigua ciudad, uno puede quedarse sin apreciar toda su belleza.

Su puerto es uno de los más hermosos y de gran tamaño. Izmir es una de las ciudades más hermosas de Asia. Se le llama "una flor", "una corona", "un adorno", y ha sido llamada "la corona de toda Asia". La Acrópolis se encuentra en el Monte Pagus. El comienzo de la ciudad se remonta al año 2000 a.C., y era entonces una ciudad hetea en las laderas del Monte Pagus, y más tarde fue edificada por Alejandro Magno. Él tuvo mucho que ver con la edificación de esta ciudad. La ciudad tenía grandes y hermosos bulevares o avenidas a lo largo de las laderas del Monte Pagus. En la cumbre se encontraba la ciudad. Se la llamaba la ciudad "coronada" porque estaba rodeada por una hilera de flores y de árboles de arrayán. Estaba adornada por hermosos templos y elegantes edificios. Allí se podía ver el templo de Zeus, el templo de Cibeles, que no era otra sino Diana, un templo de Afrodita, un templo de Apolo, y un templo de Asclepio. Izmir también tenía un teatro y un odeum, es decir un centro musical. Era la cuna de la música, y también había allí un estadio, y fue en ese estadio que Policarpo, un estudiante del Apóstol Juan y Obispo de Esmirna, fue martirizado cuando le quemaron vivo en el año 155 d.C.

En la literatura cristiana, Esmirna quiere decir "sufrimiento". Al escribir a esta iglesia el Señor Jesucristo dijo por medio del Apóstol Juan: Conozco...tu tribulación, y tu pobreza... (Ap. 2:9). Es una de las pocas ciudades antiguas que sigue en existencia en el presente, habiendo sido habitada continuamente desde el mismo principio. Hay otra iglesia a la cual se dirige el Señor Jesucristo, la iglesia de Filadelfia, que junto con Esmirna son las dos iglesias a las cuales no se dirigió palabras de condenación. Éstas son dos iglesias que han tenido una existencia continua; ninguna otra puede decir lo mismo. Su candelero ha sido cambiado de lugar; hay unos pocos creyentes en Izmir, pero no se dan a conocer abiertamente porque son perseguidos en esa zona aún hoy. Ellos han tenido contacto indirecto con nosotros cuando hemos estado allí.

Como Éfeso representa a la iglesia apostólica, así Esmirna representa a la iglesia mártir y cubre un período desde el año 100 d.C. hasta aproximadamente 314 d.C., desde la muerte de Juan hasta el edicto de tolerancia de Constantino, que fue dado en el año 313 d.C., lo cual puso fin a la persecución de los cristianos, no sólo en Esmirna, sino en todo el Imperio Romano, especialmente en Roma.

Yo quisiera ahora, ver algo del formato, del estilo que usa el Señor Jesucristo al escribirle. Vemos que los líderes de la iglesia fueron muertos al principio. Pero veamos lo que nos dice el texto aquí en el versículo 8; aquí tenemos al Señor Jesucristo dirigiéndose a esta iglesia, y es un mensaje muy breve, de encomio en su totalidad.

> *Y escribe al ángel de la iglesia en Esmirna: El primero y el postrero, el que estuvo muerto y vivió, dice esto. [Ap. 2:8]*

Este versículo se refiere al capítulo 1, versículos 17-18, que dicen, Cuando le vi, caí como muerto a sus pies. Y él puso su diestra sobre mí, diciéndome: No temas; yo soy el primero y el último; y el que vivo, y estuve muerto; mas he aquí que vivo por los siglos de los siglos, amén. Y tengo las llaves de la muerte y del Hades. El Señor Jesucristo escogió de la visión de Sí Mismo, esa figura particular que le conviniera a cada iglesia. A la iglesia de Esmirna, Él se describe como el Primero y el Postrero, el que estuvo muerto y vivió.

El primero y el postrero quiere decir que no hubo nada antes de Él, y que no habrá nada después de Él. Él es quien tiene a Su cargo la declaración final de todas las cosas. Los creyentes que estaban siendo perseguidos necesitaban saber, que Él estaba a cargo de todo, y que eso estaba en los planes y propósitos de Dios.

El que estuvo muerto y vivió. Esto tiene un verdadero mensaje para los mártires. Habla de la muerte y resurrección de Cristo, y Su experiencia con la muerte lo identifica con cinco millones de creyentes que fueron martirizados durante ese período. (El comentarista Fox, dice que hubo 5 millones de personas que murieron como mártires durante ese período.) Pero, el Señor Jesucristo triunfó sobre la muerte, y Él puede salvar hasta más no poder a aquéllos que están soportando persecución y martirio.

Ahora Él tiene algo que decirles:

> *Yo conozco tus obras, y tu tribulación, y tu pobreza (pero tú eres rico), y la blasfemia de los que se dicen ser judíos, y no lo son, sino sinagoga de Satanás. No temas en nada lo que vas a padecer. He aquí, el diablo echará a algunos de vosotros en la cárcel, para que seáis*

probados, y tendréis tribulación por diez días. Sé fiel hasta la muerte, y yo te daré la corona de la vida. [Ap. 2:9-10]

Hay siete cosas que el Señor encomió o elogió en esta iglesia.

1. Primero, menciona la tribulación. En los mejores manuscritos no aparecen las palabras tus obras. Yo prefiero no incluirlas, pero si usted quiere incluirlas, está bien. Pero debemos entender bien que la tribulación que se menciona, sin duda alguna no se está refiriendo al período de la Gran Tribulación, sino más bien a problemas. Ya que la terrible persecución de la iglesia por el emperador romano no se llama la Gran Tribulación, por cierto, que los pequeños sufrimientos que estamos padeciendo nosotros en el presente, tampoco no pueden llamarse Gran Tribulación. Así es que, ellos estaban sufriendo mucho por Cristo.

2. La segunda cosa es que nota su falta de posesiones materiales. La iglesia primitiva estaba formada en su gran mayoría por las clases pobres. Cuando se convertían los ricos, sus propiedades eran confiscadas, a causa de su fe. Pero tú eres rico, demuestra las bendiciones espirituales de la iglesia. Usted puede notar el contraste que existe entre esto y la iglesia de Laodicea que era rica. Pero nuestro Señor le dijo: "Tú eres pobre y no lo sabes".

Cuando yo tenía la oportunidad de visitar algunas iglesias en diferentes lugares donde había conferencias y convenciones, allí yo encontré a pastores a quienes les gustaba contar que en su congregación había varios millonarios o personas de prominencia. Pero, esta iglesia mártir no podía jactarse de eso. Ellos tenían esclavos, algunos que habían sido esclavos, esclavos que habían sido liberados o que habían huido, o gente pobre. No había muchos de ellos que fueran ricos, ni que tuvieran propiedades.

3. La blasfemia de los que se dicen ser judíos y no lo son. Usted sabe que sólo ha habido un remanente a través de los años, de esta gente que ha sido verdaderamente el pueblo de Dios. El Apóstol Pablo, dice que todo Israel no es Israel. Lo que hace al judío un judío, y lo que en realidad hace que pertenezca a la nación de Israel, es su religión. Eso es lo que lo identifica. Hablando nacionalmente de ellos, el Señor dijo que su padre

era sirio: Un arameo a punto de perecer fue mi padre. (Dt. 26:5) Ése era un cuadro de él. Esmirna era una ciudad de cultura. Muchos judíos habían dejado de lado su creencia en el Antiguo Testamento. Pero, cuando ellos han negado su religión, y aunque digan que son judíos, no lo son, porque cuando un judío abandona su religión existe una duda de si es o no es judío. En Alemania ellos trataron de hacer eso, digamos de paso. A través de los años ha habido sólo un remanente de esta gente que de verdad han sido gente de Dios.

4. No temas en nada. Éste es el ánimo del Señor dado en medio de la persecución. Es la segunda vez en este libro que el Señor ofrece esta clase de aliento. La historia nos dice que multitudes de personas fueron a sus muertes, cantando alabanzas a Dios.

5. El diablo echará a algunos de vosotros en la cárcel. Se nos presenta aquí que el diablo y Satanás son la misma persona, y vamos a observar a esta terrible criatura más adelante, pero Cristo dice que él, o sea Satanás, es responsable por el sufrimiento de los santos. Nosotros por lo general acusamos de ser responsable a la persona más inmediata o a las circunstancias que son utilizadas por Satanás. Pero el Señor Jesucristo va a la raíz misma del problema.

Me gustaría insertar una palabra personal ahora. Yo pude clasificar y ubicar todo lo que me ha sucedido a mí bajo diferentes aspectos: Dios me estaba juzgando, Dios me estaba castigando. Al principio yo estaba un poco confundido, y muchas personas comenzaron a escribir diciendo que creían que Satanás era el responsable. Opino que ésa es la explicación y la razón por la cual tuve tantos problemas físicos.

6. Y tendréis tribulación por diez días. Hubo 10 períodos de intensa persecución contra los creyentes de parte de 10 emperadores romanos. (Las fechas son aproximadas.)

Nerón, del año 64 al 68 d.C. El Apóstol Pablo fue decapitado bajo el reino de Nerón.

Luego, llegó Domiciano, desde el año 95 hasta el 96 d. C., y él fue peor, mucho peor que Nerón. Juan fue exiliado durante ese período.

Luego, tenemos a Trajano, de los años 104-117. Fue entonces cuando Ignacio fue muerto en la hoguera.

Luego, Marco Aurelio, de los años 161-180. Policarpo fue martirizado en ese período.

Tenemos después a Severo, de los años 200-211.

Luego, Maximiano (235-237).

Decio (250-253).

Valeriano (257-260).

Aureliano (270-275).

Diocleciano, en los años 303-313. Él fue el peor emperador de todos.

Aquí tenemos, pues, a 10 emperadores romanos que encabezaron una terrible persecución de los creyentes.

7. La séptima cosa es: Sé fiel hasta la muerte. Esto indica que ellos eran mártires. Ellos fueron fieles hasta la misma muerte. Él dice que les va a dar la corona de la vida. Ésta es una corona especial para aquéllos que sufren. Es muy interesante notar que el Señor tiene coronas especiales. Conozco a muchos santos maravillosos que van a recibir esa corona algún día. Si usted se encuentra en un lecho de dolor, quizá puede ser una persona paralizada, y se ha preguntado estas cosas, Él tiene algo bueno para usted en la eternidad. Va a recibir algo que ninguna otra persona recibirá, con excepción de quienes se encuentran en su propio grupo, por supuesto. Santiago dice: Bienaventurado el varón que soporta la tentación; porque cuando haya resistido la prueba, recibirá la corona de vida, que Dios ha prometido a los que le aman. (Stg. 1:12) Esa corona de la vida indica que la disfrutará algún día a lo sumo. ¡Qué cosa más gloriosa les espera a aquéllos de los lectores que son inválidos hoy, que se encuentran en lechos de dolor y enfermedad!

El que tiene oído, oiga lo que el Espíritu dice a las iglesias. El que venciere, no sufrirá daño de la segunda muerte. [Ap. 2:11]

El que tiene oído, oiga lo que el Espíritu dice a las iglesias. ¿Le está escuchando usted a Él, hoy? ¿Le está hablando Él a usted?

El que venciere, no sufrirá daño de la segunda muerte. Dwight L.

Moody lo expresó de la siguiente manera: "Aquél que ha nacido una vez tiene que morir dos veces. Aquél que ha nacido dos veces, sólo debe morir una vez". (Quizá ni siquiera tenga que morir una vez si el rapto tiene lugar durante su vida.) No sufrirá daño de la segunda muerte. Ésa es la muerte que ningún creyente va a experimentar. La primera muerte es relativa al cuerpo. La segunda muerte es el alma y el espíritu, una separación eterna de Dios. Eso es lo que significa. Y ningún creyente tiene que pasar por esto.

La carta de Cristo a la iglesia en Pérgamo

Llegamos ahora a la carta de Cristo a la iglesia de Pérgamo. Esto lo ubico en el período histórico de la iglesia que comprende aproximadamente los años 314 al 509 d.C. Llamo a esto "un paganismo sin límite". Aquí el mundo entró a la iglesia, y ésta comenzó a apartarse de la Persona de Cristo. Esta carta tenía, por supuesto, un mensaje para la iglesia local en Pérgamo, pero también tiene esta significación histórica.

Izmir es una gran ciudad que es visitada por muchos turistas en el presente cuando van a ese país. Allí se encuentra el aeropuerto, y también hay muchos hoteles. Si usted viaja unos 100 kilómetros al sur llega hasta Éfeso. Pero si usted viaja unos 110 kilómetros al norte, llega a Pérgamo. Éstas son las tres grandes ciudades. Eran ciudades de la realeza, y competían la una con la otra. Esmirna (Izmir) era el gran centro comercial. Éfeso era el gran centro político, y Pérgamo era el gran centro religioso.

Allí es donde permanecían los emperadores romanos. Allí se encuentra un hermoso bulevar, una hermosa avenida de mármol, y a lo largo de la calle uno puede contemplar el templo de Trajano, en realidad es una gran fuente y luego el templo; y allí también se encuentra el templo de Adriano. Allí adoraban a los emperadores, pero primordialmente era un gran centro político.

Pérgamo era la capital del reino de Pérgamo. Su acrópolis fue construida primero en la parte baja donde hoy existe una pequeña ciudad, muy pobre, una ciudad turca. Pero, la acrópolis, fue construida allí, y las ruinas de ella y de los grandes templos están allí. Éstas son probablemente las ruinas más imponentes de todas ellas, con la excepción de Éfeso, y Éfeso no fue construida sobre una montaña, como lo era ésta. Dominaba toda la región del valle ancho del Caicos. La ciudad original fue construida entre dos afluentes que llegaban al Río Caicos, y éstos rodeaban completamente ese tremendo promontorio montañoso que se levantaba allí. Era algo muy impresionante de visitar. En primer lugar, uno ve esa gran montaña, y luego puede ver las ruinas sobre la cima.

Era una ciudad en Misia, y fue llamada por Plinio como "la ciudad más ilustre en Asia". En primer lugar, vemos que estaba en uno de los lugares más hermosos. Sir William Ramsay dijo: "Es una de las ciudades que merece ser llamada una ciudad real"; fue en esta ciudad donde se había erigido, en primer lugar, un templo en honor a Augusto César. Esto hacía de ella una ciudad real. Él visitaba esa zona, y era una zona muy hermosa, y cuando el clima se volvía frío en Roma, el emperador viajaba a esta ciudad de Pérgamo. Había allí un manantial de aguas minerales. Era en realidad una gran ciudad, y había tres grandes ciudades a lo largo de la costa, con la ciudad de Éfeso en el sur, Izmir o Esmirna en el medio, y luego Pérgamo en el norte. Aunque esta ciudad no era una ciudad costera como las otras, era una gran ciudad, pero estaba condenada a un segundo plano ya que se encontraba ubicada lejos de las rutas comerciales provenientes del oriente y que llegaban a la costa, pasaban por su lado nada más. Era una ciudad muy bien fortificada. Fue construida para soportar el ataque del enemigo.

Sobre este promontorio se había construido un gran templo, un gran templo pagano. Allí estaba el templo de Atenea, el templo de Deméter, el templo de Hera, el templo de Dionisio, y el templo de Esculapio, quien era el dios de la medicina, y un gran altar de Zeus, y aún está allí en el presente algo muy imponente, y se ha encontrado también la imagen que se colocaba en la cumbre. Se ha dicho que un colegio de Inglaterra lo había tomado hace muchos años.

Pérgamo era una gran ciudad, y era una ciudad que se había entregado completamente al paganismo. Lo grande allí en Pérgamo, era la religión. Allí también se encontraba una de las bibliotecas más grandes que haya tenido el mundo pagano. Era una biblioteca que tenía más de 200.000

volúmenes, que había utilizado un nuevo material para escribir; ellos habían usado el papiro hasta ese entonces, pero aquí se utilizaba el pergamino, y el pergamino era un material que deriva su nombre de los cueros de cabra y otros cueros que se utilizaban, y obtiene su nombre de la ciudad de Pérgamo. Ésta era una gran biblioteca, una biblioteca que pertenecía a Marco Antonio, quien se la regaló a Cleopatra. Ella llevó todo eso a Alejandría en Egipto, y era considerada como la biblioteca más grande que el mundo haya conocido. Eso procedió de Pérgamo en realidad. Si usted llega a visitar la ciudad de Estambul, allí puede apreciar un gran vaso de alabastro, algo de mucha hermosura, que sobrepasa la estatura de un hombre y proviene también de Pérgamo. Alejandro Magno tomó ese lugar, y su General Lisímaco estuvo a cargo de esto. Llegó a ser una gran ciudad bajo su dirección y su liderazgo. y era una ciudad que no tenía nada que envidiar de las ciudades de Esmirna y Éfeso. Esta ciudad sufrió mucho saqueo por parte del enemigo, cuando se apoderó de la ciudad y la destruyó.

Llegamos ahora, pues, al gran centro religioso, y aquí es donde está establecido el centro principal de Satanás. Como ya he dicho anteriormente, parece que Satanás logra apoderarse de ellos, de los lugares hermosos. Pérgamo era el centro de lo malo, debido a sus muchos templos paganos.

Y escribe al ángel de la iglesia en Pérgamo: El que tiene la espada aguda de dos filos dice esto. [Ap. 2:12]

Se nos dice que esta carta es para el ángel, para el mensajero de la iglesia, el que nosotros llamaríamos el Pastor. Viene de parte de El que tiene la espada aguda de dos filos. La espada aguda de dos filos es la Palabra de Dios. La Palabra de Dios, es la respuesta a las necesidades del hombre y al pecado del hombre. Aquí había una religión falsa. Pero esta ciudad enfatizaba la religión. Había allí uno de los templos más grandes que pudiera existir. La única forma entonces, en que esta ciudad podía ser alcanzada, sería con la Palabra de Dios.

Yo conozco tus obras, y dónde moras, donde está el trono de Satanás; pero retienes mi nombre, y no has negado mi fe, ni aun en los días en que Antipas mi testigo fiel fue muerto entre vosotros, donde mora Satanás. [Ap. 2:13]

El Señor elogia a esta iglesia, y hay varias cosas por las cuales Él la elogia. Hay tres cosas que se mencionan directamente. Él toma nota de sus circunstancias. Y Él hace eso, con muchos de nosotros en la actualidad. A veces usted y yo tenemos la tendencia de condenar a alguien que se encuentra en circunstancias en las cuales, si nos tocara a nosotros estar allí, quizá nos comportaríamos de una manera peor que ellos.

Donde está el trono de Satanás. Eso revela que la religión era un asunto bastante grande, y que Satanás tenía, por así decirlo, su sede de operaciones en la ciudad de Pérgamo. Eso debería responder a la pregunta de aquéllos que piensan que Satanás se encuentra en el infierno. Él nunca ha estado allí ya que el infierno aún no ha sido abierto. Eso no lo vemos sino hasta cuando lleguemos al capítulo 20 del Libro de Apocalipsis. Él no está allí. Él es el príncipe de este mundo, está controlando reinos, y anda de un lugar a otro en este mundo, buscando a quien devorar (véase 1 P. 5:8). Pero él tiene, por así decirlo, su sede central, y en esta ocasión se encontraba en Pérgamo. Vamos a ver por qué se encontraba normalmente este centro de operaciones en Pérgamo. Desde entonces él ha cambiado este centro de operaciones a diferentes lugares. No sé exactamente dónde está ubicado en el presente. Hay algunas ciudades que son el centro de muchas religiones, de muchos cultos y sectas, tantos como es posible tener. Pero aquí en esta ciudad de Pérgamo él tenía todo esto.

La razón para esto es a causa de estos templos paganos que se encontraban allí. Por supuesto, todo esto está en ruinas hoy. El templo de Atenea era bastante imponente. Al entrar por la puerta de la ciudad, es el primer templo a su mano izquierda. Sobre él se encontraba esta gran biblioteca. Luego, usted encuentra que allí había los grandes templos de Augusto César y el templo de Adrián, y el templo de Adrián cubre bastante terreno en ese lugar. Allí había otras cosas que eran muy interesantes. Allí se encuentra ese gran altar a Zeus con su ídolo. Estaba fuera de las puertas de la ciudad, y muy cerca de donde se encontraba el palacio del Rey, un lugar muy imponente también, y algunos creen que se encontraba ubicado allí el trono de Satanás. Yo pienso que esto tiene algo que ver con eso, pero aquí tenemos una combinación de todas estas cosas. Pero, aquí también opino que hay otras dos que son especialmente imponentes. Una de ellas es el templo de Dionisio.

Dionisio es el mismo Baco, el dios del vino, y sabemos que éste era un dios cabrío. Tenía cuernos, tenía la parte superior de hombre, y la parte inferior de cabra. Tenía pezuñas y una cola. Ésa es la idea moderna que se tiene de Satanás, pero uno no saca eso de la Biblia. Hoy se piensa que Satanás tiene cuernos, que tiene pezuñas, y que tiene una cola. Pero, ¿de dónde salió eso? Viene del templo de Dionisio. Viene del dios Baco. El dios del vino, el dios del alcohol. El alcohol ha jugado una parte muy importante en la conquista de muchos territorios. Éste es un cuadro de Satanás.

El otro dios que se presentaba era Esculapio. A cierta distancia de este promontorio se encontraba el hospital más grande del mundo antiguo. En primer lugar, era un templo a Esculapio, y si uno observa al Esculapio griego, es un hombre; pero cuando uno observa el oriental, es una serpiente. Allí en Pérgamo es una serpiente. Uno puede contemplar allí reliquias de mármol, y aparentemente algunas eran pilares en el templo, en el templo de Esculapio. Era un templo un poco fuera de lo común: De forma circular. Allí se utilizaba todos los medios que se pudiera imaginar. Se utilizaba la psicología. Utilizaban la medicina. Utilizaban todo lo que uno se pudiera imaginar. Allí había largos túneles por los cuales debía pasar uno, y había aberturas como para ventilación, pero no era así. Mientras uno pasaba a través del túnel, voces muy sensuales le decían a uno: "Usted se va a mejorar, se va a sentir mejor. Usted se va a sanar". ¿No le parece eso como algo de lo que tenemos hoy? Uno pasaba por allí, y luego le daban baños calientes, se le daba masajes a la gente. Allí tenían un pequeño teatro donde se presentaba también escenas de sanidad. Tenían una biblioteca con libros en cuanto a la sanidad. Y en última instancia, si ellos no le podían sanar, le colocaban a usted en ese templo de noche, y luego soltaban durante la noche serpientes no venenosas, y estas pasaban sobre el cuerpo de la persona. Eso es lo que se conoce hoy, como el "tratamiento del shock", y si eso no lo sanaba a usted, pues, lo volvía loco. En la parte trasera tenían una puerta por donde sacaban a los muertos. Ellos nunca mencionaban a los que morían, sino que mencionaban solamente a quienes se curaban.

Augusto César gustaba mucho de visitar ese lugar. Él no estaba enfermo realmente, sino que era alcohólico. Él iba allí para curarse del alcoholismo. Ése, pues, era un gran lugar, y por 700 años fue un hospital al cual iba la gente de todas partes del mundo. La sanidad era algo satánico en aquellos días. Allí había buenos hombres de medicina, por supuesto. No hay duda en cuanto a eso, pero básicamente era satánico. Allí es donde estaba el trono de Satanás, y eso es importante de notar.

Luego, el Señor Jesús, aquí en esta carta que está escribiendo, los encomia o los elogia y dice:

Pero retienes mi nombre. Como hemos notado, la iglesia en Pérgamo es representativa de la iglesia en general durante los años 314 d.C. hasta 590 d.C. Éste era un período cuando muchos en la iglesia defendían la Deidad de Cristo, en el nombre de Cristo. Fue durante este período que se presentaron gigantes de la fe. En esa zona había una herejía (arrianismo) que negaba la Deidad de Cristo, y Atanasio, quien vino del África del norte, él defendía con mucho ímpetu la Deidad de Cristo. Luego, en el Concilio de Nicea, donde habló Atanasio, él condenó el arrianismo, por el año 325 d.C.

Luego tenemos a Agustín, quien respondió a una herejía que negaba el pecado original y la corrupción total de la naturaleza humana. Estos hombres se mantenían firmes por las grandes doctrinas de la fe cristiana. El Señor dice:

Y no has negado mi fe. La iglesia durante ese período no la había negado. Ahora, aquí se menciona a un mártir desconocido, a Antipas. Aun en los días en que Antipas mi testigo fiel fue muerto entre vosotros, donde mora Satanás. Esto no quiere decir que él era el único mártir. Aparentemente fue el primero, y después de él hubo muchos mártires.

Hasta aquí Cristo ha tenido sólo palabras de encomio para la iglesia en Pérgamo, pero ahora Él condena dos cosas que había en esa iglesia:

Pero tengo unas pocas cosas contra ti: que tienes ahí a los que retienen la doctrina de Balaam, que enseñaba a Balac a poner tropiezo ante los hijos de Israel, a comer de cosas sacrificadas a los ídolos, y a cometer fornicación. Y también tienes a los que retienen la doctrina de los nicolaítas, la que yo aborrezco. [Ap. 2:14-15]

Hay dos cosas que se condenan aquí: la doctrina de Balaam, y la doctrina de los nicolaítas. Aquí tenemos un período muy oscuro en la historia de esta gente. La doctrina de Balaam es diferente al error de Balaam (véase Judas 11), donde se revela que Balaam pensaba que podía maldecir a Israel porque ellos eran pecadores. Luego tenemos el camino de Balaam (véase 2 P. 2:15) que era la codicia. Pero, aquí tenemos la doctrina de Balaam quien enseñaba a Balac, a tomar mujeres de los moabitas para que se casaran con los hijos de Israel, y había ese espíritu de casamientos mixtos, y la introducción de la idolatría. Como usted puede ver, durante el período histórico, el cual la iglesia de Pérgamo representa, el mundo entró a la iglesia.

La doctrina de los nicolaítas. La iglesia de Éfeso aborrecía esto. Pero aquí algunos están reteniendo esa doctrina. Aunque no sabemos exactamente qué era esa doctrina, probablemente era un culto gnóstico desarrollado por Nicolás que abogaba por licencia en asuntos de conducta cristiana, y aparentemente era un regreso a ritos religiosos por medio del clero, en lugar de aceptar el hecho de que ahora había el sacerdocio de todos los creyentes. Cristo dice que Él aborrece esto. Cristo aborrece, así como también ama. Es mejor que tengamos mucho cuidado en no aceptar o no participar en las cosas que Él aborrece.

Por tanto, arrepiéntete; pues si no, vendré a ti pronto, y pelearé contra ellos con la espada de mi boca. [Ap. 2:16]

Arrepiéntete. Es decir, que la única forma de curarse era por medio del arrepentimiento (metanoéo, un cambio del modo de pensar). La Palabra de Dios dice, Si confesamos nuestros pecados, él es fiel y justo para perdonar nuestros pecados, y limpiarnos de toda maldad. (1 Jn. 1:9) Si ellos no se arrepentían, El Señor dijo que lucharía contra ellos con la espada de Su boca que es la Palabra de Dios. La única repuesta, es la Palabra de Dios, y así nos lo revela esa carta hoy. La respuesta no se encuentra en cualquier iglesia. Cometemos una gran equivocación si pensamos que la iglesia es la respuesta. La verdadera iglesia está formada por creyentes en el Señor Jesucristo y el cuerpo de Cristo. Y ellos deben ser luces en este mundo. Lo presenta claramente aquí. Pero nosotros tenemos que tener mucho cuidado de que no es la iglesia; es la Persona con la cual usted se ha identificado, y es la Palabra de Dios la que llega a ser la autoridad.

> *El que tiene oído, oiga lo que el Espíritu dice a las iglesias. Al que venciere, daré a comer del maná escondido, y le daré una piedrecita blanca, y en la piedrecita escrito un nombre nuevo, el cual ninguno conoce sino aquél que lo recibe. [Ap. 2:17]*

El que tiene oído, oiga lo que el Espíritu dice a las iglesias. Esto es para usted y para mí hoy.

Al que venciere, es el creyente en Cristo. Nosotros vencemos, por la sangre del Cordero. Nunca lo hacemos porque somos vencedores, sino que vencemos por la sangre del Cordero.

El maná escondido habla de la Persona y de la muerte de Cristo. El Señor Jesucristo dijo que Él Mismo era el Pan de vida. Y Jesús les dijo: De cierto, de cierto os digo: No os dio Moisés el pan del cielo, mas mi Padre os da el verdadero pan del cielo. Porque el pan de Dios es aquél que descendió del cielo y da vida al mundo. Le dijeron: Señor, danos siempre este pan. Jesús les dijo: Yo soy el pan de vida; el que a mí viene, nunca tendrá hambre; y el que en mí cree, no tendrá sed jamás. (Jn. 6:32-35) El creyente necesita alimentarse de Cristo. Permítame enfatizar esto nuevamente. Esto es una obligación que uno tiene si quiere tener crecimiento espiritual. En realidad, Cristo se encuentra escondido de la vista hoy. Él no es conocido ni comprendido. ¡Cómo ha abusado de Él la gente y cómo han errado el blanco completamente!

Una piedrecita blanca, y en la piedrecita escrito un nombre nuevo, el cual ninguno conoce sino aquél que lo recibe. Esto es algo más bien difícil de interpretar. Lo blanco está en todas partes, y es el color del cielo, según expresa Trench. En aquellos días, si uno tenía algún amigo íntimo, uno le daba a él una piedrecita o un bloque de mármol con un mensaje en ella, alguna palabra o algún nombre que uno le hubiera dado a él. Sobre esta piedrecita pues, que nos va a dar el Señor Jesucristo, no se escribe un nuevo nombre para usted y para mí. Es un nuevo nombre para Él en lo que Él significa para usted; y lo que Él significa para usted, no es lo mismo que lo que Él significa para mí. Cada uno de estos nombres, creo, será diferente, y también serán personales, y algo íntimo. Pero Él tiene un nuevo nombre que nos da a nosotros.

La carta de Cristo a la iglesia en Tiatira

Aquí tenemos al romanismo. Esto nos lleva a la edad de las tinieblas, a los primeros años de la edad media, y comprende los años desde 590 hasta aproximadamente 1.517. Ése fue un período muy tenebroso.

Tiatira era una ciudad ubicada tierra adentro. Uno comienza a avanzar hacia el interior cuando sale de Pérgamo. Todas las iglesias restantes se encuentran tierra adentro. Algunas de ellas están bastante alejadas de la costa, como vamos a ver. Tiatira estaba ubicada en un lugar muy hermoso. Opino que la mayoría de estas iglesias se encontraban en lugares bastante hermosos, y así sucedió con esta iglesia. Para expresar esto, vamos a compartir lo que dijo Sir William Ramsey: "Tiatira está situada a la entrada de un gran valle que se extiende del norte al sur, conectando los valles de Hermo y Caicos". No es un desfiladero muy grande; sin embargo, era una ciudad fuera de lo común. Una ciudad construida para la defensa, pero la mayoría de las ciudades construidas para la defensa fueron construidas sobre una acrópolis o un promontorio, y se construían muros a su alrededor. Pero esta ciudad era diferente. Su fortaleza descansaba en el hecho de que había sido construida por Lisímaco, y luego por Seleuco. Seleuco es uno de los que le dio prominencia y era una ciudad militar. Era un lugar fortificado a causa de la guardia selecta que estaba allí. Pero finalmente, cayó en manos del enemigo. Ninguna ciudad fue destruida tanto como lo fue esta ciudad en esta zona. Luego, fue reedificada de tal manera que uno puede apreciar muy poco de sus ruinas. Es un poco desanimador el tratar de ver las ruinas de Tiatira, porque solamente tienen una cuadra de extensión, y una cuadra muy pequeña. Esta ciudad era el centro de muchos gremios antiguos. Los alfareros, los curtidores, los tejedores, los sastres, los tintoreros, todos tenían allí sus centros principales. De paso, digamos que allí es donde se originaron los sindicatos.

Lidia, con la cual se encontró el Apóstol Pablo en Filipos, venía de Tiatira. (Véase Hch. 16:14) Lidia fue la primera persona europea convertida bajo el ministerio de Pablo. Ella era una vendedora de púrpura, y ese color es un color rojo vivo. Era tomado de una planta que crecía en esa zona. Apolo era el dios griego y romano del sol, y se le adoraba aquí con el nombre Tyrimnos.

Y escribe al ángel de la iglesia en Tiatira: El Hijo de Dios,
el que tiene ojos como llama de fuego, y pies semejantes
al bronce bruñido, dice esto. [Ap. 2:18]

Esto también habla de juicio, como veremos más adelante. Él tiene una palabra de encomio para esta iglesia. Si usted es uno de los que piensan que el catolicismo romano durante la Edad Media, debe ser condenado completamente, creo que es necesario fijarse en lo que dice la historia. El Señor Jesucristo dice aquí:

Yo conozco tus obras, y amor, y fe, y servicio, y tu
paciencia, y que tus obras postreras son más que las
primeras. [Ap. 2:19]

Cristo tiene seis palabras de encomio para esta iglesia en la edad de las tinieblas:

1. Yo conozco tus obras. Las obras son, en realidad, credenciales de los verdaderos creyentes. El siervo de Dios, Santiago, dice: Muéstrame tu fe sin tus obras, y yo te mostraré mi fe por mis obras. (Stg. 2:18). Había muchos que vivían vidas sin manchas, y por medio de sus buenas obras ellos adornaban la doctrina de Dios.

2. Amor. Era una iglesia que tenía amor en ella, a pesar de que se había entregado a la liturgia, al ritualismo. El amor no había muerto completamente durante esa época de tinieblas, y hubo algunos maravillosos santos de Dios en ese período. Bernardo de Clairvaux, Peter Waldo, Juan Wycliffe, Juan Huss, Jerónimo Savonarola, San Anselmo, todos estos hombres pertenecían a la iglesia romana.

3. Fe. La menciona en esta instancia después de sus obras y de su amor, porque es el impulso principal que hace mover las manos de las obras y del amor.

4. Servicio, que es ministerio.

5. Paciencia, y esto es debido a que ellos soportaron estas cosas durante estos días de tinieblas.

6. Tus obras postreras son más que las primeras. En esta iglesia, las obras incrementaron, en lugar de disminuir.

Estas seis virtudes son producidas dentro de los creyentes por el

Espíritu Santo.

Luego, hay una acusación terrible de condenación.

Pero tengo unas pocas cosas contra ti: que toleras que esa mujer Jezabel, que se dice profetisa, enseñe y seduzca a mis siervos a fornicar y a comer cosas sacrificadas a los ídolos. [Ap. 2:20]

Jezabel hizo entrar el paganismo al reino del norte de Israel. Evidentemente había en la iglesia local en Tiatira, una mujer que tenía reputación de ser maestra y profesita, y que era como Jezabel, la esposa de Acab.

Éste fue el período cuando la iglesia se expandió a través de Europa. En cuanto al período histórico, el cual la iglesia en Tiatira representa, las prácticas idólatras y paganas se mezclaban con las obras cristianas, y también con la adoración. El papado fue elevado a un lugar de poder secular bajo Gregorio I (d.C. 590), y más tarde bajo Gregorio VII (d.C. 1073-1085). Éste fue un período que introdujo ritos y doctrinas en la iglesia, que reemplazó a una fe personal en Jesucristo, con cosas litúrgicas. La adoración de la Virgen y del Niño y la misa fue hecha una parte definida del servicio en la iglesia. El purgatorio llegó a ser una doctrina, y se decía misa para los muertos. Documentos espurios llamados Donación de Constantino, y Decretos de Isidoro, fueron circulados para dar poder y señorío al papa.

De la misma manera en que Jezabel le dio muerte a Nabot y persiguió a los profetas de Dios, así también la iglesia instituyó la inquisición para aniquilar a sus opositores durante este período.

"Seducir", significa una separación fundamental de la verdad, según la interpretación que le da Vincent. Note el gran contraste que existe entre Jezabel y Lidia, quien vino de Tiatira. Jezabel no es otra cosa, sino un precursor de la iglesia apóstata, como vamos a ver en el capítulo 17 de Apocalipsis.

Y le he dado tiempo para que se arrepienta, pero no quiere arrepentirse de su fornicación. [Ap. 2:21]

El Señor Jesucristo ha tratado pacientemente con este sistema falso por más de mil años, y no ha habido ningún cambio a través de los siglos en este sistema. Es más, Roma se jacta de nunca cambiar—semper idem— "siempre igual".

He aquí, yo la arrojo en cama, y en gran tribulación a los que con ella adulteran, si no se arrepienten de las obras de ella. [Ap. 2:22]

Gran tribulación puede referirse a la persecución que estaba soportando Roma bajo el comunismo. También puede significar la Gran Tribulación a la cual irá la iglesia apóstata.

Y a sus hijos heriré de muerte, y todas las iglesias sabrán que yo soy el que escudriña la mente y el corazón; y os daré a cada uno según vuestras obras. [Ap. 2:23]

Aquí se habla de los hijos que fueron llevados a ese sistema, y se refiere a la segunda muerte. Luego, todas las iglesias, se refiere a las iglesias de todas las edades.

La mente y el corazón se habla de la realidad total y sicológica de los pensamientos, las teorías y los propósitos. Es decir, todo nuestro ser.

Pero a vosotros y a los demás que están en Tiatira, a cuantos no tienen esa doctrina, y no han conocido lo que ellos llaman las profundidades de Satanás, yo os digo: No os impondré otra carga. [Ap. 2:24]

Por lo que ha ocurrido en la historia, sabemos que esta iglesia tuvo un breve período de existencia, porque cayó cuando cayó la ciudad, cuando entró el enemigo.

Y, las profundidades de Satanás, puede refiere a una secta gnóstica conocida como Ofir. Ellos adoraban a la serpiente. Habían hecho una parodia de las palabras de Pablo. Todas las herejías se jactan de una percepción espiritual superior, y esto es lo que hizo este grupo.

Pero lo que tenéis, retenedlo hasta que yo venga. [Ap. 2:25]

Eso obviamente comienza ahora. Cristo le dice a la iglesia: "Yo vengo para sacarte y a causa de esto tú debes mantener una posición por Mí".

Al que venciere y guardare mis obras hasta el fin, yo le daré autoridad sobre las naciones. [Ap. 2:26]

Las obras de Cristo se presentan aquí en contraste a las obras de Jezabel. Las obras de Cristo fueron realizadas por el Espíritu Santo. Nosotros vencemos, por la fe y no por nuestro propio esfuerzo.

Yo le daré autoridad sobre las naciones, fue explicado por el Apóstol Pablo cuando escribió a los Corintios: ¿O no sabéis que los santos han de juzgar al mundo? (1 Co. 6:2)

Y las regirá con vara de hierro, y serán quebradas como vaso de alfarero; como yo también la he recibido de mi Padre. [Ap. 2:27]

Ésta es una referencia al reino milenario de Cristo en el cual los creyentes han de compartir.

Y le daré la estrella de la mañana. [Ap. 2:28]

La estrella de la mañana aquí, se refiere a la esperanza de la iglesia hoy cuando ocurra el rapto de la iglesia. Él viene a llevarse a los Suyos.

Cristo es la estrella de la mañana. (Véase Ap. 22:16) Aguardando la esperanza bienaventurada y la manifestación gloriosa de nuestro gran Dios y Salvador Jesucristo—dice el Apóstol Pablo. (Tit. 2:13). Él le da a esta iglesia lo mismo que les da a las demás iglesias.

El que tiene oído, oiga lo que el Espíritu dice a las iglesias. [Ap. 2:29]

Los hijos de Jezabel no pueden oír, pero los verdaderos hijos del Señor Jesucristo sí pueden oír, porque el Espíritu abre esos oídos ungidos con sangre. Tanto los protestantes como los católicos romanos tienen multitudes de personas que se están volviendo a Cristo Jesús. Es que, no se trata de una etiqueta religiosa, no se trata de religión, se trata de una Persona, de la bendita y gloriosa Persona del Hijo de Dios, el Señor Jesucristo, y es a Él a quien hay que volverse.

CAPÍTULO 3

La iglesia en el mundo—continúa
La carta de Cristo a Sardis

En el panorama de la historia de la iglesia, Sardis representa la iglesia protestante, entre los años d.C. 1517 y d.C. 1800. Esto comenzó, según creo, cuando Martín Lutero clavó sus "95 tesis" en esa iglesia en Wittenburg. Es una era que empezó con la Reformación y nos lleva hasta el principio del gran movimiento misionero en la historia de la iglesia.

Sardis era la capital de Lidia. Es una de las ciudades más antiguas e importantes de Asia Menor. Está localizada en el interior. Era una ciudad muy prominente, bien protegida, ubicada sobre un promontorio, tenía una fortificación natural, y uno ni siquiera puede llegar allí hoy. Es prácticamente imposible poder subir estos muros. Son demasiado altos, y demasiado empinados. Está ubicada en una planicie, junto a las aguas del Río Pactolus. Era el centro de la industria de las alfombras, y se destacaba por su riqueza. Allí fueron estampadas las primeras monedas. Usted debe recordar que el último príncipe, era un príncipe muy rico llamado Creso, a quien se le consideraba como el hombre más rico del mundo, y todo lo que él tocaba se convertía en oro. Sardis fue gobernada por los persas, por Alejandro, por Antíoco el grande, y finalmente por los romanos. Fue destruida por un terremoto durante el reino de Tiberio.

Al pie de esa montaña, se encuentran las ruinas del templo de Cibeles, y también el de Apolo. Tenía uno de los pocos templos dobles que uno encuentra en el mundo: Cibeles, era conocida en Éfeso como Diana, pero cuando uno avanza más al interior, se convierte en la diosa de la naturaleza. Ella era la diosa de la luna. Apolo era el dios del sol. Ellos dos eran hermano y hermana. Era una adoración muy corrupta, tal cual lo era la adoración a Diana de los efesios.

En nuestros días se está realizando excavaciones en ese lugar, y se está reconstruyendo el gimnasio, reedificando también la sinagoga, y también se ha excavado ese camino romano. Cuando uno contempla ese camino, puede emocionarse pensando que allí fue por donde pasó el Apóstol Pablo.

Escribe al ángel de la iglesia en Sardis: El que tiene los siete espíritus de Dios, y las siete estrellas, dice esto: Yo conozco tus obras, que tienes nombre de que vives, y estás muerto. [Ap. 3:1]

El que tiene los siete espíritus de Dios, y las siete estrellas, dice esto. Él se presenta a Sí Mismo a la iglesia en Sardis como el que tiene los siete Espíritus de Dios; eso es, Él es el que mandó al Espíritu Santo al mundo.

Aquí tenemos al protestantismo que cubre el período de los años 1.517 d.C. hasta alrededor de 1.800 d.C. Éste es el período que cubre la iglesia en particular. Él menciona aquí los siete Espíritus de Dios. Ése es el Espíritu Santo, y el protestantismo en el presente en su totalidad tiene un nombre de que vive, pero está muerto. ¡Cuántas iglesias protestantes en el presente sencillamente llevan a cabo sus ritos! Están construyendo todo el tiempo, la gente viene especialmente los domingos por la mañana, no hay mucha gente durante los servicios de mitad de semana cuando, en realidad, deberían estar presentes para escuchar la Palabra de Dios; pero el protestantismo del día de hoy, tiene nombre de que vive, pero está muerto. Él se presenta a Sí Mismo a esta iglesia como Aquel que tiene los siete Espíritus de Dios, es decir, Él es quien ha enviado al Espíritu Santo al mundo, y a la iglesia en el presente. El protestantismo necesita que el Espíritu de Dios obre en la iglesia. Nosotros pensamos que necesitamos métodos y hay muchos cursillos para los creyentes. Usted piensa que para los problemas se debe buscar algo sencillo. Lo que se necesita es tener a la Persona de Cristo, que sólo el Espíritu Santo puede hacer real para nosotros, que puede hacer que viva para nosotros. Esto es lo que necesita el protestantismo en el presente.

Durante la tenebrosa noche de la edad de las tinieblas, el Espíritu Santo aún estaba obrando en el mundo, haciendo Su tarea. Él actuó en el corazón de hombres como Martín Lutero, Juan Calvino, Juan Knox, y muchos, muchos otros. El Señor Jesucristo dijo: Yo conozco tus obras. Ésa es una palabra de encomio, y éste es el período que recobró la doctrina de la justificación por la fe.

Luego dice: Que tienes nombre de que vives, y estás muerto. Ésta es una condenación terrible, y es un cuadro del protestantismo en el presente. Toda la verdad no fue recobrada por la reforma. Debemos reconocer esto. Creo que la profecía escatológica recién se está desarrollando en nuestro día.

Sé vigilante, y afirma las otras cosas que están para morir; porque no he hallado tus obras perfectas delante de Dios. [Ap. 3:2]

Aquí tenemos la segunda palabra de su condenación, y es una palabra de advertencia. Tenía un significado particular en Sardis. Como he dicho, Sardis se encontraba en la cima de una montaña. Hay muchos que han tratado de llegar allí, pero es prácticamente imposible. Tiene una entrada en la parte sur, y ésa era la única manera por la cual uno podía llegar a esa ciudad en aquellos días. Así es que todo lo que la ciudad de Sardis tenía que hacer era colocar una guardia en ese lugar, y podía defender a la ciudad. Pero en dos ocasiones esa guardia se durmió. Una de ellas fue en 549 a.C. cuando los soldados medos de Ciro llegaron a esa ciudad. Un soldado medo-persa subió al parapeto mientras los guardias dormían. Luego, Antíoco el Grande lo hizo más tarde, en el año 218 a C., cuando un soldado cretense se deslizó de la misma manera sobre los muros mientras los centinelas no prestaban atención. El Señor le dice algo a esta iglesia: "¿Te despertaste y vigilaste?" Esto era algo embarazoso para ellos. Se habían dormido. Ahora, Él les dice que va a ir a ellos, y que por tanto, deben estar vigilantes.

Eso es lo que Él le está diciendo al protestantismo en el día de hoy. El protestantismo como un todo, ha apartado su mirada de la venida de Cristo Jesús y se han creado temas por los cuales ciertas cosas tienen que ser cumplidas antes que Él pueda venir. No hay mucho que nos separe desde este instante hasta la venida de Cristo por Su iglesia. Él puede venir en el próximo momento, o quizá mañana. No vaya a decir usted que yo he dicho que Él viene mañana, porque no lo sé. Puede que pasen 100 años. Pero eso es lo que nosotros debemos esperar. Sardis no sabía cuándo venía el enemigo, y nosotros no sabemos cuando Cristo viene. No tenemos ninguna forma de saber esto.

En vista de que el rapto puede tener lugar en cualquier momento, la iglesia tiene que estar alerta, vigilante. Sabemos que la fecha no ha sido señalada, y tampoco el período en el cual Él vendrá, y la razón para esto es: La iglesia tiene que estar constantemente alerta, esperando Su venida, aguardando esa bendita esperanza. Cualquiera puede prepararse para la hora sexta, pero nosotros todos debemos estar siempre preparados para una hora inesperada. Eso es lo que el Señor está haciendo aquí. Él dice que el protestantismo debe estar constantemente en alerta.

No he hallado tus obras perfectas delante de Dios. El protestantismo recobró la autoridad de la Palabra de Dios, la depravación total del hombre, la justificación por la fe; o sea que, reafirmó la validez de estas doctrinas; pero hay muchas otras cosas que no se recobraron. La Reformación no fue una vuelta a la iglesia apostólica.

Acuérdate, pues, de lo que has recibido y oído; y guárdalo, y arrepiéntete. Pues si no velas, vendré sobre ti como ladrón, y no sabrás a qué hora vendré sobre ti. [Ap. 3:3]

De modo que, el Señor le dice a la iglesia que no se duerma, que esté vigilante, porque Él puede venir en cualquier momento. Ésta es una palabra de advertencia para esta iglesia.

Luego, le dice afirma las otras cosas que están para morir. Las grandes verdades que fueron recobradas en la reforma se están perdiendo en el presente. Por ejemplo, la autoridad de la Palabra de Dios. En su gran mayoría, la iglesia protestante ha perdido eso. La doctrina de la depravación total del hombre, la mayoría de las iglesias, incluyendo muchas de tendencia conservadora, están mejorando y utilizando cosméticos en la naturaleza carnal del hombre, pensando que de una forma u otra uno puede presentar algunas normas y reglas y que uno va a poder vivir la vida cristiana.

También la doctrina de la justificación por la fe ha sido perdida en su gran mayoría, y se ha introducido hoy un método legal, que dice que debemos hacer algo para poder ser salvos.

Éstas son las cosas que caracterizan al protestantismo en el presente. Está muy lejos de la posición original. El Señor Jesucristo le dice a esta iglesia: Pues si no velas, vendré sobre ti como ladrón, y no sabrás a qué hora vendré sobre ti.

Pero tienes unas pocas personas en Sardis que no han manchado sus vestiduras; y andarán conmigo en vestiduras blancas, porque son dignas. [Ap. 3:4]

Israel, como ya he notado, nunca fue un cuerpo constituido de la totalidad de la vida nacional. Siempre fue un remanente que se mantenía fiel a Dios. Así es que, se nos dice de la iglesia: Pero tienes unas pocas personas. A esto el Señor llamó Su iglesia, y en Lucas 12:32, la llama Su manada "pequeña". El protestantismo del presente tiene aquellos santos que aman la Palabra, que son fieles al Señor, aun en estos días, y ellos se mantienen firmes por la Palabra de Dios. No se ocupan de actividades indignas, y tampoco se entregan a actividades carnales.

Puedo mencionar algunos nombres del pasado. El protestantismo ha tenido grandes hombres, y por cierto que voy a dejar de lado a muchos, pero puedo señalar aquí a los líderes de la Reforma: Martín Lutero y Juan Calvino se destacan, sobresalen de todos los demás. También tenemos a Juan Knox, ese gran hombre de Dios quien hizo tanto para Escocia. Luego, tenemos a Juan Bunyan, ese gran bautista que escribió el libro El Progreso del Peregrino, que fue un relato de su propia vida, porque Dios le salvó a él de manera maravillosa. Luego tenemos a Juan Wesley, que fue el fundador de la iglesia metodista, y cómo Dios le salvó de una manera maravillosa y le utilizó de tal manera que los historiadores le adjudican haber salvado a Inglaterra de una revolución como la que destruyó a Francia, impidiéndole que llegara a ser una nación de primera clase otra vez. Wesley ha sido llamado el inglés más grande de todos. Él, por cierto, que hizo por su país algo que ningún otro inglés ha podido hacer.

Luego, tenemos a otro escocés, John Moffat, quien fue al África, después que David Livingstone, llegara a su país. William Carey fue a la India, a éste le siguió un hombre joven, enfermizo, llamado Henry Martyn. El protestantismo ha tenido hombres que no se mancharon a sí mismos y fueron fieles a la Palabra de Dios. Me gusta también mencionar a Titus Coan, que dirigió el avivamiento más grande que haya habido desde Pentecostés en las islas hawaianas. Pero, el protestantismo ha tenido grandes hombres de Dios.

El Romanismo, hizo lo mismo, aun durante la edad de las tinieblas. Pero eso no quiere decir que el Señor elogie el sistema. Personalmente, opino que el sistema del Romanismo y el sistema del Protestantismo revelado en las grandes denominaciones se han apartado de la fe, y para nosotros, son las organizaciones que eventualmente traerán la iglesia apóstata, porque se han apartado de las grandes doctrinas de la fe cristiana.

El versículo 5, es un pasaje muy difícil de las Escrituras:

> *El que venciere será vestido de vestiduras blancas; y no borraré su nombre del libro de la vida, y confesaré su nombre delante de mi Padre, y delante de sus ángeles. [Ap. 3:5]*

El vencedor, por supuesto, es aquél que triunfa por la sangre de Cristo. Nunca lo hace a causa de su propia fuerza, o a causa de su propia inteligencia y habilidad.

Luego, dice lo siguiente, y esto causa el problema. Y no borraré su nombre del libro de la vida, y confesaré su nombre delante de mi Padre, y delante de sus ángeles. En cuanto al Libro de la Vida, debo decir que ya hemos considerado esto con anterioridad. Es interesante notar que, en las genealogías, hay sólo dos libros: el Libro de la Generación de Adán—todos nos encontramos en éste, pero es el libro de la muerte (véase Gn. 5:1)—y el Libro de la Generación de Jesucristo, en Mateo 1:1. "El Libro de la Generación" es una expresión un poco fuera de lo común. Solamente ocurre en relación con Adán, y en relación con Cristo.

El Libro de la Generación de Jesucristo es el Libro de la Vida. Creo que uno llega a ser incluido en este libro por medio de la fe en Cristo. Ahora, esto hace que nos preguntemos: "¿Es posible que uno esté incluido en el Libro de la Vida, y que luego sea borrado? ¿Pierde uno la salvación?" Si eso es cierto, entonces el Señor Jesucristo nunca debió haber dicho, Y yo les doy vida eterna; y no perecerán jamás, ni nadie las arrebatará de mi mano. (Jn. 10:28) Una y otra vez tenemos la seguridad de nuestra salvación.

¿Qué es lo que quiere decir entonces? Permítame darle una porción de una declaración que hizo el Dr. John Walvoord en un libro sobre el Apocalipsis. Es una explicación muy buena. Él dice: "Algunos han indicado que no hay una declaración explícita aquí de que cualquiera puede tener un nombre borrado, sino en su lugar se tiene la promesa de que su nombre no será borrado, a causa de su fe en Cristo. Esta implicación, sin embargo, es que tal es una posibilidad. Basándose en eso, algunos han considerado esto no como una lista de aquéllos que son salvos, sino como una lista de aquéllos por los cuales Cristo murió, es decir, toda la humanidad que ha poseído vida física. Cuando éstos llegan a la madurez, se enfrentan con la responsabilidad de aceptar o rechazar a Cristo. Entonces sus nombres son borrados, si ellos no llegan a recibir a Cristo como su Salvador. Mientras que aquéllos que sí aceptan a Cristo como su Salvador, son confirmados en su posición en el Libro de la Vida, y sus nombres son confesados ante el Padre y los ángeles celestiales".

Pienso que ésta es una interpretación muy buena, y bien fundada.

Existen otros puntos de vista, de que en Apocalipsis se le da mucha importancia a este libro. (Véase Ap. 13:8; 17:8; 20:12, 15; 21:27; 22:19) Hay seis referencias más a este Libro de la Vida. Hablaremos de esto cuando lleguemos a ellos, especialmente a la última que se menciona en el capítulo 22.

Algunos han identificado a estos dos libros en Apocalipsis como "el libro de la profesión" y "el libro de la realidad". Ellos mantienen que los nombres son borrados del libro de la profesión, pero no del libro de la realidad. Otros por su parte, han sugerido que todos los nombres son colocados en el Libro de la Vida, al principio, pero que algunos son quitados. La falta de decisión, o el rechazo de Cristo de parte de una persona, causa que su nombre sea quitado en el momento de su muerte. Estos dos puntos de vista presentan objeciones serias, al mismo tiempo que tienen buenos puntos que los elogian.

Estoy seguro de que el pensamiento completo aquí es sencillamente éste, que es sorprendente que cualquiera en Sardis llegara a ser salvo, pero había algunos de los cuales él dice que sus nombres no van a ser borrados del Libro de la Vida. Él no dijo que cualquiera había sido borrado. Aun en Sardis, donde ellos pensaban que no iban a ser salvos, algunos lo serían. Lo importante es que nuestro nombre esté escrito en el Libro de la Vida del Cordero. No creo que después que usted haya sido salvo, pueda llegar a perder la salvación otra vez.

El que tiene oído, oiga lo que el Espíritu dice a las iglesias. [Ap. 3:6]

Nuevamente, debo decir que este oído es aquél que ha sido untado o ungido y es el que necesita oír la voz del Espíritu enseñando a través de la Palabra de Dios, el mensaje de Cristo a través de Su iglesia hoy.

La carta de Cristo a la iglesia en Filadelfia

Esto es lo que llamo la iglesia revivida. Ésta es la iglesia que ha vuelto a la Palabra de Dios, y creo que esto está ocurriendo entre los protestantes, así como también entre los católicos, ya que la correspondencia que llega de todas partes del mundo, me indica que grandes cantidades de personas están volviéndose a la Palabra de Dios. Hay un movimiento en esa dirección, y, hay gente que está deseando escuchar la Palabra de Dios, y tiene hambre por ella. Ésta es la iglesia en Filadelfia.

He visitado la ciudad de Filadelfia, y es una ciudad pequeña turca, bastante próspera. Se encuentra en el interior, quizá tan adentro en el país como cualquier iglesia de que sepamos, con la excepción de Laodicea y Colosas. Esta iglesia de Filadelfia era como una colonia griega que se encontraba en esa área de Anatolia que los griegos, consideraban pagana. La palabra que los griegos utilizaban entonces era "bárbaro" en aquellos días.

Este lugar se encuentra a unos 200 ó 250 kilómetros de la costa, por cierto, desde Izmir, o Esmirna, o aún más lejos de esto desde Éfeso. Esta iglesia se encuentra en un valle muy hermoso, que está a bastante distancia de la costa. Estaba situada en un extremo del ancho valle del Río Cogamis, tributario del Hermo, y desemboca en el mar cerca de Esmirna. Es una zona muy hermosa, y la ciudad está ubicada en uno de los valles más amplios. Construida contra la ladera de la montaña, ya que hay varias montañas en esa zona. La ciudad antigua existía en los días de Juan, y probablemente en los días de Pablo y de los Apóstoles. Tenía una gran acrópolis, un gran teatro, y la ciudad estaba construida al pie de la montaña. En el presente, la ciudad se ha esparcido bastante, y es una típica ciudad turca. Está en una zona muy propensa a los terremotos.

La gran población que existía en esa zona abandonó ese lugar, primordialmente a causa de los terremotos, y también, por supuesto, a causa de la guerra, cuando los grandes líderes paganos salieron del oriente; y hasta el momento en que los turcos llegaron a esta sección, fue el tiempo en que aquéllos que quedaron vivos fueron asesinados. Así es que, la población original no existe en el presente, pero esta ciudad ha sido habitada continuamente desde el mismo principio, y como he dicho, era como una isla en Lidia, era una comarca de Anatolia, y allí se hablaba primero, el idioma de Lidia. Pero para la época en que llegaron allí los Apóstoles, ya dominaba el idioma griego, y era una típica colonia griega la que se encontraba en este lugar. Éste era un puesto de avanzada de la cultura griega, en una atmósfera asiática, y de Anatolia. Esta ciudad se había entregado al paganismo de tal manera que se la llamaba "la Atenitas". Por cierto, que era verdaderamente griega.

La ciudad era una gran fortaleza, y era para acechar al enemigo que se aproximaba a destruir las grandes ciudades como Éfeso, Esmirna y Pérgamo. Ésas eran las otras tres grandes ciudades. Las otras ciudades también eran grandes fortalezas, donde la guarnición era llevada para detener al enemigo o demorarle, cuando marchaba hacia la costa occidental.

Ésta es una zona donde existe mucha erosión del terreno, y el suelo es muy aluvial, pero muy fértil. Allí crecen hermosos árboles de laurel, muchas flores, y allí crece cualquier clase de plantas que uno se pueda imaginar. Uno puede ver allí en la ladera de las montañas muchas viñas, y el dios que ellos adoraban allí era Baco, y la gente se había entregado mucho a la idolatría. Pero el cristianismo por cierto que había logrado tomar una buena posición en esa zona.

La ciudad no obtuvo su nombre, como piensan muchos, de la Biblia, sino que recibió su nombre a causa del amor que existía entre Attalo II y su hermano Eumenes, quien era el Rey de Pérgamo. Este hombre sentía un gran amor y lealtad por su hermano, y por eso es que la llamó "la ciudad del amor fraternal". En el año 17 d.C., la ciudad fue sacudida por un gran terremoto que la destruyó totalmente. Ese mismo terremoto destruyó completamente a Sardis y a muchas ciudades lidias a través de esa zona. Tiberio, el emperador, designó una gran cantidad de dinero para la reconstrucción de esas ciudades, y ellas fueron construidas de nuevo.

Éste es el lugar donde los cristianos y los sarracenos lucharon durante las cruzadas, y también allí lucharon Turquía y Grecia en el año 1.922, y parece que hay unos cuantos creyentes allí. No se dan a conocer, por supuesto, porque son perseguidos muy severamente, como ya he dicho anteriormente.

Ésta es una iglesia, junto con Esmirna, para la cual el Señor Jesucristo no tuvo ninguna palabra de condenación. ¿Por qué? Porque había vuelto a la Palabra de Dios, y es interesante notar que las dos iglesias a las cuales Él no condenó hay algo que todavía existe, aunque la iglesia ya ha desaparecido. Sin embargo, en Filadelfia existe algo que es muy interesante, de lo cual quiero contarle algo en este estudio.

En primer lugar, existen las ruinas de una iglesia bizantina que revela que el cristianismo estaba vivo en esa zona, hasta el siglo XII o XIII, y que la gente que cuida de esa zona debe ser cristiana. Yo pude visitar esa zona, y me encontré con algunas personas con las cuales no pude conversar, pero a través de la generosidad de ellos, de la bondad que demostraron, podíamos comunicar algo del amor cristiano.

En esa zona existe una columna. Hay muchos que señalan esto, indicando que allí había en una ocasión un gran anfiteatro. No está allí ahora, ha sido destruido completamente. Lo único que queda es esa columna, y está oculta entre los árboles. La pregunta surge, ¿Por qué hizo eso el gobierno? Le diré por qué. Porque allí los turcos habían dado muerte a todos los creyentes de Filadelfia y ellos prefieren que usted y yo nos olvidemos de esto. Pero, esa iglesia en el siglo XIII, era una iglesia misionera y testificó por Cristo. Ésa es la iglesia que honró la Palabra de Dios.

Esta iglesia se encontraba en una zona muy estratégica para ser una iglesia misionera, porque eso es lo que es en realidad. A esta iglesia la he llamado la iglesia revivida. La iglesia que regresó a la Palabra de Dios, y comenzó a enseñar la Palabra de Dios; y eso representa, creo yo, al protestantismo del presente. Comenzó, según creo, en el siglo pasado, y ha progresado desde entonces, de tal manera que la enseñanza de la Biblia no es algo nuevo, de ninguna manera, sino que se convierte en algo realmente popular. Pienso que hemos llegado en nuestro programa de enseñanza bíblica a la cresta, digamos, de una ola de interés en la Palabra de Dios. Es decir, que creo que Dios ha levantado nuestro programa para esta hora en particular.

Escribe al ángel de la iglesia en Filadelfia: Esto dice el Santo, el Verdadero, el que tiene la llave de David, el que abre y ninguno cierra, y cierra y ninguno abre. [Ap. 3:7]

El ángel es un mensajero humano, el pastor de la iglesia. Éste es el método del Señor en todas estas iglesias.

Esto dice el Santo, el Verdadero, el que tiene la llave de David, el que abre y ninguno cierra, y cierra y ninguno abre. Él siempre presenta algo de esa visión del Cristo glorificado, el Gran Sumo Sacerdote del capítulo 1. Aquí Él les recuerda que Él es santo. Él era santo en el momento de Su nacimiento, fue santo en Su muerte, y Él es santo hoy en Su ocupación sacerdotal presente. Así se le llamó en Su nacimiento cuando el ángel le dijo a María: El Santo Ser que nacerá, será llamado Hijo de Dios. (Lc. 1:35) En Su muerte Él fue santo. Él fue hecho pecado por nosotros. Él fue santo, manso, sin contaminación, fue separado de los pecadores. En Hechos 2:27, leemos: porque no dejarás mi alma en el Hades, ni permitirás que tu Santo vea corrupción. Él fue santo en Su muerte, y en Su resurrección. Él también es santo hoy en Su alta función sacerdotal. En Hebreos 7:26, leemos: Porque tal sumo sacerdote nos convenía: Santo, inocente, sin mancha, apartado de los pecadores, y hecho más sublime que los cielos.

El verdadero. Él es el camino, la verdad y la vida. (Jn. 14:6) "Verdadero" aquí significa genuino, una nota adicional de perfección y totalidad. Es decir, que Moisés no dio el pan verdadero. Cristo es el Pan Verdadero. (Véase Jn. 6:32-35)

El que tiene la llave de David. Esto es diferente de las llaves del Hades y de la muerte, que vimos al principio. (Ap. 1:18) Esto habla de Su derecho real como el gobernante de todo este Universo. Éste será grande, y será llamado Hijo del Altísimo; y el Señor Dios le dará el trono de David su padre; y reinará sobre la casa de Jacob para siempre, y su reino no tendrá fin. (Lc. 1:32-33) Él se sentará en el trono de David en el milenio, pero hoy, Él es el Soberano, Él está sentado a la diestra del Padre, esperando hasta que Sus enemigos sean hechos estrado de Sus pies.

Él es el que abre y ninguno cierra, y cierra y ninguno abre. Y a causa de eso Él es consuelo para aquéllos que confían en Él en el presente. (Véase Mt. 28:18-20)

> *Yo conozco tus obras; he aquí, he puesto delante de ti una puerta abierta, la cual nadie puede cerrar; porque aunque tienes poca fuerza, has guardado mi palabra, y no has negado mi nombre. [Ap. 3:8]*

Éste es el versículo que se ha tomado como tema de este programa de A Través de la Biblia. Comenzamos con él al principio, y significa mucho para mí.

Ésta es la iglesia que se ha mantenido fiel a la Palabra de Dios, y esta iglesia no puede ser llamada una iglesia protestante, como tampoco puede ser una iglesia romana, o ninguna otra clase de iglesia. Es en el día de hoy, todas estas iglesias a través de todo el mundo, que aún se mantienen fieles a la Palabra de Dios.

Yo conozco tus obras. El Señor Jesucristo, está buscando fruto. Él está buscando las obras en las vidas de los creyentes. Porque por gracia sois salvos por medio de la fe; y esto no de vosotros, pues es don de Dios; no por obras, para que nadie se gloríe. Porque somos hechura suya, creados en Cristo Jesús para buenas obras, las cuales Dios preparó de antemano para que anduviésemos en ellas. (Ef. 2:8-10)

Hay algo que anda radicalmente mal con usted si usted no produce obras. Eso es lo que Santiago dice. Santiago, un hombre práctico, que pasaba mucho tiempo de rodillas, pues era un gran hombre de oración, él fue quien dijo: Muéstrame tu fe sin tus obras, y yo te mostraré mi fe por mis obras. (Stg. 2:18). Las obras no son obras de la ley, sino obras de la fe. La fe salvadora produce obras. Calvino dijo: "La fe sola salva, pero la fe que salva no está sola". Produce algo.

He aquí, he puesto delante de ti una puerta abierta, la cual nadie puede cerrar. Ésa podría ser una puerta al gozo del Señor, o al conocimiento de las Escrituras. Personalmente, opino que es una puerta al conocimiento de las Escrituras, lo que significa que, si Él abre esa puerta, Él quiere que usted entre, porque Él abrirá una puerta de la oportunidad para testificar y proclamar la Palabra de Dios. Pienso que las dos van juntas.

Porque aunque tienes poca fuerza (dúnamis). Dúnamis es la palabra griega de la cual viene nuestra palabra "dinamita". Él dice, tienes poca fuerza. Eso es todo lo que tenemos nosotros, y a veces pienso que no tenemos ni eso. Es decir, que éste es un grupo de creyentes humildes, que no tienen gran cantidad de personas o programas y edificios. Me cansa mucho cuando se presentan informes de gente que ha hecho esto y aquello, y a veces lo hacemos nosotros también. Informamos, por ejemplo, en cuántas emisoras se pasa nuestro programa. Nos gusta mucho hablar de estas cosas. Pero, eso no vale nada. Hablamos de los cientos de cartas que hablan de aquéllos que han aceptado a Cristo. Pero, eso no es nada. Lo importante, lo verdaderamente importante, es si nosotros estamos proclamando la Palabra de Dios. Él va a contar los números. Dios tiene Su propia computadora. Él registra todo eso, y Él nos pide que nosotros no lo hagamos. Pablo podía decir que él ni siquiera se juzgaba a sí mismo. ¿Por qué no lo hacía? Él puede decirnos que quizá él pueda contar demasiados convertidos, puede hablar de manera evangelística, puede presentar una cantidad equivocada, puede mirar las cosas de una forma diferente de lo que hace Dios. Así es que, va a tener que esperar hasta que llegue a Su presencia.

Has guardado mi palabra. Eso indica que en un día cuando se negaba la inspiración de las Escrituras, esta iglesia creía en la Biblia, y creía que era la inspirada Palabra de Dios. Un teólogo del siglo XX, y por supuesto un liberal, declaró que ninguna persona inteligente podía creer en la inspiración verbal de la Biblia. Eso me pone a mí en una posición incómoda, por cierto. Por supuesto que no soy persona inteligente, pero creo en la inspiración de la Biblia. Es decir, si la definición de este hombre es correcta. Pero, no creo que él esté en lo correcto tampoco en eso.

Y no has negado mi nombre. Esto significa que en un día cuando la Deidad de Cristo se niega abiertamente en los seminarios, y desde el púlpito, y en las iglesias, aquí tenemos una iglesia de creyentes que se mantiene firme, creyentes fieles a Él, que proclaman al Dios hombre, y Su muerte sustitutiva por los pecadores.

La iglesia en Filadelfia ha sido llamada muchas cosas. Algunos la han llamado la "iglesia misionera", y creo que es correcto. Otros, la han llamado la "iglesia que sirve", y también eso es correcto. Otros la han llamado la "iglesia viviente", lo cual también es correcto. Personalmente me gusta llamarla la "iglesia revivida", o la iglesia que cree en la Biblia. Es la iglesia bíblica. Eso es también lo que el Señor Jesucristo enfatiza. Y Él dice: Has guardado mi palabra, y no has negado mi nombre.

Así es que, en un día de incredulidad y escepticismo, el Señor Jesucristo está encomiando a esta iglesia, porque esa iglesia ha guardado Su palabra. De modo que, ésta es la iglesia que esparció la Palabra de Dios, y hasta donde sé yo, esta iglesia duró mucho más que cualquier otra de las siete iglesias mencionadas aquí. En realidad, duró hasta el siglo XIII. Tuvo una existencia continua, y fue destruida por esa dinastía turcomana-seléucida, cuando invadieron esa zona y brutalmente asesinaron a los creyentes que habían quedado en esa iglesia. Los asesinaron a todos. Esa iglesia envió también misioneros, y se cree que el hecho de que el cristianismo entró a la India en época temprana, fue a causa de esta iglesia, la cual había enviado a sus misioneros.

He aquí, yo entrego de la sinagoga de Satanás a los que se dicen ser judíos y no lo son, sino que mienten; he aquí, yo haré que vengan y se postren a tus pies, y reconozcan que yo te he amado. [Ap. 3:9]

El remanente de Israel que estaba siendo salvo había dejado la sinagoga en esa época. Ellos habían abandonado la ley como medio de salvación y santificación. Aquéllos que continuaban en la sinagoga se encontraban ahora en una religión falsa, y el Apóstol Pablo presenta esto claramente en su Epístola a los Romanos, de que todo Israel no es Israel. (Véase Ro. 9:6) Ya no eran verdaderos judíos. Él consideraba como el verdadero Israel a aquél que se había vuelto a Cristo.

Ignacio, según Trenchant y según Vincent, se refiere a una situación lógica, donde los convertidos del judaísmo predicaban la fe que antes habían despreciado. A propósito, en el Imperio Romano se tomaba a los judíos y se los enviaba a zonas extranjeras con el propósito de formar una colonia, de colonizar esa zona, lo cual ellos hicieron en esta sección. Ésa es la razón por la cual había tantos de ellos allí.

He aquí, yo haré que vengan y se postren a tus pies, y reconozcan que yo te he amado. El Señor Jesús también quiere hacer saber a los enemigos de la iglesia de Filadelfia que Él ama esta iglesia.

Por cuanto has guardado la palabra de mi paciencia, yo también te guardaré de la hora de la prueba que ha de venir sobre el mundo entero, para probar a los que moran sobre la tierra. [Ap. 3:10]

La última palabra de encomio a esta iglesia es que ha guardado la Palabra de Cristo en paciencia. Esto, evidentemente, es la espera paciente por la venida de Cristo por los Suyos. (Véase 2 Ts. 3:5) Se ha notado en el siglo pasado que las doctrinas de escatología se han desarrollado más que en todos los siglos previos combinados. Durante los años pasados ha habido un avivamiento en América, en Europa, y en realidad en todo el mundo, en cuanto a la Segunda Venida de Cristo. Aún los liberales hablan de esto de vez en cuando.

Por cuanto has guardado la palabra de mi paciencia. Creo que Dios está mostrando Su paciencia para con el mundo que ha rechazado Su Palabra. No es como en los días de Noé. Ellos no tenían entonces la Palabra escrita de Dios, pero aún así Dios les juzgó. Ellos tuvieron a un hombre que les trajo el mensaje. Pero ahora tenemos la Palabra de Dios y hay una Biblia que los Gedeones Internacionales han colocado en prácticamente cada habitación de todo hotel del mundo. Cuando usted viaja, puede verlo en los hoteles y moteles, no sólo de nuestras naciones, sino también a través de Europa, en África y en Asia. Uno puede ver que la Palabra de Dios está penetrando a esta zona. Ésta, pues, es la iglesia que creyó en la Palabra de Dios.

Yo también te guardaré de la hora de la prueba que ha de venir sobre el mundo entero. No sólo de ese terrible holocausto que viene sobre esta tierra, ese período de juicio, sino también de ese período, de la hora de tentación y de prueba; así es que, según mi juicio, esto aquí indica una liberación completa cuando dice: te guardaré de la hora de la prueba; de esa hora de prueba que viene sobre la tierra, Él guardará a esta iglesia. Así es que, de ningún modo uno podría decir que esta iglesia está pasando a través del período de la Gran Tribulación. Creo que la iglesia de Filadelfia continúa hasta el rapto de la iglesia. Ésta es la iglesia que saldrá cuando ocurra el rapto.

La iglesia de Laodicea, como hemos de ver, es una organización que continuará en el mundo, aunque Él le da aquí una maravillosa invitación, y muchos aquí, aún en la iglesia de Laodicea, se volverán a Cristo, y en el momento del rapto ellos también serán sacados de este mundo. Pero hay una iglesia que pasa a través del período de la Gran Tribulación, y ésa es la iglesia apóstata, y ésa, por supuesto, es la iglesia de Laodicea. Así es que, lo que tenemos aquí es la venida de Cristo a sacar a los Suyos de este mundo, y Él le promete a esta iglesia que no pasará a través de este período en particular que viene sobre la tierra.

El Libro de Jesucristo es el Libro de la Vida. ¿Están todos los nombres de la familia humana inscritos en ese libro del cual hablé anteriormente? No puedo responder a esto. Pero sí sé que aquéllos que son salvos serán llevados a encontrar al Señor en las nubes en el rapto de la iglesia. Pienso que la iglesia de Filadelfia es la iglesia del rapto, y que la iglesia de Laodicea, es la que no tiene parte en el rapto. O sea que, las palabras de ánimo de Cristo a Su iglesia es que ésta no va a pasar a través del período de la Gran Tribulación. Esto tiene que ser la Gran Tribulación mundial. La iglesia va a ser quitada del mundo, y ése es su consuelo; ésa es su esperanza; ésa es su paciente espera por Cristo, que por la fe y la paciencia heredan las promesas. (He. 6:12) La iglesia no está aguardando la Gran Tribulación con su juicio (véase Jn. 5:24; Ap. 13:1-8, 11-17), sino que está esperando a que Él venga.

Quisiera presentar aquí algo que dijo el Dr. John Walvoord en su libro sobre Apocalipsis: "Si el rapto hubiera ocurrido en el primer siglo, precediendo a la tribulación descrita en el Libro de Apocalipsis, ellos estaban seguros de librarse. En contraste, aquellos sellados de las 12 tribus de Israel en el capítulo 7, versículo 4, claramente deben pasar a través de este tiempo de dificultad. Esto implicaba el rapto de la iglesia antes de ese tiempo de dificultad que se conoce como el período de la Gran Tribulación. Tal promesa de liberación, entonces, hubiera parecido algo imposible, si el rapto de la iglesia se hubiera demorado hasta el fin de la tribulación, antes de la Segunda Venida de Cristo y el establecimiento de Su reino".

Él no sólo le dice esto a esta iglesia, sino que en el versículo 11, le dice:

He aquí, yo vengo pronto; retén lo que tienes, para que ninguno tome tu corona. [Ap. 3:11]

Pronto, no quiere decir en seguida. Indica que cuando Él venga, las cosas sucederán rápidamente. Usted no puede perder su salvación, pero sí puede perder su corona. Puede perder su recompensa. Ya hemos considerado esto en el primer capítulo de Apocalipsis. Esto tiene la idea de algo que sucede repentinamente y de una expectativa que Él vendrá en un momento cuando ellos no lo saben, y por tanto, no quiere decir que viene inmediatamente, sino que Su venida será de repente. Ésta es la promesa. Ésta es la esperanza de la iglesia. En realidad, la iglesia no está esperando ese período de la Gran Tribulación. En ninguna parte se nos dice que debemos ceñir nuestros lomos, apretar los dientes, cerrar nuestros puños para esperar la venida de la Gran Tribulación, porque tendríamos que pasar por ese período. Él nunca dijo eso. Sino que debemos estar aguardando esa bendita esperanza y ese día glorioso de nuestro Dios y Salvador Jesucristo. (Véase Tit. 2:13)

Permítame decir nuevamente que la iglesia en Filadelfia representa a la iglesia revivida, la iglesia que ha vuelto a la Palabra de Dios. Es esta iglesia que ha de ser arrebatada, Su iglesia verdadera, y no creo que usted la pueda ubicar dentro de ninguna denominación o iglesia local. Ellas están esparcidas por todo el mundo hoy, y usted encontrará que algunas de ellas pertenecen a unas organizaciones extrañas. Yo no entiendo eso, pero eso aparentemente no es asunto mío; eso es algo de lo cual ellas tendrán que rendir cuentas al Señor.

Al que venciere, yo lo haré columna en el templo de mi Dios, y nunca más saldrá de allí; y escribiré sobre él el nombre de mi Dios, y el nombre de la ciudad de mi Dios, la nueva Jerusalén, la cual desciende del cielo, de mi Dios, y mi nombre nuevo. [Ap. 3:12]

Hay dos columnas en ese lugar en el presente. Una, es la de la iglesia Bizantina, de la cual no creo se haga referencia aquí; pero hay una columna en la ladera de la montaña, oculta entre los árboles, esos árboles de laurel, y esa columna es todo lo que queda de la ciudad del día de Juan. Al que venciere, yo lo haré columna en el templo de mi Dios. La iglesia aquí abajo, fue destruida, pero las columnas permanentes se encuentran allá arriba.

Escribiré sobre él el nombre de mi Dios, y el nombre de la ciudad de mi Dios... y mi nombre nuevo. Éste es el pasaporte y visa del creyente, los cuales harán posible que el creyente, como ciudadano del cielo, viaje libremente sobre esta tierra o a cualquier lugar en el Universo de Dios. Con el pasaporte de Dios, el creyente podrá viajar a dondequiera. Aunque esto es paradójico, es una verdad maravillosa y bendita.

Y escribiré en él mi nombre nuevo. Ése es el nombre de Él. Nosotros no tenemos un nombre nuevo. Eso no es lo que está diciendo aquí en Apocalipsis. Lo que está diciendo es que Él tiene un nombre nuevo que nos dará para Sí Mismo, y ese nuevo nombre es una relación personal que tendremos con Él.

El que tiene oído, oiga lo que el Espíritu dice a las iglesias. [Ap. 3:13]

El Señor tiene un mensaje que da a cada una de las iglesias. Eso se aplicaba a la iglesia local, pero también se aplica para nosotros hoy.

La carta de Cristo a la iglesia en Laodicea

Ésta es la última carta. Sir William Ramsey llama a esta iglesia, la iglesia de la avenencia, del acomodo. Esta ciudad fue fundada por Antíoco II en los años 261 a 246 a.C., y tenía una base seléucida. Seleuco I Nicátor, fue uno de los generales de Alejandro Magno. Él se apoderó de Siria, y Lisímaco tomó Asia Menor, pero aparentemente Seleuco tomó algo del territorio de Lisímaco, y ésta fue una de las ciudades de las que él se apoderó. En realidad, esta ciudad se encuentra bien al interior. Es lo que se conoce como "las puertas de Frigia", en el oriente, por donde entraban las grandes caravanas de camellos, procedentes del oriente; éstas entraban por ese lugar y pasaban a través de Laodicea. Laodicea era una gran ciudad, y este camino que ellos recorrían, proveniente del este, pasaba hacia Éfeso, y Mileto, y seguía hasta lo que hoy se conoce como la ciudad de Izmir, o Esmirna en aquel día. Era un lugar espectacular, un gran valle, y las ruinas que hay en ese lugar están cubiertas en el presente. Plantas de avena loca, o avena silvestre, crecen en la mayor parte de Laodicea, pero ésta está ubicada sobre el Río Lico, afluente del Río Meandro; y su nombre significaba "juez de paz". En realidad, fue nombrada en honor a la esposa de Antíoco, Laodice. Hubo varias ciudades que llevaban ese nombre, pero ninguna, era tan famosa como ésta.

Éste era un lugar de muchas riquezas, un gran centro comercial. Era un centro de cultura griega, un lugar de ciencia y de literatura. Ése también era un lugar donde tenían un gran colegio de medicina, que era algo muy primitivo y muy pagano. Aquí es donde ellos desarrollaron lo que se conocía en Roma como "el polvo frigio". Eso era para los oídos y para los ojos. Ellos utilizaban esa materia química que tomaban de las montañas de ese lugar, donde el terreno era algo fuera de lo común, y lo mezclaban con nardo, y se vendía por todo el Imperio Romano. Este lugar era un lugar donde había mucha riqueza y se conocía como tal. Era el centro de la industria, con grandes operaciones bancarias. Cicerón tenía su corte allí, y se cuenta que él arrojaba billetes que había cobrado en esa ciudad. Ellos adoraban a Júpiter o Zeus. Finalmente fue abandonada a causa de los terremotos; y las ruinas que existen en ese lugar son muy impresionantes, las cuales uno puede contemplar. Allí había en realidad dos teatros romanos. Hay un estadio en ese lugar, y también tres iglesias cristianas primitivas, cuyas ruinas todavía se encuentran allí.

Entre Laodicea, y yendo hacia las montañas frigias, se encuentra en un valle un gran templo. Era un templo de Anatolia, de un dios hombre frigio, llamado Men Coru. Éste era un dios primitivo en esa zona; pero el templo que fue construido allí era el centro mismo de toda la sociedad, también lo era de la administración y del comercio y de la religión. Existía allí una religión muy primitiva y también tenían un gran mercado donde iban los extranjeros. Allí iba gente de todas partes. Llegaban a ese lugar y llevaban a cabo sus negocios en ese mercado. Es algo a lo cual están acostumbradas estas personas. Me imagino que ese gran mercado que existe hoy en Estambul es algo muy similar a eso.

La ciudad en sí no ha sido excavada todavía. Las ruinas se destacan a través de todo lo que crece allí, y de los escombros del lugar, aunque parece que la avena loca, o la avena silvestre, crece por todas partes. Cierto hombre en Estambul informó que había una fundación americana que había designado dos o tres millones de dólares para excavar la ciudad de Laodicea. En realidad, si yo no estuviera tan ocupado me gustaría unirme a esa expedición para la excavación. Creo que puede ser algo que valga la pena.

Esta ciudad era muy activa en los negocios. Allí se confeccionaba ropa, y también se fabricaba una pomada para los ojos. Usted puede pararse sobre las ruinas de Laodicea y observar alrededor las montañas, y desde allí puede ver donde está ubicada Colosas. También puede ver hacia atrás hacia Hierápolis, donde se encuentran las vertientes. En realidad, las ruinas mayores no se encuentran ni en Colosas ni en Laodicea, sino que están en Hierápolis. Pero las montañas allí tienen un color muy raro, y la gente tomaba el barro de allí, y con eso hacía una pomada para los ojos, y también para los oídos, que era enviada a todas partes del Imperio Romano.

Análisis químicos del presente indican que no había nada medicinal en ese barro, pero alguien se ganó mucho dinero con eso. A nosotros nos gusta decir que somos civilizados, pero, hay muchas medicinas en el mercado hoy que no le hacen ningún bien a nadie, y la compramos tan rápido como podemos. En realidad, sucumbimos ante la propaganda de hoy; la compramos, y es mejor entonces que no critiquemos a estas personas demasiado. El Señor Jesucristo ya lo dijo. Él les dijo que sería mejor que se compraran un verdadero colirio para los ojos para abrirlos. Ya hemos de ver eso.

Y escribe al ángel de la iglesia en Laodicea: He aquí el Amén, el testigo fiel y verdadero, el principio de la creación de Dios, dice esto: [Ap. 3:14]

Éste es el único lugar en las Escrituras donde la palabra "Amén" es un nombre propio, y éste es el nombre de Cristo. En 2 Corintios 1:20, leemos: Porque todas las promesas de Dios son en él Sí, y en él Amén, por medio de nosotros, para la gloria de Dios.

El Señor Jesús es el Amén. Él tiene la última palabra, el Alfa y la Omega. Así es que, aquí tenemos que Él es Aquél que va a cumplir todas las profecías de Dios, y Él les informó de eso a los creyentes de Laodicea. Ésa es la iglesia que había rechazado la Deidad de Cristo. La palabra "Amén", es lo único que Él saca de la visión de Sí Mismo, como vimos en el primer capítulo de Apocalipsis.

Él dice aquí que Él es el testigo fiel y verdadero. Esto revela que solamente el Señor Jesucristo es quien puede revelar todo y contarlo todo. En este día cuando es tan difícil oír la verdad, ya que por cierto no la recibimos por los medios informativos, y tampoco la recibimos de parte de muchos gobiernos, y uno descubre que hasta las mismas universidades son lugares donde se llevan a cabo lavados cerebrales, y los militares hacen prácticamente lo mismo. ¿A quién puede creerle uno? A Aquél que es el testigo fiel y verdadero, aun en los días de apostasía, porque uno no puede creer a la iglesia en muchos casos. La iglesia liberal no tiene ningún mensaje para esta hora.

El principio de la creación de Dios indica que Él es el Creador. En este día, se ha aceptado ese mito de la evolución; la hipótesis evolucionista es aquello que la gente ha aceptado. Cierto profesor universitario, amigo mío, sostenía que él había aceptado la hipótesis de la evolución, y él decía que quería tener informes concretos, que quería ciencia. La verdad es que no hay sino dos explicaciones para el origen de este Universo en el cual vivimos. Una, es especulación, porque nadie estuvo allí para verlo. Nadie pudo salir con una respuesta apropiada. La otra es la revelación. Es lo que la Palabra de Dios dice. La diferencia entre este hombre, este profesor y yo, es que él acepta la especulación, mientras que yo acepto la revelación. En lo que se refiere a mí, creo que me encuentro en un terreno mejor, en un terreno más sólido, porque tengo el testimonio de quien hizo la creación, y Él tiene que saber algo en cuanto a esto. Él es el Principio de la creación de Dios.

Yo conozco tus obras, que ni eres frío ni caliente. ¡Ojalá fueses frío o caliente! Pero por cuanto eres tibio, y no frío ni caliente, te vomitaré de mi boca. [Ap. 3:15-16]

En las cartas que escribió a las otras iglesias, cuando decía: Yo conozco tus obras, se refería a buenas obras. Los elogiaba a ellos por sus buenas obras. Pero aquí no tiene ninguna palabra de encomio para esta iglesia. Todo se condena aquí. Aun las obras que ellos hacen no son buenas obras. Son malas obras, y la iglesia ni era fría ni era caliente.

Que ni eres frío ni caliente. Eso tenía un antecedente, y un significado local en aquel día. En Laodicea, ellos se encontraban en un lugar como una planicie, digamos, aunque es una zona montañosa. Pero se encuentra en un gran valle. Las montañas frigias se encuentran en la distancia hacia el sur, y están a las puertas de Frigia; y Laodicea y Colosas se encuentran en una localidad bastante fuera de lo común. Ya que ellos estaban ubicados en el valle tenían dificultades en obtener agua. Cuando uno visita esas ruinas, puede mirar al sur esas montañas frigias, y algunas de ellas son bastante elevadas. En el mes de junio, aún se puede ver montañas con nieve en su cumbre. Los habitantes de Laodicea, pues, construyeron un acueducto para bajar de la montaña esa agua fría, y utilizarla en la ciudad. Cuando esa agua salía de la montaña, por supuesto, era un agua sumamente fría. Pero para cuando llegaba a Laodicea ya era agua tibia, y el agua tibia no es algo muy bueno, que digamos.

En el valle donde un afluente se une con el Río Meandro, hay una zona de aguas termales, y estas aguas son tan calientes que producen vapor, el cual está siendo utilizado en el presente. Se me informa que se va a utilizar más y más, y ésta es el agua más caliente que uno se pueda imaginar. Mucho de eso es sencillamente vapor. Cuando esta gente sacaba esta agua caliente, y la llevaba hasta la ciudad de Laodicea, para el tiempo que llegaba allí, pues, ya no era agua caliente, sino que era agua tibia.

De modo que, cuando el Señor le dice a esta iglesia de Laodicea: Que ni eres frío ni caliente, ellos sabían exactamente de lo que Él estaba hablando. Ellos eran tibios, y habían estado bebiendo agua tibia por mucho tiempo. El agua que venía de las montañas, cuando salía de allí, era muy fría, y el agua que venía de las termas del Río Meandro era muy caliente, pero cuando llegaba a la ciudad, no era ni fría ni caliente, sino que era agua tibia para ellos, y era algo que enfermaba de veras. El agua tibia enferma aún hoy. Es necesario poner un poquito de hielo en el agua, o lo bebe como agua caliente. Pero agua tibia no es algo bueno. El Señor Jesucristo dijo que esta iglesia no era ni fría ni caliente: Pero por cuanto eres tibio, y no frío ni caliente, te vomitaré de mi boca.

Una iglesia fría era en realidad una iglesia que lo había negado todo doctrinalmente. Se había entrado al formalismo; estaba funcionando en oposición a la Palabra de Dios y al Evangelio de Cristo. Uno encuentra esto en el liberalismo del presente. Ellos se encuentran en una posición de activa oposición al Evangelio del Señor Jesucristo. Luego tenemos la iglesia caliente que nos habla de aquéllos que sienten una pasión espiritual ferviente. Era como esos creyentes de Éfeso que estaban apartándose de su primer amor. Ah, el Espíritu de Dios les había llevado a una posición muy elevada en su relación personal con

Cristo.

Pero esta iglesia tampoco era caliente. Ni era fría. Era sencillamente tibia. Entre esas posiciones de la caliente y la fría tenemos esta fe tibia. Diría yo que éste es el cuadro de muchas, pero muchas iglesias en el día de hoy. Muchas grandes denominaciones que se han apartado de la fe, y muchas iglesias en estas denominaciones, y fuera de ellas, tratan de mantener una posición media. No quieren salir abiertamente en apoyo de la Palabra de Dios, y de las grandes doctrinas de la fe cristiana, pero al mismo tiempo no quieren ser conocidas como iglesias liberales. Hay otros que gustan de andar bien con ambos lados. Conozco a ciertas personas que hacen esto. Algunos son lo que yo llamaría extremistas en ambas direcciones. Algunos han llegado a ser fundamentalistas en extremo; otros han llegado a ser liberales en extremo. Hay muchos que tratan de estar en los dos lados de la corriente, y esa es una condición que es prácticamente imposible, y esto es lo que hace que el Señor Jesucristo diga que le enferma. Y dice francamente aquí: Te vomitaré de mi boca.

A mi juicio, éste es el andar en medio del camino, tomar una posición hipócrita, teniendo un nombre de que viven, pero están muertos. Que tienen apariencia de piedad, pero niegan la eficacia de ella; a estos—dice la Escritura—evita. (2 Ti. 3:5)

En el principio el protestantismo, en realidad, creía todas las grandes doctrinas de la fe cristiana. Todos los credos de todas las grandes denominaciones son maravillosos. La confesión de fe de Westminster, repudiada en su gran mayoría por la iglesia que lo creó, también es algo maravilloso. Hay otras confesiones de otras iglesias, que son maravillosas, pero, ¿quién las está siguiendo? ¿Quién las cree en el presente? Tienen apariencia de piedad, pero niegan la eficacia de ella. Tienen un nombre de que están vivos, pero están muertos en realidad. No son ni fríos ni calientes. Son tibios. Éste es un cuadro terrible el que se nos presenta.

Ésta es la posición de la iglesia en el presente. Desafortunadamente, es la condición de muchas así llamadas iglesias fundamentales, conservadoras el día de hoy. Gracias a Dios que no hay muchas que entran en esa clasificación. Pero lo que es realmente sorprendente y terrible es que Él dice: Te vomitaré de mi boca. ¿Le parece a usted, que Él se está refiriendo aquí a una iglesia a la cual Él va a sacar de esta tierra? Él dice: Voy, pues, a preparar lugar para vosotros. Y si me fuere y os preparare lugar, vendré otra vez, y os tomaré a mí mismo, para que donde yo estoy, vosotros también estéis. (Jn. 14:2-3). No creo que Él se esté refiriendo a esta iglesia aquí, porque Él quiere atraer a la iglesia hacia Sí Mismo. Pero aquí Él dice que a esta iglesia la va a vomitar, porque es tibia. El agua tibia, le hace enfermar a uno del estómago. Pienso que, si Él tuviera que hablar a muchas iglesias y a muchos creyentes hoy, Él les diría a muchos que le hacen enfermar del estómago. "Tú profesas ser cristiano hoy, tú dices que me amas, tú dices estas cosas, pero no son una realidad". Éste es un mensaje, que debe hacernos analizar nuestro propio corazón, porque estamos viviendo en una hora similar a la que vivía la iglesia de Laodicea. También la iglesia de Filadelfia, ambas están lado a lado, y existe una gran separación en la cristiandad del día de hoy. Eso no se encuentra en las denominaciones; no es ni romanismo ni protestantismo. La gran separación está hecha por aquéllos que creen en la Palabra de Dios, y la siguen y la aman, la obedecen; y aquéllos otros que la rechazan completamente. Ésa es la línea divisoria del día de hoy.

Porque tú dices: Yo soy rico, y me he enriquecido, y de ninguna cosa tengo necesidad; y no sabes que tú eres un desventurado, miserable, pobre, ciego y desnudo. [Ap. 3:17]

Porque tú dices: Yo soy rico. La ciudad de Laodicea era una ciudad rica. Supongo que las ciudades de Laodicea y de Sardis eran probablemente dos ciudades muy ricas, quizá las más ricas de toda esa zona en particular en ese tiempo.

Porque tú dices: Yo soy rico, y me he enriquecido, y de ninguna cosa tengo necesidad. Ellos pensaban que el dinero era la respuesta a cualquier problema de la vida. Al concluir la Segunda Guerra Mundial, ésa fue la suposición en la que operó el gobierno norteamericano. Comenzó a utilizar el dinero en todo el mundo, como que, si estuvieran comprando amigos, para hacer la paz, para arreglar los problemas del mundo. Sin embargo, esto no sucede así. El dinero no soluciona todos los problemas que tiene el mundo, porque las riquezas nunca resuelven nada. Esta iglesia en Laodicea probó eso. Yo soy rico—dijo—tú eres un desventurado, miserable, pobre, ciego y desnudo.

Esta iglesia se jactaba de sus posesiones materiales. En cambio, la iglesia en Esmirna era pobre en cosas materiales. Usted recuerda que el Señor les elogió por eso. Era una iglesia de gente pobre, débil y menospreciada por el mundo. No había muchos ricos y nobles en esa iglesia primitiva. Pablo, dice en 1 Corintios 1:26: Pues mirad, hermanos, vuestra vocación, que no sois muchos sabios según la carne, ni muchos poderosos, ni muchos nobles.

La iglesia del día de hoy se jacta de su gran membresía, de la gente prominente que tiene, de las grandes reuniones, de su dar generoso, y de sus edificios adornados. De esto es que nos jactamos en el presente. Permítame citar aquí parte de un artículo que apareció hace ya muchos años en la revista que publica mensualmente el Instituto Bíblico Moody, escrito por el Sr. Perse. Este hombre dice: "Un crecimiento nominal en la membresía, de un 20% de nuestra población en el año 1.884, a un 35% de la población en el año 1.959, y eso fue el máximo, digamos de paso, 61 millones de miembros de iglesias, indican la posibilidad de una iglesia llena de enardecimiento para con Dios. Hay otras indicaciones: una riqueza más allá de los sueños más atrevidos de nuestros antepasados, una entrada de 5.000 millones de dólares en 1.959, un programa de construcción donde se gastará 800 millones de dólares en nuevas iglesias; reuniones de evangelismo en masa a las cuales asisten cientos de miles de personas, y otros usos de comunicaciones masivas, como radio y literatura, están aumentando constantemente". Luego sigue diciendo: "La riqueza mundana es la regla establecida por la iglesia moderna. Los valores espirituales se han perdido de vista o se ignoran completamente. La iglesia no es sólo rica en cuanto a posesiones terrenales, sino que está en el negocio de acumular riquezas. Se le dice a la gente que haga sus testamentos en favor de algunas organizaciones cristianas, de algunos programas radiales u otras obras que profesan ser cristianas, y que son operadas como elementos promocionales para levantar dinero que provee un cuidado muy lujoso de aquellos promotores".

Usted debería tener cuidado de ver a dónde va a parar su dinero cuando lo entrega para una obra así llamada cristiana. Debe cerciorarse de que lo que usted deja en su testamento, va a ser utilizado para obras verdaderamente cristianas, y espero que así lo haga; pero tiene que estar seguro que después que usted haya desaparecido, ese dinero se utilice en la forma en que usted designó que se utilizara.

Debo decir que, en el lado espiritual del libro mayor, la cuenta de la iglesia de Laodicea era algo lamentable. Esto es peor que cualquiera de las otras iglesias mencionadas aquí. Da lástima en realidad a causa de la pobreza espiritual que demuestra. Aquí no hay ningún estudio de la Palabra de Dios, no hay amor a Cristo, no hay testimonio de una fe salvadora, y aun así es ciega a su verdadera condición. Le falta cubrirse con el vestido de justicia.

Para ilustrar esto, permítame mencionar una carta que un pastor escribiera hace muchos años y la puso en su cartelera de anuncios. Está dirigida a Juana Ordinaria, y en esta carta dice: "Querida Juana: Te estoy escribiendo para ayudarte a que te despojes de ese sentimiento de inutilidad que se ha apoderado de ti. Muchas veces tú has dicho que no puedes ver cómo Cristo puede utilizarte, que tú no eres nadie en especial. La iglesia debe llevar en sí parte de la responsabilidad por haberte hecho sentir de la manera en que te sientes. Estoy pensando en la mentalidad de la iglesia de promover instancias de triunfo. Los periódicos de nuestra iglesia siempre cuentan la historia de Juan Dinero. De cómo éste utiliza su elevada posición para testificar por Cristo. Cuando la iglesia se reúne para algún banquete, siempre se tiene el testimonio de alguna estrella deportiva, de un atleta que se destaca, y que tiene el respeto de sus compañeros, y quien testifica por Cristo. Esto nos lleva a pensar que, si uno no tiene esa influencia del estrellato, o de una alta posición en los negocios, es preferible que uno no diga nada. Que a nadie le interesa lo que Cristo ha hecho por ti. Nos hemos olvidado de la realidad elemental en cuanto al testimonio cristiano, algo que debería animarte. Dios ha elegido lo que el mundo llama insensato, para avergonzar a los sabios. Él ha elegido lo que el mundo llama débil, para avergonzar a los fuertes. Él ha elegido las cosas que tienen poca fortaleza, y poca reputación, sí, aún las cosas que no tienen verdadera existencia, para desinflar las pretensiones de las cosas que son, para que ninguno pueda jactarse en la presencia de Dios. Cuando el Señor Jesús eligió a Sus discípulos, Él no buscó a campeones olímpicos o a senadores romanos. Él eligió a gente sencilla como tú, algunos pescadores, uno era un político extremista, otro era un publicano, un nadie en esa sociedad. Estos hombres trastornaron el mundo romano, por amor a Cristo. ¿Cómo lo hicieron? ¿Por medio de su popularidad? No tenían ninguna. ¿Por su posición? Tampoco la tenían. Su poder estaba en el poder de Dios, por medio del Espíritu

Santo. Juana, no te olvides de que nosotros necesitamos lo ordinario en las manos de Cristo, para trastornar al mundo".

A veces nosotros cantamos: "El cimiento de la iglesia es Jesucristo su Señor, ella es Su nueva creación por agua, y por la Palabra. Del cielo Él bajó a buscarla, para hacerla Su esposa santa. Con Su propia sangre la compró, y por su vida Él murió". Aún así, es cierta esa inscripción en la catedral de Lubeck, en Alemania, donde dice: "Me llamáis Maestro, y no me obedecéis; me llamáis Luz y no me veis; me llamáis Vida, y no me deseáis; me llamáis sabio, y no me seguís; me llamáis bueno, y no me amáis; me llamáis rico, y no me pedís; me llamáis eterno, y no me buscáis; me llamáis virtuoso, y no confiáis en Mí; me llamáis noble, y no me servís; me llamáis poderoso, y no me honráis; me llamáis justo, y no me teméis; si Yo, pues, os condeno, no me culpéis".

Ésta, es la iglesia en Laodicea. Ésta es la iglesia de la cual hablaba Stanley High cuando dijo: "La iglesia fracasa por no decirme que yo soy un pecador. La iglesia ha fracasado por no tratarme como una persona perdida. La iglesia ha fracasado por no ofrecerme la salvación que solamente hay en Cristo Jesús. La iglesia ha fracasado por no decirme de las terribles consecuencias del pecado, de la certidumbre del infierno, del hecho de que solamente Jesucristo puede salvar. Necesitamos saber más del juicio final y menos de la regla de oro. Más de un Dios viviente y de un diablo viviente, también. Más de un cielo que ganar, y de un infierno que evitar. La iglesia debe traerme no un mensaje de cultivación, sino un mensaje de renacimiento. Puede que yo le falle a esa clase de iglesia, pero esa iglesia no me fallará a mí".

Estamos viviendo en un mundo, en un período de la iglesia de Laodicea en el presente, y la iglesia está fracasando por no testificar en cuanto a la gracia salvadora de Dios. Luego, Él le dice a la iglesia en Laodicea:

> *Por tanto, yo te aconsejo que de mí compres oro refinado en fuego, para que seas rico, y vestiduras blancas para vestirte, y que no se descubra la vergüenza de tu desnudez; y unge tus ojos con colirio, para que veas. [Ap. 3:18]*

Por tanto, yo te aconsejo que de mí compres oro refinado en fuego, para que seas rico. Ésta es la sangre preciosa de Cristo.

Y vestiduras blancas para vestirte. Ésta es la justicia de Cristo.

Y unge tus ojos con colirio, para que veas. Esto se refiere al Espíritu Santo que abre los ojos de los creyentes hoy.

Esta advertencia tenía significa mucho para la iglesia en Laodicea. Sir William Ramsay tiene un comentario útil en su excelente libro, The Letters to the Seven Churches of Asia [Las cartas a las siete iglesias de Asia]:

"La iglesia en Laodicea debe darse cuenta de que es ciega, pero no incurablemente ciega. Está padeciendo de una enfermedad, y necesita tratamiento médico. Pero los médicos de su famosa escuela no pueden hacer nada para ella. El medicamento que han recetado, y el cual se usa ahora en todo el mundo civilizado, para ungirse los ojos, será inútil para este tipo de oftalmia. Los laodicenses deben comprar el medicamento del Autor Mismo, por un precio de sufrimiento y fidelidad".

Yo reprendo y castigo a todos los que amo; sé, pues, celoso, y arrepiéntete. [Ap. 3:19]

Éste es Su último mensaje a la iglesia. Él le dice que sea celosa, caliente, que se inflame por Dios. Él está ordenándole a esta iglesia a que olvide ese estado tibio, y le dice: Arrepiéntete. Esta iglesia necesita arrepentimiento más que ninguna de las otras. Y el arrepentimiento es para la iglesia hoy. Claro que uno no va a ser muy popular cuando le diga eso. De eso estoy seguro.

El Señor está hablando en cuanto a la iglesia en Laodicea, y aún para aquéllos que se encuentran en esa iglesia no es demasiado tarde para volverse a Cristo. Él dice: Yo reprendo y castigo a todos los que amo; sé, pues, celoso, y arrepiéntete.

Así es que, esta iglesia aún podía volverse a Cristo y ser celosa, y la palabra celoso, significa ser caliente, ser ferviente. Ellos eran tibios.

Comenzando aquí con el versículo 20, tenemos una invitación general de parte del Señor Jesucristo en cualquier ocasión:

He aquí, yo estoy a la puerta y llamo; si alguno oye mi voz y abre la puerta, entraré a él, y cenaré con él, y él conmigo. [Ap. 3:20]

Éste es un cuadro del Señor Jesucristo y la puerta del corazón del pecador. Es un cuadro glorioso. El artista Holman Hunt pintó este cuadro. Es un cuadro de Cristo parado a la puerta. Cuando él pintó este cuadro por primera vez, invitó a sus amigos artistas a que lo criticaran. Uno de ellos le dijo: "Holman, no incluiste una parte muy importante de la puerta. Dejaste de pintar el pomo, o la perilla de la puerta". Y Holman contestó: "Bueno, es que esa puerta es un cuadro del corazón humano, y el pomo, o la perilla de la puerta está por el lado de adentro". Eso es lo que tenemos aquí en este versículo. Él está a la puerta y llama. Él no va a derribar la puerta. A pesar de lo que digan algunos extremistas hoy, en cuanto al tema de la elección, el Señor Jesucristo actuará, y por así decirlo, moverá el cielo y la tierra para llegar a la puerta de su corazón, pero cuando Él llegue allí, Él se detiene y llama. Usted es quien tiene que abrir la puerta y dejarle entrar. Ése es el cuadro que tenemos aquí.

Él dice: Entraré a él, y cenaré con él, y él conmigo. Esto demuestra comunión. Indica el comer, el alimentarse de la Palabra de Dios. Indica el ir y conocer a Jesucristo.

Al que venciere, le daré que se siente conmigo en mi trono, así como yo he vencido, y me he sentado con mi Padre en su trono. [Ap. 3:21]

Debo volver a recalcar que aquí se nos está hablando de la relación con Su Padre en el trono. Debo destacar el hecho de que cuando Él está hablando de Su relación con el Padre, Él siempre hace de esto algo único. Y aquí lo tenemos: mi Padre. Él dijo, por ejemplo: Subiré a mi Padre. (Jn. 14:28); no nuestro Padre, porque esta relación siempre es diferente con Él.

Él nos está preparando para la próxima escena que se desarrollará. Cuando Él dice: Y me he sentado con mi Padre en su trono, ése es el cuadro de lo que nosotros vamos a ver en los capítulos que siguen.

El que tiene oído, oiga lo que el Espíritu dice a las iglesias. [Ap. 3:22]

Éste es un mensaje especial del Señor Jesucristo a todas las iglesias: que uno necesita tener el oído ungido, untado con sangre para poder oír. Ésa es la razón por la cual hoy usted y yo debemos tener mucho cuidado en cuanto a nuestro estudio de la Palabra de Dios, de no adelantarnos al Espíritu de Dios, sino que debemos permitir que Él sea nuestro Maestro. Si usted tiene un oído untado con la sangre, Él quiere que usted le escuche lo que Él tiene que decirle. Sólo el Espíritu de Dios puede hacer que la Palabra de Dios sea real para nosotros.

Con esto concluye el tema de las siete iglesias. Éstas son "las cosas que son", y ellas son muy importantes. He dedicado bastante tiempo a estas siete iglesias, porque esto se relaciona con el período en el cual vivimos y con nuestro propio grupo; porque si somos miembros de Su iglesia, también somos miembros de Su cuerpo, y hay una gran multitud, comenzando allá con el día de Pentecostés hasta la hora presente, hay millones que están confiando en el Señor Jesucristo como su Salvador personal.

Hemos visto estas siete iglesias ubicadas en un período de tiempo definido, en su gran mayoría ya ha sido cumplido. Creo que nos encontramos en el período de las dos últimas iglesias. Como ya he dicho anteriormente, hay una preparación en la iglesia visible organizada del presente. Tenemos a esta iglesia, representada por la iglesia en Laodicea, que se está apartando cada vez más hacia la apostasía, y luego tenemos a esta iglesia que permanece al lado de la Palabra de Dios, la iglesia en Filadelfia. Ésa es la iglesia que será raptada. La otra iglesia, con esa tremenda organización, y eso incluye a todas las denominaciones, aquéllas que profesan ser iglesias cristianas, pero que hace mucho que se han apartado de la Palabra de Dios, que se han apartado de la Persona de Cristo, esa división existe hoy en la iglesia. Una iglesia será raptada, pues, pero la otra pasará por el período de la Gran Tribulación.

Ha habido un mensaje en cada una de estas iglesias. Yo disfruto mucho del estudio de estas iglesias, mucho más que en oportunidades anteriores, porque he podido realizar varios viajes a Turquía, es decir, al Asia Menor. Tuve la oportunidad de visitar las ruinas de las siete iglesias mencionadas aquí. Y, que cada vez que me tocaba estudiar cada una de estas iglesias, podía recordar las ruinas que observé, y podía recordar la situación local. Aquí el Señor ha hablado a una situación local, y ha separado a cada una de estas iglesias. Ellas son representativas, cada una de estas iglesias, y juntas representan el período completo de la iglesia mientras esté aquí sobre la tierra.

Pero también tenemos aquí, en cada una de ellas, un mensaje para usted y para mí, en el día de hoy. En la iglesia de Éfeso, se dio una advertencia que es para nosotros en el presente. Allí existía el peligro de apartarse del mejor amor, de apartarse de una relación personal y hermosa con el Señor Jesucristo. Creo que la verdadera prueba de cualquier creyente hoy, especialmente de aquéllos que están tratando de servirle, no se encuentra en su propio método o forma de hacerlo, o el pequeño sistema, o su dedicación y todo eso que se enfatiza en el presente, sino que está en esta pregunta: ¿Le ama usted? ¿Ama usted al Señor Jesucristo? Cuando usted le ama, entonces usted tendrá una relación correcta, pero cuando comienza a apartarse de la Persona de Cristo, entonces le lleva a una condición tibia. La iglesia apóstata era culpable de ser tibia. No parece ser muy malo, pero es la peor condición en la que se puede encontrar una persona en el plano espiritual.

Cierto predicador dijo en una ocasión: "Veinte creyentes tibios dañan más la causa de Cristo, que un ateo beligerante". Y por supuesto que estamos de acuerdo con esto. Una iglesia tibia es algo lamentable en la causa de Cristo.

Pero cada una de estas iglesias tiene un mensaje para nosotros. Por ejemplo, tenemos la iglesia en Esmirna. Él les dijo a ellos que no temieran el sufrir. Ésta es una de las cosas que nos atemorizan en el presente. No queremos pagar el precio de servir a Cristo, y, sin embargo, ése es el método.

Luego, tenemos la iglesia en Pérgamo. Pero tengo unas pocas cosas contra ti: que tienes ahí a los que retienen la doctrina de Balaam, que enseñaba a Balac a poner tropiezo ante los hijos de Israel, a comer de cosas sacrificadas a los ídolos, y a cometer fornicación. Y también tienes a los que retienen la doctrina de los nicolaítas, la que yo aborrezco. (Ap. 2:14-15)

El peligro es la mala doctrina. Eso, por supuesto, es un grave peligro hoy—la doctrina equivocada. Eso es lo que andaba mal en la iglesia en Pérgamo.

Luego, tenemos la iglesia en Tiatira. Pero tengo unas pocas cosas contra ti: que toleras que esa mujer Jezabel, que se dice profetisa, enseñe y seduzca a mis siervos a fornicar y a comer cosas sacrificadas a los ídolos. (Ap. 2:20) Aquí está, la nueva moralidad. Ése es un gran peligro para muchos hoy. Ellos piensan que pueden aceptar a Cristo, y luego vivir en un nivel bajo. Pero usted no puede salirse con la suya, de ninguna manera, usted es Su hijo.

Luego, tenemos el mensaje a la iglesia en Sardis, a la iglesia protestante. Allí existía el peligro de una muerte espiritual. A ella le dijo: Tienes nombre de que vives, y estás muerto. ¿Qué en cuanto a su iglesia, amigo? ¿Está viva? ¿Está usted vivo? ¿O está muerto en esa iglesia hoy? Hay muchos así en el presente y, sin embargo, hablan mucho en cuanto a mantener la doctrina; pero, lo lamentable hoy es eso de estar muerto en el protestantismo, y ésa es una de las peores cosas que uno pueda imaginarse.

Luego, tenemos el mensaje a la iglesia de Filadelfia. Ellos no se encontraban en un peligro grave, porque Él no condena a esa iglesia para nada. No tiene ninguna palabra de condenación para ellos. Pero Él les da una recomendación. Les dice: He aquí, yo vengo pronto; retén lo que tienes (V. 11). ¿Qué es lo que ellos tenían? Él les elogió porque guardaban Su palabra. Y nosotros también debemos tener mucho cuidado en cuanto a esto. Uno puede mirar hacia el pasado, y recordar a personas que se mantenían firmes en la Palabra de Dios hace muchos años, que parecían ser mucho más fuertes que nosotros, pero que ahora se han apartado de la fe. Esto me sorprende, pero es un gran peligro el que existe, aún en esta iglesia en Filadelfia. Ninguna de estas cosas debería disuadirnos.

A la iglesia en Laodicea el Señor Jesús dijo, Pero por cuanto eres tibio, y no frío ni caliente, te vomitaré de mi boca. (V. 16) Ésta es la iglesia apóstata que profesa ser cristiana, pero le falta realidad. Pero hasta a esta iglesia Él da un llamado final a arrepentirse y una invitación a venirle a Él. Ésta es, pues, la historia de la iglesia.

CAPÍTULO 4

La iglesia en el cielo con Cristo

Llegamos ahora al capítulo 4, y la pregunta natural que surge aquí, es ¿qué ocurrió con la iglesia? Uno no la encuentra a partir del capítulo 4 hasta el final del Libro de Apocalipsis. No hay mención de la iglesia, excepto cuando se menciona la invitación que está al final del libro, algo que es general, y que nada tiene que ver con la cronología del libro. Pero de aquí en adelante, usted no va a encontrar la palabra "iglesia". Hasta este momento, la palabra "iglesia" se mencionaba una y otra vez, por lo menos 19 veces. Pero ahora ya no se menciona más. Es como si hubiera dejado de transmitir. ¿Por qué? Porque ha tenido lugar el rapto. Fue llevada a las nubes para encontrarse con el Señor, y la iglesia ha ido al cielo. Eso es lo que ha sucedido. Tomó lugar, durante el período de la iglesia de Filadelfia, y lo que continuó después de eso es sencillamente una organización, y pasará a través de la Gran Tribulación, y la volveremos a ver otra vez cuando se llama la Gran Ramera. Esto es algo terrible. Es el cuadro más aterrador que encontramos en la Biblia: el capítulo 17 de Apocalipsis. ¿Veremos otra vez a la iglesia? Sí, pero no es ya una iglesia; es la esposa—la esposa preparada para el esposo. Así es que, esto nos lleva ahora en este maravilloso libro a la división final de él. Usted debe recordar que Juan lo presentó al principio, a él se le dio la división de este libro, y él la compartió con nosotros. A él se le dijo: Escribe las cosas que has visto, y las que son, y las que han de ser después de éstas. (Ap. 1:19). Esto es en griego, meta-tauta, "las cosas que han de ser después de éstas". Así es que, cuando llegamos a este capítulo 4 de Apocalipsis, ¿qué es lo que encontramos?

Después de esto miré, y he aquí una puerta abierta en el cielo; y la primera voz que oí, como de trompeta, hablando conmigo. (Ap. 4: 1a) Ése es el sonido de la trompeta que ha llamado a la iglesia a las nubes. ¿Y de quién era esa voz? La voz de Cristo… dijo: Sube acá, y yo te mostraré las cosas que sucederán después de éstas. (Ap. 4:1b)

¿Qué clase de cosas? Eso lo veremos ahora al considerar este versículo 1. Después de éstas. ¿Después de qué? La iglesia, después de que la iglesia ha completado su carrera terrenal, y es llevada a los cielos. Llegamos ahora a estas cosas, meta-tauta, "después de estas cosas", después de las cosas de la iglesia.

Quisiera destacar varias cosas sorprendentes que demuestran por sí mismas, que hemos entrado a una nueva y última división aquí en el capítulo 4. El ambiente y las condiciones han cambiado radicalmente, y éstas son las cosas que sucederán después de éstas, y son expresadas en el griego, como he dicho, meta-tauta, "después de estas cosas".

1. ¿Qué es lo que ha sucedido en la iglesia? Ya no está en el mundo. Hasta llegar al capítulo 4, teníamos 19 referencias a la iglesia en el mundo. Es obvio que los capítulos 2 y 3 se han dedicado en su totalidad a la iglesia en el mundo. Desde el capítulo 4 hasta el final de Apocalipsis, la iglesia no se menciona más en relación con el mundo. La última y solitaria referencia es el testimonio final después que ha concluido el pequeño día de este mundo, en 22:16. En Juan 17:16, Cristo dice de los Suyos: No son del mundo, como tampoco yo soy del mundo. Él también dijo en Juan 14:3: Vendré otra vez, y os tomaré a mí mismo, para que donde yo estoy, vosotros también estéis.

2. La escena ahora cambia al cielo en el capítulo 4, y en forma muy definitiva, por cierto. Ya que la iglesia todavía es el tema, vamos a seguir. Y, ¿dónde vamos a encontrar a la iglesia? Se ha cambiado a su nuevo domicilio en el cielo. ¿Cómo llegó la iglesia al cielo? Ésa es una buena pregunta. El Apóstol Pablo nos da la respuesta; dice él: Luego nosotros los que vivimos, los que hayamos quedado, seremos arrebatados juntamente con ellos en las nubes para recibir al Señor en el aire. (1 Ts. 4:17). Él define esta operación en 1 Corintios 15:51-52: He aquí, os digo un misterio: No todos dormiremos; pero todos seremos transformados, en un momento, en un abrir y cerrar de ojos, a la final trompeta; porque se tocará la trompeta, y los muertos serán resucitados incorruptibles, y nosotros seremos transformados.

La fe ubica hoy al pecador en la plataforma de lanzamiento de ese cohete guiado que es la iglesia. Y de allí saldrá a encontrarse con el Señor en el aire. Los santos entran por la puerta abierta al cielo. La iglesia está con Cristo. Cristo está en el cielo, dirigiendo los sucesos del período de la Gran Tribulación, que vamos a ver cuando lleguemos al capítulo 6 de Apocalipsis.

3. La iglesia no es un nombre, sino una definición de aquéllos que han confiado en Cristo en esta edad. Eso es algo que nosotros debemos tener fijo en nuestras mentes. Porque nuestro pensar hoy es completamente confuso, y es como sigue: La palabra "iglesia" se deriva del sustantivo griego, ekklesia, de ek-kaleo, que significa "llamar fuera". Significa que la iglesia es un grupo de personas llamado a salir del mundo.

Cuando la iglesia llega a su destino, ha sido llamada y llega al cielo, pierde ese nombre por el cual era conocida en el mundo, "un cuerpo llamado a salir". Se utiliza otros términos para describirla. Vamos a poder apreciar en este capítulo 4, a 24 ancianos que representan a la iglesia en el cielo. También vamos a ver a la iglesia en el cielo como la esposa, descendiendo a su nuevo hogar, la nueva Jerusalén.

Esa organización apóstata, que lleva esa terminología eclesiástica, continúa en el mundo, y de aquí en adelante, no se le da ni nombre ni título de iglesia tampoco. Es llamada la Gran Ramera. Esto es algo aterrador. El finado Dr. George Gill dijo en cierta ocasión: "Cuando tenga lugar el rapto, habrá algunas iglesias que se reunirán al siguiente domingo, después de ese suceso, y no van a tener algún miembro ausente. Todos estarán allí". ¿Por qué? Porque ésa es la iglesia de Laodicea.

4. Los juicios que se mencionan a partir del capítulo 6 no estarían en armonía con la provisión de la gracia y la promesa que Dios ha hecho a la iglesia. Si la iglesia permaneciera en el mundo, entonces frustraría la gracia de Dios porque a nosotros se nos ha prometido ser librados del juicio.

5. Finalmente, si continuamos del capítulo 3 al capítulo 4, sin reconocer este cambio, es ignorar la división natural y normal del Libro de Apocalipsis, la cual ya se nos ha dado: Las cosas que has visto, y las que son, y las que han de ser después de éstas. (Ap. 1:19)

Esta última división se presenta con todo su juicio e ira, y conviene que mantengamos en nuestra perspectiva el hecho de que el Señor Jesucristo es lo central, y que Él está dirigiendo todo esto al llevarlo a una conclusión efectiva y determinante. En medio del trono, se encuentra un Cordero. Él es un Cordero porque murió por los pecados del mundo. (Véase Ap. 7:17) Y Él es quien va a juzgar.

Las cosas que son despúes de la iglesia, la iglesia ha concluido ya, y entonces la escena cambia de la tierra al cielo. Es un cambio radical. La Palabra de Dios describe a estos personajes y actividades en el cielo, como se describe normalmente sobre la tierra. No hay ninguna tendencia en mezclarse en la superstición o el misterio. El puente sobre este gran vacío se pasa con facilidad y moderación reverente. Sólo el Espíritu Santo puede describir las cosas en el cielo con la misma facilidad con la que describe las cosas en la tierra. ¿Qué hubiera ocurrido si un hombre hubiera escrito este libro? Bueno, usted se daría cuenta que en el momento en que comienza a hablar del cielo, presentaría las cosas más extrañas imaginables. Usted me pregunta ¿cómo sé yo esto? Bueno, usted puede leer los libros que se han escrito en cuanto a esta clase de cosas. Esta gente trata de describir el mundo superior y el mundo bajo, y el mundo no visto. Siempre tratan de presentar cosas sorprendentes, cosas extraordinarias. En efecto, así es como uno puede determinar lo que es falso hoy, cuando se presentan las cosas de esa manera. Esta terrible obsesión que existe en el presente, aun entre los creyentes, con los demonios y con el diablo. Nosotros no tenemos ningún trato con cosas así. A veces me preguntan por qué no he escrito un libro en cuanto a esto. Con todos los libros que están saliendo hoy, a cuál más extravagante, y todos tratan de la misma cosa, pues, no hay necesidad de escribir más. Pero eso no ocurre aquí en Apocalipsis. Vamos al cielo ahora, y la escena es algo solemne, impresionante, pero, por supuesto, que le falta aquello que agrega aquí el hombre.

Lo importante de notar aquí es que la iglesia no se ve bajo el nombre familiar que tenía en la tierra. Pero ahora, es el sacerdocio de los creyentes con el Gran Sumo Sacerdote. Aquí nos reciben en esta sección escenas y criaturas celestiales, antes que nuestra atención sea dirigida a la tierra donde dará comienzo la Gran Tribulación con los cuatro jinetes de Apocalipsis.

El trono de Dios

Después de esto miré, y he aquí una puerta abierta en el cielo; y la primera voz que oí, como de trompeta, hablando conmigo, dijo: Sube acá, y yo te mostraré las cosas que sucederán después de estas. [Ap. 4:1]

Uno no puede errar esto, a no ser que quisiera hacerlo, o que uno tuviera un sistema de interpretación para el cual este versículo pudiera ser un poco embarazoso. El versículo comienza y concluye con la frase: Después de esto—o—después de éstas. Así es que, esto es muy importante, y esa repetición le da mayor énfasis e importancia a la frase. Aparentemente Juan temía que los a-milenaristas no la notaran, por tanto, la menciona dos veces en este lugar en particular. Vamos ahora con la iglesia al cielo, para ver el trono de Dios, 24 ancianos, y cuatro seres vivientes en este capítulo.

Cristo es presentado aquí en Su cargo triple, y lo vamos a poder observar en los dos capítulos siguientes: Profeta, Sacerdote, y Rey. A Él se le adora como a Dios porque Él es Dios. Después de esto—dice. ¿Después de qué? Las cosas de la iglesia. La iglesia ha concluido ya su carrera terrenal, y ahora ha entrado a una fase completamente nueva. Juan dice: miré. Aquí nuevamente tenemos algo, y luego más adelante dice: oí. Aquí tenemos nuevamente algo oído. Podemos decir que estamos contemplando un programa de televisión. Es el primer gran programa de televisión que hubo.

En nuestros días, podemos contemplar escenas magníficas por medio de la televisión. Podemos hasta contemplar la luna y otros planetas. Pero eso en realidad es nada. Es como salir al patio de uno y tomar una fotografía de la luna. Pero aquí tenemos un programa de televisión en el cielo mismo. Y, creo que esto debería interesar mucho a los creyentes y no provocar que salgamos como un cohete disparado, con alguna idea o con algún sueño raro. El cielo es un lugar muy real. No hay necesidad de sobresaltarse por la escena que se presenta ante nosotros. Todo es presentado de una forma normal. Pero debe interesar y entusiasmar a los creyentes.

Juan dice aquí que él miró y que él oyó. Miró y oyó ¿qué? Que se abrió una puerta. Ésta es una de las cuatro puertas abiertas que se presentan en Apocalipsis:

1. En 3:8, cuando el Señor Jesús habla a la iglesia de Filadelfia dice: he aquí, he puesto delante de ti una puerta abierta. Creo que ésta es una puerta abierta a la Palabra de Dios, una puerta abierta a la presentación de la Palabra de Dios. De paso digamos, que éste es nuestro versículo, éste es el tema de nuestro programa A través de la Biblia, y es el que

tenemos ante nosotros siempre. Él, pues, la abre y nadie puede cerrarla. Él es un Salvador magnífico hoy.

2. Luego, tenemos la puerta abierta de invitación que se presenta en el capítulo 3. Lo vimos, en el versículo 20, que dice: He aquí, yo estoy a la puerta y llamo; si alguno oye mi voz y abre la puerta, entraré a él, y cenaré con él, y él conmigo. Si usted, abre la puerta, Él entrará. Ésa es la puerta de su corazón.

3. Aquí tenemos una puerta abierta al cielo, que es el camino a Dios por Cristo, como veremos.

4. En 19:11, vamos a ver allí una puerta abierta en el cielo, nuevamente. No estaba abierta entonces, recién se ha abierto y dice en el versículo 11: Entonces vi el cielo abierto; y he aquí un caballo blanco, y el que lo montaba se llamaba Fiel y Verdadero, y con justicia juzga y pelea.

Ésa es la puerta que está abierta y Cristo sale de allí. Él sale al fin del período de la Gran Tribulación, para dominar toda injusticia y rebelión contra Dios, y establecer Su reino.

Juan no vio cómo se abría esta puerta. Esta puerta estaba abierta todo el tiempo, y es la misma puerta a través de la cual pasan los creyentes cuando van a Dios, y esto ha sucedido por más de 2000 años. El Señor Jesucristo dijo en Juan 14:6: Yo soy el camino, y la verdad, y la vida; nadie viene al Padre, sino por mí. Y Él también dijo en Juan 10:9: Yo soy la puerta; el que por mí entrare, será salvo.

La puerta abierta al cielo, entonces, es el Señor Jesucristo. Él es también Aquél que un día va a llegar a la puerta de su corazón. ¡Esto es algo realmente glorioso, maravilloso!

Nosotros entramos aquí por la fe, y usando una expresión moderna de nuestros días, creo que podría expresarse de la siguiente manera: La fe nos coloca en la plataforma de lanzamiento de la iglesia de Jesucristo, y en el rapto pasamos a través de esa puerta, como un cohete teledirigido. No es un disparo hacia el vacío, que no va a ninguna parte. Pero, si el hombre puede enviar cohetes espaciales a la luna misma, no creo que el Señor Jesucristo tenga ningún problema en guiar a Su iglesia hasta el cielo.

Sube acá. Ésta es la invitación que el cielo le da a Juan. Es una invitación a todos los que conocen a Cristo, el Salvador, a tener comunión. El Apóstol Juan dijo: Lo que hemos visto y oído, eso os anunciamos, para que también vosotros tengáis comunión con nosotros; y nuestra comunión verdaderamente es con el Padre, y con su Hijo Jesucristo. (1 Jn. 1:3)

De modo que, él está diciendo aquí: lo que hemos visto y oído, eso os anunciamos. Juan está diciendo: "Yo os estoy comunicando a vosotros, para que vosotros también podáis tener comunión, y uno de estos días vosotros vais a pasar a través de esa puerta abierta".

Y la primera voz que oí, como de trompeta, hablando conmigo. Una trompeta no habla. Hay algunos que gustan de la música de trompeta y dicen que hay algunos artistas que hacen hablar a ese instrumento. Puede que así sea, pero una trompeta nunca habla. Aquí se dice que Su voz era como de una trompeta. De esta voz habla el Apóstol Pablo cuando dice en 1 Tesalonicenses 4:16-17: Porque el Señor mismo con voz de mando, con voz de arcángel, y con trompeta de Dios, descenderá del cielo; y los muertos en Cristo resucitarán primero. Luego nosotros los que vivimos, los que hayamos quedado, seremos arrebatados juntamente con ellos en las nubes para recibir al Señor en el aire, y así estaremos siempre con el Señor.

Ésta es una declaración directa en cuanto al rapto, y si alguien le dice a usted que esta palabra "rapto" no se encuentra en la Biblia, la palabra arrebatados sí lo está, y en griego es jarpázo, y quiere decir arrebatado, y esto me gusta más que cualquier otra cosa, pero quiere decir "rapto". El comentarista Hal Lindsey llama al rapto, "el gran arrebato". Así es que, si a usted no le gusta esta palabra "rapto", puede llamarlo jarpázo, porque así es como lo llamaba el Apóstol Pablo; quizá no signifique nada para usted, pero puede llamarlo así; y esto es lo que quiere decir esta palabra arrebatados. Y Su voz, será como de trompeta. Esto hizo que Juan subiera, y tendrá el mismo efecto en usted algún día y en mí también.

Sube acá, y yo te mostraré las cosas que sucederán después de éstas. ¿Después de qué cosas? Después que la iglesia haya terminado su existencia terrenal y haya sido arrebatada.

Y al instante yo estaba en el Espíritu; y he aquí, un trono establecido en el cielo, y en el trono, uno sentado. [Ap. 4:2]

Y al instante yo estaba en el Espíritu. Es decir que, aquí tenemos esta idea del Apóstol Pablo, que la presentó, de ser arrebatado en un momento, en un abrir y cerrar de ojos. (1 Co. 15:52) y el abrir y cerrar de ojos, es algo bastante rápido. Algunos sicólogos han medido lo que consideran el abrir y cerrar de un ojo, o sea el parpadeo, cuando uno levanta el párpado; y esto demora quizá una milésima de segundo. Es algo inmediato, algo instantáneo.

Y al instante yo estaba en el Espíritu. Es decir, que el Espíritu Santo aún le está guiando y llevando a él a nueva verdad y le está mostrando las cosas que han de venir. (Véase Jn. 16:13)

Y he aquí, un trono establecido en el cielo, y en el trono, uno sentado. Juan ya está allí. Él ahora ve esto por primera vez, y menciona algo más allí. Al instante, y Juan está en el Espíritu, y el Espíritu Santo le está guiando a una nueva verdad, mostrándole las cosas que vendrán. Y he aquí—dice él—un trono establecido en el cielo. Eso nos da el lugar. Dirige nuestra atención hacia el centro de atracción allí. Este trono representa la soberanía y gobierno universal de Dios, quiere decir que Él está en control, que el centro de este Universo está en el cielo, y no en ninguna capital de la tierra. Éste es un cuadro que tenemos en la Palabra de Dios. Y creo que convendría aquí ver algunos pasajes en cuanto a esto, mencionados en el Antiguo Testamento. Uno de ellos lo encontramos en el Salmo 11:4: Jehová está en su santo templo; Jehová tiene en el cielo su trono; sus ojos ven, sus párpados examinan a los hijos de los hombres. (Véase también Sal. 47:8; 97:2; 103:19; Ez. 1:26-28.) Es el trono de Dios Padre, y Jesús está sentado a Su diestra. Su trono está en el cielo. Luego en el Salmo 110:1 leemos: Jehová dijo a mi Señor: Siéntate a mi diestra, hasta que ponga a tus enemigos por estrado de tus pies. (Véase también He. 1:3 y 12:2) El Señor Jesús está a cargo de todos los eventos aquí.

El trono de gracia llega a ser el trono de juicio. Ésta es otra de las razones por la cual digo directamente que la iglesia ha partido, porque si la iglesia todavía estuviera aquí, Cristo ha dejado el lugar de intercesión y ha bajado ahora al lugar de juicio, y ése sería un mal lugar para la iglesia. Note el cuadro que se nos presenta aquí:

Y el aspecto del que estaba sentado era semejante a piedra de jaspe y de cornalina; y había alrededor del trono un arco iris, semejante en aspecto a la esmeralda. [Ap. 4:3]

Todo lo que podemos ver aquí es color, un hermoso color como piedras preciosas, y uno no ve un cuadro de Dios aquí para nada. A Él nunca se le ha fotografiado. Nuestra atención es dirigida hacia Aquél que está sentado en el trono. Aunque Él es Dios el Padre, nosotros debemos comprender que éste es el trono del Dios Trino. Sin embargo, las tres Personas de la Trinidad son diferenciadas: Dios el Espíritu Santo en los versículos 2 y 5; Dios el Padre aquí en el versículo 3; y Dios el Hijo en el capítulo 5, versículo 5. Así es que, aquí tenemos a la Trinidad, sobre el trono.

Juan no podía distinguir la forma de una persona sobre el trono, sólo la brillantez semejante a las piedras preciosas.

Y el aspecto del que estaba sentado era semejante a piedra de jaspe. Ésa es la última piedra que se identifica en el pectoral del sumo sacerdote. (Véase Ex. 28:20) Se encontraba primero en los cimientos de la nueva Jerusalén, como veremos más adelante, y también en el muro de la nueva Jerusalén. (Véase Ap. 21:18-19) Era una piedra de muchos colores, donde predomina el color púrpura. Algunos lo identifican con el diamante. De paso digamos que estaba en el pectoral del sumo sacerdote, y representaba a Benjamín, a quien Jacob llamaba, "hijo de la mano derecha." Quizá habla de Cristo cuando Él ascendió al cielo y ocupó Su lugar a la diestra del Padre.

Luego se presenta la piedra llamada cornalina, y ésta es la sexta piedra en el cimiento de la nueva Jerusalén. (Véase Ap. 21:20) Fue descubierta en Sardis y su color era de un rojo vivo. La primera piedra destaca la santidad de Dios; la segunda, la ira o juicio de Dios. Pero la piedra de cornalina también era la primera en el pectoral del sacerdote, y representaba a Rubén, al primogénito de Jacob. Cristo es el Hijo, el Primogénito entre los muertos. ¡Qué cuadro éste que tenemos aquí!

Arco iris es la palabra griega iris, que también puede significar "aureola". El arco iris es policromado, pero aquí se dice que es semejante a la esmeralda, la cual es verde. (Véase Ez. 1:28) Después del juicio, por medio del diluvio, apareció el arco iris como un recordatorio del pacto de Dios, de no destruir otra vez esta tierra por medio del diluvio. Aparece aquí antes del juicio de la Gran Tribulación; y es un recordatorio de que el diluvio no será usado en el juicio. El verde es el color de la tierra, y la sugerencia aquí es aquélla del profeta Habacuc... en la ira acuérdate de la misericordia (Hab. 3:2), y Dios hará eso.

Los veinticuatro ancianos

Y alrededor del trono había veinticuatro tronos; y vi sentados en los tronos a veinticuatro ancianos, vestidos de ropas blancas, con coronas de oro en sus cabezas. [Ap. 4:4]

Ha habido mucha especulación en cuanto a quiénes son estos ancianos. La palabra griega para ancianos es presbúteros, y la palabra presbiteriano proviene de ella. En cierta ocasión una pequeñita regresó a su casa de la Escuela Dominical Presbiteriana, y su mamá le preguntó qué había aprendido ese día, y ella le dijo: "Bueno, hablamos del cielo". Su mamá le preguntó: "Y, ¿qué te dijeron en cuanto al cielo?" La niña respondió: "El maestro dijo que habría allí solamente 24 presbiterianos". Por supuesto, que ésta es una mala interpretación de la Palabra de Dios.

Pero estos veinticuatro ancianos son representativos. Sabemos que Israel los tenía. Y la gente de aquel día entendía esto claramente. Éstos son representantes de las iglesias. Ellos fueron nombrados en las iglesias para gobernar y representar a toda la iglesia. (Tito 1:5) Estos 24 ancianos representan la iglesia desde Pentecostés hasta el rapto. Por lo tanto, debo decir esto categórica y dogmáticamente, aunque podría buscar muchos libros, y uno podría tener muchas clases de interpretaciones, pero aquí tenemos a la iglesia en el cielo.

Ellos están vestidos de ropas blancas. Ésa es la justicia de Cristo. (2 Co. 5:21)

Tienen coronas de oro en sus cabezas. Eso indica que la iglesia gobernará con Cristo. (Véase 1 Co. 6:3) También ellos recibirán coronas como recompensas. (Véase 2 Ti. 4:8; Stg. 1:12; 1 P. 5:4) Eso es cuando tenga lugar el juicio. Ése es el tribunal de Cristo.

Y del trono salían relámpagos y truenos y voces; y

delante del trono ardían siete lámparas de fuego, las cuales son los siete espíritus de Dios. [Ap. 4:5]

El tiempo aquí es el tiempo presente. Esto no es algo que ha precedido, sino que está teniendo lugar allí mismo y entonces.

Relámpagos y truenos, muchas veces antecede a una tormenta, y a veces indican la intensidad de la tormenta. Creo que esto es lo que significa aquí, que se aproxima el juicio. También se escuchó voces. Pero éste no va a ser un juicio de manera desordenada. Será dirigido por Aquél que está sobre el trono.

Los siete espíritus de Dios es una referencia muy clara al Espíritu Santo.

Los cuatro seres vivientes

Y delante del trono había como un mar de vidrio semejante al cristal; y junto al trono, y alrededor del trono, cuatro seres vivientes llenos de ojos delante y detrás. [Ap. 4:6]

Un mar de vidrio, se refiere a la apariencia de esto y no al material. Éste es un mar que está delante del trono de Dios, y es otra indicación de que aquí no se enfatiza la misericordia sino el juicio. Este mar representa la santidad y la justicia de Dios. (Véase también Mt. 5:8; He. 12:14.)

En 1 Tesalonicenses 3:13, se nos dice: Para que sean afirmados vuestros corazones, irreprensibles en santidad delante de Dios nuestro Padre, en la venida de nuestro Señor Jesucristo con todos sus santos. La mar en calma indica la posición de descanso a la cual va la iglesia. Ella ya no es víctima de las tormentas de la vida. Ya no está más a la mar inquieta.

Cuatro seres vivientes. La palabra griega es zoa. De allí sacamos la palabra "zoológico". El énfasis es en un carácter vital.

Llenos de ojos delante y detrás. Ellos están alertas y muy al tanto de lo que ocurre, y son vivos. Se parecen a los querubines de Ezequiel 1:5-10; 10:20, y a los serafines de Isaías 6:2-3.

El primer ser viviente era semejante a un león; el segundo era semejante a un becerro; el tercero tenía rostro como de hombre; y el cuarto era semejante a un águila volando. [Ap. 4:7]

Estoy de acuerdo con los que identifican a estos seres con los cuatro Evangelios que ellos representan, y creo que esto es algo acertado, aunque es puesto en duda mucho en el presente. En realidad, el primer Evangelio presenta al Señor Jesús como el Rey. Él nació un Rey, Él vive como Rey, y muere como Rey. Él es resucitado como Rey, y regresará otra vez como Rey. Todo lo que Él hace en el Evangelio de Mateo lo hace como Rey. Usted recordará que Dios dijo que la tribu de Judá era como un león, y que el Rey, el gobernante, saldría de allí, que el cetro no se apartaría de Judá hasta que Siloh viniera. (Véase Gn. 49:9-10; Ap. 5:5.)

El segundo ser era semejante a un becerro o a un buey. Éste es un animal de carga, y podríamos decir un animal que ha sido domesticado. En el Evangelio según San Marcos se nos enseña o demuestra a Cristo como siervo—el Siervo. Allí no se presenta ninguna genealogía. Si una persona viene a trabajar en su casa a lavar los platos, o a llevar a cabo cualquier tarea de ese estilo, pues, uno no le va a preguntar quiénes son sus padres o quiénes son sus abuelos. Eso no hace ninguna diferencia. Lo que uno tiene que saber es si puede hacer la tarea que se le encomienda. Éste es el Evangelio de Marcos, el becerro.

El tercer ser viviente tenía rostro como de hombre. El tercer Evangelio presenta al Señor Jesucristo como el Hijo del Hombre. Eso es lo que hace el evangelista Lucas.

El cuarto ser viviente era semejante a un águila volando. Esto comunica la Deidad de Cristo como es vista en el Evangelio de Juan.

Estos cuatro seres vivientes están también representando al mundo animal. En realidad, todos los seres vivientes en esta tierra son sugeridos aquí por zóa. El león representa las bestias salvajes, el becerro representa a los animales domésticos, el águila representa a las aves, y el hombre aquí es la cabeza de toda la creación. Quizá alguien me puede preguntar: "¿Y qué en cuanto al pez?" Bueno, en el cielo y la tierra nueva no habrá más mar, y ya que no habrá más mar, entonces no hace falta ningún pez, a no ser que vivan en la tierra seca. La serpiente tampoco estará allí. Ella introdujo el pecado al principio.

> *Y los cuatro seres vivientes tenían cada uno seis alas, y alrededor y por dentro estaban llenos de ojos; y no cesaban día y noche de decir: Santo, santo, santo es el Señor Dios Todopoderoso, el que era, el que es, y el que ha de venir. [Ap. 4:8]*

Estas seis alas que se mencionan aquí corresponden de inmediato con el serafín que se encuentra allá en el capítulo 6 de Isaías. En lugar de decir "tenían", debería decir "tienen". Eso es el tiempo presente. Aquí es donde se está desarrollando la cosa, y esto está teniendo lugar en tiempo presente.

Ellos dicen continuamente: Santo, santo, santo es el Señor Dios Todopoderoso. Ése es el mismo refrán del serafín en Isaías 6:3.

El que era, el que es, y el que ha de venir se refiere a Cristo. Él se identificó a Sí Mismo al principio mismo de este libro de esta manera: Yo soy el Alfa y la Omega, principio y fin, dice el Señor, el que es y que era y que ha de venir... (Ap. 1:8). Así se identifica Él para nosotros. No es necesario que especulemos en lugares como éste.

Y siempre que aquellos seres vivientes dan gloria y honra y acción de gracias al que está sentado en el trono, al que vive por los siglos de los siglos,

> *Los veinticuatro ancianos se postran delante del que está sentado en el trono, y adoran al que vive por los siglos de los siglos, y echan sus coronas delante del trono, diciendo: Señor, digno eres de recibir la gloria y la honra y el poder; porque tú creaste todas las cosas, y por tu voluntad existen y fueron creadas. [Ap. 4:9-11]*

Ésta es la primera reunión de adoración que tenemos aquí en el cielo, y vemos que es algo constante. Esto se indica por el comienzo mismo de este versículo que dice: Y siempre que... Esto indica que es un acto de adoración continua. Es decir, que la alabanza y la adoración es la actividad eterna de las criaturas de Dios en el cielo. La criatura adora al Creador como al Dios Trino. Santo, santo, santo. La adoración es la actividad del cielo.

Tengo un sermón que no predico desde hace tiempo, y su título es: "¿Por qué quiere usted ir al cielo?" Algunos cantan: "No todos los que hablan en cuanto al cielo van a ir al cielo". Yo tengo una pregunta mejor que la que se sugiere por este cántico, y es ésta que ya he hecho: ¿Por qué quiere usted ir al cielo? ¿Cuál es el propósito? ¿El de no ir al infierno? Ésa no es una mala razón, pero, si usted va a ir al cielo, usted se va a encontrar postrándose y levantándose adorando al Dios Trino, y especialmente al Señor Jesucristo. Si usted encuentra que el servicio o la reunión de adoración aquí en la tierra es algo aburrido y cansador para usted, y no tiene ningún interés en adorar al Señor Jesucristo y expresar el deseo de su corazón hacia Él, ¿para qué quiere ir al cielo, entonces? Vamos a pasar mucho tiempo adorándole a Él.

Y echan sus coronas delante del trono. Aquí se dice que las coronas de la iglesia serán depositadas a los pies de Jesús. Esto es un acto de adoración y de sumisión. Creo que va a ser algo embarazoso para nosotros el andar con una corona cerca de Él. Hay tantas personas que hablan hoy de que van a recibir una corona cuando lleguen al cielo. Pienso yo que después de usarla por un tiempo, cuando ya se pase la novedad, voy a sentirme un poquito avergonzado. Nos vamos a preguntar, ¿qué es lo que estamos haciendo usando una corona? El Único digno de llevar una corona es el Señor Jesucristo, así es que la vamos a colocar a Sus pies. Esto, por supuesto, si es que recibimos una corona.

Porque tú creaste todas las cosas. Hay algo aquí que deseo destacar, y el Dr. Walvoord lo señala en su excelente libro sobre el Apocalipsis. Creo que es algo importante. Usted puede notar que estos seres vivientes dan gloria y honra y acción de gracias al que está sentado en el trono. Ellos le adoran por Sus atributos, porque Él es quien es. Pero los 24 ancianos, que representan a la iglesia, le adoran no sólo por Sus atributos, sino por lo que Él ha hecho, y aquí ellos le adoran como Creador, le adoran porque tú creaste todas las cosas, y por tu voluntad existen y fueron creadas. O sea que, la iglesia sale de esta tierra, y ésta es la creación de Dios, y ellos se unen en adoración, porque Él ha creado esta tierra. En Génesis 1:1, encontramos esto, y es correcto, y la iglesia lo cree.

Y por tu voluntad existen y fueron creadas. Es importante ver la razón por la cual Dios creó esta tierra, y las cosas son como son porque esto estaba dentro de Su plan y Su propósito. No comprendo mucho de lo que Él está haciendo. Yo no comprendo mucho de lo que ocurre en este Universo en el cual vivimos. Pero sé que ha sido creado así porque así es como Él lo quiere. Él está a cargo de todo, y nosotros debemos adorarle porque Él creó esta pequeña tierra. Y me alegro que lo haya hecho. Me alegro que me haya creado a mí. Podría haberse olvidado completamente de mí, pero me alegra que no se haya olvidado. Me alegro de haber estado en el plan y en el propósito de Dios. Así es que, nosotros le adoramos a causa de esto.

CAPÍTULO 5

La iglesia en el cielo con Cristo— continuado

Al llegar al capítulo 5, continuamos, en realidad, con la misma escena en el cielo. La iglesia se encuentra ahora en el cielo, y creo que es bueno que dediquemos un poco de tiempo, a ver y estudiar el lugar a donde vamos a ir. A usted no le gustaría comprar propiedades en alguna parte sin ver el lugar primero, ¿verdad? A veces cuando uno compra una propiedad de esa manera, digamos que sea algún terreno en una localidad sin verlo, cuando va a visitar esa propiedad, pues, puede encontrarse que está debajo del agua. Es mejor ver las cosas primero. O si no, puede comprar una propiedad en otra parte, y encontrarse que es una zona desértica. Lo único que uno compra es una cantidad de plantas de cactus y espinos, y todo porque lo compró sin mirarlo primero.

Pues bien, si usted va a ir al cielo, entonces querrá conocer algo en cuanto a ese lugar al cual irá, y ésa es la razón por la cual esto debería interesarle.

En los capítulos 4-5 encontramos que la iglesia se encuentra en el cielo con Cristo. Él dijo: Voy, pues, a preparar lugar... para que donde yo estoy, vosotros también estéis. (Jn. 14:2-3). Vamos a estar con Él. Eso lo vemos aquí en el capítulo 5, así como lo vimos en el capítulo 4.

En los primeros cuatro versículos, encontramos un libro con 7 sellos. Y luego tenemos a Cristo, el León de la tribu de Judá, el Cordero que ha sido inmolado. Se habla de ambas cosas representativas, y esto se considera en los versículos 5-10.

Luego, tenemos los miles de millones de ángeles en el cielo, que son inteligencias creadas que no se pueden contar. Ellos se unen en esta expresión de alabanza y de redención, porque entonarán un cántico nuevo, y éste será un cántico en cuanto a la redención. Ésos son los versículos 11-12. Luego, tenemos la adoración universal como Soberano del Universo, en los versículos 13-14 del capítulo 5.

Como ya he indicado, el capítulo 5 continúa con el mismo tema que tenía el capítulo anterior. La escena se desarrolla en el cielo, previo a los eventos de la Gran Tribulación, y ya que la iglesia está en el cielo con Él, por cierto, que no puede pasar a través del período de la Gran Tribulación aquí en la tierra.

El trono es el centro del capítulo 4. El León y el Cordero, ambos representando a Cristo, son el centro de este capítulo 5. Él es el Cordero sobre el trono. Él es el Soberano y Salvador. Él está a cargo de todos los eventos que siguen en este siglo. Esto lo decimos para no perderlo de vista. Esto es muy importante.

El libro con siete sellos

Y vi en la mano derecha del que estaba sentado en el trono un libro escrito por dentro y por fuera, sellado con siete sellos. [Ap. 5:1]

Ahora, la forma en que comienza este capítulo con la palabra "y" es una conexión, es una pequeña conjunción con algo que se ha dicho anteriormente, y éste es el cordón que lo une al capítulo 4. En realidad, no necesitamos una división de capítulos aquí; nos alegra que lo hayan hecho, y ayuda un poquito. Pero en realidad, no lo necesitamos porque aquí se trata del mismo tema.

Juan dice: Y vi en la mano derecha el que estaba sentado en el trono. ¿Cuál es el testigo de estos sucesos? Esto es algo que él está viendo ahora. Alguien me escribió una carta en una ocasión, y me dice que digo constantemente: "¿No es éste un cuadro maravilloso?", o algo por el estilo, o "¡Qué cuadro el que tenemos aquí!" Pues, bien, no me había dado cuenta de que lo digo con tanta frecuencia, pero parece que es cierto. Creo que nosotros debemos utilizar todo nuestro sentido aquí en la Palabra de Dios, y debemos hacerlo de manera especial aquí en Apocalipsis. Juan está mirando, y él está oyendo, y una de las razones por la cual utilizo diapositivas para ilustrar sermones en las iglesias es que uno necesita ver muchas cosas en el presente, y necesitamos oír mucho de lo que expresa la Palabra de Dios, y es necesario entonces utilizarlos con todos nuestros sentidos para probarlo y olerlo. Hay ciertas escenas en este libro que uno hasta las puede oler. Por ejemplo, hay lugares donde uno puede oler el fuego y el azufre.

Dios el Padre tiene en la mano derecha un libro escrito por dentro y por fuera, sellado con siete sellos. Esto era lo que se acostumbraba a hacer en aquellos días. Stauffer señala que la ley del Imperio Romano requería que un testamento fuera sellado siete veces, como lo ilustran los testamentos dejados por Augusto y por Vespaciano. Ése era el método utilizado entonces. Ahora, sabemos que en el Libro de Apocalipsis el número 7 no ocurre de manera accidental, y no se usa porque estuviera en el Imperio Romano. Pero es algo interesante notar que entonces se utilizaba 7 sellos.

Godet considera este libro como un nuevo pacto. Otros lo llaman "el libro de juicio". Walter Scott lo considera la revelación del propósito de Dios y el consejo en cuanto a este mundo. Quizá no debería llevar un título como el que tiene, como sugirió el Dr. Ironside, un título de propiedad que pertenezca a este mundo, y podemos ver que éste era el método de Dios. Usted recuerda que cuando los hijos de Israel iban a la cautividad, se le dijo a Jeremías que enviara a su siervo a comprar cierta propiedad, y que obtuviera el título de propiedad de ella, porque esta gente iba a regresar a esa tierra. (Véase Jer. 32:6-15.) Pienso que aquí tenemos este título de propiedad del mundo.

¿Quién es el que tiene ese título, el título de esa tierra aquí? No es ningún otro sino el Señor Jesucristo. Sólo Él puede tenerlo. Hay varias explicaciones en cuanto a esto. Creo que es necesario leer varios pasajes de las Escrituras que nos señalan esto. Daniel 7:13-14 dice: Miraba yo en la visión de la noche, y he aquí con las nubes del cielo venía uno como un Hijo de hombre, que vino hasta el Anciano de días, y le hicieron acercarse delante de él. Y le fue dado dominio, gloria y reino, para que todos los pueblos, naciones y lenguas le sirvieran; su dominio es dominio eterno, que nunca pasará, y su reino uno que no será destruido.

Creo que aquí tenemos una sugerencia que lo que está siendo entregado al Señor Jesucristo, (veremos cuando se le entregue a Él), es el título de propiedad de este mundo en el cual usted y yo vivimos. Él lo creó. Él lo redimió. Le pertenece a Él. Éste es el cuadro que se nos presenta aquí.

También tenemos lo mismo en el Libro de Zacarías. Usted recuerda que dije que era necesario conocer el Libro de Zacarías para poder conocer Apocalipsis. Y en Zacarías 5:1-3, leemos: De nuevo alcé mis ojos y miré, y he aquí un rollo que volaba. Y me dijo: ¿Qué ves? Y respondí: Veo un rollo que vuela, de veinte codos de largo, y diez codos de ancho. Entonces me dijo: Ésta es la maldición que sale sobre la faz de toda la tierra; porque todo aquél que hurta (como está de un lado del rollo) será destruido; y todo aquél que jura falsamente (como está del otro lado del rollo) será destruido. Ese rollo es la misma cosa que tenemos aquí. Algunos opinan que los Diez Mandamientos están escritos allí, y que el mundo va a ser juzgado según esos mandamientos. No estoy muy seguro que sea así. Se han hecho muchas sugerencias, pero éste es un lugar donde no podemos ser dogmáticos.

Tengo otra sugerencia que deseo presentar. Para ser más específico quisiera decir que creo que aquí se presenta el nuevo pacto de Dios con Israel. Él habla mucho en cuanto a esto. Jeremías, por ejemplo, dice: He aquí que vienen días, dice Jehová, en los cuales haré nuevo pacto con la casa de Israel, y con la casa de Judá... Daré mi ley en su mente, y la escribiré en su corazón; y yo seré a ellos por Dios, y ellos me serán por pueblo. (Jer. 31:31, 33) Este nuevo pacto va a ser escrito no sobre la roca sino sobre sus corazones. Pablo, en Romanos 11: 26-27, dice: Y luego todo Israel será salvo, como está escrito: Vendrá de Sion el Libertador, que apartará de Jacob la impiedad. Y éste será mi pacto con ellos, cuando yo quite sus pecados.

En Hebreos, encontramos estas palabras: Éste es el pacto que haré con ellos después de aquellos días, dice el Señor: Pondré mis leyes en sus corazones, y en sus mentes las escribiré. (He. 10:16) De esto es de lo que habla Jeremías en el capítulo 31 de su libro. El escritor a los Hebreos agrega: Y nunca más me acordaré de sus pecados y transgresiones. Pues donde hay remisión de éstos, no hay más ofrenda por el pecado. (He. 10:17-18)

El antiguo pacto que Dios había hecho con Israel dependía del hombre. Los Diez Mandamientos decían que debían hacer esto y aquello y aquello otro, y dependían del débil brazo de la carne, y como resultado, fracasaron. No porque había algo malo con los Diez Mandamientos o con la ley que Dios les había dado. El problema estaba con el hombre. Es la misma cosa que tenemos en el jardín del Edén. Hay tantas personas que piensan que había algo malo con la fruta, o que ese árbol era algo fuera de lo común. Pienso que era fruta muy buena, igual a las demás. El problema, pues, no estaba en la fruta de ese árbol, sino en esa pareja en esa tierra. Allí era donde estaba el problema. Este nuevo pacto depende del poder del trono de Dios. Depende del Señor Jesucristo.

Y vi a un ángel fuerte que pregonaba a gran voz: ¿Quién es digno de abrir el libro y desatar sus sellos? [Ap. 5:2]

¿Quién tiene el derecho y el título para este mundo? ¿Quién puede gobernarlo? ¿Quién puede establecer justicia y equidad? ¿Piensa usted, que son los partidos políticos los que pueden llegar a hacer esto? ¿Piensa usted que puede ser su país o el mío, o las Naciones Unidas tal vez, los que lo pueden hacer? Confío en que usted no se haya hecho ilusiones habiendo considerado la historia de este mundo, que pueda creer que el hombre puede resolver sus propios problemas. La Palabra de Dios presenta de una manera muy clara que no lo puede hacer.

Aquí se habla de un ángel fuerte, de un ángel poderoso. Tiene una gran voz. Aquí se está hablando de poder, de aquello que es necesario para hacer efectivo ese nuevo pacto.

Y ninguno, ni en el cielo ni en la tierra ni debajo de la tierra, podía abrir el libro, ni aun mirarlo. [Ap. 5:3]

Es decir, que no había ningún hombre del linaje de Adán que se hubiera considerado con derecho a hacerlo. Ha habido muchos que han tratado de hacerlo. Adán perdió el dominio a través del pecado. Moisés fue el que dio la ley, pero también él fue uno que quebrantó la ley. David y su linaje fracasaron. Nadie en el linaje de Adán llena los requisitos para hacer esto. No hay ninguno en el día de hoy. Este gobernante tiene que ser un Redentor, un Soberano; tiene que ser el Salvador de la humanidad. Él es el Único que puede hacerlo. Juan dice aquí que esto le perturbó a él. Adán, bueno, ponte a un lado; tú no puedes hacerlo. Ni tampoco pueden hacerlo ninguno de tus hijos. Satanás, bueno, está tratando de hacerlo sólo, pero no lo puede hacer. ¿Quién entonces puede llegar a hacerlo? Note lo que sucede ahora.

Y lloraba yo mucho, porque no se había hallado a ninguno digno de abrir el libro, ni de leerlo, ni de mirarlo. [Ap. 5:4]

Esto le perturbaba mucho a Juan. Ese hombre tiene una verdadera pasión por la profecía. Él tenía un afecto santo y una curiosidad piadosa. Él quería mirar a las cosas que ni siquiera los ángeles podían mirar. Juan participa de este drama porque él viene de la tierra, y la revelación fue escrita con lágrimas. ¿Debe continuar la tierra en el pecado y la tristeza? ¿Hay algún futuro para la tierra? Escuche lo que dice el Pablo: Y no sólo ella, sino que también nosotros mismos, que tenemos las primicias del Espíritu, nosotros también gemimos dentro de nosotros mismos, esperando la adopción, la redención de nuestro cuerpo. (Ro. 8:23)

¿Hay alguno capaz de gobernar esta tierra? Juan se siente abrumado por la posibilidad de que no hubiera nadie. Pablo, dice nuevamente: Porque sabemos que toda la creación gime a una. Y a una está con dolores de parto hasta ahora. (Ro. 8:22)

Opino personalmente que la evolución es la filosofía y la teoría más pesimista que una persona pueda tener. No me sorprende ver que hay tantos suicidas entre la intelectualidad. No hay ninguna esperanza. Si fueron necesarios tantos millones de años para llegar al punto en el que nos encontramos en el presente, ¿cuál es la esperanza para el futuro? ¿No hay alguien que pueda arreglar este problema? Es tan insignificante, tan pequeño y sin importancia el escuchar a los políticos decir hoy: "Vamos a lograr la paz en nuestra época. Vamos a hacer eso". Es mucho más trágico escuchar a la iglesia decir hoy que pueden arreglar los asuntos de este mundo, o que siquiera pueden evangelizar a todo el mundo. Amigo creyente, no hay nadie a nuestro alrededor que pueda ser capaz de abrir este libro, que pueda hacerse cargo de esta tierra en la cual nos encontramos; y Juan llora mucho a causa de esto.

Es una buena cosa que este libro no hubiera sido abierto aquí en la tierra, porque hay gran cantidad de maestros que ya podrían decirnos lo que está dentro del libro, lo que está fuera y a su alrededor también. Hasta nos podrían decir de qué color eran las tapas. Esta gente tiene todas las respuestas. Pero pobre Juan, es una lástima que él hubiera estado allá tan lejos en Patmos, y no aquí en mi lugar, porque si yo hubiera obtenido esto, ah, le hubiera podido dar todas las respuestas a él. Pero, Juan no tenía la respuesta, pero, vamos a tener a Alguien que sí puede abrir el libro.

Cristo, el León de la tribu de Judá, y el Cordero

Y uno de los ancianos me dijo: No llores. He aquí que el León de la tribu de Judá, la raíz de David, ha vencido para abrir el libro y desatar sus siete sellos. [Ap. 5:5]

Note que evidentemente cualquiera de los ancianos podría haberle respondido. Ellos tenían iluminación espiritual. Creo que esto los identifica más a ellos como la iglesia. El Señor Jesucristo les dijo a los Suyos: Ya no os llamaré siervos, porque el siervo no sabe lo que hace su señor; pero os he llamado amigos, porque todas las cosas que oí de mi Padre, os las he dado a conocer. (Jn. 15:15)

El Señor Jesucristo es el Único que tiene el derecho y el título a este libro. Él no sólo nos ha redimido a usted y a mí, sino que Él ha redimido toda la tierra. Él se identifica en esta sección en todos sus ministerios que están relacionados con la tierra.

Note usted que se le llama el León de la tribu de Judá, la raíz de David. El León de la tribu de Judá le identifica a Él por supuesto, con la tribu de Judá del pueblo de Israel. Eso fue lo que profetizó Jacob en cuanto a Judá cuando él estaba muriendo, y llamó a su alrededor a sus doce hijos y dio esta profecía: Cachorro de león, Judá; de la presa subiste, hijo mío. Se encorvó, se echó como león, así como león viejo: ¿quién lo despertará? No será quitado el cetro de Judá, ni el legislador de entre sus pies, hasta que venga Siloh; y a él se congregarán los pueblos. (Gn. 49:9-10) El Señor Jesucristo también es la Raíz de David. En 2 Samuel 7, este gran capítulo del pacto de Dios con David, Él dice que Él levantará después de David a Uno de su linaje, y Éste gobernará no sólo sobre su pueblo, sino sobre toda la tierra. El Señor Jesucristo tiene el derecho a gobernar. Él es el cumplimiento de las profecías hechas en el Antiguo Testamento en cuanto al futuro de este mundo. Todas esas profecías serán cumplidas en Su Segunda Venida a esta tierra a establecer Su reino.

Y miré, y vi que en medio del trono y de los cuatro seres vivientes, y en medio de los ancianos, estaba en pie un Cordero como inmolado, que tenía siete cuernos, y siete ojos, los cuales son los siete espíritus de Dios enviados por toda la tierra. [Ap. 5:6]

Juan todavía es un espectador de esta escena. Él dice: Yo vi esto.

Un Cordero. La palabra "cordero" aquí se encuentra en diminutivo; literalmente significa "corderito". Esto demuestra Su mansedumbre y Su disposición a ser sacrificado. Él es el Cordero que fue llevado al matadero. Él no abrió su boca. (Véase Is. 53:7) Él fue el Cordero de Dios, que quita el pecado del mundo. (Véase Jn. 1:29)

Un Cordero como inmolado, indica la muerte sustitutiva, redentora y vicaria de Cristo, y el énfasis se da al hecho de que Él fue inmolado con violencia.

Él estaba en pie. Esto habla de Su resurrección. Él ya no está sentado a la diestra de Dios. Él está moviéndose ahora, se está dirigiendo al poder, Él está viniendo a esta tierra. Él juicio de la tribulación está preparándose y se describe esto aquí. Los vientos ya están soplando sobre la tierra.

Él está en medio del trono. Esto indica el hecho de que Él está delante del trono y listo a actuar como un Juez justo.

Los siete cuernos demuestran el poder completo. Un cuerno habla de poder. (Véase Dn. 7-8.) Él es pues, Omnipotente, y los siete ojos demuestran un conocimiento perfecto. Él es entonces, el Dios Omnipotente y Omnisciente. Él actúa en la plenitud del Espíritu, el cual es el Espíritu de sabiduría y entendimiento.

El Señor Jesucristo es un León y un Cordero. El carácter de león se refiere a Su Segunda Venida; el carácter de cordero a Su Primera Venida. El león habla de Su majestad; el cordero habla de Su mansedumbre. El león, como león, es soberano; como cordero, Él es un Salvador. Como león, es un Juez; como cordero, Él es el juzgado. Un león habla del gobierno de Dios, y el cordero, de la gracia de Dios.

Y vino, y tomó el libro de la mano derecha del que estaba sentado en el trono. [Ap. 5:7]

Correctamente, debería decirse: "ha tomado". Él va hacia el trono y luego hacia la tribulación. Él juzga al mundo en justicia antes de reinar en justicia. Él ya no es más el Intercesor de la iglesia, porque la iglesia ahora está con Él. Él comienza a regresar como Juez, y este movimiento aquí es importante.

> *Y cuando hubo tomado el libro, los cuatro seres vivientes y los veinticuatro ancianos se postraron delante del Cordero; todos tenían arpas, y copas de oro llenas de incienso, que son las oraciones de los santos. [Ap. 5:8]*

Y cuando hubo tomado el libro. Eso es en tiempo pasado. Éste es un gran movimiento de toda la creación, y ahora Él está en control.

Note aquí la adoración del Cordero de parte de los cuatro seres vivientes, y de los 24 ancianos. Las arpas aquí demuestran alabanza. Los ancianos no tocan el arpa. Esto es nada más que una señal de alabanza a Dios. Me agrada haber descubierto que no voy a tener que ser un ángel, y que no voy a tener que tocar el arpa. Esto no me llama la atención a mí. Si usted quiere un arpa, pues, creo que se le puede dar una en el cielo. Pero a mí, me gusta saber que no voy a tener que tocar un arpa.

Los 24 ancianos actúan aquí como sacerdotes. Sólo la iglesia es un sacerdocio de creyentes en el cielo. El Dr. Carl Armerding da un pensamiento muy llamativo: "La oración de Cristo por los creyentes es contestada en los ancianos, que ellos puedan conocerle y que puedan estar delante de Su presencia, y que puedan contemplar Su gloria en el cielo".

Aquí se habla de copas de oro, llenas de incienso, que son las oraciones de los santos. Obviamente, los ancianos representan al cuerpo de Cristo, el cual es llamado la iglesia y ellos son el sacerdocio.

> *Y cantaban un nuevo cántico, diciendo: Digno eres de tomar el libro y de abrir sus sellos; porque tú fuiste inmolado, y con tu sangre nos has redimido para Dios, de todo linaje y lengua y pueblo y nación; Y nos has hecho para nuestro Dios reyes y sacerdotes, y reinaremos sobre la tierra. [Ap. 5:9-10]*

Estos versículos indican que los seres vivientes y los ancianos cantaban este cántico. Las huestes angelicales se unían a la iglesia en la alabanza, y aquí tenemos que cantaban. Esto demuestra una continuación de la alabanza. La alabanza es dirigida al Cordero con el libro. Él es alabado como el Redentor de los hombres de todo linaje y de todo tiempo. Ésta es la primera vez en que yo podré cantar. Nunca he podido cantar, pero voy a formar parte de ese coro, y allí cantaré alabanzas a Él.

Este cántico nuevo es un cántico de redención. El cántico viejo era un cántico de creación. En el Libro de Job, los hijos de Dios cantaban, y ellos estaban cantando porque Dios era el Creador. Ellos, en realidad, no sabían nada en cuanto al amor de Dios en aquel entonces. Pero ahora podemos cantar en cuanto a este amor. Tenemos un Salvador que nos ama, el cual se entregó a Sí Mismo por nosotros.

La palabra digno, demuestra que Él ahora llena todo el horizonte de alabanza y de adoración, y eso es lo que es la adoración. Es un derramamiento de dignidad de lo que le pertenece a Él, y Él es el Único digno de alabanza.

Con tu sangre nos has redimido para Dios. Los mejores manuscritos griegos dicen, a ellos has redimido para Dios... y a ellos has hecho para nuestro Dios reyes y sacerdotes, y reinarán sobre la tierra. El cambio del pronombre nos a "ellos" es importante. Ellos están alabando al Cordero por aquéllos que aún van a ser salvos en la tierra, los santos en la Tribulación. Ellos cantan de Su sangre derramada, en el cielo. Aquí en la tierra hay muchas denominaciones que han sacado la palabra "sangre" de sus himnarios, pero en el cielo van a tener que volverla a colocar en los himnarios. Allí van a tener que cantar en cuanto a la sangre de Cristo. (Pienso que ésa puede ser la razón por la cual el Señor no va a avergonzar a algunos llevándolos con Él al cielo, porque ellos van a tener que cantar en cuanto a la sangre allí.)

Aquí se habla de reyes y sacerdotes y esto se refiere a los santos de la Tribulación. La iglesia no reinará en la tierra, sino sobre la tierra.

Millones de ángeles se unen a este cántico

Y miré, y oí la voz de muchos ángeles alrededor del trono, y de los seres vivientes, y de los ancianos; y su número era millones de millones, Que decían a gran voz: El Cordero que fue inmolado es digno de tomar el poder, las riquezas, la sabiduría, la fortaleza, la honra, la gloria y la alabanza. [Ap. 5:11-12]

Todo le pertenece a Él. Juan dice: Y miré, y oí la voz de muchos ángeles alrededor del trono. La cantidad de ángeles es fantástica. Creo que probablemente no se puede encontrar el número exacto, porque no se puede contar, y eso es lo que él quiere decir aquí. Juan dice que él vio gran cantidad de ángeles alrededor de los ancianos. Pensaba que era algo fantástico, y estaban cantando. De pronto, él miró más allá y se encontró con una gran multitud. Ni siquiera los podía contar. Nadie podía contar. Una computadora no los podía contar. Éstas eran las inteligencias creadas de Dios, alabándole. Amigo, no sé por qué usted quiere ir al cielo, si no quiere adorarle y alabarle aquí abajo.

La adoración universal del Salvador y Soberano del Universo

Y a todo lo creado que está en el cielo, y sobre la tierra, y debajo de la tierra, y en el mar, y a todas las cosas que en ellos hay, oí decir: Al que está sentado en el trono, y al Cordero, sea la alabanza, la honra, la gloria y el poder, por los siglos de los siglos. Los cuatro seres vivientes decían: Amén; y los veinticuatro ancianos se postraron sobre sus rostros y adoraron al que vive por los siglos de los siglos. [Ap. 5:13-14]

Toda criatura de Dios se une en este acto de adoración universal en el cielo y en la tierra, hasta los animales de la tierra. Los peces del mar, todos se unen en este volumen de alabanza. Las criaturas vivientes agregan su "amén" a todo esto. La iglesia aquí se inclina, se postra en una adoración y alabanza silenciosa.

Una forma apropiada de concluir este capítulo, sería cantando ese gran coro de aleluya. Pero creo que, al llegar al fin de esta escena tan destacada en los cielos, vemos que toda la alabanza y el honor y la adoración deben ir al Señor Jesucristo. Si usted no está acostumbrado a alabarle y adorarle, ¿por qué no comienza ahora mismo?, porque vamos a entrar en la sección que se conoce como el período de la Gran Tribulación, cuando veremos que se abren los siete sellos del libro. Tenemos un cuadro tremendo ante nosotros.

CAPÍTULO 6

La apertura del primero de los siete sellos

Este capítulo es, en realidad, una gran división; es la gran "línea divisoria de las aguas" del Libro de Apocalipsis. Aquí tenemos una división que es de suma importancia. Cuando uno viaja de oriente a occidente o viceversa, en los Estados Unidos y Canadá, llega a un punto donde se encuentra con una zona que se llama la "Línea Divisoria de las aguas". En esa línea divisoria de las aguas, los ríos cambian de dirección. Para un lado fluyen de oriente a occidente, mientras que para el otro lado fluyen de occidente hacia el oriente. Se dice que uno puede arrojar un pedacito de madera en la corriente que se dirige hacia el occidente, del lado occidente de la línea divisoria, y ese pedacito de madera iría para el Océano Pacífico. Pero si uno lo pusiera del otro lado, del lado oriental de la línea divisoria, entonces iría a parar al Océano Atlántico, pasando por el Golfo de México. Ésta es una división muy importante, porque separa a esos dos pedacitos de madera y van a terminar a un mundo de distancia el uno del otro. Eso es lo que tenemos aquí en este capítulo 6 del Libro de Apocalipsis.

La razón para esto es que hemos llegado a la tercera división principal de este libro que empezó en el capítulo 4, donde nos encontramos en transferidos al cielo. Juan fue tomado hacia el cielo, y nosotros subimos junto con él, y comenzamos entonces a ver las cosas del cielo. Allí no vimos nada que se llamara "iglesia", porque la iglesia es el nombre que se le había dado aquí en la tierra; pero allí vimos a los 24 ancianos, y subimos junto con Juan, y teníamos que llegar a ese lugar de alguna manera. Fuimos arrebatados. Los ancianos representan a la iglesia, y la iglesia se encuentra ahora en el cielo. Ya no se menciona más de aquí en adelante en el Libro de Apocalipsis, como algo que está en la tierra. Hay una invitación al final que proviene de la iglesia y que se refiere a estos días en los cuales vivimos.

Aquí tenemos un proceso muy ordenado en el Libro de Apocalipsis, y es necesario que sigamos la regla establecida por el Apóstol Pedro en cuanto a la profecía, entendiendo primero esto, que ninguna profecía de la Escritura es de interpretación privada. (2 P. 1:20) Es decir, que uno no puede interpretarla por sí misma; tiene que ser observada como un tema, como un programa, y tiene que encajar con las demás. Para cuando uno llega al capítulo 6, hay muchos que se olvidan que Juan presentó una división bien ordenada del Libro de Apocalipsis en el capítulo 1:19: Escribe las cosas que has visto, y las que son, y las que han de ser después de estas. Ésa fue la gloriosa visión de Cristo glorificado; a Él se le presenta como el Gran Sumo Sacerdote, de pie entre los candeleros, donde Él mantiene la luz encendida sobre la tierra. Luego, vimos las cosas que son, y observamos las siete iglesias que representan la experiencia total terrenal de la iglesia desde el día de Pentecostés hasta la Parousía; desde el aposento alto hasta el rapto. Ésta es la historia total de la iglesia en la tierra. Luego, se le dijo a Juan: las cosas que han de ser después de éstas—meta-tauta. Así es que, llegamos a la conclusión de la carrera terrenal de la iglesia en el capítulo 3, y luego allí se dijo: "meta-tauta", las que han de ser después de estas. Él menciona dos veces eso allí. No podía escaparse de eso. Hizo eso para beneficio de aquéllos que mantienen el punto de vista histórico de Apocalipsis, los a-milenaristas. Eso lo encontramos en el capítulo 4. Así es que comienza allí algo nuevo.

Pero los dos capítulos que hemos visto, los capítulos 4 y 5, tuvieron lugar en el cielo, y allí estuvimos con Juan, y lo primero que vimos allí fue el trono y al Señor Jesucristo que estaba allí, y Él es el León de la tribu de Judá. Él está sentado a la diestra de Dios, esperando a que Sus enemigos sean puestos por estrado de Sus pies. Luego, en el capítulo 5, Él es el Cordero, y allí vemos el énfasis en Su Primera Venida. Él es el Cordero, pero el Cordero es eso porque Él es el Redentor quien fue capaz de tomar el libro, el cual es el título de propiedad de esta tierra.

¿Sabe usted, que Él es el Único que es capaz de juzgar esta tierra? No sólo por lo que es o quien es—Él es Dios manifestado en la carne—sino por lo que Él ha hecho. Él ha creado esta tierra, y esto le da a Él un derecho. Él es adorado en el capítulo 4 como el Creador, pero Él también redimió esta tierra, y eso lo vemos en el capítulo 5. Él es adorado como el Redentor, y ya que Él es el Creador y el Redentor, Él es el Único digno de juzgar esta tierra. Él es el Único capaz de gobernar esta tierra. ¡Qué reproche hoy a la consumada presunción de los pequeños hombres aquí en la tierra que quieren ser jueces! ¿Qué derecho tiene la Corte Suprema de juzgar a una persona? ¿Qué derecho tiene el Senado o la cámara de representantes o el Presidente para juzgar a otra persona? ¿Quiénes creen ellos que son? ¿Quién es digno de sentarse en juicio? Sólo el Señor Jesucristo es digno, y hasta cuando una de estas personas pueda alcanzar la estatura del Señor Jesucristo, no se encuentran en una posición como para juzgar, basándose en su propia habilidad y fortaleza. Ningún juez humano en esta tierra que no mire a Dios, es digno de ejecutar juicio sobre ninguna otra persona, y en esto hasta incluimos a los tribunales de policía. La injusticia está sobre la tierra hoy, todo porque el hombre está juzgando a los demás. Pero Jesucristo es digno. Éste es el cuadro que se nos presenta al concluir el capítulo 5.

La apertura del libro con siete sellos

Al llegar al capítulo 6, la escena cambia a la tierra, y la pregunta natural es ésta: ¿Qué es lo que sucede con la tierra cuando sale la iglesia? Tiene lugar la Gran Tribulación. En primer lugar, tenemos la Gran Tribulación en el mundo en los capítulos 6-18. En los capítulos 6 y 7, y hasta el versículo primero del capítulo 8, tenemos la apertura del libro sellado con siete sellos. Estos siete sellos abren el período de la Gran Tribulación. El Señor Jesucristo es quien abre esos sellos, y de allí salen los primeros 4 caballos. Luego tenemos el martirio de los fieles, durante ese período, y encontramos el día de la ira que viene. Estos sellos son abiertos de manera ordenada, y el séptimo sello introduce el sonar de las siete trompetas. (Véase Ap. 8:2-11:19.) El sonar de las siete trompetas introduce a siete personas sorprendentes. (Véase Ap. 12-13.) La bestia que sube de la mar, introduce las siete copas de la ira. (Véase Ap. 15-16.) La última copa de la ira trae ante nosotros la profecía del juicio de Babilonia, y eso lleva al final del período de la Gran Tribulación, y entonces Cristo viene a la tierra. (Véase Ap. 17-18.)

Es interesante notar que el primer juicio y el último juicio, son sobre Babilonia. Babilonia en la torre de Babel representa la primera rebelión organizada contra Dios. (Gn. 11:1-9) Babilonia representa también la última rebelión contra Dios, ambas religiosamente, (Ap. 17) y políticamente. (Ap. 18) Esto lleva a la conclusión del corto día del hombre sobre esta tierra.

Lo importante que debemos mantener ante nosotros es Aquél que es digno de abrir el libro. Él lo está dirigiendo todo. Esto indica que tenemos en este libro, como se dice al principio, una revelación; aquí se revela a Jesucristo. Él ya no está andando entre los candeleros, porque ya han sido quitados de la tierra. Él ya no es el Sumo Sacerdote, presentándose como un Intercesor, sino que ahora Él es quien ejecuta la voluntad de Dios sobre la tierra al abrir los sellos del libro. Todos los juicios de la Gran Tribulación han salido de los sellos del libro, de lo cual vienen las trompetas, las personas, y las copas de ira.

La Gran Tribulación es algo que es iniciado desde el cielo. Jesucristo dirige toda esta operación y ésa es la razón por la cual Él dijo en el Salmo 2:9: Los quebrantarás con vara de hierro. Quizá alguien me diga que esto no le gusta. Si a usted no le gusta, ¿tiene una sugerencia mejor? Si la tiene, ¿se la puede pasar al Señor Jesucristo? Él es quien va a dominar la rebelión en esta tierra. ¿Cómo va a hacer eso? ¿Piensa usted que las grandes naciones del mundo están dispuestas a entregar el poder en Sus manos? Ningún país está dispuesto a entregar el poder al Señor. Nadie está interesado en colocar al Señor Jesucristo sobre el trono. Las naciones prefieren tener sus propios hombres, y si fuera posible, colocarlos a ellos sobre el trono. Debo decir que Él es el Único que es digno. Y, ¿cómo va a llegar Él al poder? Exactamente como expresa este segundo Salmo: Los quebrantarás con vara de hierro, y eso lo vamos a apreciar. De aquí en adelante, tenemos el juicio sobre la tierra.

La iglesia será librada de esto. ¿Por qué? ¿Porque son personas tan buenas, como los niños de la Escuela Dominical? No, amigo. Ellos eran pecadores, pero fueron salvos por la gracia de Dios. Sólo aquéllos que han rechazado la gracia de Dios deben pasar por el período de la Gran Tribulación. Ésa es la razón por la cual creo que Dios ha establecido programas de radio hoy, y creo que es un medio mucho mejor que la televisión para esparcir la Palabra de Dios a los confines de la tierra. Él va a permitir que todos puedan escuchar el evangelio, y luego, cuando tomen su decisión, eso decidirá si ellos van a pasar por la Gran Tribulación o no.

En el capítulo 4, pudimos apreciar al trono y al Trino Dios. En el capítulo 5, vimos el libro, y el Señor Jesucristo.

Ciertas cosas que allí se presentan aumentan la intensidad y ferocidad de la Gran Tribulación:

1. El Espíritu Santo ya no restringe el mal. Alguien puede preguntar: "¿Quiere decir usted que Él ha dejado ya el mundo?" No, no hizo eso. Él estuvo en el mundo antes del día de Pentecostés. Pero en el día de Pentecostés, tomó un nuevo cargo, por así decirlo, un nuevo ministerio, el de bautizar a los creyentes en el cuerpo de Cristo, y de llenarlos y morar en ellos, guiándoles en este mundo. Él sacará a la iglesia de aquí, pero eso no quiere decir que Él también se va a ir, que Él también va a partir. Aún permanecerá aquí, pero ya no va a estar restringiendo el mal. Lo va a permitir. Es decir, que el hombre va a tener su propio día cuando pueda hacer lo que quiera, y lo mismo ocurre con Satanás. Ésa es la razón por la cual no queremos permanecer aquí.

2. La verdadera iglesia, la luz y la sal, es quitada. La iglesia tiene muy poca influencia en el mundo, pero aún tiene un poco, y cuando salga de este mundo, entonces no habrá nada de esta influencia.

3. El diablo sabe que tiene un tiempo muy breve. Pero él va a tratar de hacer lo más que pueda durante ese período. Él se va a aprovechar de esta ocasión, y Dios le va a dar libertad para obrar. Eso lo podemos ver en este período de prueba.

4. Los hombres malos están libres para dar comienzos a sus planes nefarios. Es decir que el anticristo podrá tomar control de esta tierra por un breve período.

5. Se nos da el juicio directo de parte de Dios. Eso lo tenemos en el versículo 17, que dice: Porque el gran día de su ira ha llegado; ¿y quién podrá sostenerse en pie?

Éste es un tremendo período, y no creo que la Gran Tribulación surja así de repente, como un gran tornado. La apertura de los sellos es algo gradual, lógico, cronológico. Se abren uno a la vez. Este Libro de Apocalipsis tiene mucho sentido.

Al llegar al texto de este capítulo, quiero hacer una declaración con mucho cuidado, que, del capítulo 4 en adelante, todo es futuro. Todo esto es futuro y nos encontramos en el momento de las cosas que son, el período de la iglesia, y estas cosas se extienden hacia el futuro, y entonces, no trate de arrastrar ninguno de estos sellos o ninguna de las trompetas o de las copas de la ira, o ninguna de estas personas a este período, porque no pertenecen a este período. No van a aparecer en este período. Creo que hemos visto aquí la preparación de la escena. Pero no creo que ninguna de estas cosas esté sucediendo en el presente. Aun así, vemos que hay muchos que están haciendo esto, y eso es sensacionalismo, por supuesto, y esto hace que haya más oyentes, y se vendan más libros. Pero por cierto que no está de acuerdo con la forma en que Juan lo expresó aquí. Todo esto aquí es muy lógico. Así es que, creo que debo establecer esto como un axioma de que aquí en adelante es el futuro, y es algo que va a suceder, pero ninguna de estas cosas ha sucedido todavía.

Cuando tuvimos las siete iglesias, pudimos ubicar eso en la historia, pero esto que tenemos aquí no se puede ubicar en la historia. Ésa es la diferencia entre el punto de vista futurista y el histórico. Y aunque es muy interesante para nosotros el notar que muchos mantienen el punto de vista histórico, muchos de ellos suponen que esto es futuro de aquí en adelante, o un poquito más adelante, lo hacen futuro. En otras palabras, no pueden ubicar esto en la historia. El a-milenarista tiende a colocar todo de aquí en adelante en la historia y como resultado, hay como 50 sistemas diferentes de interpretación, según el Dr. Walvoord, que han salido del punto de vista histórico. Amigo, 49 de esos sistemas tienen que estar equivocados. Hablando personalmente, creo que el otro también lo está.

Yo asistí a un seminario que era a-milenario, donde trataban de colocar el resto de Apocalipsis dentro del punto de vista histórico o a-milenario. A veces llegaba a ser ridículo o hasta cómico. Por ejemplo, cuando llegamos al lugar donde la Escritura dice que Satanás fue echado al abismo, nos enseñaron que eso ya hubo tenido lugar. Le pregunté al profesor, "¿Cómo explica usted la actividad satánica que está teniendo lugar hoy?" Él respondió: "Satanás está encadenado, pero él tiene una cadena muy larga. Es como cuando uno lleva a una vaca a un soler vacío, y pone una soga muy larga, y la deja allí para que apaciente." ¡Ésa fue su explicación! Si usted sigue el punto de vista histórico, entonces algunas Escrituras parecen algo ridículas.

Permítame decirle que Juan aclara que ahora hemos llegado a cosas futuras, y desde este punto hasta el capítulo 20, todo es futuro. Estamos siguiendo un orden cronológico aquí, y es muy lógico. Simplemente no se puede decir que estos eventos están teniendo lugar hoy, y tampoco se pueden colocar en la historia.

Apertura del primer sello—un jinete sobre un caballo blanco

Vi cuando el Cordero abrió uno de los sellos, y oí a uno de los cuatro seres vivientes decir como con voz de trueno: Ven y mira. Y miré, y he aquí un caballo blanco; y el que lo montaba tenía un arco; y le fue dada una corona, y salió venciendo, y para vencer. [Ap. 6:1-2]

El Señor Jesucristo toma el libro con los siete sellos, y Él abre el primer sello. Él los va a abrir a todos en el orden correcto. El Libro de Apocalipsis, tiene mucho sentido. El Señor está en control de todo aquí, y toda criatura en el cielo está actuando según Su mandamiento; así es que, los cuatro jinetes van a salir ahora, y Él abre el sello y dice: "Ve".

Juan vuelve a indicar aquí que vio y que oyó. Éste es como un programa de televisión que estamos viendo.

El simbolismo del jinete en el caballo blanco ha dado ocasión para muchas opiniones diferentes y a muchas diferencias. La interpretación preponderante entre los eruditos es que este jinete representa a Cristo y usan el Salmo 45, y el capítulo 19 de Apocalipsis para apoyar esa interpretación. Pero la mayoría de los expositores bíblicos contemporáneos de la tendencia pre-milenaria dicen que el caballo blanco y el jinete son el anticristo. Ésa es la posición que toman los doctores Scott, Ironside, Chafer, Walvoord, Woodbridge, y Pentecost. Ésa es también mi posición. Sería difícil para el Señor Jesús, el que está abriendo los sellos, cambiarse rápidamente de ropa, montar sobre un caballo, y salir cabalgando.

El anticristo no aparece como un villano. Después de todo, Satanás tiene ángeles, y son ángeles de luz. No se parecen a los demonios. No tienen cuernos. Así es que, el anticristo vendrá como el hombre más atractivo que el mundo jamás haya visto, porque ellos no vieron al Señor

Jesucristo, y no lo ven hoy tampoco. Pero van a aceptar a este hombre porque ha venido en su propio nombre. Llega al poder introduciendo una paz falsa.

La opinión de que el jinete sobre el caballo blanco es el anticristo parece satisfacer de una manera más completa las demandas del texto. Cuando Cristo venga sobre un caballo blanco, como se menciona en el capítulo 19 de Apocalipsis, seguirá el milenio; pero este jinete aquí inicia el período de la Gran Tribulación, y no el milenio. Yo opino que este jinete es el "pequeño cuerno" que se menciona en Daniel 7, que es identificado como el hombre de pecado, la bestia de Apocalipsis capítulo 13, ese gobernante del ya restaurado Imperio Romano y el último de los dictadores mundiales.

El profesor A. J. Toynbee, director de estudios en el Instituto Real de Asuntos Internacionales, dice: "Al forzar sobre la humanidad armamentos cada vez más destructivos, y al mismo tiempo hacer que todo el mundo sea más interdependiente económicamente, la tecnología ha llevado a la humanidad a tal grado de desesperación que nosotros ya estamos listos a verificar a cualquier César nuevo que pueda tener éxito en dar unidad y paz al mundo". El Apóstol Pablo, en 1 Tesalonicenses 5:3, dice: Cuando digan: paz y seguridad, entonces vendrá sobre ellos destrucción repentina, como los dolores a la mujer encinta, y no escaparán.

G. K. Chesterton, por su parte declara: "Una de las paradojas de esta edad es que es la edad del pacifismo, y no es la edad de la paz".

Cuando el anticristo llegue al poder, él va a hablar de paz; y el mundo creerá que está entrando al milenio cuando en realidad está entrando al período de la Gran Tribulación. La Gran Tribulación entra como un cordero, pero sale como un león. Ésa es la gran mentira que el mundo va a creer.

Este jinete no puede ser Cristo, ya que tenemos a Cristo como al Cordero en medio del trono. Él es el León de la tribu de Judá, y la Raíz de David. Él está dirigiendo estos hechos desde el cielo, y está dándoles las órdenes a estos cuatro jinetes que saldrán. A Cristo se le identifica claramente en Apocalipsis 19, mientras que aquí la identidad es bastante oscura, por cierto, lo que sugiere según opino yo que éste no es Cristo, sino una imitación de Él.

Apertura del segundo sello—el jinete sobre el caballo bermejo

Cuando abrió el segundo sello, oí al segundo ser viviente, que decía: Ven y mira. Y salió otro caballo, bermejo; y al que lo montaba le fue dado poder de quitar de la tierra la paz, y que se matasen unos a otros; y se le dio una gran espada. [Ap. 6:3-4]

El primer jinete no podía ser Cristo, porque cuando Él traiga paz a esta tierra, va a ser una paz permanente. Ésta es una paz, que no dura mucho. Inmediatamente después del primer caballo, llamado el caballo blanco, sale un caballo bermejo de guerra sobre la tierra. La paz que el jinete del caballo blanco trajo a la tierra era algo temporal, algo falso. El anticristo se presenta a sí mismo como un gobernante que trae paz al mundo. Pero, él no la puede garantizar, porque Dios dice: No hay paz para los malos, dijo Jehová. (Is. 48:22). Y, este pasaje de las Escrituras por cierto que ha sido cumplido.

¿Y no es eso lo que cada candidato para ocupar un cargo político dice en el presente? Así lo he escuchado siempre. Siempre prometen que el país permanecerá gozando de paz, que no habrá luchas; sin embargo, aunque eso no suceda, siempre siguen prometiendo que ellos van a traer la paz. Estamos tan lejos de la paz como nunca en el presente. Parecería que aún hoy se estuvieran formando las nubes tormentosas de la tercera guerra mundial.

Así es que, el anticristo era algo falso, y no trajo la paz, porque aquí sale este caballo bermejo de guerra a recorrer la tierra, y ésta será una verdadera guerra mundial. No me diga, que esto ya ha sido cumplido porque no ha sido así. Aquí estamos hablando en cuanto al futuro.

Apertura del tercer sello—un jinete sobre un caballo negro

Cuando abrió el tercer sello, oí al tercer ser viviente, que decía: Ven y mira. Y miré, y he aquí un caballo negro; y el que lo montaba tenía una balanza en la mano. Y oí una voz de en medio de los cuatro seres vivientes, que decía: Dos libras de trigo por un denario, y seis libras de cebada por un denario; pero no dañes el aceite ni el vino. [Ap. 6:5-6]

Él dice aquí que él miró. Quiere estar seguro de que nosotros notemos esto. Esto es como si fuera televisión.

El color de este caballo negro habla de luto (véase Jer. 4:28 y Mal. 3:14), y también habla de hambre. En Lamentaciones 4:8-9, leemos: Oscuro más que la negrura es su aspecto; no los conocen por las calles; su piel está pegada a sus huesos, seca como un palo. Mas dichosos fueron los muertos a espada que los muertos por el hambre; porque éstos murieron poco a poco por falta de los frutos de la tierra.

Esto habla del hambre. El caballo negro habla de una hambruna que tiene que venir sobre la tierra, un hambre mundial, y ése es el cuadro que tenemos. Y siempre después de la guerra hay falta de comida, falta de alimentos.

Observe esto por un momento. El historiador griego Heródoto, habla de una medida de cebada o de trigo, que era el consumo diario promedio del trabajador. Ésa era la comida que recibía el soldado, y un denario era una moneda romana que equivalía al salario por un día de trabajo. (Véase Mt. 20:2) Así es que, el trabajador no podía mantener a su familia en aquel día. El podía tener lo suficiente como para sí mismo si era soldado, pero no podría mantener a su familia.

El aceite y el vino son lujos que son disfrutados por los ricos. Ellos obtienen todo el licor que quieren, aún durante la guerra. El aceite es correspondiente con lo que en nuestra época conocemos como los artículos de tocador, todas esas cosas que ayudan a la belleza en el día presente. Ésos son lujos de la vida. El vino corresponde al licor que estará presente en abundancia. Esto es algo interesante; no hay suficiente comida, no hay suficiente cebada, pero hay suficiente como para hacer licor, y lo harán en aquel día y los ricos serán los que lo podrán obtener.

Hablando honradamente, durante la Segunda Guerra Mundial, los ricos en su gran mayoría podían obtener carne. Ellos podían obtener los lujos de la vida. Los ricos siempre pueden obtener lo mejor de la carne, mientras que los pobres tienen que conformarse con lo que no es tan apetecible, como la lengua digamos, y hubo personas en época de guerra que se cansaron de comer lengua porque eso era lo único que se podía obtener. Eso no era racionado. Las cosas en este día futuro del cual se habla aquí, no van a cambiar. Los ricos van a poder recibir las cosas que quieren; pero los pobres no van a poder recibir las suyas. Así es como ha sido en el pasado también. Y es así como lo será en el futuro. Por eso es que no prestamos demasiada atención a los tecnócratas inteligentes que dicen que van a desarrollar un programa de ayuda a los pobres, y que resolverán este problema de la pobreza. Pero todo lo que esto ha hecho, es que estos hombres tengan buenos trabajos, pero hasta el presente esto no se ha pasado y no ha alcanzado a los pobres. Nunca les ha ayudado a levantarse, con un poquito de enorgullecimiento siquiera. ¿Por qué? Porque el Único que puede levantarles, es el Señor Jesucristo. Ninguno de estos "especialistas" puede llegar a hacerlo. Nos da pena decir eso, pero es necesario que alguien hable así hoy contra estas tonterías en las cuales los gobiernos gastan el dinero. Todo lo que esto hace, en realidad, es crear más burocracia y devorar el dinero de los impuestos. Esto existe así en el presente, y se puede imaginar lo que será en aquel día. Aquí estoy hablando de lo futuro. La única razón por la cual hago una aplicación aquí es para demostrar que esto no es algo fuera de la razón. Es algo que va a suceder.

En el año 1798, el Rev. Tomás Malthus llegó a la conclusión de que el poder de la población era mucho mayor que el poder de la tierra para producir lo necesario para alimentar al hombre. Él predijo entonces de que llegaría un día cuando se presentaría un hambre mundial. Nuevamente, quiero citar lo que dijo Toynbee: "Tarde o temprano habrá un límite en la producción alimenticia, y entonces, si la población continúa en aumento, el hambre realizará las ejecuciones que tuvieron lugar en el pasado por el hambre, la peste y la guerra, todo combinado". Sir John Boyd Orr, quien fuera director general de la Organización

Alimenticia y de Agricultura de las Naciones Unidas, cuando ocupaba ese cargo, dijo: "Concluiré mi actuación dando una última advertencia al mundo. Si esto no es resuelto, habrá un caos mundial en los próximos 50 años. Las naciones del mundo están enajenadas". Ésta es la declaración que él hizo, no la mía. Alguien ha dicho que en el día de hoy hay 750 millones de personas que cada día padecen más de hambre. Y esto es algo que va en aumento. El hambre siempre sigue a la guerra.

Apertura del cuarto sello—un jinete sobre un caballo amarillo

Cuando abrió el cuarto sello, oí la voz del cuarto ser viviente, que decía: Ven y mira. Miré, y he aquí un caballo amarillo, y el que lo montaba tenía por nombre Muerte, y el Hades le seguía; y le fue dada potestad sobre la cuarta parte de la tierra, para matar con espada, con hambre, con mortandad, y con las fieras de la tierra. [Ap. 6:7-8]

Habrá una pestilencia que consumirá una cuarta parte de la población de la tierra. No habrá suficiente medicina, antibióticos o penicilina para curar a todos en aquel día.

La muerte es mucho más que le simple cesación de la actividad física. Es mucho más que eso para un ser humano.

La muerte no ha sido personalizada, aunque tenía por nombre Muerte. Eso es lo mismo que Pablo menciona en Romanos 5:14: No obstante, reinó la muerte desde Adán hasta Moisés, aun en los que no pecaron a la manera de la transgresión de Adán, el cual es figura del que había de venir. Aquí, en Apocalipsis 6, se dice que el que montaba ese caballo amarillo, tenía por nombre Muerte, y luego se dice que el Hades le seguía. Desafortunadamente la palabra Hades a veces es traducida por la palabra "infierno", en castellano. En Lucas 16:23, leemos: Y en el Hades alzó sus ojos, estando en tormentos, y vio de lejos a Abraham, y a Lázaro en su seno. Esto es hablando de la historia del hombre rico y Lázaro. En algunas versiones se utiliza la palabra "infierno" en lugar de "Hades". Eso es algo desafortunado, porque eso no se refiere para nada al infierno. Eso, o habla de una muerte física donde va el espíritu, o puede hablar de la tumba a donde es colocado el cuerpo. Es decir, que la muerte se apodera del cuerpo. Hades es el lugar a donde va el espíritu del hombre perdido, y el Señor Jesucristo lo presentó de esa manera.

El Apóstol Pablo personificó a la muerte en ese versículo que leímos de Romanos 5:14, como también hace lo mismo con el pecado en la misma sección, y lo hace para darle más énfasis. El pecado y la muerte entraron al mundo al mismo tiempo. La muerte es el resultado del pecado, y durante ese intervalo de Adán hasta Moisés, los hombres no cometieron el mismo pecado que cometió Adán. Adán era considerado en una base diferente. Su pecado tampoco fue un pecado de transgresión de la ley desde Adán, y debemos recordar que aún no se habían dado los Diez Mandamientos. Así es que, aquí tenemos un período cuando los hombres pecaban y morían. Sin embargo, el pecado de Adán llegó a ser el pecado de ellos, porque ellos murieron como murió Adán; y aun los bebés murieron en el diluvio.

La muerte evidentemente tiene un significado inclusivo que ordinariamente no le damos. Pensamos de la muerte como algo que se refiere solamente al cuerpo, aquello que llamamos muerte física, y eso le viene al hombre a causa del pecado de Adán. Luego, tenemos lo que se conoce como una muerte espiritual. Ésa es la separación de Dios y la rebelión contra Él. Heredamos de Adán una naturaleza de muerte; es decir, no tenemos capacidad para Dios. No tenemos ningún deseo para Él. Luego existe una muerte eterna, y ésta es la separación eterna de Dios. A no ser que el hombre sea redimido, esto sigue inexorablemente. Ésta es la segunda muerte de la cual vamos a leer allá en Ap. 20:14, cuando tengamos oportunidad de estudiar esto. Voy a desarrollar estos tres aspectos en el capítulo 20 de Apocalipsis. Cuando Adán pecó, Dios le dijo a él: El día que de él comieres, ciertamente morirás. (Gn. 2:17). Adán vivió un poco más de 900 años después de eso, físicamente, pero él ya estaba muerto espiritualmente ante Dios. Él huyó de Dios. Él ya no quería la comunión de Dios. Él murió espiritualmente, y luego le siguió su muerte física. Eso ha entrado a la familia humana, y deteriora más y más a la humanidad. Hay muchas personas hoy que son mantenidas vivas por medios artificiales. Esto es a causa de la medicina moderna y del maravilloso desarrollo de la ciencia. Pero en realidad, la raza humana se está deteriorando todo el tiempo. La vida humana sería mucho más corta de lo que es, si no fuera porque todos los artefactos modernos nos mantienen vivos aquí en la tierra.

A Adán se le declara aquí de manera categórica como un tipo de Cristo. La muerte debe ser colocada a la puerta de Adán, como que es su responsabilidad total. Dios no creó al hombre para morir. Ese castigo fue impuesto porque Adán transgredió el mandamiento de Dios. Su transgresión es nuestra transgresión, y su muerte es nuestra muerte, y es que Cristo es la Cabeza de una nueva creación, y esta nueva creación tiene vida en Él, y sólo en Cristo. Solamente Él puede dar vida. Él es totalmente responsable por la vida de aquéllos que son Suyos.

El Dr. Chafer, en una declaración teológica, dijo lo siguiente: "Es así que la muerte espiritual viene mediatamente a través de una línea continua de posteridad. Por otra parte, la muerte física es recibida de Adán inmediatamente al morir en el cuerpo cada persona, a causa de su participación personal en el primer pecado de Adán".

Durante el período de la Gran Tribulación, la muerte andará desatada, andará suelta. El Señor Jesucristo lo expresó de la siguiente manera en Mateo 24:22: Y si aquellos días no fuesen acortados, nadie sería salvo; mas por causa de los escogidos, aquellos días serán acortados. En el Gran Trono Blanco, la muerte es destruida finalmente. El Apóstol Pablo confirmó esto. Él dijo allá en 1 Corintios 15:26: Y el postrer enemigo que será destruido es la muerte.

Juan dice en Apocalipsis 21:4: Enjugará Dios toda lágrima de los ojos de ellos, y ya no habrá muerte, ni habrá más llanto, ni clamor, ni dolor; porque las primeras cosas pasaron.

Esto es algo muy importante de notar de nuestra parte. En este versículo 8, podemos ver que le fue dada potestad sobre la cuarta parte de la tierra, para matar con espada, con hambre, con mortandad, y con las fieras de la tierra. Cuando estos jinetes salen, aparentemente una cuarta parte de la población de la tierra es destruida por este juicio que viene sobre ella. Eso es algo que Dios dijo que vendría y que Ezequiel predijo expresando lo siguiente: Por lo cual así ha dicho Jehová el Señor: ¿Cuánto más cuando yo enviare contra Jerusalén mis cuatro juicios terribles, espada, hambre, fieras y pestilencia, para cortar de ella hombres y bestias? (Ez. 14:21)

Así es que, este caballo amarillo representa las plagas y la pestilencia y esto incluye la posibilidad de una guerra bacteriológica. Pero hay científicos que han hecho ciertas declaraciones. Uno de ellos, el Dr. Frank Holtman, por ejemplo, de la Universidad de Tennessee, en los Estados Unidos, dijo: "Mientras la mayor parte de la población de una ciudad puede ser destruida por una bomba atómica, el método bacteriológico, puede destruir fácilmente toda la población en el lapso de una semana".

Aquí tenemos a estos cuatro jinetes, y esto sigue exactamente la norma establecida por el Señor Jesucristo. En Mateo 24:5-8, el Señor Jesús dijo en Su discurso en el Monte de los Olivos: Porque vendrán muchos en mi nombre, diciendo: Yo soy el Cristo; y a muchos engañarán. (Ése es el jinete en el caballo blanco.) Y oiréis de guerras y rumores de guerras. (Ése es el jinete en el caballo bermejo.) Luego dice: Mirad que no os turbéis. Entonces continúa en V. 7 diciendo: Porque se levantará nación contra nación, y reino contra reino; y habrá pestes (ése es el caballo amarillo), y hambres (ése es el caballo negro), y terremotos en diferentes lugares. Y todo esto será principio de dolores. Es el comienzo del período de la Gran Tribulación. El Señor Jesucristo dijo exactamente lo mismo en Su discurso del Monte de los Olivos.

Apertura del quinto sello—oración del remanente mártir

Ya ha salido el cuarto jinete, y aquí tenemos la oración del remanente que ha sido martirizado. Aparentemente aquéllos que fueron muertos en la Gran Tribulación parecen ser primordialmente los que se nos presenta aquí. Siempre he pensado que esto incluía a todos los santos del Antiguo Testamento.

> *Cuando abrió el quinto sello, vi bajo el altar las almas de los que habían sido muertos por causa de la palabra de Dios y por el testimonio que tenían. Y clamaban a gran voz, diciendo: ¿Hasta cuándo, Señor, santo y verdadero, no juzgas y vengas nuestra sangre en los que moran en la tierra? [Ap. 6:9-10]*

Este altar se encuentra en el cielo y es evidentemente el lugar donde Cristo ofreció Su sangre por los pecados del mundo. Mi posición es que en el cielo se presenta literalmente la sangre. Puedo confirmar esto con lo que Hebreos 9:23-24, dice: Fue, pues, necesario que las figuras de las cosas celestiales fuesen purificadas así; pero las cosas celestiales mismas, con mejores sacrificios que éstos. Porque no entró Cristo en el santuario hecho de mano, figura del verdadero, sino en el cielo mismo para presentarse ahora por nosotros ante Dios.

Así es que, aquí tenemos a los santos del Antiguo Testamento. Como el Señor Jesucristo indicó: Para que se demande de esta generación la sangre de todos los profetas que se ha derramado desde la fundación del mundo, desde la sangre de Abel hasta la sangre de Zacarías, que murió entre el altar y el templo; sí, os digo que será demandada de esta generación. (Lc. 11:50-51)

Con esto es incluida la sangre de aquellos muertos durante el período de la Gran Tribulación, porque ya hemos visto que un cuarto de la población ha sido destruido. Los mencionados entonces, en este versículo, se apoyan en lo establecido en el Antiguo Testamento, y están en terreno firme, y sólo están reclamando justicia en base a la ley santa de Dios.

> *Y se les dieron vestiduras blancas, y se les dijo que descansasen todavía un poco de tiempo, hasta que se completara el número de sus consiervos y sus hermanos, que también habían de ser muertos como ellos. [Ap. 6:11]*

Es decir, que todos los santos de la Tribulación junto con los santos del Antiguo Testamento, serán incluidos en la segunda resurrección.

Apertura del sexto sello—el día de la ira de Dios ha llegado

Miré cuando abrió el sexto sello, y he aquí hubo un gran terremoto; y el sol se puso negro como tela de cilicio, y la luna se volvió toda como sangre; Y las estrellas del cielo cayeron sobre la tierra, como la higuera deja caer sus higos cuando es sacudida por un fuerte viento. [Ap. 6:12-13]

Esto es evidentemente el principio de la última mitad del período de la Gran Tribulación. Tenemos ante nosotros el gran día de Su ira. Comienza con estos grandes hechos en los cielos. Es decir que al principio de la Tribulación suceden todos estos eventos, y aquí tenemos también estos hechos al fin del período de la Gran Tribulación. Joel 2:30, dice: Y daré prodigios en el cielo y en la tierra, sangre, y fuego, y columnas de humo. Eso sucede al principio de la Tribulación, y Joel 3:9-17 hablan del fin. (Véase también Is. 13:9-13; 34:1-4; Mt. 24:29)

El hecho de que en el presente haya un aumento de terremotos, no es cumplimiento de esto. Esto tendrá lugar en el período de la Gran Tribulación. Pero lo interesante de notar es que los terremotos en el pasado han dado muerte a gran cantidad de personas en la tierra. El profesor R. A. Daley, en uno de sus libros, escribió lo siguiente: "En los últimos 4.000 años, los terremotos han causado la pérdida de 13 millones de vidas, y aún están por suceder los peores terremotos. Entonces hubo relámpagos y voces y truenos, y un gran temblor de tierra, un terremoto tan grande, cual no lo hubo jamás desde que los hombres han estado sobre la tierra". (Ap. 16:18) Tan grande será este terremoto, tan poderoso, que las ciudades de las naciones caerán. ¡Qué cuadro más tremendo este, amigo!

Los terremotos del día de hoy no son un cumplimiento de esto. Sencillamente muestran lo que sucederá y la Palabra de Dios dice que así será.

Y el cielo se desvaneció como un pergamino que se enrolla; y todo monte y toda isla se removió de su lugar. [Ap. 6:14]

Creo que esto ha de ser tomado muy literalmente. Tenemos que lo mismo se expresa en Nahum 1:5, y lo veremos nuevamente en Apocalipsis 20:11.

Y los reyes de la tierra, y los grandes, los ricos, los capitanes, los poderosos, y todo siervo y todo libre, se escondieron en las cuevas y entre las peñas de los montes; Y decían a los montes y a las peñas: Caed sobre nosotros, y escondednos del rostro de aquél que está sentado sobre el trono, y de la ira del Cordero;

Porque el gran día de su ira ha llegado; ¿y quién podrá sostenerse en pie? [Ap. 6:15-17]

Aquí tenemos a gente en la tierra que está rogándole a los montes y a las peñas que caigan sobre ellos, porque quieren ocultarse. ¿De quién? De la ira del Cordero. Éste es el gran día de la ira de Dios.

La ira del Cordero es una frase paradójica. Es aquel día, el Día de Jehová, aquel día que hemos visto a través de todo el Antiguo Testamento, es decir, los profetas del Antiguo Testamento. Ese día que se aproxima sobre la tierra, aún está en el futuro. Aquí se dice que es la ira del Cordero. Ésta es una declaración un poco extraña.

La Biblia está llena de paradojas, y estoy seguro que usted ya ha descubierto que hay abundancia de ellas en las Escrituras. Una paradoja es una proposición que es contraria a la opinión recibida, es decir, aquello que parece ser contradictorio. Superficialmente, las declaraciones parecen ser contradictorias, pero bajo un examen más profundo, se revela que es algo objetivo, basado en los hechos. Aquí tenemos varias de estas paradojas. Mientras más lejos está un objeto de usted, más aumenta su tamaño. Usted sabe que eso no es cierto, pero sí lo es. Cuando un globo sube en el aire, parece ser más pequeño al ojo, pero el globo estaba aumentando de tamaño al elevarse en la atmósfera, porque ésta no es tan densa. Otra paradoja es que el agua sube la montaña en el parque nacional Sequoia, en los Estados Unidos. Usted puede decir que no cree esto, pero así sucede. Gran cantidad de agua sube la montaña, y esto es realmente una paradoja. Lo cierto es que este parque está lleno de árboles gigantescos, y estos árboles están haciendo subir el agua como si la estuvieran chupando. A eso se le llama "osmosis". Es un término científico que se utiliza cuando uno no sabe lo que en realidad está sucediendo. Pero esto es lo que pasa. Otra expresión dice que mientras más se acerca uno al sol, las cosas se ponen más calientes. Pero, en las islas de Hawai, donde hay un clima tropical, hay un gran monte que tiene nieve en la cumbre. Está mucho más cerca del sol de lo que usted está, sin embargo, tiene nieve. Hay muchas paradojas que son ciertas.

La vida cristiana es una serie de paradojas. Cuando soy débil, entonces soy fuerte, dice Pablo en 2 Co. 12:10. Aquí tenemos otra: La ira del Cordero. El cordero es un cuadro muy conocido de Cristo, y

¿cómo puede un pequeño cordero, que se destaca por su mansedumbre y humildad, cómo puede enojarse? Es como una tormenta en un vaso de agua. Pero note esto, desde los días de Abel hasta los de Juan el Bautista, al Señor Jesucristo se le muestra como un Cordero. Juan dice, Él es el Cordero que fue inmolado desde el principio del mundo. (Ap. 13:8). En otras palabras, Dios no eligió al cordero porque poseía las características de Cristo, ni su aspecto sacrificador. Dios creó un animal para representar a Cristo, y ese pequeño cordero era el animal. Es una razón por la cual Dios le creó. Porque Cristo es el Cordero inmolado desde antes de la fundación del mundo. Antes de que hubiera sido creado el cordero.

Él tiene las cualidades de un cordero. Él es manso. Venid a mí todos los que estáis trabajados y cargados. (Mt. 11:28) Él dice: Soy manso y humilde. (Mt. 11:29) Él demostró mansedumbre. Dejad a los niños venir a mí, dice. (Mr. 10:14) Él era inofensivo. Estoy seguro de que usted nunca ha visto un cartel que dijera: "Cuidado con el cordero". Pero, en cambio sí ha visto carteles que digan: "Cuidado con el perro", ¿verdad? Pero no con un cordero. Él era inofensivo. Él era manso. Cristo lavó los pies de los discípulos. Aquí tenemos algo tremendo. Aquí tenemos una vida destacada por su encanto. Su vida era como el perfume de una flor hermosa y frágil. Su venida fue una doxología. Su estadía fue una bendición. También lo fue Su partida. Hasta el mundo incrédulo se vio fascinado por Su vida. Ahora el cordero destaca este sacrificio. Abraham dijo: Dios se proveerá de cordero. (Gn. 22:8). Y Dios se proveyó a Sí Mismo de un Cordero.

¿Qué podemos decir en cuanto a la ira? Esto es algo extraño, aun para la Persona de Dios, ¿no le parece? Dios ama lo bueno; Él aborrece el mal. Él no aborrece como usted y yo lo hacemos. Él no es vengativo. Dios es justo. Dios es santo, y Él aborrece aquello que es contrario a Él. Él dice que Jehová es un Hombre de guerra. Él es fuerte y poderoso. Él es poderoso en la batalla. El evangelio revela la ira de Dios. Pablo dijo... la ira de Dios se revela desde el cielo contra toda impiedad e injusticia... (Ro. 1:18)

Usted puede observar a este mundo en el que vivimos. Revela la ira de Dios, el juicio de Dios. Es como el mezclar fuego y agua, el traer la ira y el Cordero juntos. Toda la furia de la ira de Dios se revela en el Cordero. Cuando Él estuvo aquí, hizo un látigo y con él expulsó a los cambiadores de dinero del templo. ¿Estaba aparentando algo nada más? No, Él llamó a los líderes religiosos una generación de víboras. Él maldijo a la higuera también. Él dijo: ¡Ay de ti, Corazín! ¡Ay de ti, Betsaida! (Véase Mt. 11:21) Cristo rechazó a Jerusalén, pero tenía lágrimas en Sus ojos. Él aún controla las fuerzas de la naturaleza. Las utiliza en juicio. Dios ha declarado guerra contra el pecado. Yo digo: "Bendito sea Su nombre", y Él no va a llegar a un acuerdo con aquello que ha causado tal estrago a la familia humana. Llegará un día cuando la ira del Cordero será revelada. Alguien quizá diga: "Yo pensaba que Él era manso, bondadoso, y que no castigaría el pecado". Bueno, Él dijo: Ahora, pues, oh reyes, sed prudentes; admitid amonestación, jueces de la tierra. Servid a Jehová con temor, y alegraos con temblor. Honrad al Hijo, para que no se enoje, y perezcáis en el camino; pues se inflama de pronto su ira. Bienaventurados todos los que en él confían. (Sal. 2:10-12)

CAPÍTULO 7

Dios sella al remanente de Israel y salva a un grupo de gentiles

El Libro de Apocalipsis ha sido llamado difícil de comprender. Algunos han dicho que es un galimatías, donde hay mucha visión que es en realidad extraordinaria, pero que uno no puede comprenderlo. Yo, en cambio, digo que este libro es muy lógico y que está dividido de una manera tan sencilla que nadie puede equivocarse. Hay algunos que dicen que esto es nada más que un montón de símbolos. ¡Eso no es correcto! No hay ningún otro libro que haya sido dividido tan matemáticamente como éste. No hay ningún otro libro que tenga divisiones más claras que las que encontramos en este Libro de Apocalipsis. Si nos empantanamos en algún lugar, y tratamos de tomar estos símbolos y mezclarlos, y tratar de cambiarlos de posición para que entren a algún sistema que nos guste, entonces, sí que vamos a tener verdaderos problemas. Pero, debemos permitirle a Juan que él nos informe al leer y al avanzar en el estudio de la sección en la que estamos. Estamos ahora en una sección que el Señor Jesús llamó la Gran Tribulación. Este período tiene lugar después que la iglesia ha salido del mundo, después que la iglesia ha terminado su misión y es arrebatada para estar con el Señor. Creo que ésta es la única conclusión razonable, pero personalmente creo que está claro, no sólo aquí, sino también en otros lugares en la Escritura.

Pedro dijo que... ninguna profecía de la Escritura es de interpretación privada. (2 P. 1:20) En otras palabras, usted no puede tomar un versículo de aquí o allá, y no puede considerar sólo el Libro de Apocalipsis y tener esperanzas de interpretar correctamente toda la profecía. Sucede que Apocalipsis es el último libro de la Biblia. Cuando uno estudia en la escuela, comienza con aritmética: dos más dos son cuatro. Uno no comienza enseñando física atómica a los niñitos en primer grado; uno no les enseña altas matemáticas. Pues bien, Apocalipsis es el último libro de la Biblia; y el único requerimiento para estudiarlo, es un conocimiento práctico de los 65 libros que le anteceden. Cuando uno hace eso, descubre que este libro tiene mucho sentido, y que es muy lógico.

Al entrar aquí, Juan va a detallar todo en cuanto a lo que se refiere al período de la Gran Tribulación, porque este período no ha sido elaborado de ninguna manera, en ningún otro lugar en la Escritura, con la excepción del discurso que pronunció el Señor Jesucristo en el Monte de los Olivos. (Mt. 24-25) Juan sencillamente está amplificando aquello y dándonos información adicional. Lo que él dice está basado en el Señor Jesucristo y lo que Él tuvo que decir.

Hemos visto, pues, que se había abierto ya seis sellos, y éstos seis sellos tenían para nosotros un verdadero mensaje, y éstos en realidad revelan el gran plan del período de la Gran Tribulación. Estos sellos, comenzaron con cuatro grandes tragedias que vendrán sobre la tierra, al comienzo del juicio, y luego el quinto sello nos habla de aquéllos que fueron martirizados. Fue una gran cantidad de personas las que sufrieron esto. Tuvimos luego, el sexto sello, y allí se nos presentó algunos de los signos o señales de condena que vendrán sobre este mundo impío, en el período de la Gran Tribulación.

Hemos llegado a un período donde la iglesia ya no se menciona por nombre. Y la razón por la cual no se menciona nunca por nombre, es porque se está indicando aquí lo que ocurre en la tierra, y la iglesia ya no está en la tierra en este tiempo. En los capítulos 2 y 3 de Apocalipsis, se le dijo a Juan que escribiera las cosas que había visto, y él vio la visión del Cristo glorificado. También se le dijo que escribiera acerca de las cosas... que son. Ése es el período de la iglesia; aún nos encontramos en ese período en el presente. La iglesia aún está en el mundo, y que estamos en este período de las cosas... que son. La iglesia va a ser sacada de este mundo, y cuando eso ocurra, ya no será mencionada más aquí en Apocalipsis. El tema de los capítulos 2 y 3, es en cuanto a la iglesia en Éfeso, la iglesia en Esmirna, la iglesia en Pérgamo, la iglesia en Filadelfia, etc. Pero aquí en esta sección donde nos encontramos ahora, ya no se habla de la iglesia. La iglesia ya no está aquí en la tierra, como pudimos ver en los capítulos 4 y 5, sino que se encuentra en el cielo. Allí es donde ha ido la iglesia, y vamos a tratar más adelante, este punto de por qué la iglesia no puede pasar por el período de la Gran Tribulación. Aquí tenemos en realidad un problema moral. Habría un problema teológico si la iglesia siquiera entrara a una fase del período de la Gran Tribulación.

Así es que, el tema ha cambiado, y ahora estamos hablando en cuanto a otras cosas, y luego introduciremos el séptimo sello, el libro con los siete sellos y los sellos que están siendo abiertos. Ya hemos visto seis de estos sellos. Opino que estos jinetes están introduciendo el período de la Gran Tribulación, y los siete sellos están presentando un cuadro completo de este período de siete años de la Gran Tribulación. El último sello habla de la última parte del período, de los últimos tres años y medio del período de la Gran Tribulación. Ya veremos cómo esto ha sido dividido más adelante, pero aquí se nos ha presentado el hecho de que un cuarto de la población de esta tierra ha sido destruido en juicio, fue destruida por la muerte. Estoy seguro de que cualquier persona que esté leyendo Apocalipsis, se da cuenta del hecho de que va a ser muy difícil pasar a través de este período, especialmente si uno se vuelve a Dios, si uno acepta a Jesucristo como su Salvador personal, y si se mantiene firme por Él. Pero debemos preguntarnos si será posible para una persona, mantenerse firme por Él durante ese período. Hay algunas preguntas que se presentan en cuanto a esto.

Juan establecerá aquí otro principio que él seguirá, porque él sabe que usted y yo vamos a tener problemas con la revelación. Así es que, lo ha hecho bastante sencillo para nosotros. Él presenta aquí una serie basada en el número siete; ya ha sido introducido esto al comienzo. Él tiene 7 sellos, el libro de siete sellos, pero la manera en que él trata con esto, es importante de notar de nuestra parte. Entre el sexto y el séptimo sello de cada serie se produce siempre un intervalo donde notamos algo que parecería un asunto extraño. Sin embargo, es un asunto de explicación. Explica la acción. Responde a ciertas preguntas. Eso es lo que este capítulo va a hacer para nosotros. Ya tenemos el principio establecido entre lo sexto y lo séptimo de cualquier cosa. Será lo mismo con las trompetas. Ocurre lo mismo con las siete copas de ira, con las siete personas que se presentarán, y usted podrá encontrar que Juan siempre sigue este principio a través de toda esta sección en particular del Libro de Apocalipsis, para que no perdamos el camino.

Voy a responder una pregunta que surge naturalmente. Estoy seguro que cualquier persona inteligente puede hacer esta pregunta en este momento. ¿Qué en cuanto a la gente que se está salvando? ¿Qué en cuanto a la gente que se vuelva a Dios durante este período de la Gran Tribulación? En 2 Tesalonicenses, el Apóstol Pablo presentó claramente, que el Espíritu Santo, es el que detiene el mal. (Véase 2 Ts. 2:7) Él ha sacado a la iglesia para presentarla a Cristo. Así es que, es imposible que ninguna persona se vuelva a Dios sin la obra del Espíritu Santo. ¿Se salvará entonces, alguna persona, sin que esté presente el Espíritu Santo?

El Espíritu Santo estará presente. Alguien quizá diga: "Pero eso no es lo que usted acaba de decir". No he dicho que el Espíritu Santo haya dejado al mundo. Lo que dije es que Él ya no detiene, o ya no restringe. El Espíritu Santo bajó en el día de Pentecostés para llevar a cabo este ministerio específico de separar un cuerpo de creyentes en la iglesia, y eso es llamado el cuerpo de Cristo; y cuando la iglesia sea quitada, ese ministerio en particular del Espíritu Santo, finaliza. Uno de los ministerios de esa época en particular es el de restringir, el de detener. Creo que era absolutamente esencial que Él restringiera, porque el evangelio iba a penetrar a un mundo controlado y enceguecido por Satanás. Es necesario que el Espíritu de Dios detenga el mal para que la Palabra de Dios pueda esparcirse. Piense usted, en las fuerzas del mal que hoy vienen obrando contra el esparcimiento de la Palabra de Dios. Cuando comenzó este estudio en los primeros dos años, todo andaba como con viento en popa. Pero luego, aparecieron los problemas; yo me enfermé, y sucedieron muchas cosas. Luego, cuando volvimos a lograr el equilibrio y logramos ver a nuestro alrededor, nos dimos cuenta de lo que estaba pasando. El enemigo estaba muy activo. Si el Espíritu Santo obrando como Aquél que detiene el mal, no hubiera estado trabajando, estoy seguro que hubiéramos desaparecido de esta escena.

Durante el período de la Gran Tribulación ¿cómo va a ser salva la gente ya no habrá quien restrinja el mal? El período de la Gran Tribulación es una época cuando todo le sale bien al diablo. Ése será un día cuando él tendrá libertad de hacer como le plazca. Vamos a ver por qué Dios va a permitir eso. Es un período de juicio de parte de Dios, contra un mundo que ha rechazado a Cristo. ¿Puede salvarse alguien, entonces, en el período de la Gran Tribulación? Creo que en este período de siete años habrá más personas que se salven, que en cualquier otro período de siete años de la historia. Alguien quizá pregunte: "¿Cómo es que va a suceder eso?" El capítulo 7 de Apocalipsis nos dirá eso. El Espíritu Santo está en el mundo. Él estuvo en el mundo antes de

Pentecostés. Usted encuentra al Espíritu de Dios obrando en el Antiguo Testamento, en los corazones y vidas de hombres y mujeres. Multitudes fueron llevadas a Dios. Pero Él no estaba deteniendo, o restringiendo, o impidiendo el mal en el mundo, y Él no estaba bautizando a los creyentes en el cuerpo de la iglesia en el Antiguo Testamento. Eso es lo que está haciendo en el día de hoy. Ese ministerio cesará, entonces. Pero Él aún está en esta tarea de llevar a hombres y mujeres a Cristo. Se nos dice que en el principio... el Espíritu de Dios se movía sobre la faz de las aguas. (Gn. 1:2) El Espíritu de Dios se mueve hoy sobre esta tierra como lo ha hecho desde el principio, y seguirá haciéndolo después de que la iglesia sea quitada de la tierra. Él deberá tener un programa especial, un programa especial fuera de lo común, durante este período. ¿Cuál será ese programa? Juan nos lo va a decir.

La razón para el interludio

La razón para el interludio entre el sexto y el séptimo sellos se nos da en los primeros tres versículos de este capítulo.

Después de esto vi a cuatro ángeles en pie sobre los cuatro ángulos de la tierra, que detenían los cuatro vientos de la tierra, para que no soplase viento alguno sobre la tierra, ni sobre el mar, ni sobre ningún árbol. [Ap. 7:1]

Note usted que dice: Después de esto. Después de los cuatro jinetes del Apocalipsis y los tremendos juicios del capítulo anterior. Creo que aquí se nos ha dado como si fuera una vista panorámica del período de la Gran Tribulación, y ahora vamos a ver algunos detalles de esto.

Después de esto vi a cuatro ángeles en pie sobre los cuatro ángulos de la tierra. En cierta ocasión, uno de los jóvenes que creen que lo saben todo, interrumpió al predicador, el Dr. Ironside, cuando él estaba hablando y le dijo: "Ya había dicho yo con anterioridad que la Biblia no era algo científico. La Biblia enseña que la tierra es plana, ¿por qué aquí dice que tiene cuatro ángulos?" El Dr. Ironside le contestó a este joven: "Mi amigo, me sorprende usted. ¿No sabía usted que la tierra tiene cuatro ángulos?" El joven respondió: "No, no sabía que la tierra tuviera cuatro ángulos. ¿Dónde están?" El Dr. Ironside respondió: "Norte, sur, oriente y occidente. Ésos son los cuatro ángulos de la tierra".

Ésa es la dirección de esos cuatro ángeles. Uno en el norte, uno en el sur, uno en el oriente, y uno que está en el occidente.

Que detenían los cuatro vientos de la tierra, para que no soplase viento alguno sobre la tierra, ni sobre el mar, ni sobre ningún árbol. Esto se refiere a los vientos de juicio. Dios usa el viento en el juicio, porque lo controla. Dice el Salmo 148:8: El fuego y el granizo, la nieve y el vapor, el viento de tempestad que ejecuta su palabra.

Así es que, los vientos del juicio son detenidos. Nada puede moverse hasta cuando Dios logre Su propósito. ¿Cuál será este propósito? No creo que Dios permitirá que pase algún tiempo en esta tierra, sin que haya alguien que se vuelva a Dios, porque ése es Su propósito. No creo que Él permitiría que este mundo continuara, creo que lo cerraría, lo apagaría, pronunciando una sola palabra, lo dejaría sin existencia, si es que no hubiera gente que estuviera volviéndose a Él, que estuviera acudiendo a Dios. Así es que, éste será un período donde multitudes acudirán a Él.

Se presentó la pregunta de si algunos serían salvos en este período. Habrá gran multitud de gente que va a ser salva. En esta ocasión se salvarán tantos, que no se puede comparar con ningún otro período de la historia, con la cantidad de gente que será salva entonces. No hay ningún otro período, es decir, siete años en los cuales tantas personas acudan a Dios. Eso revela que estos juicios o castigos lograrán un propósito para Dios. Provocarán que multitudes de personas se vuelvan a Él en este período, y también causará que otras multitudes se vuelvan contra Él. Esto es como esa ilustración que se presenta del sol, brillando sobre un pedazo de barro blando. ¿Qué le hará al barro? Lo endurecerá. ¿Qué efecto tendrá un rayo de luz sobre un poco de cera? Bueno, la derretirá. Tiene un resultado opuesto. Así es que, con los juicios de Dios ocurre lo mismo; y pienso que nuestras vidas en el día de hoy como creyentes. Cuando se nos presentan dificultades y problemas y esto lo he podido observar en mi propia vida, o me lleva más cerca de Dios, o me separa de Él. Es necesario que nos acerquemos más a Él. Ésa es la razón por la cual el Señor permite que algunos de nosotros suframos enfermedades. Él quiere que nosotros nos acerquemos más a Él. Así es como Él obra.

Quiero observar este primer grupo de personas que van a ser salvos en el período de la Gran Tribulación. Es imposible explicar cada detalle que tenemos aquí, por lo menos, no lo puedo hacer yo. A veces me irrita un poco el darme cuenta de que no sé tanto como aquéllos así llamados "maestros proféticos" del día de hoy, porque parecen tener alguna información privada de parte del Señor. Ellos conocen hasta la fecha de cuándo vendrá el Señor, y no sólo eso, sino que pueden interpretar algunos pasajes de una manera sorprendente. Donde la Escritura dice que la sangre llegó hasta los frenos de los caballos en la batalla de Armagedón, algunas de estas personas pueden hasta decirnos qué tipo de sangre era ésta. Eso me molesta porque para mí es sencillamente imposible recibir esta clase de información, y después de haberla recibido me pregunto: ¿qué valor tiene eso? La iglesia debería comprender claramente que hemos sido librados de tener que pasar a través de este período. En Juan 5:24, el Señor Jesucristo dijo: De cierto, de cierto os digo: El que oye mi palabra, y cree al que me envió, tiene (en este instante) vida eterna; y no vendrá a condenación, mas ha pasado de muerte a vida. La Gran Tribulación es un juicio. La iglesia no pasará por eso. Él lo presentó claramente a la iglesia de Filadelfia. En Apocalipsis 3:10, leemos: Por cuanto has guardado la palabra de mi paciencia, yo también te guardaré de la hora de la prueba que ha de venir sobre el mundo entero... Él dijo que los libraría de esa hora. ¿De cuál hora? De lo que Él está hablando en este momento. Si nosotros sencillamente permitiéramos que la Escritura hablara por sí misma.

Vi también a otro ángel que subía de donde sale el sol, y tenía el sello del Dios vivo; y clamó a gran voz a los cuatro ángeles, a quienes se les había dado el poder de hacer daño a la tierra y al mar, Diciendo: No hagáis daño a la tierra, ni al mar, ni a los árboles, hasta que hayamos sellado en sus frentes a los siervos de nuestro Dios. [Ap. 7:2-3]

Vi también a otro ángel, quiere decir que había un quinto ángel allí. Aparentemente tiene un rango superior a los otros cuatro porque les está dando órdenes. Como pudimos ver en el Libro de Daniel, y también en la Epístola a los Efesios, hay ciertos grados de ángeles, buenos y malos. Satanás tiene el mundo de los demonios bien organizado. Tiene Generales, tiene Tenientes Generales, Coroneles, Tenientes, y

Sargentos, y muchos soldados rasos. Así es que, del otro lado, Dios tiene lo Suyo también bien organizado. Así es que, este ángel les da órdenes a los otros cuatro.

Y clamó a gran voz. En el griego esta palabra es foné-mégale. Si usted invierte el orden de estas dos palabras foné y mégale, entonces, resulta mégale-foné. De allí es donde obtenemos la palabra "megáfono". Mega quiere decir "grande". Foné indica "voz".

Aquí tenemos una indicación de que es un juicio terrible el que se está preparando a derramarse sobre la tierra. Por tanto, es necesario asegurar a los siervos de Dios. Si Él no los sella, entonces, no podrán pasar a través de ese período. Tienen que ser guardados en este día de la ira que viene sobre la tierra. El Señor Jesucristo Mismo mencionó esto. Mateo 24:21-22, dice: Porque habrá entonces gran tribulación, cual no la ha habido desde el principio del mundo hasta ahora, ni la habrá. Y si aquellos días no fuesen acortados, nadie sería salvo; mas por causa de los escogidos, aquellos días serán acortados. Note usted... mas por causa de los escogidos. O sea, de los sellados. Ése es un momento terrible verdaderamente.

¿Cuál es la señal que se coloca sobre su frente? He llegado a un punto donde debo confesar—y espero que usted no le cuente a nadie, porque hay personas que creen que saben cuál es esta señal—que no sé en realidad, lo que es. Solamente puedo hacer una sugerencia. Reconozco que hay muchos que saben cuál es esa marca. Lo interesante de todo esto es que uno no puede lograr que dos de ellos se pongan de acuerdo sobre lo que es, en realidad. Así es que, alguno tiene que estar equivocado. He llegado a la conclusión de que todos están equivocados. ¿Por qué? Porque a nosotros no se nos dice lo que es, y no creo que esto sea importante para la iglesia, el conocer cuál es esa marca. Aquí se nos dice que van a ser sellados o marcados. ¿Con qué clase de marca? No lo sé. Se nos dice que durante ese período habrá aquéllos que no podrán comerciar, cuando el anticristo llegue al poder, a no ser que tengan la marca de la bestia. Esta marca aquí es en contraste a esa marca de la bestia. Pienso que esta marca es una marca espiritual que estará en sus vidas. Recuerda usted que el Señor Jesucristo dijo... por sus frutos los conoceréis, por sus vidas. (Mt. 7:20) Creo que será la marca de los que pertenecen a Dios, durante ese período, porque los impíos van a ser impíos verdaderamente. No me puedo imaginar cómo pueden ser peores que los impíos del presente. Pero la Palabra de Dios dice que van a ir mucho más lejos, es decir de lo que han ido en nuestro propio día.

Note que aquí tenemos un interludio antes que se abra el séptimo sello. Aquí tenemos a un ángel, y quizá es un poquito más que un sargento. Quizá sea un Teniente Coronel, o aun un General. Él dio la orden de que se detuviera todo. Que se detuvieran los vientos, los vientos del juicio, los vientos de período de la Gran Tribulación, porque era necesario sellar a esta gente; de otra manera, no lograrían pasar por ese período. Habrá dos grandes multitudes selladas: de la nación de Israel y de las naciones gentiles.

¿Dónde está la iglesia? La iglesia no está aquí. Se encuentra con Cristo, y creo que en la nueva Jerusalén porque Él dijo que iba a preparar un lugar para aquéllos que eran Suyos, y ahora los ha sacado de esta tierra, y están con Él. Esa ciudad descenderá de Dios, más adelante, y vamos a poder verla.

La razón, por lo tanto, para el interludio entre el sexto y el séptimo sellos, es asegurar que estos sellos van a poder pasar por el período de la Gran Tribulación. Dios va a salvar al remanente de Israel. Se ha presentado algo en primer lugar en este capítulo, y quiero demostrarle cuán sencillo es dividir aun este capítulo. Lo he dividido en tres partes. Tenemos la razón para el interludio entre el sexto y el séptimo sello. ¿Por qué? Para estar seguros de que ellos pasarán por este período. El Señor Jesucristo lo expresó claramente, que ellos iban a poder pasar a través de este período.

Luego, comenzando con el versículo 4, tenemos que el remanente de Israel es sellado. Luego, en los versículos 9-17, tenemos la multitud de redimidos de los gentiles. Así es que la razón para el interludio es el remanente de Israel, y la multitud de los redimidos entre los gentiles.

El remanente de Israel es sellado

Cuando Dios trata con Israel, he notado que siempre lo hace con fechas y con números. Cuando Dios trata con la iglesia no utiliza ni números ni fechas. Ésa es la razón por la cual nosotros nunca publicamos en nuestro programa, que ha habido tantas personas salvas en tal y cual año. En cierta ocasión, una de las secretarias me mostró que habían llegado 15 cartas de personas que decían que habían sido salvas a través del programa. Yo pensaba entonces, que podría ser un buen momento para comenzar a señalar el número de personas que habían sido salvas. Pero, luego pensé que después del día de Pentecostés, nunca se mencionó cantidades en la Biblia. Pablo nunca entregó un informe a nadie de cuántos habían sido salvos. Se dice, aunque se habla de multitud de gentiles salvos, que el número exacto no se da. Pero cuando Dios trata con Israel, Él trata mencionando números y también fechas, pero con la iglesia no lo hace, y ésa es la razón por la cual este asunto de señalar fechas perjudica el estudio de la profecía. Lo lleva a un nivel muy bajo, cuando es un tema que debería ser mantenido en un nivel lo más alto posible, como cualquier otro tema de la profecía.

Y oí el número de los sellados: ciento cuarenta y cuatro mil sellados de todas las tribus de los hijos de Israel. [Ap. 7:4]

Esa cantidad de 144.000, es de la nación de Israel, pero ya vamos a ver que de la tierra habrá un número de las naciones gentiles que uno ni siquiera puede contar, ya que habrá tantos que serán salvos de entre ellos. Noto que muchos evangelistas en el día de hoy y muchos predicadores, son capaces de presentar el número o cantidad de personas, y muchos quizá presentan una cantidad un poquito mayor de lo que es en realidad. Pero aquí tenemos una multitud que no se podía contar. Me agradaría saber dónde está el predicador o aquel evangelista que puede contarlos en el presente. Aparentemente en el período de la Gran Tribulación habrá una gran cantidad que van a ser salvos. ¿Cómo van a ser salvos? Van a ser sellados. El Espíritu Santo estará allí, no sólo para regenerarlos, sino que Él tendrá un ministerio especial en ese período para sellarlos. El sello garantiza que ellos serán entregados. Usted puede ir a la oficina de correos y decir que quiere registrar o certificar una carta. Allí se le pone un sello, y uno tiene que pagar un poquito más por eso. Eso quiere decir que todo el departamento de correos va a estar detrás de esa carta para ser entregada. Quizá se demore un poquito, pero ellos garantizan que esa carta va a ser entregada. Eso es lo que quiere decir "sellado". El Espíritu Santo garantiza que ellos podrán pasar a través del período de la Gran Tribulación. Si Él no estuviera allí para sellarlos, entonces, ellos no podrían pasar por ese período. Hablando francamente, debo decirle que yo tampoco podría pasar hoy, si no fuera por el Espíritu Santo.

Me pregunto si nos damos cuenta de lo débiles que somos. Yo podría negarle a Él antes de que se ponga el sol, si no fuera por Su obra. Todos tenemos esta naturaleza que está en rebelión contra Dios. Así es que, esta gente va a ser sellada.

Este grupo puede ser identificado sin ninguna necesidad de especular. Para mí es casi una insensatez el escuchar de algún grupo que viene y dice: "Nosotros somos los 144.000". Hubo dos cultos o dos sectas que hicieron esto al principio, y luego pasaron esta cantidad de 144.000. Parece que no eran muy optimistas cuando comenzaron, pero ahora han pasado esa cantidad y ya no lo mencionan más. Porque ellos dicen que tomaban esto literalmente, pero ahora no saben qué hacer porque han pasado ya de ese número. Tendrían que haber dejado de trabajar cuando llegaron a los 144.000, pero no lo hicieron. Continuaron su marcha. Pero lo interesante de todo esto, es que esto no se refiere a ningún grupo del día de hoy, o a ningún grupo de la iglesia tampoco. Esto es algo que sucederá durante la Gran Tribulación, cuando serán salvos ciento cuarenta y cuatro mil sellados de todas las tribus de los hijos de Israel. Así es que, si usted se encuentra entre esos 144.000, no sólo está usted diciendo que pertenece a Israel, sino que tiene que identificar también su tribu, porque eso es lo que se estará haciendo.

Es necesario presentar claramente que Dios tendrá un remanente de Su pueblo. Ellos van a ser salvos. Quizá esto le parezca a usted una cantidad muy grande. Sin embargo, es muy pequeña en realidad, porque en el día de hoy, hay como 12 millones en este mundo. Fueron reducidos a unos 10 millones bajo Hitler. En ese entonces había unos 16 millones; pero en contraste con esta cantidad usted puede ver que el remanente va a ser verdaderamente un número muy pequeño de los hijos de Israel, es decir, comparativamente.

Es necesario ser claro. No hay necesidad de especular aquí tratando de presentar algunos símbolos. Hay personas que dicen que esta cantidad de ciento 144.000 hasta es un símbolo, de otra cantidad. Pero, ¿no puede Dios decir lo que quiere decir? ¿No puede contar Él? Por cierto, que lo puede hacer. Si Él dice que son 144.000, pues, no creo que quiera decir 145.000. Creo que quiere decir exactamente eso.

De todas las tribus de los hijos de Israel. Tienen que ser de cada una de las tribus de Israel. Hay algunas cosas que necesitamos conocer aquí. Este remanente ha sido verdadero siempre. Desde el momento en que Él llamó a Abraham, siempre ha habido un remanente. Y hay un remanente en el día de hoy también. Conozco a algunos creyentes judíos maravillosos. No sé por qué digo esto, esta expresión de cristianos o creyentes judíos, pero debo decir esto de Israel por el hecho de que existe un remanente hoy. No es un remanente muy numeroso, pero tampoco hay un remanente que es numeroso de los gentiles. Supongo que es una gran minoría el grupo de aquéllos que son verdaderos creyentes en Cristo.

Pablo dice en Romanos 9:8: Esto es: No los que son hijos según la carne son los hijos de Dios, sino que los que son hijos según la promesa son contados como descendientes.

Eso es cierto en el día de hoy. Pablo dice en Romanos 11:4-5: Pero ¿qué le dice la divina respuesta? Me he reservado siete mil hombres, que no han doblado la rodilla delante de Baal. Así también aun en este tiempo ha quedado un remanente escogido por gracia. Pablo dijo que en su día había un remanente que estaba en la iglesia. Hoy hay un remanente que está en la iglesia. Durante la Gran Tribulación habrá una cantidad del remanente y el número va a ser 144.000.

Ellos van a testificar en el período de la Gran Tribulación. El Señor Jesucristo dijo en Mateo 24:14: Y será predicado este evangelio del reino en todo el mundo, para testimonio a todas las naciones; y entonces vendrá el fin.

Él estaba hablando aquí del período de la Gran Tribulación, y del evangelio del reino. Alguien quizá diga, que ése es un evangelio diferente. Por supuesto que no lo es. Dios nunca tuvo sino un sólo camino, una sola manera de salvar a los pecadores, y es por medio de la muerte de Su Hijo, el Señor Jesucristo. Si usted hubiera tenido la oportunidad de preguntarle a Abel, cuando él ofreció ese corderito a Dios, le hubiera usted dicho: "Abel, ¿piensas tú que este corderito puede salvarte?" Él era un hombre inteligente. Él hubiera contestado: "Por supuesto que no. Este pequeño cordero está señalando hacia lo que Dios le dijo a mi madre, que vendría del linaje de la mujer, Alguien que sería el Salvador del mundo". Ese pequeño corderito señalaba eso. Juan el Bautista casi se aparta de su papel cuando dijo: He aquí el Cordero de Dios que quita el pecado del mundo. (Jn. 1:29) El evangelio del reino es el evangelio de la muerte, sepultura, y resurrección de Cristo; y ese evangelio va a alertar a la nación de Israel, y muchos se volverán a Cristo. Ésos predicarán el evangelio, pero ellos tendrán algo que decir, que nosotros no tenemos el derecho de decir en el día de hoy. Dirán: "No pasará mucho tiempo hasta que Él regrese aquí". Ellos sí podrán decir eso. Nosotros no podemos decir eso porque no sabemos ni el día ni la hora cuando Él vendrá.

Ellos están divididos en tribus, y se dice aquí cuántos serán de cada tribu. Vamos a tratar con esto más adelante. Es algo fastidioso y técnico, pero vamos a pasar a través de esto, y vamos a tratar de demostrar por qué necesitamos tener cuidado en ser dogmáticos, porque la Palabra de Dios no nos da la respuesta. La Palabra de Dios no nos dijo cuál sería la señal que sería puesta sobre los creyentes en aquel día, aquéllos que serán los siervos de Dios. Y, sencillamente, no lo sé.

El Señor Jesucristo, es el tema de este Libro de Apocalipsis. Todo es en cuanto a Él. El tema no es en cuanto a los jinetes, ni en cuanto a las bestias, ni en cuanto al anticristo, ni en cuanto a los juicios sobre la tierra, sino que es en cuanto al Señor Jesucristo. Si usted le mantiene a Él ante usted, usted no se va a preocupar, y este libro va a tener mucho significado para usted. Éste es un capítulo maravilloso que da respuesta a la pregunta de si alguien va a ser salvo durante el período de la Gran Tribulación. La realidad es, que probablemente éste será el período de la historia donde haya más personas salvas en el mundo; uno no encontrará un período similar cuando tantas personas lleguen a ser salvas al mismo tiempo. He destacado ya el hecho de que el Espíritu Santo dejó el mundo para presentar la iglesia a Cristo, pero Él está de regreso en el mundo llevando a cabo las cosas que hacía antes del día de Pentecostés.

Alguien quizá diga que el Espíritu Santo no está aquí. Mi respuesta es que Él nunca partió. Él es omnipresente. La iglesia fue sacada del mundo, y nosotros fuimos sellados hasta el día de la redención, y Él verá que la iglesia entre a la presencia de Cristo, y luego Él continúa su ministerio que siempre ha sido un ministerio de tomar la creación de Dios y renovarla. Se dice al principio que el Espíritu de Dios se movía sobre la faz de las aguas. (Gn. 1:2) El Espíritu de Dios hoy se mueve sobre la faz de esta tierra como lo ha hecho desde el mismo principio, y como lo hará después que la iglesia sea quitada de la tierra.

> *De la tribu de Judá, doce mil sellados. De la tribu de Rubén, doce mil sellados. De la tribu de Gad, doce mil sellados. De la tribu de Aser, doce mil sellados. De la tribu de Neftalí, doce mil sellados. De la tribu de Manasés, doce mil sellados. De la tribu de Simeón, doce mil sellados. De la tribu de Leví, doce mil sellados. De la tribu de Isacar, doce mil sellados. De la tribu de Zabulón, doce mil sellados. De la tribu de José, doce mil sellados. De la tribu de Benjamín, doce mil sellados. [Ap. 7:5-8]*

Tenemos a 12 mil de cada tribu, así es que son 144.000 divididos por 12. La duodécima parte se encuentra en cada tribu, de modo que sabemos que él está hablando en cuanto a los hijos de Israel. No veo cómo nadie puede espiritualizar esto y tratar de apropiarse de esto para sí mismo, o para algún otro grupo que no sean los hijos de Israel. Porque Dios ha prometido, como lo vemos una y otra vez en el Antiguo Testamento, que Él les ayudaría a ellos a pasar a través de este tiempo de dificultad, del gran Día de Jehová, y que Él vendría y establecería Su reino, el cual veremos que es, en primer lugar, un reino de 1.000 años, porque es un tiempo de prueba, y luego sigue hacia la eternidad.

Aquí se nos presentan las 12 tribus, y cierto escritor indica que esto es mencionado 13 veces en la Biblia, donde se habla de las 12 tribus. Otro escritor dice que son 18 las veces que son mencionadas. No sé en realidad cuál es la correcta. No creo que valga la pena determinarlo, pero en cada caso que se mencionan las 12 tribus, siempre son 12 tribus. A veces se hace algunos cambios, y no podemos determinar siempre cuáles son esos cambios. Algunas veces sí podemos identificarlos. Pero en otros casos, no está muy claro para mí, pero sé que Dios tenía pensado algo cuando Él hizo eso.

Hay ciertas peculiaridades en esta lista, y voy a señalar a cada una de ellas, pero no creo que sea algo esencial entrar en todo detalle en cuanto a estas 12 tribus. En primer lugar, usted notará que Judá encabeza esta lista. La tribu de Rubén tendría que ser primera, porque

Rubén fue el primogénito; pero no es ubicado a la cabeza de la lista a causa de su pecado. (Gn. 49:3-10) Rubén cometió un grave pecado de inmoralidad, y entonces perdió su primer lugar. Pero no lo perdió todo. Se hace presente a veces la pregunta de que si cuando un creyente peca, pierde su salvación, y debo contestar, que no la pierde, pero puede perder su recompensa. Habrá muchos creyentes que son salvos, pero se han entregado al pecado, y entonces pierden su recompensa, y aquí tenemos un ejemplo muy bueno con Rubén de cómo trata Dios con esto. Aquí se establece un principio: Rubén perdió el primer lugar. Él perdió el lugar de honor. Pero no lo perdió todo, porque aquí se nos presenta y ocupa el segundo lugar. Él tendría que haber sido el número uno. Pero Judá ocupa el primer lugar, la tribu de Judá; y de la tribu de Judá vino el Señor Jesucristo.

También encontramos que las tribus de Dan y Efraín han sido omitidas de la lista. Estas dos tribus eran culpables de haberse entregado a la idolatría.

En la historia usted encuentra que las tribus de Dan y Efraín se entregaron a la idolatría. (Véase Jue. 18:30). La tribu de Dan más adelante llegó a ser el centro mismo de la adoración del becerro de oro cuando Jeroboam hizo que Israel pecara. (Véase 1 R. 12:28-30) A ellos se les da prioridad en el milenio, y en Ezequiel, capítulo 48, usted verá que la tribu de Dan está en el milenio, pero ellos no fueron sellados por este período de la Gran Tribulación. Esto revela que la gracia de Dios puede extenderse y alcanzar a cubrir la necesidad de cualquier pecador, y que, aunque ellos no hayan sido sellados con el propósito de testificar, creo que esta tribu ha perdido bastante.

Efraín también era culpable de idolatría. Dios había dicho que se dejara a la tribu de Efraín, porque regresaría. Se había apartado a la idolatría. Oseas 4:17, dice: Efraín es dado a ídolos; déjalo. Ésa es una referencia al reino del norte, pero recuerde que Efraín era el líder, y Efraín era la tribu que causó la división del reino. En 1 Reyes 11:26, leemos: También Jeroboam hijo de Nabat, efrateo de Sereda, siervo de Salomón, cuya madre se llamaba Zerúa, la cual era viuda, alzó su mano contra el rey.

En la lista de los 144.000, José ocupa el lugar de Efraín, y Leví ocupa el lugar de Dan. Creo que la razón por la cual se presenta Leví aquí es porque Leví era la tribu sacerdotal, y ellos van a ser testigos en el período de la Gran Tribulación, y es muy apropiado.

Confío que podamos llegar a comprender y a ver aquí que Dios ahora se ha vuelto nuevamente hacia la nación de Israel. Él no los ha abandonado, Él le dijo a Efraín: ¿Cómo podré abandonarte, oh Efraín? (Os. 11: 8a) Dios dice que no lo puede hacer. Dios no lo abandonó. Ellos van a poder pasar a través del período de la Gran Tribulación, aunque no lleguen a ser testigos para Dios durante ese período.

El Antiguo Testamento contiene muchas profecías que dejan bien en claro que Dios no ha abandonado a esta gente y que ellos van a ser una nación para siempre. Si usted va al Nuevo Testamento y hace caso omiso de Israel como que ha desaparecido y que Dios ha terminado con ellos, usted tendrá que contradecir todo el contenido y el tono del Antiguo Testamento. He dicho que el Libro de Apocalipsis es como un gran aeropuerto al que llegan aviones de todas partes: todos los temas principales de la profecía se juntan en Apocalipsis. Por lo tanto, usted debe esperar ver a Israel aquí en el Libro de Apocalipsis—y de hecho está aquí.

Habrá dos grupos que serán salvos, y el primer grupo era los hijos de Israel. Cuando dice aquí hijos de Israel, no quiere decir ninguna otra gente sino Israel. Lo interesante de notar aquí es que menciona cierta cantidad. Dice que son 144.000, y son de las 12 tribus. Él da aquí el detalle de las tribus.

Los 144.000 fueron sellados especialmente, ya que ellos van a ser testigos durante este período. Ellos van a tener que sufrir mucho, y si no estuvieran sellados, por cierto, que no podrían lograr pasar a través de este período. Dios nunca deja de tener algún testigo aquí sobre la tierra.

Una gran multitud de los gentiles redimidos

Después de esto miré, y he aquí una gran multitud, la cual nadie podía contar, de todas naciones y tribus y pueblos y lenguas, que estaban delante del trono y en la presencia del Cordero, vestidos de ropas blancas, y con palmas en las manos; Y clamaban a gran voz, diciendo: La salvación pertenece a nuestro Dios que está sentado en el trono, y al Cordero. [Ap. 7:9-10]

Después de esto miré. Recuerde, que Él está viendo y oyendo lo que ocurre.

He aquí una gran multitud, la cual nadie podía contar. Alguien quizá pregunte: "¿Quiere decirme que los hombres no podían contar esa multitud?" Lo que dice aquí es que nadie podía contar esta multitud. No dice nada en cuanto a una computadora, o una máquina de ese tipo. Dice que nadie, ninguna persona podía contar esa multitud, porque era una gran multitud. No podríamos arriesgarnos mencionando algún número que exprese cuantos podrían ser. Pero tienen que ser una gran multitud porque, si no es así, podrían ser contados. Obviamente la cantidad de esa multitud es algo que es estupendo y no es tarea de una sola persona el tratar de contarlos.

De todas naciones y tribus y pueblos y lenguas. Éstos son gentiles. Gente de toda nación y tribu y pueblo y lengua. Esto indica que el evangelio del reino en la Gran Tribulación será predicado a través de todo el mundo. Quiero repetir esto. Estos testigos, estos 144.000 en el período de la Gran Tribulación, van a hacer en 7 años lo que la iglesia hasta el presente no ha podido hacer en más de 2.000 años; así es que, no se jacte usted, de su programa misionero. Ninguno de nosotros está predicando a demasiada gente.

Pero durante el período de la Gran Tribulación, habrá una gran cantidad de personas. Quiero mencionar esto, y es que creo que antes de que llegue a partir la iglesia, y no creo que esto sea expresado de alguna forma en alguna parte, porque nada tiene que ser cumplido antes de que Él saque a la iglesia de aquí, pero me parece que Él permitirá que el mundo escuche el evangelio antes de que tenga lugar el rapto de la iglesia. Creo que la radio es uno de los medios que serán utilizados. También creo que hay otros medios que pueden ser utilizados como el de las cintas grabadas. Nuestro ministerio por medio de cintas grabadas casi se iguala al ministerio radial, a la página impresa y al del evangelismo.

Hay muchos evangelistas hoy que están alcanzando a multitudes. Otros programas radiales están realizando una tarea mucho más grande que la nuestra, pero cuando uno junta todo esto, se puede dar cuenta que es un gran impacto en el mundo en el cual vivimos.

Aquí tenemos a una gran multitud que ha salido del período de la Gran Tribulación, y esta multitud se está regocijando en su salvación, y ellos han sido salvos durante el período de la Gran Tribulación. Nuevamente, permítame decir que aún está en el futuro el día más grande de la salvación de Dios.

Ellos están delante del trono y en la presencia del Cordero. Esto indica que son redimidos. Esto indica que ellos han podido pasar a través de ese período de la Gran Tribulación. Otra vez, digo que los días más grandes de la salvación de Dios están en el futuro.

Es posible que la mayoría de esta multitud fuera martirizada durante el período de la Gran Tribulación, pero permanecieron fieles hasta el fin. El Señor Jesús dijo, hablando de este mismo período, Mas el que persevere hasta el fin, éste será salvo. (Mt. 24:13) ¿Permanecieron fieles hasta el fin por sus propios esfuerzos y por su propia fuerza? No, no fue por esa razón. Ellos habían sido sellados por el Espíritu Santo.

Aquí dice que están vestidos de ropas blancas. Y esto nos habla de la justicia de Cristo, porque nosotros no nos podemos presentar ante Dios en nuestra propia justicia. Se nos dice que nuestra justicia es como trapos de inmundicia, y no creemos que usted, se presente en ropas inmundas ante Dios.

Luego dice: Y con palmas en las manos. La expresión en griego aquí es "palmeras". Ése era el símbolo de la victoria, de la victoria en Cristo. Esta multitud es parte de una gran entrada triunfal, cuando Cristo regrese a la tierra. En realidad, la entrada triunfal no ha tenido lugar todavía. Ya he expresado que lo que ocurrió en Jerusalén cuando el Señor entró a esa ciudad, era más una salida triunfal que una entrada. Él estaba preparándose para salir de esta tierra, porque estaba en camino hacia la cruz en esa ocasión. Desde entonces, ha habido una gran multitud, y durante el período de la Gran Tribulación, habrá aún otra gran multitud. Cuando Él regrese a la tierra, esa gran multitud que sufrió el martirio en la Gran Tribulación, regresará con Él. Ellos están incluidos en la primera resurrección. Ellos estarán allí. Esto es un cuadro glorioso, maravilloso el que se presenta aquí.

> *Y todos los ángeles estaban en pie alrededor del trono, y de los ancianos y de los cuatro seres vivientes; y se postraron sobre sus rostros delante del trono, y adoraron a Dios, Diciendo: Amén. La bendición y la gloria y la sabiduría y la acción de gracias y la honra y el poder y la fortaleza, sean a nuestro Dios por los siglos de los siglos. Amén. [Ap. 7:11-12]*

Esta escena que se presenta aquí es fabulosa, fantástica adoración de Dios universal de parte de Sus criaturas. La iglesia está aquí, los santos del Antiguo Testamento están aquí, y los santos de la tribulación están aquí. Y ahora se unen los ángeles.

Quisiera mencionar una o dos cosas en cuanto a los ángeles. No quiero insistir demasiado en esto, y tampoco quiero entrar en argumentos con nadie, pero en ninguna parte en las Escrituras se indica que los ángeles cantan. Esto me gusta porque yo tampoco puedo cantar, y no soy ningún ángel. Ellos están diciendo esto. Pero lo importante es esto: que todos estos grupos están agradeciéndole a Dios por Su redención, por la salvación de nuestro Dios. Pero los ángeles no mencionan eso. ¿Por qué? Ellos alaban a Dios por Sus atributos y por Su bondad, pero no por la salvación porque ellos son criaturas sin pecado; no son pecadores redimidos. Así es que no creo que ellos puedan cantar. Pero sí creo que yo voy a poder cantar en aquel día. Por cierto que cantaré cuando llegue ese día.

Confío en que esto le ayude a usted a ampliar su visión y su entendimiento de lo que será el cielo. Hay muchas personas que opinan que los únicos que llegarán a estar en el cielo son aquéllos que pertenecen a su pequeño grupo, a su pequeña iglesia, a su pequeña denominación. Bueno, habrá allí otras personas redimidas que no pertenecen ni siquiera a la iglesia. Creo que esto va a sorprender a muchos de los santos. Van a descubrir esto cuando lleguen al cielo. Sería bueno que lo descubrieran aquí en la tierra. Esto nos daría un amor mucho más grande para Dios y nos llevaría a adorarle de una manera mucho más real. Podríamos adorarle en Espíritu y en verdad.

Uno de los ancianos ahora quiere poner a Juan al tanto en cuanto a lo que está teniendo lugar.

Entonces uno de los ancianos habló, diciéndome: Éstos que están vestidos de ropas blancas, ¿quiénes son, y de dónde han venido? Yo le dije: Señor, tú lo sabes. Y él me dijo: Éstos son los que han salido de la gran tribulación, y han lavado sus ropas, y las han emblanquecido en la sangre del Cordero. [Ap. 7:13-14]

Éste es un pasaje muy iluminativo de las Escrituras. Uno de los ancianos se acerca a Juan y le pregunta: "Juan, ¿quiénes son estos vestidos de ropas blancas?" Juan le respondió: Señor, tú lo sabes. Así es como está expresado en el original. Señor, tú lo sabes. Ésta es una expresión idiomática, y creo que puedo presentar algo parecido en nuestro propio idioma; si alguien nos hace una pregunta y no sabemos la respuesta, nos encogemos de hombros y decimos: "Qué sé yo". O decimos: "No lo sé". Eso es lo que quiere decir. Eso es exactamente lo que Juan está diciendo aquí: Señor, tú lo sabes. O sea: "Yo no lo sé. Dime lo que es, porque yo no lo sé".

Luego, el anciano le responde: Éstos son los que han salido de la gran tribulación. Si esta gente que estaba reunida aquí hubiera estado en la iglesia, ¿no le parece a usted que Juan lo hubiera sabido? Juan escribía a los creyentes de aquel día. Él conocía bien a la iglesia. Él conocía bastante bien el cuerpo de la iglesia. Y él hablaba en cuanto a ese cemento unificador que les mantenía a todos juntos: el amor de Dios que significa que ellos debían amarse los unos con los otros. Pero, Juan no sabe quiénes son estas gentes. Él no sabe quiénes son aquéllos que forman esta multitud. Así es que, el anciano quien está representando a la iglesia, uno de los representantes de la iglesia en el cielo, él sí lo sabe, y esta gente no pertenece a la iglesia. Es una multitud completamente diferente. Son aquéllos que han salido de la Gran Tribulación. ¿Y no le dice esto, que la iglesia no va a pasar a través de la Gran Tribulación? Ésta es una multitud especial de toda tribu y nación, pueblo y lengua, que ha salido de la Gran Tribulación.

Vivimos en un día cuando Dios hace una división en la familia humana. Por un lado, tenemos a los salvados y por el otro lado a los perdidos. Ésa es la gran separación de la familia humana. Pero si usted quiere encontrar la proporción de la división, o de la división de grupo, usted recordará que la Palabra de Dios tiene algo que decir en cuanto a esto: No seáis de tropiezo ni a judíos ni a gentiles, ni a la iglesia de Dios. (1 Co. 10:32) Pablo está diciéndoles a los Corintios que hay tres grupos allí. Allí tenemos a los judíos, a los gentiles y a la iglesia de Dios. Éstos son los tres grupos, y no hay que ser tropiezo para ninguno de ellos. Eso es lo que él está diciendo. Ésa es una de las divisiones que la Escritura hace hoy de la familia humana: los judíos, los gentiles, y la iglesia de Dios. Ésa es la división que corre a través de la familia humana en el presente. En la Gran Tribulación, llegamos a un período cuando hay solamente dos grupos, judíos y gentiles. ¿Dónde está la iglesia de Dios? Fue a estar con Él. El Señor Jesucristo dijo: Voy, pues, a preparar lugar para vosotros. Y si me fuere y os preparare lugar, vendré otra vez y os tomaré a mí mismo, para que donde yo estoy, vosotros también estéis. (Jn. 14:2-3) La iglesia ya está con Él. En 1 Corintios 12:13, Pablo dice: Porque por un sólo Espíritu fuimos todos bautizados en un cuerpo, sean judíos o griegos, sean esclavos o libres; y a todos se nos dio a beber de un mismo Espíritu. Así es que, Dios está llamando de las dos divisiones un pueblo, tanto judíos como gentiles, que son diferentes—la iglesia—y la iglesia será sacada del mundo.

No me gusta la impresión que dan algunas personas, y es un punto de vista pesimista, que de alguna forma u otra Dios está fracasando. Amigo, Dios está hoy haciendo exactamente lo que Él dijo que iba a hacer, que en esta época Él iba a separar un pueblo para Sí, y Él está realizando una tarea mucho mejor de lo que usted y yo podemos pensar. Cuando yo era Pastor de una iglesia, yo no pensaba que Él estaba haciendo mucho, pero me he dado cuenta por medio del ministerio radial, al extenderse el alcance de nuestro programa a muchas naciones del mundo, que hay multitudes que se están volviendo a Cristo hoy en todas partes. Y eso es lo mismo que otros están informando en el presente; así es que, Dios está llamando a un pueblo de este mundo para Sí, la iglesia.

Pero aquí en Apocalipsis, la iglesia ya no está, y Juan habla de esto de una manera muy clara, que esto es algo diferente a la iglesia. Ellos habían salido de la Gran Tribulación. ¿Dónde habíamos escuchado nosotros en cuanto a la Gran Tribulación? El Señor Jesucristo es quien usa esa expresión. En realidad, Él fue quien nos la dio. Hay algunos que piensan que quizá fue algún fundamentalista que pensó en esto primero. Pero, no, fue Él, fue al Señor Jesucristo a quien se le ocurrió, y Él lo designó así. En Mateo 24:21, Él dice: Porque habrá entonces gran tribulación, cual no la ha habido desde el principio del mundo hasta ahora, ni la habrá. En Mateo, y también aquí en Apocalipsis, tenemos una manera de expresar esto, y casi es imposible hacerlo en nuestro propio idioma. Tenemos un artículo con el adjetivo grande, y un artículo con tribulación, y es la tribulación, la grande. Eso se nos da para énfasis. Es decir que aquí tenemos algo que es diferente. Esto es algo, por cierto, muy fuera de lo común.

De modo que cuando uno de los ancianos le pregunta a Juan, quiénes son éstos de la multitud, él no puede identificarlos. Juan lo hubiera sabido si esta multitud fuera la iglesia. Pero no lo es. También hubiera sabido si fueran santos del Antiguo Testamento o israelitas, Juan hubiera sabido eso. Pero este grupo, él no lo puede reconocer. Son identificados como gentiles redimidos que han salido de la Gran Tribulación.

Están vestidos con vestiduras blancas, lo cual habla de la justicia de Cristo. ¿Cómo fue que obtuvieron esas vestiduras? Porque Cristo derramó Su sangre. Ésa es la única manera por la cual usted y yo, podremos estar delante de Él, porque Él pagó el castigo de nuestros pecados. Él murió para que usted y yo vivamos, y eso también es una realidad para este grupo aquí. Dios tiene sólo una manera de salvar a la humanidad. Ha sido siempre así, y es por fe en la muerte y resurrección de Jesucristo. En 1 Corintios 15:1-4, Pablo dice: Además os declaro, hermanos, el evangelio que os he predicado, el cual también recibisteis, en el cual también perseveráis; por el cual asimismo, si retenéis la palabra que os he predicado, sois salvos, si no creísteis en vano. Porque primeramente os he enseñado lo que asimismo recibí: Que Cristo murió por nuestros pecados, conforme a las Escrituras; y que fue sepultado, y que resucitó al tercer día, conforme a las Escrituras. Pablo está diciendo que esto no es algo nuevo con él, sino algo que él ha recibido. Él no había pensado en esto. A él le fue dado esto. El Señor Jesús le enseñó a él cuando estuvo en el desierto de Arabia por dos años. Así es que, él les está dando a ellos lo que él había recibido. De que Cristo había muerto, ¿por qué? Por nuestros pecados, conforme a las Escrituras, y que fue sepultado, y que resucitó al tercer día, conforme a las Escrituras.

Ése es el evangelio. El evangelio no es pedirle a usted que haga algo. Es Dios diciéndole a usted que Él ha hecho ya algo por usted. El evangelio no es usted dándole algo a Dios, sino que el evangelio es Dios dándole algo a usted. El regalo, el obsequio de Dios, es vida eterna en Cristo Jesús. ¿Cómo lo recibe? Por fe. Ésa es la única manera de recibir ese regalo. Suponga que usted me trae un regalo a mí. Puede ser Navidad, y usted se acerca donde yo estoy y me dice: "Aquí tengo un regalo para usted". ¿Qué es lo que tengo que hacer yo para recibirlo? Bueno, yo podría decirle: "Yo voy a trabajar y arreglarle un poco su casa". Pero usted me diría: "Bueno, yo no le pedí que hiciera eso. Esto es un regalo". Yo le estaría insultando a usted, si usted me da un regalo y yo trato de pagar por el regalo. Suponga que yo le diga: "Bueno, tengo unos cuantos centavos aquí en mi bolsillo, y yo le entregaré ese dinero por su regalo". Eso sería prácticamente un insulto. Porque estoy seguro que usted no nos va a hacer un regalo que costaría unos tres centavos nada más. Amigo, esto lo han confundido todo hoy. El evangelio es lo que Dios está haciendo por nosotros.

Luego Pablo dice nuevamente en Efesios 1:7: En quien tenemos redención por su sangre, el perdón de pecados según las riquezas de su gracia. Dios, tiene abundancia de Su gracia. No interesa quien sea usted, Él puede salvarle. Él puede salvar aún al peor de los pecadores.

Aquí tenemos esta gran multitud que no es parte de la iglesia. Es necesario entonces que ampliemos nuestra concepción de los redimidos a tal punto que vaya más allá de los límites de la iglesia, y por cierto que va mucho más allá de los límites de su pequeño grupo y del mío, de su denominación y de la mía.

> *Por esto están delante del trono de Dios, y le sirven día y noche en su templo; y el que está sentado sobre el trono extenderá su tabernáculo sobre ellos. Ya no tendrán hambre ni sed, y el sol no caerá más sobre ellos, ni calor alguno; Porque el Cordero que está en medio del trono los pastoreará, y los guiará a fuentes de aguas de vida; y Dios enjugará toda lágrima de los ojos de ellos. [Ap. 7:15-17]*

Le sirven día y noche en su templo. Sabemos muy bien aquí que esta no es la iglesia, porque a la iglesia nunca se la identifica con el templo.

Al final de este libro, cuando la iglesia está en el cielo en la Nueva Jerusalén, no hay iglesia nunca allí. Habrá un templo sobre la tierra, pero no habrá uno en el cielo donde esté la iglesia. Así es que, esto no puede ser la iglesia.

Y el que está sentado sobre el trono extenderá su tabernáculo sobre ellos. Esto es para la protección de ellos.

Esta multitud está agotada. Ellos han pasado a través del período de la Gran Tribulación. Creo que la mayoría de ellos habían entregado sus vidas por Cristo, aunque no se dice eso específicamente, pero ellos son presentados aquí como estando delante del trono de Dios en el cielo. Las cosas que se mencionan ahora son las cosas que ellos soportaron. Ellos ya no van a pasar más hambre o sed. Aparentemente lo hicieron. Ellos habían estado soportando el "calor del mediodía". También habían sentido una sed por las cosas espirituales que no tenían. Y ellos lloraron. Pero, ahora, Dios enjugará toda lágrima de los ojos de ellos. Ellos pudieron pasar a través del período de la Gran Tribulación, gracias a la sangre del Cordero. Ésta es una multitud maravillosa que se nos presenta aquí.

Amigo, el Señor Jesucristo tiene otras ovejas. Él dijo a Sus discípulos, y esto fue difícil para ellos comprender: También tengo otras ovejas que no son de este redil. (Jn. 10:16) Él puede decir eso a la iglesia hoy: "Tengo otras ovejas de las cuales vosotros no sabéis nada". Esta multitud de gentiles es algunas de las otras ovejas, que han sido redimidas, pero no son parte de la iglesia.

CAPÍTULO 8

Apertura del séptimo sello

En este capítulo 8, tenemos que se abre el séptimo sello. La apertura del séptimo sello presenta a siete ángeles que tocan siete trompetas; cuatro de estas trompetas se presentan en este capítulo. Después de haber tenido este paréntesis del capítulo 7, donde se nos presentaron estas dos multitudes selladas, ahora se continúa con la apertura de los sellos. Solo falta la apertura del séptimo sello. Éste es el bosquejo de la norma que utiliza Juan para que no nos extraviemos. Él va a continuar actuando en esta manera. Habrá una serie de sietes, y en realidad aquí se presentarán cuatro que tienen que ver con el período de la Gran Tribulación. Él presenta primero seis de cualquiera que sea la serie; luego tendrá un paréntesis que ayuda al entendimiento de esa serie en particular. Luego llega a la apertura del séptimo, ya sea un sello o sea el toque de una trompeta; y eso en sí mismo introduce la próxima serie de sietes, lo que indica que están interrelacionados; están unidos, pertenecen en realidad al mismo período. Así es que, aquí tenemos la apertura del séptimo sello que introduce los siete ángeles con las siete trompetas, y eso establece la norma para lo que sigue en el Libro de Apocalipsis. Antes de presentarse lo séptimo de cualquiera sea la serie, se presenta un tema secundario para dar más luz a esa serie en particular. Repito esto porque creo que es importante de notar de nuestra parte.

No hay ninguna razón para quedarse atascados, y tampoco existe ninguna razón para ser sensacional en este punto. Para comenzar, cuando llegamos al capítulo 4, él dijo: De aquí en adelante todo está en el futuro; las cosas que han de ser después de éstas. (Ap. 1:19) Ahora nos encontramos en esa sección. Estamos viviendo en las cosas que son presentes, o sea, en la edad de la iglesia. Entonces, estas cosas que estamos tratando aquí en esta sección, no nos conciernen en ese sentido. Hay muchas personas que dicen: "Ah, lo que me asusta a mí es el Libro de Apocalipsis". Si usted tiene temor a esta serie que se va a presentar aquí, y debo admitir que comenzando con los jinetes del Apocalipsis, éstos son los juicios terribles que se presentan sobre la tierra. Francamente hablando, son tan tremendos que lo hacen sobresaltarse a uno con sólo leer esto. Pero por lo menos sabemos dónde estamos. Esto es algo que tendrá lugar después de la iglesia, y si usted es un hijo de Dios, usted ha sido sellado por el Espíritu Santo, y será entregado a Él cuando la iglesia salga de este mundo, antes de la Gran Tribulación. Esto es lo que se llama la bendita esperanza de la iglesia.

Estas siete trompetas nos llevarán a la intensidad completa de la Gran Tribulación. Los siete sellos presentan los juicios que son el resultado natural de las actividades del hombre pecaminoso separado de Dios. El sexto sello trae el juicio de la naturaleza, y las siete trompetas revelan que Dios está juzgando directa y sobrenaturalmente a una raza rebelde.

Las primeras cuatro series de sietes pueden ser explicadas de esta manera, y quiero mencionarlo, porque en las próximas cuatro, en realidad los siete sellos, las siete trompetas, pero habrá siete personalidades, y siete copas de la ira, todo esto tiene que ver con el mismo período, pero desde un ángulo un poco diferente.

1. En los siete sellos tenemos el juicio que es el resultado de la actividad deliberada e intencionada del hombre. Hemos visto ya al jinete sobre ese caballo blanco que trae una paz falsa. Dirán: paz, paz—y de pronto, vendrá destrucción. Que cuando digan: Paz y seguridad, entonces vendrá sobre ellos destrucción repentina... (1 Ts. 5:3) Luego tenemos el caballo bermejo de la guerra. Y, ¿quién es que hace la guerra? El hombre hace la guerra. ¿De dónde viene, o cómo viene la guerra? Viene porque está en el corazón del hombre. Hay muchas personas que opinan hoy que si se quitaran todas las armas de fuego de la gente, y si no hubiera ninguna clase de armamento, ni bombas ni nada por el estilo, entonces vamos a tener paz. La guerra está en el corazón del hombre, y es necesario cambiar el corazón del hombre antes de poder librarnos de la guerra. Hablando francamente, debo decir que tengo más confianza en un verdadero creyente que haya nacido de nuevo y que tenga un arma de fuego, que un hombre incrédulo que no la tenga, porque si ese hombre no puede tener un arma de fuego, le puede dar muerte a uno a golpes, lo puede estrangular, o puede hacer cualquier otra cosa. En el día de hoy mucho de esto está teniendo lugar.

2. En las siete trompetas que vamos a considerar, tenemos el juicio que es el resultado de una actividad directa de Dios.

3. Cuando lleguemos a las siete personalidades, tendremos el juicio que es el resultado del rencor de Satanás contra Dios. En esa ocasión, Satanás será presentado abiertamente.

4. Luego en las siete copas de la ira tenemos el juicio final de la Gran Tribulación, lo cual es una actividad directa de Dios, a causa de la rebelión del hombre y de Satanás, y Dios los juzgará a los dos.

Llegamos ahora a una sección donde se utiliza símbolos, pero debemos recordar que un símbolo es un símbolo de algún hecho. Vamos a ver que hay ciertas similitudes extrañas y bastante poderosas entre las plagas que tuvieron lugar en Egipto en los días de Moisés y los juicios de las trompetas. Es muy lógico y razonable llegar a la conclusión de que si las plagas de la época de Moisés, fueron cosas literales, entonces las plagas que vendrán en la Gran Tribulación serán también literales. Los símbolos utilizados son símbolos de la realidad de lo que viene. Es decir, el lenguaje común no aclararía para nosotros lo terrible y trágico que es la Gran Tribulación. O sea que, supera toda descripción y diría como que Dios ha agotado ya el lenguaje y presenta entonces símbolos; y cuando digo símbolos, no trate de hacerlos desaparecer. Conviene mantener en mente que este libro es una revelación de Jesucristo. Ahora lo vemos en una nueva actividad como Juez; y estos juicios, donde se utilizan símbolos, no son símbolos opacos o vagos que puedan hacerse desaparecer por medio de algún sistema aparente o engañoso de hermenéutica. Cuando se utiliza símbolos, y son utilizados en este libro, siempre se da una clave. La Escritura dará una explicación. No es necesario utilizar su propia imaginación.

El Apocalipsis es el último libro en la Biblia, porque es precedido por el conocimiento de 65 libros anteriores, y el conocimiento de esos 65 libros es un requerimiento básico para entender este lenguaje tan vívido. Es un poco molesto notar hoy cuando una persona recién convertida, inmediatamente comienza una clase de estudio bíblico en el Libro de Apocalipsis, y comienza a enseñar Apocalipsis. Sería mucho mejor que comenzara con el principio, con Génesis. Allí es donde se debe comenzar. O podría tomar cualquier otro libro, pero no tome el Libro de Apocalipsis para comenzar a enseñar. Recuerde, que yo ya he pasado casi 5 años recorriendo a través de la Biblia, y creo que esto me da el derecho de enseñar ahora el Libro de Apocalipsis. No lo haría de ninguna otra manera; y fue el Apóstol Pedro quien dijo: Entendiendo primero esto, que ninguna profecía de la Escritura es de interpretación privada. (2 P. 1:20) Usted no interpreta Apocalipsis por sí mismo. Hay otros 65 libros que le anteceden. Estos símbolos que se presentan aquí son cosas que no se van a disolver como vapor en el aire. Es imposible borrarlos, no se les puede quitar. Esos símbolos se presentan por una realidad terrible.

Ahora, tenemos la apertura del séptimo sello, y eso presenta a las siete trompetas. Así es como ha sido preparado todo este libro, y si se sigue la estructura del libro como ha sido preparada, entonces impedirá que uno se aparte hacia el fanatismo y el sensacionalismo. Por cierto que como creyente, uno debería evitar el decir que el Libro de Apocalipsis es algo terrible, que nos atemoriza. No debería atemorizarle, sino que debería serle de consuelo. Le doy gracias a Dios que este mundo que anda tan loco en el presente, que en realidad pareciera estar lleno de personas enajenadas, tal es la manera en que la humanidad ha estropeado las cosas y se ha hundido en una situación tan difícil, le doy gracias a Dios que Él lo va a juzgar, y lo juzgará correctamente cuando Él actúe. Él va a actuar. Estoy agradecido por eso. Es algo que me da mucho consuelo, el reconocer eso. Me hace sentir muy lleno en el presente.

A veces se me dice que diga esto o aquello por radio en cuanto a algún culto o secta que se presenta. No es mi tarea la de llegar y hacer eso aquí y denunciar alguna otra cosa. Mi tarea es sencillamente la de esparcir, la de predicar la Palabra de Dios, y eso es lo que voy a hacer. Él arreglará las cosas algún día. No quiero nosotros tener esta tarea por nada del mundo. Me agrada saber que ésa es la tarea de Él. Él arreglará a este mundo, y Él va a actuar en juicio.

Quizá a usted no le guste esto, el hecho de que el Jesús Manso va a juzgar; y ya hemos visto que la ira del Cordero era algo aterrador para aquéllos en la tierra. Cuando uno habla en cuanto al Jesús Manso, es necesario familiarizarse con Él. Él murió por usted, Él le ama, Él quiere salvarle, pero si usted no quiere tenerle, entonces en su futuro hay un juicio aterrador. Alguien quizá me diga que estoy tratando de asustar a la gente. Me gustaría asustarle para que usted llegue al cielo, si pudiera hacerlo; pero sé que la gente de hoy es demasiado sofisticada para eso, y hay demasiados cínicos. Pero, el juicio se aproxima a esta tierra, y digo:

"¡Aleluya!" Me agrada saber que Él viene porque me agrada que Dios no permitirá que esto continúe como hasta el presente.

Apertura del séptimo sello—introducción de las siete trompetas

Cuando abrió el séptimo sello, se hizo silencio en el cielo como por media hora. [Ap. 8:1]

Hace muchos años yo hablaba en reuniones de jóvenes, y me encontraba en un campamento en una ocasión con unos 300 ó 400 jóvenes, y cierto día vi venir hacia mí un grupo de niñas, y en el medio de ellas había un muchacho, y parecía que ellas lo iban a destrozar. Estaban haciendo mucho ruido, por cierto. Yo no sabía de qué se trataba hasta cuando llegaron junto a mí, y querían que yo me enterara de lo que decía este joven. El joven dijo: "Dr. McGee, ¿sabía usted que no habrá ninguna mujer en el cielo?" Yo le contesté que no sabía eso, y le pregunté si tenía alguna Escritura que le sirviera de base para decir eso. Me dijo que sí, que tenía un pasaje de las Escrituras y dijo que iba a haber silencio en el cielo por media hora, y que, si hubiera mujeres allí, pues, no podrían guardar silencio por tanto tiempo. Creo que este joven sufría de un prejuicio, y todas esas jóvenes que le rodeaban estaban tratando de corregirle en esa interpretación en particular. Estoy de acuerdo con lo que ellas decían, porque ése no es el significado, por supuesto, que se presenta aquí. ¡Esto no quiere indicar que no va a haber ninguna mujer en el cielo!

Comencé este pasaje quizá de una manera ligera, liviana y quizá me equivoqué en hacer eso, porque este pasaje tiene mucha solemnidad, y es muy serio, por cierto. El Señor Jesucristo aún está en control de las cosas. Él abre el séptimo sello y se introduce una fanfarria de 7 trompetas. Él dirige la acción desde el cielo, y Él está a cargo de todo. Tenemos que mantener en mente a través de todo este punto, el hecho de que el Apocalipsis presenta al Señor Jesucristo en Su gloria, como el Juez de toda la tierra.

Usted puede engañarse si Cristo es solamente presentado como el Jesús Manso y humilde, que solamente hacía cosas buenas, y así hizo.

Pero, un día vamos a ver la ira del Cordero. Juan había dicho de Él: He aquí el Cordero de Dios que quita el pecado del mundo. (Jn. 1:29). El hombre en realidad no está perdido porque es pecador. Está perdido porque ha rechazado a Jesucristo, quien ha muerto por ellos. No importa lo que usted haga, usted puede ir a una eternidad de perdición si no ha aceptado a Cristo, pero Él ha muerto ya por usted, y si usted no se aprovecha de esa obra, usted hace que esa obra que Él realizó en la cruz sea una cosa ridícula y sin ningún sentido. Usted ha pisoteado la sangre de Cristo, cuando toma esa clase de actitud o posición hacia Él.

Así es que, ésta es una escena muy solemne. Él ordena que se detenga todo en el cielo, en el infierno y en la tierra. Nada puede moverse sin Su autorización. Él ya ha ordenado que cesaran las fuerzas naturales en la tierra cuando ordenó que se sellara y salvara a esas dos multitudes que mencioné antes. Ahora por un breve momento, hay una calma en la actividad del juicio, hay un silencio celestial. Godet definió esto de la siguiente manera: "Este silencio es una pausa para la acción". Es la calma antes de la tormenta.

¿Por qué sucede este silencio tan extraño? La paciencia de Dios no se ha agotado. Cuando fue abierto el sexto sello y la naturaleza respondió con una convulsión poderosa, los hombres de valor se atemorizaron por un momento. Cristo les dio la oportunidad de arrepentirse. Pero como sucedió con Faraón en el pasado, cuando se quitó la presión de ellos, su corazón engañoso volvió a su intención original. Así es que, muchos hombres regresan a la conducta blasfema cuando existe la calma. Probablemente se reprocharán a sí mismos por haber dado muestra de cobardía. "Después de todo, sólo era la naturaleza la que estaba reaccionando. No era Dios después de todo. Todo puede ser explicado por causas naturales". Eso es la calma antes de la tormenta. Como alguien dijo en el pasado: "Los pasos de Dios de misericordia al juicio son siempre lentos, medidos y como que no quiere darlos". Dios es un Dios lento para la ira; el juicio es una operación extraña. Isaías dice: Porque Jehová se levantará como en el monte Perazim, como en el valle de Gabaón se enojará; para hacer su obra, su extraña obra, y para hacer su operación, su extraña operación. (Is. 28:21)

¿Qué es extraño en cuanto a Dios? Él juzga, Él es un Dios de amor, pero es un Dios de amor que juzga a Sus criaturas. Porque no quiero la muerte del que muere, dice Jehová el Señor; convertíos, pues, y viviréis. (Ez. 18:32) Este silencio del versículo 1, entonces, marca la transición de la gracia al juicio. Dios está esperando. Él está esperándolo a usted, si usted todavía no ha ido a Él. Usted puede acercarse a Él ahora mismo, porque Él es un Salvador misericordioso. Acuda a Él en esta hora y sea salvo por toda la eternidad.

El sonar de las siete trompetas

Los sellos que han sido abiertos parece que cubren de manera amplia la totalidad del período. Pero cuando se llega a las trompetas, llegamos a esa parte tan intensa del período de la Gran Tribulación, que veremos más adelante, y que ha sido llamada como los últimos tres años y medio de este período.

En algunos lugares la gente acostumbra a enfrentar a las tormentas. La gente de la zona hasta construye habitaciones o sótanos especiales para protegerse de las tormentas que son comunes en ese lugar. Cuando yo era joven, mi padre había construido un sótano de refugio para las tormentas. Yo debía pasar mucho tiempo durante la primavera y durante la primera parte del verano, en ese sótano, para protegerme de las muchas tormentas que azotaban el lugar. En cierta ocasión, mi padre y yo estábamos mirando una tormenta que se aproximaba, y pudimos darnos cuenta que no iba a azotar nuestro propio lugar, sino una ciudad a unos 15 kilómetros de distancia. Pero antes que se desatara la tormenta, nos dimos cuenta de que había una calma tremenda. Hasta entonces el viento había estado soplando con fuerza y estaba lloviendo mucho, y se podía escuchar los truenos y ver los relámpagos. Pero de pronto todo se detuvo y por unos momentos hubo un silencio sepulcral. De pronto, se desató un viento tremendo. Nosotros casi no tuvimos ni tiempo para poder cerrar la puerta del sótano y protegernos de la furia de la tormenta. Es así como se desatará la Gran Tribulación sobre la tierra. Y se nos presenta aquí con estas trompetas.

Comenzando aquí con el versículo 2 del capítulo 8, y hasta el capítulo 11, tenemos el sonar de estas siete trompetas.

Un ángel ante el altar con un incensario de oro vi a los siete ángeles que estaban en pie ante Dios; y se les dieron siete trompetas. [Ap. 8:2]

Aquí se presenta a siete ángeles en un grupo especial. Creo que Gabriel se encuentra en este grupo porque se nos dice que él estaba delante de Dios. Eso fue lo que él le dijo a Zacarías cuando anunció el nacimiento de Juan el Bautista: Yo soy Gabriel, que estoy delante de Dios... (Lc. 1:19) Los serafines mencionados en el Libro de Isaías, también estaban delante del trono de Dios. (Véase Is. 6:1-2) Pero estos siete ángeles parecen ser de una orden diferente a las del serafín, y la razón para esto es que la misión o el servicio de ellos es completamente diferente.

Estas siete trompetas tienen un significado especial para Israel, y no queremos perder de vista esto. Lo considero de mucha importancia. Aquí es esencial tener un conocimiento de lo que dice el Antiguo Testamento. En el Libro de Números uno puede encontrar que Moisés recibió instrucciones de parte de Dios para preparar dos trompetas de plata, y el número dos era el número de testigos. El Señor Jesucristo dijo en varias ocasiones que en boca de dos o tres testigos conste toda palabra. Estas trompetas eran para ser usadas en la marcha por el desierto de una manera doble. En primer lugar, se debían utilizar para llamar a reunión; y luego, cuando los hijos de Israel comenzaron su marcha por el desierto, eran utilizadas para dar la señal de partida. Hazte dos trompetas de plata; de obra de martillo las harás, las cuales te servirán para convocar la congregación, y para hacer mover los campamentos. (Nm. 10:2)

Cuando Israel entró a la tierra prometida, estas trompetas iban a ser utilizadas para un propósito doble nuevamente, pero no los mismos propósitos. Y cuando saliereis a la guerra en vuestra tierra contra el enemigo que os molestare, tocaréis alarma con las trompetas; y seréis recordados por Jehová vuestro Dios, y seréis salvos de vuestros enemigos. Y en el día de vuestra alegría, y en vuestras solemnidades, y en los principios de vuestros meses, tocaréis las trompetas sobre vuestros holocaustos, y sobre los sacrificios de paz, y os serán por memoria delante de vuestro Dios. Yo Jehová vuestro Dios. (Nm. 10:9-10)

Estas trompetas debían ser utilizadas de otra manera también. Mas cuando tocaren sólo una, entonces se congregarán ante ti los príncipes, los jefes de los millares de Israel. (Nm. 10:4) Usted puede notar, que esta trompeta mencionada aquí, según mi juicio, es aquélla que corresponde a la última trompeta, la que menciona Pablo en 1 Corintios 15. Pero ésta era para reunir a cierto grupo de Israel que tenía que juntarse, y ésta es la trompeta que menciona Pablo: He aquí, os digo un misterio: No todos dormiremos; pero todos seremos transformados, en un momento, en un abrir y cerrar de ojos, a la final trompeta; porque se tocará la trompeta, y los muertos serán resucitados incorruptibles, y nosotros seremos transformados. (1 Co. 15:51-52)

Desafortunadamente hay quienes piensan hoy, que esta última trompeta o final trompeta que se menciona aquí en 1 Corintios 15, es la séptima trompeta del Apocalipsis. Pero esto no tiene en realidad, ninguna relación. Pablo menciona al Señor Jesucristo en 1 Tesalonicenses 4:16: Porque el Señor mismo con voz de mando, con voz de arcángel, y con trompeta de Dios, descenderá del cielo; y los muertos en Cristo resucitarán primero.

Lo que tenemos aquí es la voz del Señor Jesucristo. Él da una voz de mando, potente, y la voz de arcángel indica una voz como ésa, como la del arcángel. La trompeta de Dios es aún Su voz. Su voz sonará como una trompeta, y ése es un hecho bíblico. Eso lo pudimos apreciar en el primer capítulo, versículo 10. Juan dice que él escuchó una gran voz como de trompeta, y que él se volvió para ver, y vio a Cristo glorificado. El Cristo glorificado va a llamar a los Suyos, y creo que cuando Pablo habla de la final trompeta, de que la trompeta sonará, los muertos resucitarán, ése es el llamado del Señor Jesucristo. Ése es el último llamado que Él hace a la iglesia, y por tanto, es llamada la final trompeta. Pero el tipo del Antiguo Testamento es éste: al llamar de entre los hijos de Israel a los príncipes, suena sólo una trompeta, y eso no tiene relación con el movimiento de los hijos de Israel en su marcha por el desierto.

Sin embargo, la trompeta hacía sonar una alarma que hacía poner en marcha a Israel en el desierto. Esa alarma se hacía sonar para que comenzara a marchar cada división. Note esto: Las tribus estaban divididas en cuatro grupos de tres tribus cada uno, en los cuatro lados del tabernáculo. Había tres familias de Leví que llevaban los artículos del tabernáculo: Gersón, Coat, y Merari. Cuatro más tres son siete. Había que hacer sonar la trompeta para que comenzara a marchar Israel. Cuando se hacía sonar esa trompeta, comenzaba a marchar el arca, y los coatitas eran quienes la llevaban. Luego marchaba la tribu de Judá, y las dos tribus bajo la bandera de Judá, y así hasta que todos comenzaran esta marcha. Usted se da cuenta que todo se hacía ordenadamente en ese campamento. Cada familia conocía su lugar. Cada hombre mantenía su posición; no había ninguna clase de desorden en el campamento de Israel; y ésa es la razón por la cual el Apóstol Pablo dice: Pero hágase todo decentemente y con orden. (1 Co. 14:40). Me gustaría mucho ver que la iglesia fuera tan ordenada como lo era Israel en su marcha por el desierto. Eran necesarias siete trompetas para hacerlos marchar.

Aquí hay un beneficio positivo de estas trompetas. Las siete trompetas de Apocalipsis tendrán el resultado positivo de hacer mover a Israel a su tierra. Creo que serán necesarias estas siete trompetas para que todo Israel regrese a su tierra. Ésta es otra razón por la cual no creo que el presente regreso de Israel a su tierra, sea el cumplimiento de la profecía. Esto será cumplido en el período de la Gran Tribulación, cuando se haga tocar las siete trompetas, como sucedió en la marcha por el desierto. Después de la séptima trompeta, Israel es identificada para nosotros en el capítulo 12, como algo que merece la protección especial de Dios. Así es que, es esencial que comprendamos esto de las trompetas, porque esto evitará que identifiquemos a la última o a la trompeta final de la iglesia, con las siete trompetas del Apocalipsis.

Como las trompetas de Israel fueron utilizadas en la batalla de Jericó, así también, los muros de la oposición de este mundo a Dios, se derrumban y caen durante la Gran Tribulación. Cuando el Señor Jesucristo venga, Él dominará el último vestigio de la rebelión contra Dios, y establecerá Su reino. Éste es un libro de triunfo y de victoria de nuestro Dios. Al final se encuentra un coro de Aleluya que usted y yo tal vez podremos cantar cuando estemos allí.

Otro ángel vino entonces y se paró ante el altar, con un incensario de oro; y se le dio mucho incienso para añadirlo a las oraciones de todos los santos, sobre el altar de oro que estaba delante del trono. [Ap. 8:3]

Otro ángel positivamente no es Cristo. El Señor Jesucristo ya no está más en la posición de Intercesor por la iglesia. Pudimos ver en los capítulos 4-5 que Él sale de esa posición, y a Él se le da el libro con los siete sellos. De allí en adelante, todo lo que sucede en Apocalipsis está a Su cargo. Él no se está moviendo como uno de los actores aquí en la escena terrenal. Él se encuentra en el cielo con la iglesia, en este momento en particular. Él no es ya el Intercesor, Él está ahora ocupando el lugar de juicio, y mantiene el libro de los siete sellos. Él acaba de abrir el séptimo sello. Él dirige toda esta actividad desde el trono. Este ángel, como se expresa aquí, es sencillamente otro ángel. No creo que el Señor Jesucristo pudiera ser identificado de esa manera. En el Antiguo Testamento, Jesucristo pre-encarnado se aparecía como un ángel. No creo que Él vuelva a aparecerse como un ángel. Él será como es en ese cuerpo glorificado en el cual nosotros le veremos algún día.

El altar de oro es el lugar donde se ofrecen las oraciones, así es que, no es un lugar de intercesión. Él está ahora sobre el trono. Al incienso se lo identifica o se lo compara con la oración; es un tipo de oración. En el Salmo 141:2, David dice: Suba mi oración delante de ti como el incienso, el don de mis manos como la ofrenda de la tarde.

El incienso, pues, habla del valor del nombre y obra de Cristo en la oración. Él dice... todo lo que pidiereis al Padre en mi nombre... (Jn. 14:13) Ése es Su mandato. En el día de hoy hay una costumbre, un hábito en el que muchos están cayendo, muchos de aquéllos que en realidad creen en la Palabra de Dios; terminan su oración diciendo sencillamente: "Amén". Alguien dijo en una ocasión: "Es redundante decir 'En el nombre de Jesús', porque en su corazón usted ya está orando en el nombre de Jesús". Opino que esto significa un poco más que colocar como rótulo al final de la oración, las palabras: "En el nombre de Jesús". Yo quisiera decir esto, que si usted está haciendo una oración en el nombre de Jesús, especialmente una oración pública, tiene que estar seguro de decir eso: "En el nombre de Jesús". Creo que esto es muy importante. Aquí se está ofreciendo este incienso, un incienso de sabor dulce. A usted y a mí no se nos escucha por utilizar un lenguaje muy florido o elocuente en nuestras oraciones, sino que se nos escucha cuando hacemos nuestra oración en "el nombre de Jesús".

Es interesante que el incienso fuera entregado a este ángel. Cristo no necesitaba que se le diera algo cuando Él oraba. Las oraciones de los santos que fueron ofrecidas en el quinto sello (Ap. 6:9-11), reciben su respuesta ahora, a causa de la Persona y el sacrificio de Cristo aquí.

Y de la mano del ángel subió a la presencia de Dios el humo del incienso con las oraciones de los santos. [Ap. 8:4]

La oración recibirá su respuesta a causa de Jesucristo.

Y el ángel tomó el incensario, y lo llenó del fuego del altar, y lo arrojó a la tierra; y hubo truenos, y voces, y relámpagos, y un terremoto. [Ap. 8:5]

El sumo sacerdote llevaba un incensario con él, cuando llevaba la sangre al lugar santo. Aquí el rito es invertido, porque del cielo el incensario es arrojado a la tierra. Es decir que las oraciones subieron como incienso, y ahora tenemos la respuesta que desciende. Los santos de la tribulación, habían orado a Dios que los vengara. La gente de la tierra, habiendo rechazado la muerte de Cristo, por el juicio de sus pecados, ahora debe soportar el juicio de sus propios pecados. La Gran Tribulación se pone entonces en marcha.

Hubo truenos demuestra que se acerca la venida de la tormenta del juicio de Dios.

Voces revela que ésta es una dirección inteligente de Dios, y no una obra de las fuerzas naturales que no tiene propósito. Dios está a cargo de esto.

Relámpagos siguen a los truenos. Esto no es una inversión del orden natural. Podemos ver el relámpago antes de oír el trueno. Esto es debido a que las ondas de luz viajan o se propagan más rápidamente que las ondas del sonido. En realidad, viene primero el trueno, pero no lo oímos a causa de nuestros oídos. Somos lentos para oír, de todos modos.

El terremoto es la respuesta de la tierra a la tremenda presión a la que se ve sometida en el juicio durante el período de la Gran Tribulación.

Y los siete ángeles que tenían las siete trompetas se dispusieron a tocarlas. [Ap. 8:6]

Éste es un momento solemne. Ya ha terminado la media hora de silencio. Las oraciones de los santos se han escuchado. Ya se ha dado la orden para hacer tocar las trompetas. Los ángeles toman una posición de atención, y al tocar las trompetas la ira divina se desata sobre los hombres rebeldes. El tocar de las trompetas no introduce símbolos o secretos. Las plagas que se mencionan son literales. Este método que existe hoy de evaporar el significado de la Escritura es tan malo como el tratar de negar la inspiración de la Palabra de Dios. Es decir, es estar diciendo que Dios no quiere decir lo que dice, y que esto quiere decir algo completamente diferente.

La primera trompeta—se queman los árboles

El primer ángel tocó la trompeta, y hubo granizo y fuego mezclados con sangre, que fueron lanzados sobre la tierra; y la tercera parte de los árboles se quemó, y se quemó toda la hierba verde. [Ap. 8:7]

Éste es un juicio directo de parte de Dios. Su juicio cae sobre toda la vida vegetal, desde el pasto o hierba hasta los grandes árboles. Toda clase de vida botánica es afectada al principio. Note, sin embargo, que se menciona solamente una tercera parte, pero ése es un golpe tremendo sobre la tierra. El fuego, el gran enemigo, es el instrumento que usa Dios. En el primer juicio global, Dios utilizó el diluvio; ahora va a ser el fuego. Esta tierra va a ser purificada por fuego. Las praderas y los bosques cubiertos de hierbas son destruidos parcialmente por el fuego. Se indica que es la tercera parte de todo esto, y eso demuestra la gran extensión del daño causado, una tercera parte. No es una cuarta parte, ni tampoco la mitad, sino que indica una tercera parte. La vida vegetal fue la primera que fue creada, y es la primera en ser destruida. Génesis 1:11 comienza hablando de la vida vegetal, después que se ha establecido el orden en el sentido físico del globo terráqueo.

Éste es un juicio literal sobre la vida vegetal, de la misma manera que las siete plagas de Egipto fueron literales. (Véase Ex. 9:18-26) Señalé anteriormente el hecho de que había una similitud extraordinaria entre las plagas en Egipto y los juicios de las trompetas, y esto no es ningún accidente, porque si usted regresa a ver lo que dice el Libro de Éxodo, descubrirá que las plagas allí eran algo literal, y cada creyente en la Biblia tiene que estar de acuerdo con esto. Entonces también debe estar de acuerdo en que las plagas mencionadas en Apocalipsis deben ser aceptadas de la misma manera. No conozco qué tipo de hermenéutica uno puede usar para interpretar una cosa de una manera en un lugar, y de otra manera en otro lugar, a no ser que la Escritura le indique claramente que usted puede hacer tal cosa. Probablemente deberíamos leer lo que nos dice allá el Libro de Éxodo. Cuando cayó este granizo sobre la tierra, se nos dice: Y aquel granizo hirió en toda la tierra de Egipto todo lo que estaba en el campo, así hombres como bestias; asimismo destrozó el granizo toda la hierba del campo, y desgajó todos los árboles del país. (Ex. 9:25) Se nos dice que desgajó todos los árboles del país. Ésta era una destrucción del ciento por ciento, y en Apocalipsis tenemos una tercera parte de la tierra.

La segunda trompeta—los mares llegan a ser sangre

El segundo ángel tocó la trompeta, y como una gran montaña ardiendo en fuego fue precipitada en el mar; y la tercera parte del mar se convirtió en sangre. Y murió la tercera parte de los seres vivientes que estaban en el mar, y la tercera parte de las naves fue destruida. [Ap. 8:8-9]

El mar, el cual ocupa la mayor parte de la superficie terrestre, es afectado por el juicio directo de Dios. Hubo la separación de la tierra y de la mar, en el mismo día en que apareció la vida vegetal. (Véase Gn. 1:9-10)

Es necesario que prestar mucha atención al lenguaje utilizado aquí. Se está utilizando un lenguaje literal y se debe prestar mucha atención, por cierto.

Juan no está diciendo aquí que una montaña ardiendo cayó o se precipitó a la mar, sino que él dice que era una masa como una gran montaña ardiendo. Ésta es una diferencia muy cuidadosa en el uso del lenguaje que se debe notar, especialmente cuando es una práctica muy común el amontonar todo lo que se menciona en este libro, y llamarlo simbólico. Eso, por supuesto, le evita muchos problemas a uno.

La montaña representa algo tan literal y tangible como lo que tenemos en Jeremías 51:25, donde el Señor está hablando en cuanto a Babilonia: He aquí yo estoy contra ti, oh monte destruidor, dice Jehová, que destruiste toda la tierra; y extenderé mi mano contra ti, y te haré rodar de las peñas, y te reduciré a monte quemado.

Esta masa literal cae a un mar literal y una tercera parte llega a ser sangre literal, y una tercera parte de todas las criaturas vivientes literalmente en una mar literal mueren una muerte literal. Nada puede ser más claro que todo esto. También se dice que una tercera parte de las naves literalmente de las naciones fueron literalmente destruidas. Si usted, le permite a Juan que diga lo que quiere decir, lo presenta muy claramente.

No hay necesidad de ir de un lugar a otro tratando de encontrar algún símbolo, de que esto es algo simbólico. Dios no dice que eso es simbólico. Él lo presenta claramente: una gran masa o fuerza es colocada en el océano. No sé qué puede ser esto. No lo sé por dos razones. En primer lugar, Juan no me dijo; y él no le dijo a nadie tampoco. La segunda razón es que yo no espero estar aquí en ese entonces para poder leer lo que dicen los periódicos. Esas malas noticias que siempre tenemos en los periódicos en el día de hoy continuarán, aunque de una manera más profusa en el período de la Gran Tribulación. Así es que, no voy a estar aquí para leer eso. Entonces, esto no me concierne demasiado, aparte de darme cuenta de la terrible tragedia que se avecina sobre un mundo que rechaza a Cristo, que en realidad se está burlando, que pone en ridículo la Palabra de Dios en el presente. Esto es algo que causa tristeza al corazón del creyente. Pero no debemos hacer más de eso. Eso no sólo debería afectar nuestros corazones, sino que debería afectar nuestras voluntades y nuestros pies, y comenzar a andar para esparcir hoy la Palabra de Dios. Ésa es nuestra responsabilidad, y creo que ésa es una responsabilidad solemne. No podemos evitar que ese juicio llegue a la tierra. Pero sí podemos predicar la Palabra de Dios, y reducir la población que quedará aquí en ese entonces.

La tercera trompeta—Las aguas frescas se ponen amargas

El tercer ángel tocó la trompeta, y cayó del cielo una gran estrella, ardiendo como una antorcha, y cayó sobre la tercera parte de los ríos, y sobre las fuentes de las aguas.

Y el nombre de la estrella es Ajenjo. Y la tercera parte de las aguas se convirtió en ajenjo; y muchos hombres murieron a causa de esas aguas, porque se hicieron amargas. [Ap. 8:10-11]

Estamos viviendo en el presente donde se ha dicho mucho en cuanto a la contaminación del ambiente, y es un verdadero problema hoy. Parecería como que el hombre se hubiera anticipado a esta estrella contaminando todas las aguas. Opino personalmente que el hombre se va a ver obligado en el presente a limpiar las aguas del mundo, si quiere continuar existiendo aquí. Se considera, que el instinto de conservación es la primera ley de la naturaleza, y el hombre quiere continuar en esta pequeña tierra; así es que, va a hacer algo en cuanto a esto. Pero en la Gran Tribulación, el agua fresca, el agua de las vertientes, el agua que el hombre utiliza para beber es contaminada. Es decir, una tercera parte de esa agua.

En algunos lugares del mundo, la gente sabe lo que es el vivir con muy poca agua para beber y para uso doméstico. Algunos países de vez en cuando sufren grandes sequías y es muy difícil obtener agua para beber. Eso es algo verdaderamente esencial tanto para el hombre como para los animales. Estoy seguro que en una ocasión u otra usted habrá visto en revistas y periódicos fotografías de personas con ollas y otros utensilios de cocina yendo a algún lugar para buscar agua y llevarla a sus hogares. Esto puede ser causado por una intensa sequía, por las aguas contaminadas de algún río, o por otras causas que hacen imposible lograr agua para beber, y para otros usos domésticos. Estas experiencias deberían enseñarle al hombre cuanto depende del agua fresca de los ríos. Aquí tenemos un juicio sobre esto.

Israel tuvo una experiencia cuando cruzaron el Mar Rojo; ellos llegaron a un lugar llamado Mara, y las aguas eran amargas en ese lugar. A Moisés se le indicó que tomara un árbol y lo arrojara en las aguas para que se hicieran dulces. Durante la Gran Tribulación, las aguas dulces se convierten en amargas por un meteoro, una estrella del cielo. El árbol que Moisés arrojó en las aguas habla de la cruz de Cristo.

Ajenjo es el nombre de la estrella según Vincent, (Word Studies in the New Testament [Estudios de palabras en el Nuevo Testamento], tomo 2, Pág. 506). Esto se utiliza metafóricamente de las siguientes maneras: habla de la idolatría de Israel (véase Dt. 29:18); habla de la calamidad y la tristeza (véase Jer. 9:15; 23:15; Lm. 3:15, 19) y habla de un juicio falso (véase Am. 5:7). El profeta Amós presentó esto, y muy claramente, por cierto.

Esta estrella pues, es algo literal; es un meteoro que contiene veneno y contamina una tercera parte del aprovisionamiento de agua de la tierra. El nombre sugiere que éste es un juicio contra la idolatría y la injusticia del hombre. La calamidad y la tristeza son las compensaciones naturales que vienen sobre el hombre a causa de este juicio.

La cuarta trompeta—el sol, la luna, y las estrellas son heridos

El cuarto ángel tocó la trompeta, y fue herida la tercera parte del sol, y la tercera parte de la luna, y la tercera parte de las estrellas, para que se oscureciese la tercera parte de ellos, y no hubiese luz en la tercera parte del día, y asimismo de la noche. [Ap. 8:12]

Otro aspecto de la creación de la cual depende la humanidad en esta tierra para ser provista de luz y vida es el sol, y en un menor grado, el hombre depende también de la luna y las estrellas. Fue en el cuarto día de la creación que estos cuerpos celestiales aparecieron. Habían sido creados antes, pero fue entonces cuando fueron iluminados; y ahora es como si esta luz fuera apagada en una tercera parte de la tierra. Dios había permitido que estas luces iluminaran, la lumbrera mayor para que señorease en el día, y la lumbrera menor para que señorease en la noche. (Gn. 1:16) Estas lumbreras eran también para servir de señales para las estaciones. (Gn. 1:14) El Señor indicó que en la Gran Tribulación habrá señales especiales en los cuerpos celestiales. El Señor Jesucristo mencionó eso: E inmediatamente después de la tribulación de aquellos días, el sol se oscurecerá, y la luna no dará su resplandor, y las estrellas caerán del cielo, y las potencias de los cielos serán conmovidas. (Mt. 24:29)

Las leyes de la naturaleza son alteradas radicalmente por estas perturbaciones. Hay una definitiva limitación de sólo una tercera parte de la luz y del día que es afectada, pero la intensidad de la luz es reducida en una tercera parte de su potencia en vatios, digamos. Hoy se habla mucho en cuanto a una reducción de la energía, una falta de energía. Vendrá una reducción muy grande a esta tierra algún día.

En cierta ocasión, en una ciudad industrial del nororiente de los Estados Unidos, hubo necesidad de cerrar muchas plantas o fábricas, y varios miles de trabajadores fueron dejados cesantes, y muchos comenzaron a abandonar la ciudad. Uno de estos chistosos que nunca faltan, puso un cartel a la salida de la ciudad que decía: "El último que abandone la ciudad, por favor, apague las luces". Bueno, Dios está listo a apagar las luces de esta tierra. Sin embargo, el Señor dijo claramente: Mientras la tierra permanezca, no cesarán la sementara y la siega, el frío y el calor, el verano y el invierno, y el día y la noche. (Gn. 8:22)

Existe algo muy interesante en conexión con esto, y quiero citar lo que dijo Roberto Govett: "Es así que aún continúa el día, aunque su brillantez se ha disminuido. Dios demuestra Su derecho a cuestionar el derecho del hombre en cuanto al pacto; él no ha cumplido con los términos de ese pacto. Sangre por sangre no es derramada por las naciones. Para ese entonces, el mandato de dar muerte al asesino es negado por el mundo a través de una filantropía falsa".

Éste es otro aspecto de la pena capital. Hay jueces de corazones demasiado tiernos, y cabezas tiernas también, que quieren acabar con la pena capital, y dejan que los criminales anden libres en este mundo del presente, y esto es lo que ha sucedido. El hombre continúa dirigiéndose en esa misma dirección. Dios dice que Él dio un mandamiento o un pacto en el cual el hombre debería proteger la vida humana; y uno protege la vida humana cuando castiga a los criminales, y cuando los quita de esta vida. Eso sirve para disuadir el crimen, y cualquier persona que diga que no sirve para disuadir el crimen tiene que ser como un avestruz que esconde su cabeza en la arena, porque es muy obvio que sirve para disuadir el crimen. Aquí tenemos algo muy destacado, por cierto. Yo creo que la pena capital será abolida por el anticristo, si eso no llega a ocurrir antes.

Y miré, y oí a un ángel volar por en medio del cielo, diciendo a gran voz: ¡Ay, ay, ay, de los que moran en la tierra, a causa de los otros toques de trompeta que están para sonar los tres ángeles! [Ap. 8:13]

Cuando se toca la cuarta trompeta, se hace un anuncio de una rara intensidad de ayes en el juicio que viene sobre la tierra. Las últimas tres trompetas están separadas de las primeras cuatro, y son trompetas de ayes.

Ésta es un águila en lugar de un ángel hablando. La palabra traducida como "ángel" al principio de este versículo, significa literalmente "águila". Quizá usted pregunte: "Bueno, ¿es un águila literalmente?, porque está hablando". ¿Amigo, si Dios puede hacer que un loro hable, y también otras aves, por qué tiene usted dificultad de que hable un águila?

Es interesante que el Señor Jesucristo eligió al águila para hablar de Su venida: Porque dondequiera que estuviere el cuerpo muerto, allí se juntarán las águilas. (Mt. 24:28) Eso será después de esa gran Batalla de Armagedón.

CAPÍTULO 9

La quinta y la sexta trompetas

Las últimas tres trompetas están separadas de las primeras cuatro por el hecho de que aquí tenemos tres trompetas de ayes. Aquí tenemos, entonces, estas tres últimas trompetas. Prácticamente hablando, hemos entrado a una porción que tiene mucho significado y es muy simbólica, en cierto sentido. Pero queremos hacer una declaración en cuanto a esto. Nos encontramos ahora en una sección que es muy misteriosa y extraña. Ésta es una sección que hasta lo hace sobresaltar a uno, y esto ha provocado que se llegue a presentar toda clase de interpretaciones. Pero, es necesario plantarnos bien en la tierra, y colocarnos bien la cabeza, y si hacemos esto vamos a ver que las cosas que se mencionan aquí no deben sobresaltarle. Si usted es un hijo de Dios, usted no va a pasar a través de estas cosas. Esto no es la bendita esperanza de la iglesia, el pasar o soportar cosas como las que se mencionan aquí; esto es para un mundo que ha rechazado a Cristo. La iglesia ha sido sacada ya de este mundo. Éstas son las cosas que sucederán en el período de la Gran Tribulación. Juan ha presentado claramente que él está hablando en cuanto a ese período, en esta sección en particular. Y es el tocar de estas siete trompetas.

Hemos llegado ahora a las últimas tres trompetas. Esos ayes señalan la tiniebla más profunda, y la intensidad más dolorosa del período de la Gran Tribulación. Esto por lo general es asociado con los últimos tres años y medio de la septuagésima semana de Daniel, lo cual es el período de la Gran Tribulación. Éstos serán los días más tenebrosos de la historia humana.

El lenguaje utilizado en esta sección es en realidad de muy difícil interpretación, pero eso no excluye nuestra norma de seguir una línea literal, aun cuando las figuras que se han adoptado son vívidas y extrañas. Si fuera necesario tener otra interpretación, Juan nos daría la clave.

La quinta trompeta—la estrella caída y la plaga de langostas

Aquí en el versículo 1 tenemos una descripción de la escena cuando el quinto ángel suena una trompeta y una estrella cae del cielo.

El quinto ángel tocó la trompeta, y vi una estrella que cayó del cielo a la tierra; y se le dio la llave del pozo del abismo. [Ap. 9:1]

Vi una estrella que cayó del cielo a la tierra. Ya hemos visto dos estrellas, y dije que eran estrellas pequeñas, meteoros que caen sobre la tierra. Recuerdo que, hace varios años, mi esposa y yo estábamos sentados en el patio de un hotel en Hawai observando unos meteoros caer. Los meteoros son estrellas fugaces que uno puede ver en una noche de verano. Pero aquí tenemos una clase diferente de estrella, porque se le da el nombre de una persona, y actúa inteligentemente; así es que, estamos hablando aquí de una persona muy fuera de lo común. Esta estrella por tanto es diferente de la estrella que se mencionó al tocar la cuarta trompeta. Esta estrella actúa con inteligencia. Se le ha dado una llave que utiliza, y no es una estrella inanimada, porque no pienso que una estrella inanimada llegue a hacer eso.

Creemos que esta estrella es Satanás. Hay algunos que la han identificado como el anticristo. Si así fuera, esto apoya el punto de vista que el anticristo es Satanás encarnado, pero yo no acepto eso. Mi opinión es que el anticristo es exactamente eso. Él es todo lo que Cristo no es, y él es motivado por Satanás. Las razones para interpretar esta estrella como Satanás, son abundantes. El profeta Isaías, dice: ¡Cómo caíste del cielo, oh Lucero, hijo de la mañana! Cortado fuiste por tierra, tú que debilitabas a las naciones. (Is. 14:12)

Luego el Señor Jesucristo Mismo dijo en Lucas 10:18: Yo veía a Satanás caer del cielo como un rayo. Eso sería como una estrella fugaz.

Pablo en 2 Corintios 11:14, dice: Y no es maravilla, porque el mismo Satanás se disfraza como ángel de luz. Creo que estas Escrituras, confirman abundantemente la posición de que Satanás es presentado aquí. Juan declarará más adelante que Satanás fue expulsado del cielo, y arrojado a la tierra. (Véase Ap. 12:7-9) Si hemos establecido el hecho de que estamos hablando de Satanás arrojado del cielo, ¿qué es lo que él hace? Él va y toma la llave que aparentemente significa que Dios está permitiéndole que haga esto, porque la llave demuestra autoridad y poder, y eso es lo que él tiene. Esto lo recibe él de Dios, de la voluntad tolerante o permisiva de Dios.

Este pozo del abismo significa un pozo profundo, que lleva al abismo. Éste es el mismo abismo del cual se habla en Ap 20:3. El abismo y el Hades pueden ser expresiones sinónimas, pero el abismo y el infierno no son la misma cosa. Ya veremos eso más adelante. El Señor Jesucristo probablemente se refería a esto en Mateo 12:40: Porque como estuvo Jonás en el vientre del gran pez tres días y tres noches, así estará el Hijo del Hombre en el corazón de la tierra tres días y tres noches.

El Señor habla allí de Su descenso al corazón de la tierra. El cuerpo del Señor Jesús, no estaba en realidad sepultado en la tierra. Él fue colocado en una tumba nueva, y por cierto que no estaba en el corazón de la tierra. Más bien, lo que tenemos en este lenguaje de Mateo, es que Él fue al abismo y esto es aparentemente el Hades o el Seol. Él fue allí porque este lugar tiene dos compartimientos. El Señor Jesucristo presentó esto, obviamente, cuando Él habló del hombre rico y Lázaro, de cómo este hombre rico y el hombre pobre habían muerto, y que el hombre rico no fue al infierno, sino que fue a este lugar aquí, y el hombre pobre se encontraba en el seno de Abraham, o en el paraíso, como el Señor lo llamó. (Véase Lc. 16:19-31) El Señor bajó allí en Su muerte, para anunciar a los salvos Su victoria, y que Él les iba a llevar a la presencia de Dios. Eso es lo que creo que el Apóstol Pablo quiso decir cuando él expresa que, llevó cautiva la cautividad. (Ef. 4:8) Él fue al abismo para anunciar que ya se había logrado eso por Su redención.

Creo que nos corresponde no ser dogmáticos donde la Escritura no dice nada. Pero aquí tenemos un pensamiento de que hay un pozo que lleva desde la superficie de la tierra, al corazón de la tierra. Sé que cuando digo algo así, parecería que soy supersticioso. Yo acepto esta idea, pero no soy dogmático en cuanto a esto. Si alguien tiene alguna información que yo no tengo, y me puede mostrar y probar que esto quiere decir algo diferente, pues, me alegraría mucho aceptarlo.

Pero el Señor ahora tiene la llave, digamos de paso. (Véase Ap. 1:18) Pedro nos dice que los demonios están allí en prisión. (2 P. 2:4) El Señor Jesucristo dijo en Lucas 8:30-31: Y le preguntó Jesús, diciendo:

¿Cómo te llamas? Y él dijo: Legión. Porque muchos demonios habían entrado en él. Y le rogaban que no les mandase ir al abismo.

El abismo es un lugar literal. Hay algunos que opinan que el cielo y el infierno son cosas de la mitología, y que el cielo es como una hermosa isla en algún lugar, una "tierra de Jauja", que está flotando en algún lugar en el espacio. Amigo, eso no es lo que enseña la Palabra de Dios. La Palabra de Dios enseña que el cielo es un lugar literal, como el lugar en el cual usted vive hoy, y el infierno es más literal que el lugar donde usted vive.

Durante la última parte del período de la Gran Tribulación se le da a Satanás la llave, y a él se le da una libertad que nunca antes había tenido, y eso, creo yo, explica el por qué los hombres no pueden morir durante este período. Satanás quiere mantenerlos vivos; él no quiere que su ejército sea diezmado.

> *Y abrió el pozo del abismo, y subió humo del pozo como humo de un gran horno; y se oscureció el sol y el aire por el humo del pozo. [Ap. 9:2]*

De ese pozo que lleva al abismo saldrá un humo como de un volcán en erupción que cubrirá toda la tierra. Ésta es una contaminación de la peor clase. La interpretación literal de esto es la que me satisface más.

> *Y del humo salieron langostas sobre la tierra; y se les dio poder, como tienen poder los escorpiones de la tierra. Y se les mandó que no dañasen a la hierba de la tierra, ni a cosa verde alguna, ni a ningún árbol, sino solamente a los hombres que no tuviesen el sello de Dios en sus frentes. [Ap. 9:3-4]*

Esto supera toda descripción. Juan presenta los símbolos de un lenguaje simbólico que describe criaturas que son tan terribles, que ésta es la única manera en que él puede expresarse.

Éstas eran langostas, pero de un carácter o un tipo completamente diferente. No son langostas comunes, de ninguna manera, según Govett en su libro The Apocalypse Expounded by Scripture [La Apocalipsis expuesto por Escritura], Págs. 185-186. Él da las siguientes razones:

En primer lugar, no comen ninguna clase de vegetales ni productos de la tierra.

Las langostas de la tierra no tienen rey. Las langostas, que no tienen rey (Pr. 30:27), pero éstas tienen un rey.

En la plaga en Egipto, hay una similitud muy grande entre esta plaga con la plaga en Egipto, como hemos notado anteriormente; en la plaga de Egipto el escritor inspirado dijo que antes de estas langostas no había nada que fuera semejante a ellas, ni tampoco las habría después. (Ex. 10:14) Así es que, ésta es una clase de langostas diferentes, diferente también a la de la plaga de Egipto.

Sin embargo, son criaturas que tienen un parecido con los nombres literales de los animales; el león, el caballo, el escorpión, y el hombre.

Ésta es una plaga de langostas que es tan literal como la plaga de langostas en Egipto. Joel, profetizó en cuanto a que vendría una plaga de langostas. (Véase Joel 1) Si usted no se acuerda de eso, puede ver lo que dice allá el capítulo 1 de Joel. Es necesario tener un conocimiento previo del Antiguo Testamento para poder comprender el Apocalipsis. La diferencia entre las langostas aquí y las langostas que menciona Joel, es el carácter de estas langostas, y el objetivo o blanco de su destrucción. Ellos pican como un alacrán, como los escorpiones, y su blanco son los hombres malos.

Y les fue dado, no que los matasen, sino que los atormentasen cinco meses; y su tormento era como tormento de escorpión cuando hiere al hombre. [Ap. 9:5]

El cuerpo del escorpión se parece al de una langosta de mar, y habita en casi todas las regiones cálidas y húmedas del globo. Su cola termina en una uña acerada, y aunque su picadura no es mortal, por cierto, que es muy dolorosa. Ése es el cuadro que se nos presenta aquí. Éstos fueron mencionados por Josué, cuando él menciona al tábano. Y envié delante de vosotros tábanos, los cuales los arrojaron de delante de vosotros, esto es, a los dos reyes de los amorreos; no con tu espada, ni con tu arco. (Jos. 24:12) Usted puede darse cuenta de que los creyentes en aquel día que están familiarizados con el Antiguo Testamento, comprenderían lo que él está diciendo en cuanto a estos escorpiones.

Y en aquellos días los hombres buscarán la muerte, pero
no la hallarán; y ansiarán morir, pero la muerte huirá
de ellos. [Ap. 9:6]

Satanás ha recibido la llave de este pozo profundo, que evidentemente es el Seol del Antiguo Testamento y el Hades del Nuevo Testamento. Este pozo lleva al abismo, y allí es donde el espíritu de los que murieron en los siglos pasados, han ido. Allí fue el Señor Jesucristo a anunciar la redención que Él había logrado en la cruz. Satanás no quiere que esa multitud muera. Es la única multitud que él tiene, y están siendo atacados por estos escorpiones. Así es que, los hombres, durante este período tratarán de cometer suicidio, pero no podrán hacerlo. Esto revela algo de lo terrible que será aquel día. Satanás quiere que estén aquí porque se está llevando a cabo una batalla entre la luz y las tinieblas. Hay otros que opinan que quizá Dios no permitirá que ellos mueran porque el hombre pecaminoso debe hacerle frente a las consecuencias de las cuales no hay escape. No es asunto de risa, no es chiste el rechazar a Jesucristo; no es algo simple el ignorarle. Usted escucha que la gente dice que hay tantas cosas que son importantes en esta vida, y estoy dispuesto a admitir que muchas cosas ocupan un segundo, tercero, o quizá un cuarto lugar, pero lo más importante, es su decisión en cuanto a Jesucristo.

El aspecto de las langostas era semejante a caballos preparados para la guerra; en las cabezas tenían como coronas de oro; sus caras eran como caras humanas;

Tenían cabello como cabello de mujer; sus dientes eran
como de leones; Tenían corazas como corazas de hierro;
el ruido de sus alas era como el estruendo de muchos
carros de caballos corriendo a la batalla; Tenían colas
como de escorpiones, y también aguijones; y en sus colas
tenían poder para dañar a los hombres durante cinco
meses. [Ap. 9:7-10]

Estoy seguro que usted está de acuerdo que esto es algo terrible, aterrador, misterioso, una descripción bastante fuera de lo común. Sin embargo, si examinamos esto un poquito más de cerca, creo que se revela una similitud extraordinaria con las langostas de Palestina, y creo que es necesario notar esto. El Dr. Marvin Vincent dice lo siguiente en su comentario sobre Apocalipsis, dice: "La similitud de la langosta a un caballo, especialmente a un caballo con armadura, es tan sorprendente que este insecto es llamado en el idioma alemán 'Heupferd', es decir un caballo de heno; y en italiano es 'cavaletta' (caballito)". Así es que éste es el nombre que se les ha dado a las langostas.

Se nos dice que las caras de las langostas se asemejaban a las caras de los hombres, y que las antenas de las langostas son comparadas al cabello de una muchacha. Joel comparó los dientes de la langosta con aquéllos de un león. (Véase Joel 1:6) Hay muchos que han comentado en cuanto a este ruido extraño que producen las langostas. Y el Dr. Vincent cita nuevamente lo que dijo un escritor francés y aquí tenemos esta cita: "Es difícil expresar el efecto que nos produce esta escena cuando todo a nuestro alrededor, y no sólo a nuestro alrededor, sino sobre nosotros, se encuentra rodeado completamente por una cantidad innumerable de estos insectos, cuyo vuelo es lento y uniforme, y cuyo ruido se asemeja al de la lluvia".

Hay quienes hoy han tratado de comparar esta descripción a la de un avión. Admito que hay cierta semejanza allí. En cierta ocasión, hace mucho tiempo un predicador decía que el aguijón de estos insectos se encontraba en la cola, y que eso se comparaba a un artillero en la cola de un avión. Bueno, eso está muy bien, pero ahora ya hemos pasado esa clase de avión al avión a reacción a chorro, y quizá esto se parezca más a uno de estos aviones, pero ahora estamos entrando a la era de los cohetes, y el cohete es el arma del presente, y quizá a uno le gustaría compararlo a estos cohetes. Yo no quiero compararlo a nada de lo que es conocido hoy, porque ésta no es un arma del presente, sino del futuro. Es un arma que será utilizada en el período de la Gran Tribulación. Así es que no sé lo que será esto. Se nos dice que los hombres tienen hoy armamentos tan terribles que hasta Rusia y los Estados Unidos pueden sentarse a conversar en cuanto a esto hasta que pueden descubrir quién es el más fuerte de los dos. Cuando descubran esto, entonces podrán actuar. Pero mientras tanto, no quieren moverse.

Estas armas deben ser algo terrible, para hacer que estos hombres puedan sentarse a conversar cuando se encuentran en lados opuestos. Así es que ni siquiera trataremos de compararlo a ninguna de las armas que se conocen hoy. Va a haber cinco meses de agonía indecible.

Y tienen por rey sobre ellos al ángel del abismo, cuyo nombre en hebreo es Abadón, y en griego, Apolión. [Ap. 9:11]

Hay otra cosa que diferencia a estas langostas de las ordinarias, y es que tienen un rey sobre ellas. Proverbios 30:27 dice de las langostas naturales: Las langostas, que no tienen rey, y salen todas por cuadrillas. Este rey que se menciona aquí es probablemente uno de los ángeles caídos. Esto me hace pensar que es el hombre de confianza, el secuaz principal de Satanás, y a él se le permite que encabece esta invasión de la tierra por primera vez. Esto va a ser algo verdaderamente aterrador. En Hebreo su nombre significa "destrucción", y en griego "destructor". Esto confirma lo que Daniel nos dijo en cuanto al mundo de los demonios, los ángeles caídos, que estaba dividido en grados. Hay generales, coroneles, tenientes, sargentos, y soldados rasos. Los ángeles de Dios han sido divididos de la misma manera, según el Libro de Efesios.

El primer ay pasó; he aquí, vienen aún dos ayes después de esto. [Ap. 9:12]

El primer ay nos presentó la última mitad del período de la Gran Tribulación, y tuvo una duración de 5 meses. Aparentemente los últimos dos ayes cubrirán el período restante. La advertencia aquí, indica que vendrán cosas peores. La siguiente trompeta revela que no era una advertencia sin base.

La sexta trompeta: Ángeles que estaban atados son desatados en el Río Eufrates

El sexto ángel tocó la trompeta, y oí una voz de entre los cuatro cuernos del altar de oro que estaba delante de Dios, Diciendo al sexto ángel que tenía la trompeta: Desata a los cuatro ángeles que están atados junto al gran río Eufrates. [Ap. 9:13-14]

Note esto, cuando el sexto ángel tocó la trompeta, se escuchó una voz de mando que provenía de los cuernos del altar de oro. Ese altar de oro es aquello de lo cual Él habló en el tabernáculo sobre la tierra, y allí es donde el ángel ofreció las oraciones al principio de esta serie de

7 trompetas. (Véase Ap. 8:3) El sexto ángel no sólo toca la trompeta, sino que le da una orden de desatar a cuatro ángeles que estaban atados en el Río Eufrates. Este ángel a su vez, recibe órdenes de una voz que proviene del altar. Es la voz de Cristo. Él ha abierto el séptimo sello, que lleva a las trompetas, y luego llevará a las siete personalidades, y después a las siete copas de la ira que están aquí en Apocalipsis unidas las unas con las otras.

Los ángeles atados evidentemente son malos. ¿Por qué estarían atados si no fueran malos? El dejarlos libres desata una ola de destrucción en la tierra. Ellos estaban atados aparte de los demás, creo yo, a causa de la enormidad de su crimen.

¿Por qué estaban ellos atados en ese lugar en particular, junto al Río Eufrates? Aunque esto es algo difícil de explicar, la importancia de esta zona en las Escrituras no puede ser dejada de lado. El jardín del Edén se encontraba en alguna parte de esta sección. Allí comenzó el pecado de la humanidad, y allí se cometió el primer asesinato. Allí se llevó a cabo la primera guerra, y allí fue donde comenzó el diluvio y se extendió sobre toda la tierra. Aquí es donde se erigió la torre de Babel. A esta zona fueron llevados los israelitas de la cautividad babilónica. Babilonia fue la fuente de la idolatría, y aquí tenemos el levantamiento final del pecado sobre la tierra durante el período de la Gran Tribulación.

El Eufrates en realidad señala la división entre el oriente y el occidente. Fue Kipling quien dijo: "El oriente es el oriente, y el occidente es el occidente, y nunca llegarán a juntarse". Eso es verdad hasta cierto punto. Quizá ha habido una influencia moderadora que lo detuvo en el pasado, lo que ha evitado que las multitudes del oriente se viertan sobre el occidente, pero eso será roto algún día. Fue Napoleón quien dijo: "China es un gigante dormido, y que Dios tenga piedad de la generación que lo despierte". Bueno, la despertamos, y ahora está muy despierta. Allí está un cuarto de la población del mundo; y si usted toma a los pueblos del lejano oriente, entre el Río Yang Tse Kiang o Río Azul, y el Río Eufrates, allí uno tiene la mayoría de la población del mundo. Suponga que esta gente comience a avanzar, y lo van a hacer algún día. Ese río ha sido el punto divisorio desde la época de Alejandro Magno. Desde entonces, el hombre blanco ha tenido su día; y el colonialismo en lo que al hombre blanco se refiere, prácticamente ha concluido. Las razas de color se están despertando. Antes habían sido mantenidas como si estuvieran atadas. Aparentemente estos cuatro ángeles mencionados aquí han tenido algo que ver con esto.

Zacarías 5, ubica a Babilonia como el último baluarte de la religión falsa. Allí es donde será el último baluarte de Satanás.

Y fueron desatados los cuatro ángeles que estaban preparados para la hora, día, mes y año, a fin de matar a la tercera parte de los hombres. [Ap. 9:15]

Uno debe tomar esto literalmente, porque no sé de qué otra forma se lo puede tomar. La hora misma ha sido señalada.

A fin de matar a la tercera parte de los hombres. Al tocarse la sexta trompeta, una tercera parte de la población del mundo será quitada. Ya hemos visto que se ha quitado una cuarta parte; ahora una tercera parte es quitada, y más de la mitad de la población de la tierra ha sido destruida en el período de la Gran Tribulación. No nos debe sorprender entonces que el Señor Jesucristo hubiera dicho: Y si aquellos días no fuesen acortados, nadie sería salvo. (Mt. 24: 22a).

Y el número de los ejércitos de los jinetes era doscientos millones. Yo oí su número. [Ap. 9:16]

China, y la India, y el Japón podrían tener esa cantidad el día de mañana. El tamaño de este ejército es algo fantástico en realidad. Es de doscientos millones. En esa zona es donde se encuentra hoy la mayor parte de la población del mundo, y, que Dios ayude al hombre blanco cuando esos ángeles sean desatados. No va a tener ninguna oportunidad.

Lo que tenemos aquí es una invasión total del mundo de los demonios, lo que vimos en las langostas. Su motivación ahora es para una guerra mundial. En realidad, hasta el presente no hemos tenido una guerra mundial donde toda nación del mundo haya participado. Eso tendrá lugar en el período de la Gran Tribulación. ¿Son estos doscientos millones seres humanos? Hasta ahora, hemos indicado que podrían serlo, pero lo que en realidad creo es que aquí tenemos una invasión del mundo de los demonios, el cual es un resultado de haber abierto Satanás la puerta del pozo que lleva al abismo.

La siguiente descripción de estos jinetes confirma este hecho.

Así vi en visión los caballos y a sus jinetes, los cuales tenían corazas de fuego, de zafiro y de azufre. Y las cabezas de los caballos eran como cabezas de leones; y de su boca salían fuego, humo y azufre. Por estas tres plagas fue muerta la tercera parte de los hombres; por el fuego, el humo y el azufre que salían de su boca. [Ap. 9:17-18]

Se supone que estos sean tanques. Pero, ¿cómo sabe uno que éstos serán tanques? Estamos hablando aquí de un período que aún está en el futuro. Puede que así sea, pero me imagino que para entonces tendrán algo mucho más refinado y sofisticado de lo que existe hoy.

Note que los colores de estos jinetes no sólo son llamativos y muy coloridos, sino que son fuera de lo común. El fuego es rojo vivo, el zafiro es un color azul oscuro, y el azufre es un color amarillento.

El caballo es el animal de la guerra. (Véase Job 39:19-25) Ahora, el mundo de abajo está guerreando contra la humanidad. Estas criaturas son algo muy fuera de lo común, y probablemente son demonios o son controlados por los demonios. Aquí tenemos pues, una descripción literal de ellos. El Dr. William R. Newell dice en su libro sobre Apocalipsis, lo siguiente: "Cree, entonces, no necesitarás ningún comentario". El problema con los hombres cuando llegan al Libro de Apocalipsis es que dicen: "Ah, es muy difícil de comprender, y uno no lo puede interpretar". El problema es que usted no cree en lo que dice aquí. Si usted lo creyera, si lo leyera, entonces podría apreciar que es muy claro. Fuerzas infernales estarán obrando en este período.

Estas tres plagas mencionadas aquí son plagas literales, el fuego es algo literal, también es el humo y el azufre. Tenemos aquí la misma cosa que estuvo presente en la destrucción de Sodoma y Gomorra. Creo que este mundo será peor que Sodoma y Gomorra durante ese período. Podemos mencionar que la homosexualidad hoy se considera algo respetable. Así era en Sodoma y Gomorra. Pero esa gente desapareció. Dios la hizo desaparecer. ¿Cree usted, que Dios va a permitir que la humanidad pase a la eternidad como una criatura anormal o antinatural? Si usted cree eso, creo que está muy equivocado.

Una tercera parte de la población ha muerto, y otra tercera parte de la naturaleza había sido afectada anteriormente, pero la humanidad no ha sido tocada por un juicio de esta magnitud. Si la población del mundo fuera 1.500 mil millones, esto indicaría, entonces, que 500 millones morirían. Recuerde que una cuarta parte ya había muerto bajo el cuarto sello. El que la población del mundo sea diezmada de manera tan terrible parece incompatible con toda la historia; esto hasta que cayó la primera bomba atómica sobre Hiroshima, porque desde entonces los hombres han estado utilizando un lenguaje más aterrador aun que el de Apocalipsis. Hablan ahora de una aniquilación total de los habitantes de la tierra. Pero el Señor Jesucristo dijo que Él no iba a permitir eso. Él dijo: Y si aquellos días no fuesen acortados, nadie sería salvo... (Mt. 24:22). La raza humana se suicidaría, si pudiera.

> *Pues el poder de los caballos estaba en su boca y en sus colas; porque sus colas, semejantes a serpientes, tenían cabezas, y con ellas dañaban. [Ap. 9:19]*

Estos caballos no son naturales. Son capaces de dar muerte con sus bocas, y lo más extraño de todo es que en lugar de tener colas normales, éstas son semejantes a serpientes que también se utilizan para destruir a la humanidad.

> *Y los otros hombres que no fueron muertos con estas plagas, ni aun así se arrepintieron de las obras de sus manos, ni dejaron de adorar a los demonios, y a las imágenes de oro, de plata, de bronce, de piedra y de madera, las cuales no pueden ver, ni oír, ni andar; Y no se arrepintieron de sus homicidios, ni de sus hechicerías, ni de su fornicación, ni de sus hurtos. [Ap. 9:20-21]*

La palabra que se ha traducido aquí por hechicerías es la palabra griega farmakeia. De allí viene la palabra "farmacia". Tiene que ver con drogas. Los lugares donde se vende drogas en el presente son llamados "farmacia", y farmacia significa droga. Éste va a ser un período cuando no podrán ser controladas las drogas. En el período de la Gran Tribulación las drogas figuran mucho en las vidas de los incrédulos, y sirven varios propósitos. Las drogas les permitirán a ellos soportar los juicios que habrán tenido en el período de la Gran Tribulación. Estoy seguro de que muchas personas en aquel período se entregarán a las drogas cuando sean picados por esas langostas que se parecen a los escorpiones. Estas langostas los picaban, y esto estoy seguro será una cosa terrible. Aunque ellos no morirán, se sentirán como que van a morir, y como resultado se dedicarán a tomar drogas para soportar este dolor, para que esto les ayude a ellos a soportar la Gran Tribulación.

Las drogas serán algo destacado en la religión de aquel día. Será una cultura de drogadictos; será la religión de las drogas en aquellos días del período de la Gran Tribulación. Lo que estamos viendo hoy es muy pequeño en comparación con lo que será entonces. También ellos estarán buscando hacer cualquier cosa para matar ese dolor, o para que los saque de las dificultades y problemas de la Gran Tribulación. El licor será algo muy prominente también, y lo es hoy. Los grandes problemas hoy en muchos países no son las drogas, sino el alcoholismo. Y quisiéramos citar aquí un artículo que fue escrito hace mucho tiempo por el Dr. J. A. Seiss, quien expresó esto a principios del siglo pasado. El libro del cual tomé la nota fue impreso en 1.906. Yo quiero presentar esta declaración porque parecería que hubiese sido escrita ayer o que quizá la preparaba para mañana para la edición local del periódico. Ésta es su declaración sobre la palabra "hechicería": "Sólo es necesario pensar en el uso de estimulantes alcohólicos, del opio, del tabaco, de la gama de los cosméticos, y de los medicamentos para aumentar las atracciones amorosas; del recurso de la farmacopea en relación con el sensualismo—de los agentes mágicos, y los pretendidos tratamientos que provendrían del mundo espiritual para el beneficio de la gente en esto—de las miles de imposiciones en la forma de medicinas y agentes curativos que animan a los hombres a transgredir imprudentemente con la esperanza de poder reparar fácilmente los daños del castigo de la naturaleza—de la creciente costumbre de crimen inducido por estas cosas, desatando y estimulando a una actividad de pasiones viles, que están carcomiendo la moral de la sociedad—para el comienzo de esa degeneración moral a la cual se refiere el vidente es característico de este período cuando se toca la sexta trompeta".

Uno pensaría que él había escrito esto para el día de hoy, pero en su día las drogas y aun el alcohol no se utilizaban del modo en que se utiliza hoy. No había una cultura de drogadictos, ni el alcohol ni las drogas estaban dando un gran problema en su día como lo es en el presente. Estas otras cosas que se mencionan aquí, y también las drogas se utilizan hoy prácticamente en todos estos cultos y sectas modernas que utilizan el sexo como un atractivo.

Así es que aquí se nos dice que ellos eran culpables no sólo de hechicería, sino de fornicación. No sólo de entregarse a la borrachera y a las drogas, sino también de fornicación, y eso lleva a los hurtos. Es alarmante hoy ver la forma en que se está practicando el adulterio. La gente que está propagando esto lo presenta como una evidencia de nuestra libertad y del tremendo progreso de la civilización. Es interesante ver que en lugar de tocar el réquiem, quieren cantar y bailar, y decir que está bien, que estamos mejorando hoy que la raza hace estas cosas.

Pero la hechicería y la fornicación, y los robos y los hurtos, van a ir en aumento, y a esto se le da énfasis. Creo que el anticristo utilizará estas tres cosas para poder controlar para sí mismo a la humanidad. Éste es un tremendo pasaje el que tenemos ante nosotros de que la humanidad será engañada fácilmente en aquel día, bajo la influencia de las drogas, y entonces aceptará cualquier cosa. Ésta es una de las razones por las cuales en los clubes nocturnos se fomenta tanto el consumo del licor. No es sólo por el dinero que hay en eso, sino que hace que los artistas sean aceptados. Un cómico malo o un cantante pésimo parecen buenos si uno ha tomado dos o tres cócteles, y hasta puede llegar a ser una estrella. Eso es lo que hará triunfar al anticristo. Eso es exactamente lo que Pablo dijo en 2 Tesalonicenses 2:9-10: Inicuo cuyo advenimiento es por obra de Satanás, con gran poder y señales y prodigios mentirosos, y con todo engaño de iniquidad para los que se pierden, por cuanto no recibieron el amor de la verdad para ser salvos.

Ésa es la razón por la cual pienso que el evangelio podrá ser escuchado por toda criatura antes del rapto, y por cierto que cada uno lo va a escuchar durante el período de la Gran Tribulación. Así es que esto sucede a aquéllos que han rechazado la Palabra de Dios, y el Apóstol Pablo nos dice nuevamente en 2 Tesalonicenses 2:11-12: Por esto Dios les envía un poder engañoso, para que crean la mentira, a fin de que sean condenados todos los que no creyeron a la verdad, sino que se complacieron en la injusticia.

En el momento en que usted, rechaza el evangelio, y cierra su corazón a Dios, usted es un blanco perfecto para la gran mentira que se acerca. Ésa es la razón por la cual muchos caen hoy, por cualquier cosa nueva que se presente. Alguien ha dicho: "Aquéllos que se mantienen firmes por nada, también caerán por nada". Y así es exactamente. Aquéllos que hoy no se mantienen firmes por la Palabra de Dios, son presa fácil de los cultos y sectas.

CAPÍTULO 10

Interludio entre la sexta y la séptima trompetas

El capítulo 10 de Apocalipsis es un paréntesis entre la sexta y la séptima trompeta. Este capítulo comienza la segunda de una serie de interludios entre lo sexto y lo séptimo de cualquier cosa que trate la serie. La primera fue la de los sellos; ahora es de las trompetas. Es usada para describir los diferentes aspectos de la Gran Tribulación que nosotros no captaríamos de otra manera. De modo que, entre los sellos sexto y séptimo, había dos grupos: los que iban a ser redimidos durante la Gran Tribulación y los que fueron sellados.

Entre las trompetas sexta y séptima, tenemos tres personalidades que se nos presentan en este capítulo. Se describe al ángel poderoso. En el capítulo 11 se presentan dos testigos, aunque no son identificados. Ha habido mucho desacuerdo en cuanto a la identidad de este ángel poderoso.

El ángel fuerte con el librito

Vi descender del cielo a otro ángel fuerte, envuelto en una nube, con el arco iris sobre su cabeza; y su rostro era como el sol, y sus pies como columnas de fuego. [Ap. 10:1]

Como ya he dicho, hay bastante desacuerdo entre los eruditos destacados y fundamentales de la Biblia en cuanto a la identidad del ángel fuerte. Aquí tenemos un lugar donde no creo que se encuentra algo que sirva para dividir a los hermanos, pero usted puede ver que Godet y Vincent, Pettingill, DeHaan, Ironside, Walter Scott, y William Kelly, todos ellos eruditos en la Biblia, identifican al "ángel poderoso" como Cristo. Newell y otros le consideran como un ángel de mucho poder y autoridad, pero no como Cristo. El Dr. Walvoord toma este punto de vista, y también lo tomo yo. Si usted sigue a la mayoría, se encontrará en buena compañía. En este primer grupo que mencioné, hay algunos hombres por los cuales siento mucho respeto y amor en el Señor. Algunos de ellos han sido amigos míos, y buenos amigos, por cierto. Esto no es una ocasión para dividir, pero siempre digo esto: si usted los sigue a ellos, estará bien y se encontrará con buena compañía. (Pero por supuesto, si usted quiere estar en lo correcto, pues, entonces me seguirá a mí en ese asunto.)

Creo que hay suficiente evidencia para demostrar que éste es sólo un ángel poderoso. Es decir, que Cristo no aparece en Apocalipsis como un ángel. Es cierto que en el Antiguo Testamento uno ve a Cristo pre-encarnado como el ángel de Jehová. Pero después que Él tomó en Sí Mismo la humanidad, y murió y resucitó otra vez, y ahora tiene un cuerpo glorificado, le vemos a Él en el lugar de gran poder y gloria a la diestra de Dios. No le vemos más como un ángel. Cuando Él estuvo aquí en Su humanidad, Él no era un ángel. Él era un hombre. Por tanto, Él es revelado en el Libro de Apocalipsis definitivamente como Cristo glorificado, como Cristo post-encarnado. Él es exaltado al grado más alto, y conviene tener delante de nosotros constantemente que este libro es la revelación de Jesucristo. En cada capítulo se exponen nuevas glorias de Su Persona y de Su poder y de Su actuación, y Él es Aquel que ahora está juzgando a una tierra que rechaza a Cristo.

Vi... otro ángel fuerte. "Otro" significa en realidad, que es otro de la misma clase. Otros ángeles fuertes ya se nos presentaron en Apocalipsis 5:2, y allí no había ningún argumento. No era Cristo. Así que la vestimenta de este ángel es lo que ha llevado a algunos a identificarlo como Cristo. Aunque todos los ángeles son los siervos de Cristo, en este último libro de la Biblia tenemos a este ángel que es un enviado especial de Cristo. Él es otro gran ángel, y él lleva todas las credenciales de su alta posición, y él desciende del cielo, de la presencia de Cristo, Aquél que está en el medio del trono.

Él está envuelto o vestido en una nube. Éste es su uniforme como enviado especial de Cristo. Las nubes de gloria están relacionadas con la Segunda Venida de Cristo, pero el ángel que se describe aquí no viene en nubes de gloria, sino que está vestido por una nube. Más aún, ésta no es la Segunda Venida de Cristo a la tierra para establecer Su reino. En Su lugar, este ángel hace un anuncio de que Él viene pronto. Usted recordará que los ángeles anunciaron Su Primera Venida, y ellos anunciarán asimismo la Segunda Venida a esta tierra.

Con el arco iris sobre su cabeza. Ése es el sombrero de su uniforme, y éste es un recordatorio del pacto de Dios con el hombre, de que, aunque vengan juicios rápidos y sucesivos, como hemos visto, que son extraños y misteriosos y terribles, y que superen toda descripción de ellos, el arco iris indica que Dios no enviará un diluvio para destruir al hombre otra vez.

Y su rostro era como el sol. Ésa es su insignia de identificación. Ésa es la firma del Cristo glorificado. (Véase Ap. 1:16) No es entonces lógico, que éste debe ser el Hijo de Dios. El rostro de Moisés brilló después que él había estado en la presencia de Dios. (Ex. 34:29) El rostro de este ángel brilla porque él ha salido de la presencia de Cristo. Y usted recordará que la vestidura de las criaturas en la resurrección de Cristo también brillaba. Lucas 24:4 dice: Aconteció que estando ellas perplejas por esto, he aquí se pararon junto a ellas dos varones con vestiduras resplandecientes. El ángel que se menciona en Apocalipsis 18:1, es un dador de luz, como la luna y el sol, y aun así nadie declara que él es Cristo. Por tanto, tomo que éste no es Cristo, sino que es lo que dice que es, un ángel, otro ángel, un ángel poderoso.

Y sus pies son como columnas de fuego. Eso es parte de su uniforme. Él ha salido a realizar un anuncio especial y solemne del juicio que viene. Todas estas características de identificación son sus credenciales y le unen a él a la Persona de Cristo como Su enviado especial. El Señor Jesucristo está a cargo de todo en este punto en particular. Él es el Juez de toda la tierra.

Tenía en su mano un librito abierto; y puso su pie derecho sobre el mar, y el izquierdo sobre la tierra; Y clamó a gran voz, como ruge un león; y cuando hubo clamado, siete truenos emitieron sus voces. [Ap. 10:2-3]

Hay varias razones por las cuales creo que éste es el mismo que tenía los siete sellos. Es sencillamente que ése es el único libro que hemos tenido ante nosotros, y no se identifica de ninguna otra manera, y es llamado nada más que un librito. Hablando francamente, debo indicar que hay una pequeña diferencia en la palabra utilizada aquí para expresar "libro". Aquí no se usa la palabra biblion, que fue usada para el otro libro; pero eso no impide la posibilidad de ser el mismo libro. En realidad, no tengo ninguna razón para pensar que pueda ser algún otro.

Este librito, si es el mismo que el libro con siete sellos, originalmente estuvo en las manos del Padre en el cielo. (Véase Ap. 5:1) Debo destacar cómo es transferido en primer lugar a las manos perforadas por los clavos, de Dios el Hijo. Fue entregado al Señor Jesús quien era el Único que podía abrirlo. La apertura de los siete sellos abrió el libro; y las siete trompetas, seis de las cuales ya han sonado, y aún son parte de lo que estaba en ese libro. Luego, el Señor Jesucristo, después de haber quitado los sellos, Él a Su vez transfiere este librito al ángel, quien finalmente lo da a Juan para que se lo coma.

Éste es el libro del título de propiedad de la tierra, y contiene los juicios de la Gran Tribulación, por medio de los cuales el Señor Jesucristo viene en poder. Este libro ahora está abierto, y se muestran los juicios. Este libro es su autoridad para reclamar el mar y la tierra para Cristo. Aquí él coloca un pie en la mar, y el otro sobre la tierra. Así es que él está reclamando ambas cosas para Dios. En Levítico 25:23, el Señor dio instrucciones a Israel en cuanto a la tierra que Él les había dado. Allí les dijo: La tierra no se venderá a perpetuidad, porque la tierra mía es; pues vosotros forasteros y extranjeros sois para conmigo.

Hay algunas personas que opinan que ellos poseen bastante propiedad aquí en la tierra. Pero en verdad usted no la posee. Usted puede contestarme que estoy equivocado, porque usted tiene la escritura y el título de propiedad. Usted puede decir que tiene ese título porque se le ha entregado a usted, que éste había sido transferido de fulano de tal a zutano, y que se había pagado buen dinero por esto, que es suyo. Pero, usted está equivocado, porque su título no va lo suficientemente lejos hacia el pasado. En el pasado alguien les robó eso a los indígenas, y los indígenas lo habían obtenido de alguna otra persona. Ellos lo tomaron. Quizá no había nadie allí, sólo llegaron a esa localidad y ocuparon una propiedad que estaba vacante. ¿Pero a quién le pertenece, en realidad? Bueno, la propiedad le pertenece a Dios. No interesa quien sea usted, usted no le ha pagado a Él por eso. De Jehová es la tierra y su plenitud. (Sal. 24:1)

Dios no sólo reclama para Sí la tierra, sino que también reclama el mar. En el Salmo 8:6-8, leemos: Le hiciste señorear sobre las obras de tus manos; todo lo pusiste debajo de sus pies: ovejas y bueyes, todo ello, y asimismo las bestias del campo, las aves de los cielos y los peces del mar; todo cuanto pasa por los senderos del mar.

Dios dice que a Él le pertenecen el mar, así como también la tierra y que Él nos lo ha dado. Él dice que Él ha puesto al hombre sobre la tierra. Nosotros somos como inquilinos en la tierra, y algunos de nosotros ni siquiera hemos pagado el alquiler últimamente. Pero nos encontramos en un pequeño mundo que Dios ha creado, y que le pertenece a Él. El hombre no ha sido capaz de pagarle a Él por ello.

Este ángel reclama la tierra y la mar para el Señor Jesucristo. Ése es un método muy bien conocido para nosotros. Cuando Cristóbal Colón descubrió América, él desembarcó en una isla, descendió de su barco, y se fue a tierra, a la costa, y allí plantó la bandera de España, y reclamó ese lugar en nombre del Rey y de la Reina del país que le había enviado. Él puso la bandera de España en la costa. Ése es un método que ha sido utilizado muchas veces cuando los hombres llegan a un territorio que no ha sido ocupado, y lo reclaman para su propio país. Con el título de propiedad de la tierra en su mano, y colocando su pie derecho sobre el mar, y el izquierdo sobre la tierra, este ángel clama a gran voz, diciendo que esto pertenece a Cristo. Los reinos de este mundo llegarán a ser los reinos del Señor Jesucristo, y eso será a través del juicio. Como Creador y Redentor, el mundo le pertenece a Él.

Este libro es descrito aquí como un librito porque el tiempo de la Gran Tribulación no va a ser muy largo. Hemos llegado aquí a la mitad, y se nos va a decir que ya no queda mucho tiempo. No hay muchos acontecimientos que describir. Tiene que ser un librito. Por ejemplo, se nos dice en Romanos 9:28: Porque el Señor ejecutará su sentencia sobre la tierra en justicia y con prontitud.

El período de la Gran Tribulación es en realidad un tiempo corto. El Señor Jesucristo dijo que iba a ser breve. Daniel lo destacó como de 7 años. Eso no es mucho tiempo.

Los siete truenos es el "amén" de Dios a la acción del ángel. Salmo 29:3, dice: Voz de Jehová sobre las aguas; truena el Dios de gloria, Jehová sobre las muchas aguas.

Y en Job 37:5, leemos: Truena Dios maravillosamente con su voz; él hace grandes cosas, que nosotros no entendemos.

El Dr. Vincent hace una declaración que aclara mucho esto: "Los judíos estaban acostumbrados a hablar del trueno como de 'las siete voces'". El Salmo 29, aunque es un Salmo corto, "la voz de Jehová" ocurre siete veces. Israel hablaba de trueno como "la voz de Jehová, las siete voces de Dios".

Es una lástima que nosotros no dedicamos el tiempo suficiente para descubrir lo que esto quiere decir en lugar de tratar de arreglarlo y darle una forma para que pueda entrar y calzar bien en algún sistema de profecía. Esto me hace recordar de una señora que fue a una zapatería, y dijo que quería comprar un par de zapatos, y describió la clase de zapato que quería. El dependiente le preguntó qué tamaño de zapato quería ella. Ella respondió: "Bueno, puedo calzarme uno de número 4, pero en realidad mi tamaño es el 5, pero siendo que el número 6 me hace sentir muy cómoda, siempre compro el 6". Hay algunos que pueden acomodar esto para que entre a cualquier sistema. Pero permitamos que Juan diga lo que está diciendo. Estos siete truenos son la voz de Dios. Creo que es la voz del Señor Jesús que está en el cielo, confirmando lo que el ángel ha reclamado, porque Él va a llegar al poder en esta tierra.

Cuando los siete truenos hubieron emitido sus voces, yo iba a escribir; pero oí una voz del cielo que me decía: Sella las cosas que los siete truenos han dicho, y no las escribas. [Ap. 10:4]

Los siete truenos se podían entender. Esta confirmación fue también una declaración. Juan era un escriba, y él estaba anotando las visiones que le estaban siendo dadas. (Véase Ap. 1:11) Él estaba listo ahora a escribir lo que habían hablando estos siete truenos. Él lo había escuchado. Eran palabras audibles, pero se le prohibió que lo escribiera. Ahora, éste es el libro de revelación, y, ¿hay algo sellado aquí? Éste es el único lugar en el Libro de Apocalipsis donde algo es sellado. No hay ninguna otra cosa sellada. Dios presenta esto claramente al final del libro, diciendo que Él ha dicho todo. Él no está manteniendo nada oculto del hombre. Pero parece que esto ocurre aquí. A Juan se le dijo en el capítulo 22:10: No selles las palabras de la profecía de este libro, porque el tiempo está cerca.

Sin embargo, en este mensaje aquí en particular, a él no se le permite escribirlo. Eso es algo interesante.

Si este ángel fuera Cristo, Juan probablemente se hubiera postrado ante Él, y le hubiera adorado. Él hizo eso al principio cuando vio a Cristo glorificado, en el primer capítulo de Apocalipsis. Pero si éste era Cristo, ¿por qué no se postró y le adoró? Él no lo hace. ¿Por qué? Porque es un ángel.

Es una mera suposición el presumir saber lo que hablaron los truenos. Ha habido personas que han salido con especulaciones fantásticas y hasta ridículas en cuanto a esto. Vitringa interpretó esto como siete cruzadas. Es una insensatez. Danbuz dijo que éstas eran las siete naciones que habían recibido la reforma. ¡Qué disparate! Elliott hace de esto las bulas del Papa contra Lutero. Esto no es cierto. Varios de los cultos y sectas se han jactado de revelar las cosas que fueron pronunciadas. El Señor Jesucristo le dijo aquí al ángel: "Séllalas", y le dijo a Juan: "No escribas esto". Hasta el día de hoy esto ha permanecido en secreto. Y usted no puede saberlo, yo no puedo saberlo, y nadie lo puede saber. Si tratamos de decir que lo sabemos, pues, nos vamos a poner en ridículo en unos cuantos años. Hay algunos que están tratando de decir que saben lo que es. Aún hoy algunos hacen esto. ¿Por qué no dejar esto como está, y mejor sacar una lección de allí? Aunque aquí se nos está revelando a Jesucristo, hay muchas cosas que Él no está diciendo. Hay muchas cosas hoy que Dios no está diciendo, y esto es importante de notar de nuestra parte.

> *Y el ángel que vi en pie sobre el mar y sobre la tierra, levantó su mano al cielo, Y juró por el que vive por los siglos de los siglos, que creó el cielo y las cosas que están en él, y la tierra y las cosas que están en ella, y el mar y las cosas que están en él, que el tiempo no sería más. [Ap. 10:5-6]*

Este ángel presenta claramente aquí que él no podía ser Cristo, ya que él jura por el Creador eterno. Él levantó su mano al cielo y juró. Él juró por el Creador eterno: por el que vive por los siglos de los siglos. Si él fuera Cristo, él hubiera jurado por Sí Mismo. El escritor de la Epístola a los Hebreos dice: Porque cuando Dios hizo la promesa a Abraham, no pudiendo jurar por otro mayor, juró por sí mismo. (He.

6:13) Él no podía jurar por ninguna otra cosa, porque no hay nadie que sea mayor que Dios. El ángel juró por otro, no por sí mismo porque él no es Dios, y por lo tanto, él no es el Señor Jesucristo. El Señor Jesucristo es el Dios eterno. En el principio era el Verbo, y el Verbo era con Dios, y el Verbo era Dios. Éste era en el principio con Dios. (Jn. 1:1-2) El Señor Jesucristo Mismo dijo: De cierto, de cierto os digo: Antes que Abraham fuese, yo soy. (Jn. 8:58) Escuche lo que se dice de Él en Juan 1:3: Todas las cosas por él fueron hechas, y sin él nada de lo que ha sido hecho, fue hecho. Colosenses 1:16, dice: Porque en él fueron creadas todas las cosas, las que hay en los cielos y las que hay en la tierra, visibles e invisibles; sean tronos, sean dominios, sean principados, sean potestades; todo fue creado por medio de él y para él. Así es que el ángel jura en el nombre de Cristo quien está en el cielo, y como el representante de Cristo, él reclama todo para Cristo.

Yo debería aclarar que la última parte del versículo 6, indica que ya no habrá más demora. En realidad, no quiere decir no que habrá más tiempo. Más bien, ésta es una declaración alegre, agradable del cielo a los santos de Dios que están en la tierra, y que están en el medio de todo este problema y que quieren saber cuánto durará. El significado es que el tiempo ahora es muy breve antes de que regrese Cristo. Esto confirma las palabras pronunciadas por Cristo Mismo en el discurso del Monte de los Olivos, cuando dijo: Y si aquellos días no fuesen acortados, nadie sería salvo; mas por causa de los escogidos, aquellos días serán acortados. (Mt. 24:22) El ángel les está diciendo a los escogidos que no demorará mucho tiempo. Eso me hace resaltar el hecho de que Él nos está diciendo: "No os preocupéis; el que persevera hasta el fin, ése será salvo". ¿Por qué? Porque estaban sellados, y van a poder pasar por el período de la Gran Tribulación.

Esto también es la respuesta a las oraciones de los mártires en Apocalipsis 6:10, y éste es el cumplimiento de lo que nosotros llamamos la Oración del Padre Nuestro, donde Él dice: Venga tu reino. (Véase Mt. 6:10). Y viene pronto en este tiempo en particular en el Libro de Apocalipsis, pero esto no se refiere a este instante cuando estoy escribiendo esto. Yo no sé ni nadie sabe aquí en la tierra si Cristo viene pronto o no.

Sino que en los días de la voz del séptimo ángel, cuando él comience a tocar la trompeta, el misterio de Dios se consumará, como él lo anunció a sus siervos los profetas. [Ap. 10:7]

Todo esto tiene lugar cuando el séptimo ángel se prepara a tocar la trompeta. Esto indicaría que la séptima trompeta presenta la conclusión de la Gran Tribulación. Es en este momento en que el misterio de Dios se aclara finalmente. Hay muchas facetas individuales de este misterio que se han dado como respuesta completa, pero parece que ésta es mayor que cualquier otra y que es la totalidad de todas.

Hay el misterio en cuanto a la nación de Israel, en cuanto al juicio, al sufrimiento, a la injusticia, en cuanto al silencio de Dios, y al reino que vendrá. El problema básico es éste: ¿Por qué permitió Dios que el mal existiera y por qué lo ha tolerado por tanto tiempo? ¿Quiere saber algo, amigo? Yo he estudiado teología por muchos años, y conozco las respuestas que los hombres dan, pero Dios aún no ha dado Su respuesta. Hay muchas cosas que no puedo responder, y me molesta un poco que haya hermanos que creen tener todas las respuestas. Hablando francamente, no hay nadie que tenga todas las respuestas. Como indica este pasaje de la Escritura, el hecho de que hay algo que nosotros no sabemos aún, porque ha sido sellado, indica que Dios aún tiene mucho que decirnos. Cuando lleguemos a Su presencia, vamos a descubrir esto.

Permítame decirle esto: aunque no sé cuál es la respuesta a su problema, sé quien la conoce. Yo no sé la respuesta a todas mis preguntas tampoco, pero puedo poner mi mano en la Suya, y Él me dice: "Hijo, tú camina junto a Mí, por las tinieblas. Vamos a llegar bien al otro lado a la luz, y cuando lleguemos allí, entonces comprenderás". Sugiero entonces que usted ponga su mano en la mano del Hombre de Galilea, su Creador y su Redentor, Hombre del mismísimo hombre, y Dios del mismísimo Dios.

Juan come el librito

La voz que oí del cielo habló otra vez conmigo, y dijo: Ve y toma el librito que está abierto en la mano del ángel que está en pie sobre el mar y sobre la tierra. [Ap. 10:8]

Esta orden viene de Cristo y Él está dirigiendo las operaciones que están registradas en el Libro de Apocalipsis. Él tiene un control completo. Apocalipsis es el libro que glorifica a nuestro maravilloso Salvador. Él es el Juez de toda la tierra, y aquí le vemos a Él como Dios, ensalzado supremamente, a quien se le ha dado nombre sobre todo nombre. Si la voz aquí no es la de Cristo, entonces Él ha dado la orden al ángel para que hablara desde el cielo.

Aparentemente Juan ha regresado a la tierra en el Espíritu, porque el librito antes estaba en la mano de Dios el Padre, ahora es entregado o transferido a Juan.

Y fui al ángel, diciéndole que me diese el librito. Y él me dijo: Toma, y cómelo; y te amargará el vientre, pero en tu boca será dulce como la miel. Entonces tomé el librito de la mano del ángel, y lo comí; y era dulce en mi boca como la miel, pero cuando lo hube comido, amargó mi vientre. [Ap. 10:9-10]

Juan ahora es un participante en este gran drama que se está desarrollando ante nosotros. A él se le pide que haga algo muy extraño, tiene un significado muy típico. Él come ese librito siguiendo las instrucciones del ángel, y el resultado es algo amargo-dulce. El comer el librito significa el recibir la Palabra de Dios con fe, y ésa es la enseñanza de la Palabra de Dios. En Jeremías 15:16, leemos: Fueron halladas tus palabras, y yo las comí; y tu palabra me fue por gozo y por alegría de mi corazón; porque tu nombre se invocó sobre mí, oh Jehová Dios de los ejércitos. De modo que, Jeremías compara a la palabra y el apoderarse de ella, con el comerla.

Ezequiel 3:1-3, hace lo mismo: Me dijo: Hijo de hombre, come lo que hallas; come este rollo, y ve y habla a la casa de Israel. Y abrí mi boca, y me hizo comer aquel rollo. Y me dijo: Hijo de hombre, alimenta tu vientre, y llena tus entrañas de este rollo que yo te doy. Y lo comí, y fue en mi boca dulce como miel. Aquí no se está hablando de pan. Ezequiel dice que él lo comió, y era como algo dulce. Así es como es la Palabra de Dios. Es pan, pero también es agridulce. Nuevamente podemos leer allá en Proverbios 16:24, dice: Panal de miel son los dichos suaves; suavidad al alma y medicina para los huesos. El Salmo 119:103, dice: ¡Cuán dulces son a mi paladar tus palabras! Más que la miel a mi boca.

Eso es algo que glorifica a Dios.

La parte de la Palabra de Dios que tomó Juan era juicio. Era dulce el conocer el futuro y que Dios dijera como le dijo a Abraham: ¿Encubriré yo a Abraham lo que voy a hacer? Dios dice, "Somos amigos, y Yo te voy a decir lo que voy a hacer". (Gn. 18:17) Es dulce el saber eso. Pero cuando uno descubre que se acerca un juicio, eso es amargo. Juan recibió entusiastamente la Palabra de Dios, pero cuando él vio que el juicio seguiría, eso trajo pena y tristeza a su corazón. Era dulce en su boca, y amargo en su digestión. Si usted y yo nos deleitamos en leer esta sección de la Palabra de Dios, y en los juicios que van a caer sobre la tierra, y podemos deleitarnos en esto, entonces necesitamos orar mucho para comprender el pensamiento de Dios aquí, porque es dulce el reconocer la relación y lo que Dios va a hacer. Cuando vemos que éste es un juicio, y miramos a nuestro alrededor en el presente a un mundo que rechaza a Cristo, no podemos regocijarnos en esto. Esto se vuelve amargo.

Luego tenemos otra verdadera aplicación aquí. Hay muchas personas que comienzan a estudiar las profecías con entusiasmo, pero cuando descubren que esto se aplica a la vida diaria, y hace demandas personales de ellas, pierden interés, y llega a ser algo amargo. Uno escucha a personas que dicen: "Ah, yo no quiero oír nada en cuanto al Libro de Apocalipsis. No me gusta la profecía. Me asusta". Se supone que tiene que hacer eso. Pero debería ser en su boca dulce como la miel. Desafortunadamente, hay muchas personas que gustan de estudiar la profecía porque son curiosos por naturaleza. Quieren saber el futuro, pero entonces descubren que no hay nada en la Palabra de Dios que hable tanto en cuanto a una vida santa como lo es el estudio de la profecía. Y todo aquél que tiene esta esperanza se purifica a sí mismo. (1 Jn. 3:3). Usted no puede vivir una vida sucia y ser un estudiante de la profecía. Sería algo anormal si eso es cierto. Ésa es la razón por la cual tenemos tantas cosas anormales hoy en la profecía. Porque la Palabra de Dios no está dando resultado en el corazón de los hombres y en la vida de muchos hombres; y es desafortunado que muchas personas se interesen en la profecía, pero no en la forma cristiana de vivir.

Hace algunos años cuando yo acababa de venir a California, fui a visitar al Dr. Gaebelein, mientras él visitaba aquí. El Dr. Gaebelein me preguntó, cómo iban las cosas en mi iglesia, y yo le respondí que estaban bien, que me gustaban mucho. Pero le conté que había algo extraño allí, algo bastante común en todas las iglesias, pero que yo no lo había notado antes. Yo podía enseñar el Libro de Apocalipsis en la iglesia y ésta se podía ver colmada, aunque fuera un miércoles por la noche; pero que cuando enseñaba algún estudio sobre la Epístola a los Romanos, por ejemplo, entonces estaba casi vacía. Eso es cierto, no hay muchas personas interesadas en eso. La respuesta que el Dr. Gaebelein me dio, fue: "Hermano, usted va a descubrir que muchos de los santos están más interesados en el anticristo que en Cristo". Eso también lo he descubierto yo.

Y él me dijo: Es necesario que profetices otra vez sobre muchos pueblos, naciones, lenguas y reyes. [Ap. 10:11]

Podemos estar seguros de una cosa y es que Juan estaba completamente integrado. Él creía que todas las naciones y todas las gentes, todas las lenguas, todas las razas deberían escuchar la Palabra de Dios. Pero ellos necesitan escucharla porque necesitan ser advertidos del juicio que se acerca, y que, si ellos pasaban a través del período de la Gran Tribulación, descubrirían que ése no era el milenio, sino que era todo lo opuesto. Entonces pensarían que ellos habían entrado al mismo infierno. Por lo tanto, esta parte hace entristecer a Juan. Ésa es la razón por la cual este libro resultó amargo para él. Era necesario que él profetizara a muchos antes de que Cristo viniera en Su reino. Y seguirá mucha profecía. Aún no hemos llegado a la mitad de este libro, y la profecía contra las naciones y las gentes es necesaria. Es un juicio que se acerca. Así es que una nueva serie de profecías comenzará en el capítulo 12, y allí se revelará el hecho de que aún habría mucho que decir.

Creo que el estudio de la profecía tendrá un efecto o resultado muy definido en su día. O lo llevará a usted más cerca de Cristo o le separará a usted más de Él.

CAPÍTULO 11

Interludio entre la sexta y la séptima trompetas; la séptima trompeta suena

En los primeros catorce versículos del capítulo 11, continúa con el paréntesis o interludio entre la sexta y la séptima trompeta. Entonces en los últimos versículos, tenemos el sonar de la séptima trompeta. Vemos que restan 42 meses del tiempo de los gentiles, y que hay dos testigos que profetizan en este período. Ése es el segundo ay, y ahora se va a tocar la séptima trompeta.

La fecha de la conclusión del tiempo de los gentiles, se encuentra en los primeros dos versículos. Luego, en los versículos 3 hasta el 12, tenemos la duración de la profecía de los dos testigos. Después, en los versículos 13 y 14, tenemos la condena del segundo ay, y el gran terremoto, y que se toca la séptima trompeta. Aquí tenemos el tocar de la séptima trompeta, la Gran Tribulación, y la apertura del templo en el cielo. Eso lo veremos en los versículos 15 al 19.

Este capítulo nos hace regresar al terreno del Antiguo Testamento. Aquí veremos al templo. Estaremos tratando aquí con períodos que no tenían que ver con la iglesia, y se hace una diferencia entre los judíos y los gentiles, lo cual indica que estamos otra vez en la época del Antiguo Testamento.

Cronológicamente, la séptima trompeta nos lleva al regreso de Cristo, al fin del período de la Gran Tribulación.

La fecha para el fin o la conclusión del "tiempo de los gentiles"

Aquí tratamos con una indicación de períodos de tiempo proyectados para el fin de la Gran Tribulación.

Entonces me fue dada una caña semejante a una vara de medir, y se me dijo: Levántate, y mide el templo de Dios,

*y el altar, y a los que adoran en él. Pero el patio que está
fuera del templo déjalo aparte, y no lo midas, porque ha
sido entregado a los gentiles; y ellos hollarán la ciudad
santa cuarenta y dos meses. [Ap. 11:1-2]*

Ése es el período del cual el Señor Jesucristo habló, cuando Él dijo
que Jerusalén iba a ser hollada por los gentiles hasta que se cumpliera
el tiempo de los gentiles. (Lc. 21:24) Muchas personas pensaron que
cuando Israel obtuvo a Jerusalén, que había llegado esto. Pero no lo era,
porque debemos decir para comenzar, que Jerusalén aún está siendo
hollada por los gentiles. Todo lo que uno necesita hacer es ir a ese
lugar y caminar por las calles de la antigua ciudad, y si usted encuentra
a un judío, pues, me lo dice porque es muy difícil encontrarlo. Allí hay
personas de todas las otras razas, grupos cristianos de muchos lugares
visitando los lugares sagrados en la antigua ciudad de Jerusalén. Así es
que Jerusalén está siendo hollada ahora. Cuando uno llega al período
de la Gran Tribulación, uno llega en parte a la última mitad de ese
período, y el tiempo de los gentiles se acabará antes de estos 42 meses.
Ésta es la mitad del período de la Gran Tribulación.

Entonces me fue dada una caña semejante a una vara de medir.
Cada vez que uno ve el principio de medir en el Antiguo o el Nuevo
Testamento, esto indica que Dios está comenzando a tratar con la
nación de Israel. (Véase Zac. 2, y Jer. 31:38-39) La caña era como una
vara de medir; la vara es usada por el pastor. En el Salmo 2:9, leemos:
Los quebrantarás con vara de hierro; como vasija de alfarero los
desmenuzarás. Ése es un castigo y juicio. Así es que con lo que estamos
tratando aquí es con la duración del tiempo dada para los tiempos de los
gentiles, y luego el juicio caerá sobre ellos. La vara también es algo que
ayuda o consuela. En el Salmo 23:4, leemos: Aunque ande en valle de
sombra de muerte, no temeré mal alguno, porque tú estarás conmigo;
tu vara y tu cayado me infundirán aliento. Así es que, en este capítulo,
tenemos juicio y consuelo.

El templo de Dios, está limitado al Lugar Santo y el Lugar Santísimo
en el idioma original. Es decir, el templo de Dios nos lleva otra vez al
terreno del Antiguo Testamento donde no hay un templo dado a la
iglesia misma. En realidad, la iglesia es un templo del Espíritu Santo
hoy; es decir, los creyentes son un templo, no es un edificio. El Apóstol

Pablo dice en su Epístola a los Efesios 2:21-22: En quien todo el edificio, bien coordinado, va creciendo para ser un templo santo en el Señor, en quien vosotros también sois juntamente edificados para morada de Dios en el Espíritu.

El altar aquí se refiere al altar de oro de oración. El altar del holocausto no estaba dentro del templo mismo, sino que estaba en el patio de afuera.

Hasta los adoradores tienen que ser medidos. A él se le dijo que se levantara y que midiera el templo de Dios y el altar, y a los que adoran en él. Ellos tienen que ser medidos. Dios cuenta a aquéllos que le adoran.

Pero el patio que está fuera del templo déjalo aparte. La palabra griega es ekbálo, "echar o expulsar". Esto incluye todo aquello que no pertenece al templo propio. El altar del holocausto estaría afuera, y también el altar de bronce. Ya que el altar era un cuadro de la cruz de Cristo, me parece a mí que el evangelio de la cruz de Cristo aún está al alcance de toda la humanidad durante la intensidad de esta breve crisis. No debe ser medido porque aún está al alcance de todos.

Ha sido entregado a los gentiles, declara que aunque este período todavía les pertenece a los gentiles, su dominio ha sido limitado a 42 meses del período de la Gran Tribulación. Hemos dicho que esto confirma las palabras del Señor Jesucristo en Lucas 21:24.

Cuarenta y dos meses es el período de tres años y medio, identificado con la última mitad del período de la Gran Tribulación. Esto se repite en Apocalipsis 13:5: También se le dio boca que hablaba grandes cosas y blasfemias; y se le dio autoridad para actuar cuarenta y dos meses. Ésta es la última mitad del reino del anticristo sobre esta tierra. Ese período de 3 años y medio es mencionado otra vez en Apocalipsis 12:14: Y se le dieron a la mujer las dos alas de la gran águila, para que volase de delante de la serpiente al desierto, a su lugar, donde es sustentada por un tiempo, y tiempos, y la mitad de un tiempo. Es decir, tres años y medio de delante de la serpiente.

Esto nos hace regresar al Libro de Daniel. Daniel tenía mucho que decir en cuanto a este período. En Dn. 7:25, Daniel dice: Y hablará palabras contra el Altísimo, y a los santos del Altísimo quebrantará, y pensará en cambiar los tiempos y la ley; y serán entregados en su mano hasta tiempo, y tiempos, y medio tiempo. Esto es, tres años y medio, porque Daniel vuelve a decir en el capítulo 12:11: Y desde el tiempo que sea quitado el continuo sacrificio hasta la abominación desoladora, habrá mil doscientos noventa días. Ésos son tres años y medio. Así es que Daniel también hablaba de eso. Otra vez, Daniel, hablando del anticristo, dice: Y por otra semana confirmará el pacto con muchos; a la mitad de la semana hará cesar el sacrificio y la ofrenda. Después con la muchedumbre de las abominaciones vendrá el desolador, hasta que venga la consumación, y lo que está determinado se derrame sobre el desolador. (Dn. 9:27) Esa semana de Daniel es de siete años; así es que aquí tenemos este período de siete años, que es la septuagésima semana de Daniel o la Gran Tribulación.

Ésta es una sección misteriosa y extraña. Es una sección bastante difícil, y ahora llegamos a algo que es bastante fuera de lo común.

Duración de la profecía de los dos testigos

Y daré a mis dos testigos que profeticen por mil doscientos sesenta días, vestidos de cilicio. [Ap. 11:3]

Hay bastante opinión dividida en cuanto a la identidad de estos dos testigos. Se nos presentan sin ninguna sugerencia de quiénes pueden ser. Godet dice lo siguiente: "Ellos son las figuras más asombrosas de este libro". Si la identidad de estos dos testigos fuera algo esencial para la comprensión o el entendimiento de este libro, entonces creo que tendríamos una indicación dada en cuanto a su persona. Pero son porciones como éstas que son aprovechadas por aquellos predicadores sensacionalistas, o como los llama Walter Scott: "Declaraciones extravagantes de traficantes en profecía". Éstos se encuentran en lugares como éste. Esta clase de gente puede decirle a usted qué fue lo que dijeron los truenos, aunque Juan no lo podía escribir y no lo hizo. Pero aquí se nos presentan estos dos testigos, y hay muchos que pueden decirle a usted quiénes eran ellos. Los que han apoyado una vista histórica del Apocalipsis, mencionan a personas como Juan Huss, el Papa Silvestre, Waldenson, y los dos testamentos. Como usted se puede dar cuenta, uno puede salir con cualquier cosa desde ese punto de vista. Los que mantienen el punto de vista futurista—el punto de vista que mantengo yo—no están de acuerdo completamente en cuanto a quiénes son estos testigos. Seiss y Govett dicen que son Enoc y Elías. The Apocalypse Expounded by Scripture [La Apocalipsis expuesta por Escritura], (Pág. 225) dice que "El Evangelio de Nicodemo", contiene la siguiente declaración: "Yo soy Enoc, quien agradó a Dios y fue arrebatado por Él. Y éste es Elías tisbita. Nosotros viviremos hasta el fin de las edades. Pero entonces, vamos a ser enviados por Dios para resistir al anticristo y ser muertos por él, y a resucitar después de tres días y a ser llevados a las nubes para encontrarnos con el Señor".

Los comentaristas Dean Alford, Walter Scott y Donald Grey Barnhouse declaran que éstos son Moisés y Elías. William Newell hace algo muy inteligente, por cierto; no trata de identificarlos. Hay otra posibilidad. Éstos podrían ser dos testigos desconocidos, es decir que todavía no sabemos quiénes son. Son testigos humanos; eso parece cierto, pero no se nos da ninguna descripción en cuanto a esto. Según la ley hacen falta dos personas para ser testigos. En Deuteronomio 17:6, leemos: Por dicho de dos o de tres testigos morirá el que hubiere de morir; no morirá por el dicho de un solo testigo.

El Señor Jesucristo también dijo lo mismo en cuanto a la iglesia: Mas si no te oyere, toma aún contigo a uno o dos, para que en boca de dos o tres testigos conste toda palabra. (Mt. 18:16) Así es que la Escritura siempre ha requerido dos testigos para dar testimonio de cualquier cosa antes de que pueda ser oída. Así es que podemos decir en definitiva que éstos son seres humanos, y que son dos. Ésas son dos cosas de las cuales estamos seguros.

Me parece que es cosa segura el decir que Elías es uno de ellos, ya que su regreso fue profetizado: He aquí, yo os envío el profeta Elías, antes que venga el día de Jehová, grande y terrible. (Mal. 4:5) Luego el Señor Jesucristo dijo: Respondiendo Jesús, les dijo: A la verdad, Elías viene primero, y restaurará todas las cosas. (Mt. 17:11) De modo que, parece ser que Elías es uno de ellos. Eso lo podríamos decir con cierto grado de seguridad. Pero, ¿qué en cuanto al otro? En el versículo 4, se dice: Estos testigos son los dos olivos, y los dos candeleros que están en pie delante del Dios de la tierra. ¿Ha notado usted, que ésta era una de las expresiones favoritas de Elías? En 1 Reyes 17:1, leemos: Entonces Elías tisbita, que era de los moradores de Galaad, dijo a Acab: Vive Jehová Dios de Israel, en cuya presencia estoy, que no habrá lluvia ni rocío en estos años, sino por mi palabra. Estos testigos son dos candeleros. Son luces en el mundo. La presencia de Elías en el Monte de la Transfiguración sugiere más aún esto, pero para esto haría falta que el segundo testigo fuera Moisés, lo que es mucho más difícil de mantener. Después de todo, el Monte de la Transfiguración no es el único punto de similitud.

Quisiera hacer una sugerencia y eso es todo lo que es, una sugerencia nada más. No voy a ser dogmático en cuanto a esto, ni quiero discutirlo. Sugiero solamente que Juan el Bautista podría ser el segundo testigo. Él es el precursor de Cristo en Su Primera Venida. Él es similar a Elías en la manera de presentar su mensaje, y estoy seguro que estos dos se podrían llevar muy bien. Los dos conocían muy bien lo que eran los oponentes a las fuerzas de las tinieblas, y lo que era tomar una posición por Dios contra fuerzas superiores. Ellos han tenido una preparación en el pasado. Juan el Bautista sería el testigo del Nuevo Testamento, mientras que Elías sería el testigo del Antiguo Testamento. Juan el Bautista en realidad no era parte de la iglesia, la esposa de Cristo, pero como él dijo, no era la esposa. Era un amigo del Esposo.

Me parece improbable que Enoc pudiera ser uno de los testigos ya que él era gentil, y el hecho de que él no murió no lo califica a él para esta función; porque cuando uno llega aquí a la Gran Tribulación, la iglesia ya ha sido trasladada y algunos de ellos han sido trasladados sin morir. Podríamos tomar un testigo de esa multitud, quien quiera que ellos fueran. Así es que podríamos decir con cierta seguridad que Elías es uno de ellos; pero ¿quién es el otro? —es una suposición que cualquiera podría hacer.

Que profeticen por mil doscientos sesenta días. La característica destacada en cuanto a los testigos no es su identidad, sino el momento o el tiempo de su aparición. ¿Es esto durante la primera parte o mitad de la Gran tribulación, o durante la última mitad? Me parece que debería ser la primera mitad, porque ellos testifican hasta que aparece la bestia, y luego mueren como mártires.

Vestidos de cilicio, y eso va mejor con el período de la ley, que con el de la gracia. Eso es más apropiado para Elías y Juan el Bautista.

Estos testigos son los dos olivos, y los dos candeleros que están en pie delante del Dios de la tierra. Si alguno

> *quiere dañarlos, sale fuego de la boca de ellos, y devora*
> *a sus enemigos; y si alguno quiere hacerles daño, debe*
> *morir él de la misma manera. [Ap. 11:4-5]*

Todo aquí está relacionado con el Antiguo Testamento. Los dos olivos sugieren la visión de Zacarías 4. Allí los candeleros son dos individuos, Josué y Zorobabel a quienes el Espíritu Santo permitió mantenerse firmes contra dificultades insuperables. La explicación se encuentra en las palabras de Zacarías 4:6: Entonces respondió y me habló diciendo: Ésta es palabra de Jehová a Zorobabel, que dice: No con ejército, ni con fuerza, sino con mi Espíritu, ha dicho Jehová de los ejércitos. Eso podríamos traducirlo como "no con músculo ni con cerebro sino con Mi Espíritu, ha dicho Jehová de los ejércitos". Podemos apreciar que el Espíritu Santo estará presente, y Él estará presente en el período de la Gran Tribulación.

Estos dos testigos son una luz ante los poderes de las tinieblas. A estos hombres se les ha dado poderes milagrosos para hacer caer fuego del cielo. Están llenos del Espíritu Santo. Aquí también tenemos otra sugerencia a favor de Elías. (Véase 1 R. 18:38; 2 R. 1:10) Juan también hizo una declaración en cuanto a Uno bautizando con fuego. (Véase Mt. 3:11)

Estos dos testigos son inmortales y son inmunes a todos los ataques hasta que su misión ha concluido. Esto ha sido un mensaje para nosotros. Esto nos habla directamente a nosotros y nos toca donde vivimos. Da mucho ánimo el saber que los hombres de Dios son inmortales hasta cuando Él haya terminado Su tarea con ellos. Ésa es una de las razones por las cuales tengo una fe un poco débil a través de nuestro programa de cinco años, con todos los problemas que he tenido, y en especial en mi vida con los problemas del cáncer que tuve en el pasado. Pero yo oré ante Dios y también pedí que la gente orara para que Dios me permitiera llegar a la conclusión de nuestro programa de 5 años. Es necesario que continuemos orando para que el Señor ayude a proseguir con nuestro programa hasta que Él venga por Su iglesia. Bien, como he dicho, estos hombres que se mencionan como testigos aquí son inmortales, y así son los hombres de Dios hasta cuando Dios dé punto final a su actuación. Éste es un pensamiento que me da mucho consuelo hoy, y cuando Él haya acabado con ellos, entonces les sacará de la tierra.

Éstos tienen poder para cerrar el cielo, a fin de que no lluva en los días de su profecía; y tienen poder sobre las aguas para convertirlas en sangre, y para herir la tierra con toda plaga, cuantas veces quieran. [Ap. 11:6]

Esto que se menciona es lo que ha causado que ciertos hombres destacados elijan a Elías, porque él fue quien detuvo la lluvia. Y también a Moisés, porque él fue quien trajo las plagas a Egipto. Hay buenas razones por creer eso, pero cualquier cosa que se diga en cuanto a estos dos testigos es pura especulación. El caso es que a estos testigos se les dio autoridad sin límite. Ellos controlaban la lluvia sobre la tierra. Podían cambiar el agua en sangre. Por cierto que eso nos hace acordar de Elías y Moisés.

Y para herir la tierra. Ellos también pueden herir. Ellos tienen el mismo poder que Cristo tendrá cuando Él regrese. (Véase Ap. 19:15)

Con cada plaga sugiere las plagas que Moisés impuso sobre Egipto, pero las plagas aquí son en mayor cantidad ya que el territorio es más vasto.

Cuantas veces quieran revela la confianza que Dios ha colocado en estos siervos fieles Suyos. Dios no puede confiarnos a usted o a mí con poder. Ésa es la razón por la cual muchos hombres son sacados de sus cargos: Dios les quita de allí después de un período de tiempo, y el tiempo siempre está de Su lado. ¿Por qué? Porque no puede confiar poder a los hombres, y es bueno que muchos de nosotros no lo tengamos.

Cuando hayan acabado su testimonio, la bestia que sube del abismo hará guerra contra ellos, y los vencerá y los matará. [Ap. 11:7]

Los testigos ya han concluido su testimonio, y es la mitad de la semana; es entonces cuando el anticristo, quien es la bestia, el hombre de pecado, quien está tomando el poder, trayendo de regreso el primer Imperio Romano. Luego él controla el mundo, y cuando lo tenga bajo su control, entonces no va a dudar un momento en dominar y destruir a estos dos testigos. En ese momento se le permitirá que haga eso. Es decir, que ésta es una victoria temporal de las tinieblas sobre la luz, del mal sobre la justicia, del infierno sobre el cielo, de Satanás sobre Dios, porque Dios va a soltar a Satanás durante ese período.

Estos testigos han hecho honor a Su nombre. "Mártus" es la palabra que se usa para testigo. De allí sacamos la palabra "mártir".

> *Y sus cadáveres estarán en la plaza de la grande ciudad que en sentido espiritual se llama Sodoma y Egipto, donde también nuestro Señor fue crucificado. [Ap. 11:8]*

Estos hombres no reciben ni siquiera una sepultura decente. Esto revela el barbarismo crudo, frío de los últimos días. La gente tiene solamente una apariencia superficial de cultura, y eso es lo que ocurre con nosotros en el presente. El que sus cadáveres queden en la plaza de la ciudad sin ser sepultados, es similar a lo que ocurre a las naciones donde permiten que algunos muertos famosos permanezcan a la vista del público hasta que sus cuerpos comienzan a deteriorarse. El extraño uso de los cuerpos así demuestra el odio y el desprecio que el mundo tenía por estos dos testigos. Los tratan como animales muertos.

La gran ciudad es Jerusalén. Es comparada a Sodoma y a Egipto. (Véase Is. 1:10.) Es llamada "Egipto" porque el mundo ha entrado a cada fibra de la vida, social y política, y es identificada definitivamente como Jerusalén por lo que dice la parte final de este versículo: donde también nuestro Señor fue crucificado.

> *Y los de los pueblos, tribus, lenguas y naciones verán sus cadáveres por tres días y medio, y no permitirán que sean sepultados. [Ap. 11:9]*

Después que el Señor Jesucristo fue crucificado, Pilato permitió a los amigos del Señor que quitaran Su cuerpo de la cruz y le dieran una sepultura apropiada, pero eso no ocurre con estos dos testigos. El mundo se verá sorprendido al oír que estaban muertos. Algunos se mostrarán escépticos. Aparentemente esa generación futura tendrá algo similar a una cámara de televisión, y por medio de satélites podrá ser transmitida esa imagen a todas partes del mundo, así es que la gente en todas partes podrá ver a estos dos testigos muertos durante tres días y medio. La curiosidad morbosa de una sociedad impía se regocijará en la oportunidad de contemplar a estos muertos. Ésta es la peor ignominia que un mundo depravado puede desatar contra hombres que los han denunciado a ellos y a sus malos caminos. Quizá los testigos han profetizado su resurrección. No se nos dice eso, pero pueden haberlo hecho. Para evitar la posibilidad de otra tumba vacía, no hubo sepultura. Sencillamente se les deja allí afuera, y se mantiene la cámara de televisión sobre ellos. Todas las compañías de televisión tienen sus cámaras enfocadas en los cuerpos de estos hombres. Pasan tres días y medio y luego sucede algo.

> *Y los moradores de la tierra se regocijarán sobre ellos y se alegrarán, y se enviarán regalos unos a otros; porque estos dos profetas habían atormentado a los moradores de la tierra. [Ap. 11:10]*

La muerte de los dos testigos es una ocasión para celebrar como un gran carnaval en la tierra. El mundo participa en Carnal y Navidad juntas. El mundo ha adoptado la filosofía de "comamos y bebamos que mañana moriremos". El comentarista Dr. Newell lo describe de la siguiente manera: "Aquí se presenta la verdadera revelación del corazón del hombre. Avaricia, enajenación, inhumano, brutal, infernal, la humanidad entera se regocija por la muerte de estos hombres".

Y se enviarán regalos unos a otros hace de esto una hermosa ocasión, porque ésta es la Navidad del diablo. La celebración moderna de Navidad hoy se aparta cada vez más del nacimiento de Cristo, y se acerca cada vez más al paganismo. Llegará el día cuando será anticristiano. Ya casi es eso hoy. Aquí tenemos la celebración de lo que el anticristo ha hecho, en lugar de celebrar la venida de Cristo a Belén.

Entonces, algo sucede:

> *Pero después de tres días y medio entró en ellos el espíritu de vida enviado por Dios, y se levantaron sobre sus pies, y cayó gran temor sobre los que los vieron. [Ap. 11:11]*

Mientras el mundo está celebrando lleno de júbilo la muerte de estos testigos, y las cámaras de televisión están enfocadas sobre sus cuerpos, los testigos se ponen de pie. Y todas las compañías de televisión lamentarán el haber tenido sus cámaras enfocadas en ellos, porque en realidad no querrán presentar las noticias tal como son. A propósito, ésa es la palabra bíblica para resurrección: Se levantaron sobre sus pies. Estos testigos están entre los santos de la tribulación, quienes tendrán parte en la primera resurrección. (Véase Ap. 20:4-6) Supongo que en noticias como éstas habrá alguno que quiere tomar ventaja sobre los demás, pero todas las cadenas de televisión habrán tenido sus cámaras enfocadas en esto. Quizá para el momento en que esto suceda haya nuevos aparatos de televisión que hagan que la televisión de hoy parezca ser algo anticuado y fuera de lugar.

Y oyeron una gran voz del cielo, que les decía: Subid acá. Y subieron al cielo en una nube; y sus enemigos los vieron. [Ap. 11:12]

Ellos suben al cielo. En el versículo 11 tenemos la resurrección de los testigos, y en el versículo 12 tenemos la ascensión de los testigos. La nube de gloria está asociada con la ascensión y venida de Cristo también.

La condena del segundo ay, y un gran terremoto

Hemos tenido el sonar de la sexta trompeta, y estamos en ese intervalo entre la sexta y la séptima trompetas. Éstas son las trompetas de ayes, y el segundo ay está relacionado a la sexta trompeta—es un gran terremoto.

En aquella hora hubo un gran terremoto, y la décima parte de la ciudad se derrumbó, y por el terremoto murieron en número de siete mil hombres; y los demás se aterrorizaron, y dieron gloria al Dios del cielo. [Ap. 11:13]

La cantidad de personas muertas, debe ser agregada al cuarto de la población que fue muerta al principio. Es decir, un cuarto de la población del mundo, y luego, una tercera parte de la población del mundo, más de la mitad; y ahora siete mil más. No me sorprende entonces que el Señor haya dicho: Y si aquellos días no fuesen acortados, nadie sería salvo... (Mt. 24:22)

Este terremoto parece estar limitado a la ciudad de Jerusalén, del mismo modo en que ocurrió cuando Cristo resucitó de entre los muertos, (véase Mt. 28:2) y también a Su crucifixión. (Véase Mt. 27:51-52)

Aquí dice que en número de siete mil hombres murieron en esta ocasión. Ésa en griega es una forma de expresar que estos hombres eran hombres destacados, y que eran aquéllos que habían seguido al anticristo, hombres cuyos nombres eran mencionados en los titulares cuando el anticristo llegó al poder.

El segundo ay pasó; he aquí, el tercer ay viene pronto. [Ap. 11:14]

Así concluye el segundo ay. El tercero, seguirá pronto, como dice aquí, aunque no es inmediatamente. El tercer ay no es el tocar de la séptima trompeta. Eso será lo que sigue aquí. Esto nos lleva más allá de la gran tribulación al milenio. La séptima trompeta de igual manera nos presenta las siete personalidades o los siete personajes de los capítulos 12 y 13. El tercer ay comienza cuando Satanás, uno de los personajes, es arrojado a la tierra. Eso lo veremos en el capítulo 12, versículo 12.

La séptima trompeta—fin de la Gran Tribulación y la apertura del templo en el cielo

Nos encontramos en medio de todos estos ayes, y de los juicios de la Gran Tribulación, que se han insertado aquí para darles ánimo a los creyentes que habrán quedado sobre la tierra, aquéllos que habían sido sellados. Ellos pueden desanimarse mucho con varios de estos años, aunque la relación total del período de la Gran Tribulación no es más que siete años, pero la intensidad de la última mitad de ese período, aunque no nos demoramos mucho en leerlo, puede ser algo demasiado para muchos. Yo encuentro que si tengo que pasar siete días en un hospital, pienso que esos días nunca se acaban. Es necesario recibir algo de ánimo, para pasar ese tiempo.

El séptimo ángel tocó la trompeta, y hubo grandes voces en el cielo, que decían: Los reinos del mundo han venido a ser de nuestro Señor y de su Cristo; y él reinará por los siglos de los siglos.

Y los veinticuatro ancianos que estaban sentados delante de Dios en sus tronos, se postraron sobre sus rostros, y adoraron a Dios,

Diciendo: Te damos gracias, Señor Dios Todopoderoso, el que eres y que eras y que has de venir, porque has tomado tu gran poder, y has reinado. Y se airaron las naciones, y tu ira ha venido, y el tiempo de juzgar a los muertos, y de dar el galardón a tus siervos los profetas, a los santos, y a los que temen tu nombre, a los pequeños y a los grandes, y de destruir a los que destruyen la tierra. [Ap. 11:15-18]

El tocar de la séptima trompeta es algo de gran significación. Tiene un significado especial para la comprensión del resto de este libro. En el programa de Dios, nos lleva cronológicamente a la emocionante entrada de la eternidad, donde el misterio de Dios es finalmente desenrollado, y nos lleva en el programa de Dios hasta el capítulo 21 de Apocalipsis, donde comienza la eternidad. El Espíritu Santo nos da aquí un esquema amplio de los hechos que tienen significación para Dios. Esta sección es un sumario, un extracto, una cápsula, o podríamos decir, una sinopsis de los hechos a la puerta de la eternidad. Si logramos enfocar estos hechos, vamos a comprender aquello de lo que estamos hablando.

1. Hubo grandes voces en el cielo cuando se tocó la séptima trompeta. Cuando se abrió el séptimo sello, hubo silencio en el cielo. Aquí tenemos un contraste, porque al tocarse la séptima trompeta se revela el programa de Dios y se aclara este misterio de Dios; y todas las inteligencias creadas por Dios pueden ver el fin ahora, y se muestran jubilosos al anticipar la terminación del mal que está tan cerca. Es un tiempo de gozo para ellos.

2. Luego se mencionan los reinos del mundo. La verdad es que, no son reinos, en plural, sino que debería ser reino—en singular—reino del mundo. Esto demuestra el hecho de que los reinos de este mundo en el presente están bajo Satanás; todos están aquí. No hay ninguna diferencia de naciones, sean del oriente o del occidente, todas están aquí. Todos los bandos o lados están unidos en su dominio. Hay muchas personas que opinan que Satanás controla cierta parte de este mundo, y que el Señor está controlando otra parte, y que sus ángeles están sobrevolando las capitales de esas naciones. Esos ángeles puede que no sean los ángeles de Dios que estén sobrevolando algunas capitales. Parece que no es así. En realidad, todos los reinos de este mundo son suyos, de Satanás. Así

es que, es llamado un reino, en singular, y no reinos del mundo. Es la totalidad de una civilización y sociedad de la cual se jactan los hombres de haber mejorado, pero que cada día que pasa llega a ser más y más impía y malvada. Es una civilización condenada que se está dirigiendo al juicio.

Eso llegará a ser el reino de Cristo algún día. Aquí dice: De nuestro Señor y de su Cristo. Este reino va a ser dominado algún día, y eso no va a suceder por alguna charla azucarada sobre la hermandad y el amor. Esto será entregado a Él, al Señor, y Él va a reinar, porque se nos dice en las Escrituras: Se levantarán los reyes de la tierra, y príncipes consultarán unidos contra Jehová y contra su Ungido, diciendo: Rompamos sus ligaduras, y echemos de nosotros sus cuerdas. (Sal. 2:2-3) Estalló una rebelión contra el Señor y Su Cristo (el Mesías Ungido) cuando Jesús fue arrestado. La iglesia primitiva entendía que ésta era la condición del mundo, porque citaron el Salmo 2 cuando estalló persecución contra la iglesia primitiva. (Véase Hch. 4:23-26) Así era la condición del mundo cuando comenzó la iglesia. Ellos citaron esto cuando se desató la persecución contra la iglesia primitiva. Leemos en el Salmo 2:9: Los quebrantarás con vara de hierro; como vasija de alfarero los desmenuzarás. Vamos a ver los detalles de lo que se nos da aquí en esta sección, en el capítulo 19, cuando Él vaya a dominar esa rebelión. Usted puede ver por tanto que la séptima trompeta se está dirigiendo, paso a paso, hacia la eternidad.

3. Los 24 ancianos que estaban sentados delante de Dios, comienzan a adorarle, postrándose sobre su rostro, diciendo, Te damos gracias, Señor Dios Todopoderoso, el que eres y que eras y que has de venir, porque has tomado tu gran poder, y has reinado. Esta revelación provoca que la iglesia en el cielo adore y celebre la venida de Cristo a la tierra. Ésta será la respuesta a nuestras oraciones de: Venga tu reino. Hágase tu voluntad, como en el cielo, así también en la tierra. (Mt. 6:10)

4. Las naciones se mostraban airadas, revela el hecho de que la rebelión obstinada del hombre continuará hasta el mismo fin, hasta la cuerda final. El corazón obstinado del hombre se encuentra en rebelión contra Dios. Esta vieja naturaleza, esta naturaleza carnal que usted y yo tenemos, no es obediente a Dios. Amigo, usted ni siquiera puede hacer

que esta vieja naturaleza que tenemos sea obediente a Dios. No importa lo que usted haga. Eso es exactamente lo que Pablo dice en Romanos 8:7: Por cuanto los designios de la carne son enemistad contra Dios; porque no se sujetan a la ley de Dios, ni tampoco pueden. Usted no puede controlar esta vieja naturaleza. Ésa es la razón por la cual Él la va a quitar algún día. Y ese día se aproxima.

5. Se dice que se airaron las naciones, porque venía la ira de Dios. Estos habían sido alimentados con esa comida contaminada diciendo que Dios nunca iba a castigar el pecado, y que el hombre está mejorando cada vez más y cada día, cuando la realidad es que está empeorando cada vez más.

6. Y el tiempo de juzgar a los muertos. Esto nos lleva al Gran Trono Blanco. (Véase Ap. 20:11-15)

7. Y de dar el galardón a tus siervos los profetas, a los santos, y a los que temen tu nombre, a los pequeños y a los grandes. La iglesia ya ha entrado a Su presencia, y los creyentes ya han recibido su recompensa indicado por las coronas sobre las cabezas de los ancianos. Aquí se refiere a los santos del Antiguo Testamento, y a los santos de la Tribulación que han sido incluidos en la primera resurrección, pero en un momento diferente. Éstos ahora van a recibir su recompensa al comenzar el reino.

8. Él también va a destruir a los que destruyen la tierra. Esto se refiere al hombre y a Satanás. El hombre es destructor como lo es también Satanás. Pedro nos ha advertido en cuanto a Satanás: Sed sobrios, y velad; porque vuestro adversario el diablo, como león rugiente, anda alrededor buscando a quien devorar. (1 P. 5:8).

Y el templo de Dios fue abierto en el cielo, y el arca de su pacto se veía en el templo. Y hubo relámpagos, voces, truenos, un terremoto y grande granizo. [Ap. 11:19]

Cuando volvamos a ver a la iglesia, será en la nueva Jerusalén, y se nos dice a nosotros claramente que no habrá templo allí. Aquí hay un templo en el cielo. El templo que hizo Moisés fue hecho siguiendo los planes del que estaba en el cielo. Y el templo de Dios fue abierto en el cielo indica que Dios está tratando ahora con Israel.

Fue abierto indica adoración y acceso a Dios. Todo esto señala a la nación de Israel. La iglesia no tiene templo. El medir el templo sobre la tierra, la apertura del templo en el cielo, declara la prominencia de Israel en esta sección. El siguiente capítulo subrayará esto.

Y el arca de su pacto se veía en el templo. Esto nos hace recordar que estamos tratando con un Dios que ha hecho el pacto y que cumple el pacto. Él va a cumplir el pacto que ha hecho con Israel, y Él hará un nuevo pacto con ellos en esa ocasión. Es decir que la ley será escrita en sus corazones en lugar de frías planchas de piedra. (Véase Jer. 31:31-34; He. 8:8-13)

Y hubo relámpagos, voces, truenos, un terremoto y grande granizo. Esto nos habla de los juicios que vendrán.

CAPÍTULO 12

Siete personajes durante la Gran Tribulación

El tema de este capítulo es el conflicto final entre Israel y Satanás después que él ha sido arrojado del cielo. Se presentan siete personajes o personalidades (véase Cáp. 12-13) por esta séptima trompeta que se toca durante el período de la Gran Tribulación. Aunque la séptima trompeta nos lleva a través de la Gran Tribulación y el milenio, al umbral mismo de la eternidad, se ha omitido mucho detalle. Así es que comenzando con el capítulo 12, esto será compensado presentándonos a siete personalidades de mucha importancia que juegan una parte sobresaliente en el período de la Gran Tribulación. Después de esto, tendremos el derramamiento de las siete copas de la ira, y luego la destrucción final de la Babilonia comercial y la Babilonia religiosa.

La prominencia de la nación de Israel es destacada aquí ante nosotros. En el capítulo anterior, esto había sido sugerido con la medición del templo sobre la tierra, y la apertura del templo en el cielo. El último versículo del capítulo 11 de Apocalipsis, es la apertura de este capítulo 12.

Estos siete personajes son representantes de personas, naturales, y sobrenaturales, físicas y espirituales, gobernantes y naciones, y la identificación y clarificación de éstos es esencial para poder entender correctamente el Libro de Apocalipsis.

La mujer—Israel

Vamos a tomar a la primera persona, y con esto voy a ilustrar lo que estoy diciendo. Hemos llegado ahora al punto crucial de la interpretación de todo el Libro de Apocalipsis. Gira alrededor de esta personalidad.

En cierta ocasión, un destacado ministro, un predicador muy intelectual, hace muchos años ya hizo la siguiente declaración: "Si usted me puede dar la interpretación de la mujer del capítulo 12 de Apocalipsis, yo le daré su interpretación de toda la profecía". Cuando escuché eso, pensé que era una declaración un poco insensata. Sin embargo, he llegado al punto que estoy de acuerdo con él. Creo que ésta es la clave.

Apareció en el cielo una gran señal: una mujer vestida del sol, con la luna debajo de sus pies, y sobre su cabeza una corona de doce estrellas. Y estando encinta, clamaba con dolores de parto, en la angustia del alumbramiento. [Ap. 12:1-2]

Lo importante aquí es hacernos esta pregunta: ¿Quién es esta mujer? Quizá usted conoce la interpretación que Roma da, que aquí se presenta a la virgen María. Hay intérpretes protestantes que están tan equivocados como esto. La mayoría de ellos sigue el método de Roma, y ellos interpretan que la mujer es la iglesia de todos los siglos, y creo que eso es peor. Prácticamente todas las denominaciones siguen esta línea.

Ha habido varias mujeres que han fundado sectas, que no pudieron resistir la tentación de verse a sí mismas demostradas como la mujer mencionada aquí. Joanna Southcott, por ejemplo, dijo que ella era la mujer de Apocalipsis capítulo 12. Ella dijo que en octubre de 1.814 tendría un hijo varón. Eso nunca sucedió, pero la siguieron como 200.000 personas. Ha habido varias que han fundado religiones y sectas que pensaban que ellas eran esta mujer; pero no resultó así. Creo que podemos dejar de lado todas estas declaraciones, a no ser que queramos olvidar una manera inteligente de abordar la interpretación.

Las cosas que destacan a esta mujer son el sol, la luna y las estrellas. Esto pertenece a Israel, como se demuestra en el sueño que tuvo José: Soñó aún otro sueño, y lo contó a sus hermanos, diciendo: He aquí que he soñado otro sueño, y he aquí que el sol y la luna y once estrellas se inclinaban a mí. Y lo contó a su padre y a sus hermanos; y su padre le reprendió, y le dijo: ¿Qué sueño es éste que soñaste? ¿Acaso vendremos yo y tu madre y tus hermanos a postrarnos en tierra ante ti? (Gn. 37:9-10) Jacob interpretó que esto significaba: "¿Debemos tu madre y yo y tus hermanos postrarnos y adorarte?" Ellos hicieron esto más adelante. La madre, por supuesto ya había muerto hacía tiempo, pero por cierto que todo esto es representante de la nación de Israel.

La mujer es una señal en el cielo, aunque su curso, su carrera se desarrolla sobre la tierra. Ella no es una mujer literal. Es un símbolo: La carrera de esta mujer corresponde a la de Israel, porque fue Israel quien dio nacimiento a Cristo, el cual es este hijo varón.

Durante la Navidad usamos Isaías 9:6 y otros versículos que están relacionados con el nacimiento de Cristo. Esto, en realidad, confirma el nacimiento de Cristo, pero eso no es lo que nos concierne a nosotros, sino que eso concierne a la nación de Israel. Porque un niño nos es nacido, hijo nos es dado, y el principado sobre su hombro; y se llamará su nombre Admirable, Consejero, Dios Fuerte, Padre Eterno, Príncipe de Paz. (Is. 9:6) ¿Quién es este "nos" que se menciona al decir: un niño nos es nacido? ¿A quién se está haciendo referencia? ¿A la iglesia? No, amigo. Es a la nación de Israel. Es muy obvio que Isaías estaba hablando a la nación de Israel; y él está hablando a la nación de Israel no en cuanto a un Salvador, sino a un Gobernante, a un Rey, a Alguien que vendría y gobernaría sobre ellos. Porque un niño nos es nacido, hijo nos es dado. Es interesante esto, un niño nos es nacido. Él era humanidad. Pero Él era un Hijo de la eternidad, y Él fue dado.

Será el principado sobre su hombro. No estamos hablando aquí de un Salvador, sino de Alguien que viene a gobernar. Eso lo veremos en este libro. Y se llamará su nombre Admirable, Consejero, Dios Fuerte, Padre Eterno, Príncipe de Paz. No habrá ninguna paz hasta cuando Él venga. Cuando los gobernantes de este mundo dicen: Paz y seguridad, entonces vendrá sobre ellos destrucción repentina... (1 Ts. 5:3). Cuando se desató la primera guerra mundial, había diplomáticos reunidos en una gran conferencia de paz en Holanda, y la mayoría de los delegados debieron eludir los disparos antes de llegar a sus propios hogares. Cuando los hombres hablan de paz y tranquilidad, es perder el tiempo, porque el hombre está buscando obtener la paz desde un punto equivocado. Es el corazón humano que anda mal, y sólo Jesucristo puede traer paz. Él es Príncipe de Paz. Isaías está hablándole a Israel cuando dice, Porque un niño nos es nacido, y ésa es la figura que Juan toma y desarrolla.

El escritor a los Hebreos dijo: Porque manifiesto es que nuestro Señor vino de la tribu de Judá, de la cual nada habló Moisés tocante al sacerdocio. (He. 7:14) Y luego, Pablo dice en Romanos 9:4-5... que son israelitas, de los cuales son la adopción, la gloria, el pacto, la promulgación de la ley, el culto y las promesas; de quienes son los patriarcas, y de los cuales, según la carne, vino Cristo, el cual es Dios sobre todas las cosas, bendito por los siglos. Amén. Pablo está hablando en cuanto a Israel, porque él comenzó haciendo la pregunta: "¿Quienes son los israelitas?" Y ellos son de los cuales, según la carne, vino Cristo. La mujer junto al pozo estaba preguntando: ¿Cómo tú, siendo judío, me pides a mí de beber, que soy mujer samaritana? (Jn. 4:9) Y luego, en Miqueas 5:2-3, leemos: Pero tú, Belén Éfrata, pequeña para estar entre las familias de Judá, de ti me saldrá el que será Señor en Israel; y sus salidas son desde el principio, desde los días de la eternidad. Pero los dejará hasta el tiempo que dé a luz la que ha de dar a luz; y el resto de sus hermanos se volverá con los hijos de Israel. Note que Él iba a nacer en Belén, pero Él sale de la eternidad.

Una situación como ésta está asociada con Israel: Antes que estuviese de parto, dio a luz; antes que le viniesen dolores, dio a luz hijo. ¿Quién oyó cosa semejante? ¿quién vio tal cosa? ¿Concebirá la tierra en un día? ¿Nacerá una nación de una vez? Pues en cuanto Sion estuvo de parto, dio a luz sus hijos. (Is. 66:7-8) Israel pasará por la Gran Tribulación después de que Cristo nació en Belén—antes que estuviese de parto, dio a luz, que quiere decir Cristo.

Así es que identificamos a la mujer con la nación de Israel, y no es ninguna mujer que haya vivido jamás, incluyendo a la virgen María. Es la nación de Israel, y por cierto, que no es la iglesia de todos los tiempos, porque si nosotros sencillamente mantenemos nuestro rumbo aquí, y no perdemos la cabeza, vemos que estamos en el período de la Gran Tribulación, y la iglesia ya había partido al cielo. Así es que esta mujer no es la iglesia de todos los tiempos.

Ahora ella es angustiada. Por cierto, que Israel ha sufrido un antisemitismo satánico desde aquel día hasta el presente. Aún antes de aquel día, porque Satanás sabía que Cristo vendría de esta nación.

El dragón escarlata—Satanás

Ahora, se nos presenta otro personaje, y este personaje no es nada deleitable, por cierto. Éste es un dragón escarlata. No es un personaje de tira cómica, porque no hay nada que dé motivo a risa en cuanto a él. En realidad, esto es algo muy solemne y muy serio.

> *También apareció otra señal en el cielo: he aquí un gran*
> *dragón escarlata, que tenía siete cabezas y diez cuernos,*
> *y en sus cabezas siete diademas. Y su cola arrastraba la*
> *tercera parte de las estrellas del cielo, y las arrojó sobre*
> *la tierra. Y el dragón se paró frente a la mujer que estaba*
> *para dar a luz, a fin de devorar a su hijo tan pronto*
> *como naciese. [Ap. 12:3-4]*

También apareció otra señal en el cielo. Note estas señales que se nos dan; Juan está presentándonos un símbolo. Le dije que, si Juan está dándole un símbolo, él lo aclarará de alguna manera que es un símbolo.

El dragón escarlata es identificado claramente como Satanás en el versículo 9: Y fue lanzado fuera el gran dragón, la serpiente antigua, que se llama diablo y Satanás, el cual engaña al mundo entero; fue arrojado a la tierra, y sus ángeles fueron arrojados con él. Así es que podemos identificar a este personaje sin necesidad de especulación.

En esta segunda señal, el verdadero carácter de Satanás se revela. Él es presentado sin nada que lo oculte.

1. Él es grande, ya que se nos dice que él es un gran dragón escarlata. Y él es grande también a causa de su gran poder. Él tiene control sobre las naciones del mundo, y se las ofreció al Señor Jesucristo, si Él le adoraba, porque esto es lo que Satanás finalmente desea. (Véase Mt. 4:8-9) Él quiere que le adoren. Él le ofreció a Cristo los reinos de este mundo. Él dijo: Son míos. Y lo son. Él los controla en el presente. Ya hemos visto esto. En aquel día era Roma, pero él está controlando a toda nación.

2. Se nos dice que su color es escarlata porque Juan, nos dice que él ha sido homicida desde el principio. (Véase Jn. 8:44) No tiene cuidado por la vida humana. Me pregunto por qué tantos se vuelven hacia él. ¿Por qué es que el alcohol termina dándole muerte a usted? Es el peor asesino que existe en el presente. Es porque Satanás está detrás de esto, amigo, y él no tiene respeto, no tiene interés por la vida humana.

3. A él se le llama un dragón a causa de la perversidad de su carácter. Él fue creado como Lucifer, el sol de la mañana. (Véase Ez. 28:12-19) Pero ahora él es el compendio, la personificación del mal, y la profundidad de la degradación, el más peligroso de todos los seres de la creación de Dios, su enemigo y el mío, si usted es un hijo de Dios.

Más adelante se nos presentará en el capítulo 13 a la bestia que es similar al dragón, y tanto el Imperio Romano restaurado como el anticristo son capacitados y controlados por Satanás. Roma, por medio de Herodes y Pilato, procuró destruir al hijo de la mujer.

Siete cabezas sugiere la perfección de la sabiduría que caracteriza la creación de Satanás, quien era originalmente el querubín protector. Ez. 28:12-16, nos habla de su origen. Esto revela dos de las ideas erróneas que el mundo tiene en cuanto a Satanás. Ellos piensan que él es feo, repugnante, pero, él fue creado perfecto en su belleza. Si usted le pudiera observar, usted no vería en él esa criatura vil con la cual es representado para nosotros en el mundo. En una botella de agua que se vende para ciertos propósitos, se ha colocado una etiqueta de un ser que representa a Satanás. Tiene cuernos, tiene patas de caballo, tiene una cola ahorquillada. Ése es el gran dios Pan que adoraban los griegos y que también era adorado por los romanos. Pero, ése no es Satanás, aunque Satanás está detrás de esa adoración. He visto las ruinas del templo del gran dios Pan en la ciudad de Pérgamo y las de por lo menos una docena de ciudades. No es extraño que los hombres le sigan adorando, que cuando no quieren tener a Dios, por cierto, que le van a adorar a él. Pero Satanás es inteligente, es sagaz, es astuto. Nosotros no le podemos hacer frente. Nosotros saldremos vencidos si tratamos de enfrentarnos a él basándonos en nuestra propia fuerza contra él. Él no es sólo hermoso, sino que está lleno de sabiduría. Así es como se nos ha presentado en la Escritura.

Diez cuernos sugiere la división final del Imperio Romano que está dominado por Satanás, y el cual es su esfuerzo final para dominar y gobernar el mundo. Las coronas sobre los cuernos, no sobre las cabezas, delegan el poder de Satanás. Estas coronas representan la autoridad real y su poder.

La tercera parte de las estrellas del cielo habla de su rebelión en el cielo cuando la tercera parte de la hueste angélica siguió a Satanás hacia su propia destrucción. Daniel hace referencia a esto en un pasaje difícil. (Véase Dn. 8:10; Judas 6.)

El dragón aborrece al niño que esta mujer tiene porque fue predicho desde el principio que el niño sería el vencedor de Satanás. Y pondré enemistad entre ti y la mujer, y entre tu simiente y la simiente suya;

ésta te herirá en la cabeza, y tú le herirás en el calcañar. (Gn. 3:15)

El hijo de la mujer—Jesucristo

Y ella dio a luz un hijo varón, que regirá con vara de hierro a todas las naciones; y su hijo fue arrebatado para Dios y para su trono. Y la mujer huyó al desierto, donde tiene lugar preparado por Dios, para que allí la sustenten por mil doscientos sesenta días. [Ap. 12:5-6]

El hijo varón es Cristo. Esto es muy evidente, ya que Él es identificado fácilmente. Espero que ninguno llegue a caer en el error de equiparar a este niño con la iglesia, y hay muchos que lo están haciendo, dicho sea de paso.

Que regirá con vara de hierro a todas las naciones es una referencia clara a Cristo. Los quebrantarás con vara de hierro; como vasija de alfarero los desmenuzarás. (Sal. 2:9) También fue citado por la iglesia primitiva. En Hechos 4 los cristianos perseguidos citaron el Salmo 2, identificando al que iba a regir con una vara de hierro como el Señor Jesucristo.

Cristo vendrá a derribar toda enemistad, toda oposición, y toda rebelión en la tierra. ¿Cómo lo hará? Los quebrantarás con vara de hierro; como vasija de alfarero los desmenuzarás. Si usted tiene una mejor manera de hacerlo, quizá me pueda decir. Si la gente que sólo habla de la paz presentara algún programa que diera resultado, entonces no habría necesidad de dominar a la rebelión con algo de violencia. Pero no hay otra manera de hacerlo. ¿Cómo cree usted que Cristo vendrá a ocupar el poder de un mundo en rebelión? Supongamos que Él se apareciera de pronto en la ciudad capital de cualquier nación del mundo. ¿Piensa usted que esa gente estaría preparada para rendirse a Él y a entregarle el mundo en Sus manos? Y eso incluye mi propio país. ¿Está su nación dispuesta a entregarse a Jesucristo? Si usted dice que sí, entonces permítame preguntarle: "¿por qué no lo hace?" Es que no lo quieren hacer. El mundo de hoy está en rebelión contra Él, y la única manera en que Dios puede llegar a tomar el control de todo esto, es dominando esa rebelión. Si usted es de aquéllos que gustan de la paz, si a usted no le gusta el derramamiento de sangre, si eso le enferma y le da náuseas; si usted aborrece la violencia y la guerra—y todos nosotros sentimos eso—pero lo interesante de todo esto es que ésta es la única manera, en que se puede controlar. Y Él va a gobernar; Él regirá. Eso es lo importante de notar aquí.

Y su hijo fue arrebatado para Dios y para su trono. Ésta es una referencia a la ascensión de Cristo. En los Evangelios el énfasis está en la muerte de Cristo. En las Epístolas, tenemos un énfasis sobre la resurrección de Cristo. En el Libro de Apocalipsis, tenemos un énfasis sobre la ascensión de Cristo. El protestantismo y hasta el fundamentalismo han ignorado la ascensión de Cristo. Ésa es la razón por la cual no se ha dado suficiente énfasis en los círculos fundamentales en cuanto al presente ministerio de Cristo. Es sólo algo reciente que hemos llegado a enfatizar de esta manera en los últimos cinco años en nuestro programa. Debemos reconocer eso. Bien, veamos algunos pasajes de las Escrituras: En Hechos 1:9-11, leemos: Y habiendo dicho estas cosas, viéndolo ellos, fue alzado, y le recibió una nube que le ocultó de sus ojos. Y estando ellos con los ojos puestos en el cielo, entre tanto que él se iba, he aquí se pusieron junto a ellos dos varones con vestiduras blancas, los cuales también les dijeron: Varones galileos, ¿por qué estáis mirando al cielo? Este mismo Jesús, que ha sido tomado de vosotros al cielo, así vendrá como le habéis visto ir al cielo.

Ésa es una referencia a la ascensión de Cristo. Este Libro de Apocalipsis es la revelación del Cristo ascendido, del Cristo glorificado, del Cristo que viene, del Cristo que viene en gloria. El Libro de Apocalipsis se basa en el hecho de que Él ha ascendido. Él es Aquél que ha estado abriendo los sellos que ha dado oportunidad a que se desarrolle todo esto desde entonces. Y por cierto que tiene mucho que ver en esta sección en particular. En la Epístola a los Hebreos 12:2, se nos dice: Puestos los ojos en Jesús, el autor y consumador de la fe, el cual por el gozo puesto delante de Él sufrió la cruz, menospreciando el oprobio, y se sentó a la diestra del trono de Dios. Si usted piensa, que esto quiere decir que Él va a estar sentado, sin hacer nada, y ésa es la impresión que muchos se han llevado, es porque no conocen la Apocalipsis. Él no está sentado sin hacer nada. Él va a hacer mucho a causa de Su ascensión al cielo, y Él tiene un ministerio presente para con la iglesia hoy.

Ella dio a luz a un hijo varón. Creo que esto establece claramente la identidad de la mujer. Israel es claramente aquella nación de la cual vino Cristo. La iglesia vino de Él, pero Él, según la carne, vino de Israel. Veamos lo que dice Pablo: Que son Israelitas, de los cuales son la adopción, la gloria, el pacto, la promulgación de la ley, el culto y las promesas; de quienes son los patriarcas, y de los cuales, según la carne, vino Cristo, el cual es Dios sobre todas las cosas, bendito por los siglos. Amén. (Ro. 9:4-5). En Gálatas 4:4, leemos: Pero cuando vino el cumplimiento del tiempo, Dios envió a su Hijo, nacido de mujer y nacido bajo la ley. ¿A qué ley se refiere? A la ley de Moisés. ¿Quiénes tenían la ley de Moisés? La tenía Israel. Nacido bajo la ley. ¿Por qué? Porque Él era un Israelita. El versículo 5 decía: Para que redimiese a los que estaban bajo la ley, a fin de que recibiésemos la adopción de hijos. Luego en Gálatas 3:16, leemos: Ahora bien, a Abraham fueron hechas las promesas, y a su simiente. No dice: Y a las simientes, como si hablase de muchos, sino como de uno. Y a tu simiente, la cual es Cristo. Dios le dijo a Abraham antes de que la nación llegara a existir: "Yo haré de ti una gran nación, y a través de la nación enviaré una Semilla, una Simiente, no varias, sino una, y esta Simiente es Cristo". Ya hemos visto lo que dice Isaías 9:6: Porque un niño nos es nacido, Hijo nos es dado, y el principado sobre su hombro; y se llamará su nombre Admirable, Consejero, Dios Fuerte, Padre Eterno, Príncipe de Paz. En esta palabra se nos hace referencia a la nación de Israel. Isaías era un Israelita. Él estaba hablando a esa nación. Él no le estaba hablando ni a la iglesia ni a los gentiles. Él estaba hablándole a Israel.

Y la mujer huyó al desierto donde tiene lugar preparado por Dios. Durante la parte más intensa del período de la Gran Tribulación, el remanente de Israel será protegido por Dios. Hay personas que dicen dogmáticamente que Israel irá a refugiarse a la ciudad enclavada en la peña, de Petra, y será preservada, porque ningún enemigo puede entrar a ese lugar. Pero el enemigo ahora puede llegar desde arriba, y se lanza como una bomba. Ése es el último lugar donde me gustaría estar cuando comienzan a caer bombas dentro de la ciudad enclavada en la roca llamada "Petra". Hablando honradamente, el hacer declaraciones dogmáticas como ésta teniendo una profecía clara como la que tenemos, por cierto es engañar a la gente. Pero ésta no es una profecía clara, y yo no sé dónde será ese lugar. Personalmente, opino que los predicadores debemos decir que no sabemos, si es que no sabemos. Eso no le hará ningún daño a nadie. El problema es que hay muchas personas que dicen o son dogmáticas en cuanto a algo. Es, en realidad, trágico el ser dogmático en cuanto a algo que no ha sido revelado. No creo yo que debemos decirlo dogmáticamente. Si usted quiere decir algo en cuanto a una Escritura especulativa, entonces diga que es algo según su juicio, según su propia opinión.

El arcángel Miguel lucha contra el dragón

Después hubo una gran batalla en el cielo: Miguel y sus ángeles luchaban contra el dragón; y luchaban el dragón y sus ángeles; Pero no prevalecieron, ni se halló ya lugar para ellos en el cielo. Y fue lanzado fuera el gran dragón, la serpiente antigua, que se llama diablo y Satanás, el cual engaña al mundo entero; fue arrojado a la tierra, y sus ángeles fueron arrojados con él. [Ap. 12:7-9]

Aquí tenemos una revelación sorprendente: una guerra en el cielo. Las Naciones Unidas no pueden hacer nada en cuanto a esto, no más de lo que pueden hacer con cualquier otra guerra que ha tenido lugar desde que llegó a formarse. Es difícil imaginarse que haya una guerra en el cielo, pero Satanás aún tiene acceso al cielo, y mientras lo tenga, habrá problemas.

Se nos dice en el Libro de Job que Satanás se presentaba ante Dios junto con los hijos de Dios. (Véase Job 1-2) Él aparentemente tenía el mismo derecho que ellos tenían. Él fue la criatura más elevada que fuera creada. También leímos en Zacarías 3:1-2: Me mostró al sumo sacerdote Josué, el cual estaba delante del ángel de Jehová, y Satanás estaba a su mano derecha para acusarle. Y dijo Jehová a Satanás: Jehová te reprenda, oh Satanás; Jehová que ha escogido a Jerusalén te reprenda. ¿No es éste un tizón arrebatado del incendio? Satanás tiene acceso a Dios; él es capaz de tener comunicación con Dios. Lucas 22:31, dice: Dijo también el Señor: Simón, Simón, he aquí Satanás os ha pedido para zarandearos como a trigo. No creo que Él le haya enviado un telegrama a Dios. Tampoco creo que le haya llamado por teléfono. Él era capaz de entrar a la misma presencia de Dios, y él pidió que se le dé la oportunidad de probar a Simón Pedro. Él creía que podría atraparle, y a él se le dio ese permiso.

Miguel es el arcángel. Eso se nos indica en el Libro de Judas 9: Pero cuando el arcángel Miguel contendía con el diablo, disputando con él por el cuerpo de Moisés, no se atrevió a proferir juicio de maldición contra él, sino que dijo: El Señor te reprenda. Estoy seguro que debe haber otros arcángeles, pero el arcángel Miguel tiene un ministerio muy particular con la nación de Israel. Daniel 10:13, dice: Mas el príncipe del reino de Persia se me opuso durante veintiún días; pero he aquí Miguel, uno de los principales príncipes, vino para ayudarme, y quedé allí con los reyes de Persia.

Aparentemente hay otros ángeles, pero él es aquel que se nos presenta, y también Gabriel; y ellos son los únicos que conocemos. Ahora, en Dn. 10:21, leemos: Pero yo te declararé lo que está escrito en el libro de la verdad; y ninguno me ayuda contra ellos, sino Miguel vuestro príncipe. Miguel es uno de los principales príncipes. Aunque probablemente hay otros arcángeles, Miguel y Gabriel son los únicos nombres dados en la Escritura.

Miguel vuestro príncipe. El Señor está hablando con Daniel, y esto se refiere al pueblo de Daniel, la nación de Israel. Esto se presenta claramente en Daniel 12:1: En aquel tiempo se levantará Miguel, el gran príncipe que está de parte de los hijos de su pueblo; y será tiempo de angustia, cual nunca fue desde que hubo gente hasta entonces; pero en aquel tiempo será libertado su pueblo, todos los que se hallen escritos en el libro. Se nos dice que en aquel entonces, será un tiempo de angustia. Ese tiempo es la Gran Tribulación. Miguel actúa nuevamente y expulsa a Satanás del cielo porque sucede que él es el príncipe que cuida de la nación de Israel. Esto es algo tremendo, y supera toda descripción.

Habrá una gran batalla en el cielo. Satanás no va a retirarse fácilmente, pero Miguel y sus ángeles prevalecerán, y Satanás y sus ángeles serán arrojados del cielo. El Señor Jesús se refirió a esto en Lucas 10:18: Y les dijo: Yo veía a Satanás caer del cielo como un rayo.

No hay forma de equivocarnos en cuanto a esta criatura que es llamada el gran dragón porque está señalado con lujo de detalles. Aquí se nos presentan sus huellas digitales. Como Dios sabía que gran cantidad de los predicadores de este siglo enseñarían que Satanás no existe, el Señor nos lo presenta aquí de tal manera que uno no puede evitar el darse cuenta. Si su enemigo puede hacer que usted piense que no existe, pues tendrá una gran ventaja sobre usted, y podrá atacarle de tal manera que provocará una caída suya. Por lo tanto, Satanás hoy ha actuado de una manera nueva, contra esta generación. ¿Por qué? Por la sencilla razón de que esta generación no cree en su existencia. Estamos ahora recibiendo una sobredosis de él. Satanás es presentado como una cosa misteriosa y extraña. Por cierto, que no es una criatura fea y terrible, de ninguna manera. Él es un ángel de luz.

Note cómo se lo identifica aquí:

1. Él es llamado la serpiente antigua. Eso nos lleva otra vez al jardín del Edén. El Señor dijo que él era un homicida desde el principio. (Jn. 8:44) Las palabras antigua y principio son similares, según el Dr. Vincent. Él es esa serpiente antigua, aquél que estuvo al principio en el jardín del Edén.

2. Él es llamado diablo, y la palabra "diablo" proviene de la palabra griega diábalos, que significa "engañador" o "acusador". En el versículo 10 de este capítulo, se le llama a él el acusador de nuestros hermanos. Ésa es la razón por la cual los creyentes necesitan un Abogado con el Padre. Usted y yo tenemos un enemigo que no sólo nos está causando problemas aquí en la tierra, sino que es un enemigo que le sorprendería a usted saber lo que dice de nosotros en el cielo. No hay nada que usted y yo digamos o pensemos que él no le de vueltas, y lo presente de una manera en contra nuestra en el cielo. Pero Dios ya sabe en cuanto a esto, y a mí, me gusta ganarle a él, y confesarlo antes de que Satanás pueda presentarse allí y hacer una acusación. El Señor Jesucristo es nuestro Abogado. En 1 Juan 2:1, se nos dice: Hijitos míos, estas cosas os escribo para que no pequéis; y si alguno hubiere pecado, abogado tenemos para con el Padre, a Jesucristo el justo.

Gracias a Dios que tenemos un Abogado para con el Padre, Jesucristo, el Justo. Él está allí para defendernos, y Él ha estado muy ocupado desde que yo he entrado a este mundo. Me imagino que Él ha estado muy ocupado con usted también. No piense usted que Él está allí sentado sin hacer nada. Él es nuestro Abogado. ¿Por qué? Porque Satanás es quien nos está acusando; nos está dando un mal nombre. Él es el engañador desde el principio, y allí es donde tienen comienzo las mentiras. Hay muchos chismes que salen hoy de las iglesias. ¿Dónde se originan? En la misma boca del infierno, y ése debería ser el último lugar de donde procedieran las cosas que se mencionan hoy en la iglesia.

3. Note que él también es llamado Satanás. Esto significa "adversario". Él es el terrible adversario de Dios, y de todo aquél que es hijo de Dios. Se nos dice: Sed sobrios, y velad; porque vuestro adversario el diablo, como león rugiente, anda alrededor buscando a quien devorar. (1P. 5:8) He recibido muchas cartas de personas que han sido libradas de sectas por medio del estudio de la Palabra de Dios. Un hombre escribió: "Yo estaba en una secta. Le escribí una carta a usted, y lo hice para tratar de atraparle, para engañarle. Pensé que yo tenía razón y que usted estaba equivocado. Cuando empecé a estudiar la Palabra de Dios, entonces me di cuenta de cómo Satanás me había atrapado a mí". Satanás tiene a muchos atrapados hoy, y hasta miembros de iglesias. Debemos reconocer que él es nuestro enemigo. Eso no quiere decir que tenemos que irnos del otro lado y pasar mucho tiempo considerando a Satanás y a los demonios. Ya hay demasiado de esto. Sólo necesitamos reconocerlos, y hay una manifestación hoy, nueva, renovada, que no existía hace una generación, pero que es cierta hoy. Mantengamos nuestra vista puesta en el Señor Jesucristo, porque ése es el lugar de donde proviene la salvación. Él está allí para ayudarle, amigo.

4. Finalmente, se le llama Satanás el cual engaña al mundo entero. Satanás, durante la Gran Tribulación, podrá engañar totalmente a los hombres, pero hoy sólo lo puede hacer parcialmente. Satanás engaña al hombre en cuanto a Dios, y en cuanto a la Palabra de Dios. Él hizo que Eva no confiara en Dios. ¿Conque Dios os ha dicho: No comáis de todo árbol del huerto? (Véase Gn. 3:1-4) "Es imposible confiar en él, ¿no es cierto?" Ése era el pensamiento. Satanás también engaña al hombre en cuanto al hombre. Él hace que el hombre aparezca mejor de lo que es, aunque en realidad Satanás nos desprecia. Sin embargo, él nos ensalza y nos dice que nosotros podemos llegar a ser dioses. ¡Y cuán maravilloso podría ser eso! (Véase Gn. 3:5) Luego Satanás engaña al hombre en cuanto al mundo, a la carne, y al diablo. Cuando usted y yo llegamos a creer que somos lo suficientemente fuertes como para vencer al mundo, la carne y al diablo, nosotros no somos en realidad lo suficientemente grandes como para vencer a ninguno de ellos. El mundo es demasiado grande para nosotros, y por cierto que puede apartarle a uno de Dios. Satanás engaña al mundo en cuanto al evangelio. A él no le preocupa que los hombres vayan a la iglesia, o aunque se unan a una docena de

iglesias. Pero no quiere que ellos sean salvos; ésa es la clave. Pablo, en 2 Corintios 4:4, dice: en los cuales el dios de este siglo cegó el entendimiento de los incrédulos, para que no los resplandezca la luz del evangelio de la gloria de Cristo, el cual es la imagen de Dios.

Satanás debe ser temido como un león. Él tiene que ser temido más como una serpiente, y él tiene que ser temido aún más como ángel de luz. Allí es donde él atrapa a multitudes hoy.

Entonces oí una gran voz en el cielo, que decía: Ahora ha venido la salvación, el poder, y el reino de nuestro Dios, y la autoridad de su Cristo; porque ha sido lanzado fuera el acusador de nuestros hermanos, el que los acusaba delante de nuestro Dios día y noche. Y ellos le han vencido por medio de la sangre del Cordero y de la palabra del testimonio de ellos, y menospreciaron sus vidas hasta la muerte. Por lo cual alegraos, cielos, y los que moráis en ellos. ¡Ay de los moradores de la tierra y del mar! porque el diablo ha descendido a vosotros con gran ira, sabiendo que tiene poco tiempo. [Ap. 12:10-12]

Note que Juan está diciendo aquí: Entonces oí una gran voz. Esto nos recuerda que Juan es aún un espectador y oidor de estos hechos. Él no quiere que nos olvidemos de eso, porque es muy importante.

Cuando Satanás haya sido arrojado del cielo, esto causará gran regocijo entre los redimidos que están en el cielo. Una gran voz en el cielo, parece referirse a los santos del Antiguo Testamento, o santos de la Tribulación, quienes han sido martirizados hasta este momento (véase Ap. 6:9-10), porque éstos mencionan a sus hermanos en la tierra: Porque el acusador de nuestros hermanos ha sido lanzado fuera.

La primera demostración de poder ejecutada contra el mal después de la muerte y resurrección de Cristo es la expulsión o el lanzamiento de Satanás del cielo. Éste es el comienzo del movimiento que llevará a que el Señor Jesucristo tome control del gobierno o que comience a regir aquí en la tierra. Cuando Cristo murió en la tierra, Él preparó el camino para que Satanás fuera arrojado del cielo. Escuche lo que dice Pablo en Colosenses 2:14: Anulando el acta de los decretos que había contra nosotros, que nos era contraria, quitándola de en medio, y clavándola en la cruz. Eso es lo que Él hizo. Él hizo posible que el hombre pudiera ser salvo por Su muerte. Dios canceló nuestra deuda de pecar, clavándola en la cruz de Cristo. Ese hombre ya no podría tratar de lograr su propia salvación bajo su propio poder, en su propia fuerza. Él ya no podía hacer eso de ninguna manera. Y no sólo eso, sino que en el versículo 15 se dice: Y despojando a los principados y a las potestades, los exhibió públicamente, triunfando sobre ellos en la cruz. Opino que eso comenzó cuando Él ascendió al cielo y se llevó a una gran multitud con Él. Él llevó cautiva la cautividad (véase Ef. 4:8), y los llevó a ellos a la presencia de Dios. Aquéllos eran santos del Antiguo Testamento, y creo que se encuentran en este grupo que está diciendo que la salvación ha llegado.

Esto abre el camino para la venida de cuatro libertades que han sido compradas por el cielo por medio de la sangre. Nosotros hablamos de cuatro libertades, y aún no han llegado a suceder, pero aquí tenemos cuatro libertades que llegarán a suceder cuando Cristo venga:

1. La salvación—la consumación, y eso es la Persona de Cristo. Usted y yo no veremos nuestra salvación consumada hasta cuando estemos en Su presencia. Aún no se ha manifestado lo que hemos de ser; pero sabemos que cuando él se manifieste, seremos semejantes a él, porque le veremos tal como él es. (1 Jn. 3:2) Eso llegará a realizarse cuando Él venga aquí a la tierra. Creo que esto habla de Su regreso visible a la tierra.

2. Y el poder—Hasta ahora las naciones han controlado el poder y ha sido algo trágico. Esto ha sido una realidad de toda nación. Algunas grandes naciones han sido capaces de hacer guerras, y como un gran incendio en una pradera, se desparrama a otras naciones y destruyen ciudades y dan muerte a la gente. Las naciones han abusado del poder aquí en la tierra, pero será algo maravilloso cuando Él tome el poder y controle esta tierra.

3. El reino de nuestro Dios será establecido sobre la tierra. No será hasta entonces que habrá paz, y entonces también habrá justicia y libertad sobre la tierra. En nuestras naciones, no parece haber ya muchos que son valientes o libres. Será maravilloso cuando este reino llegue a la tierra. Esta declaración misma revela que Su reino no ha sido establecido en la Primera Venida de Cristo.

4. La autoridad (exousía) de su Cristo demuestra que Cristo aún no ha tomado el control de la autoridad para regir este mundo. Él no está edificando Su reino en el presente. Él no está estableciendo un reino. Espere hasta que Él comience a moverse. Todos Sus juicios son una preparación de Su regreso a esta tierra. Él le está dando al hombre, una advertencia y una oportunidad para volverse a Él, y multitudes lo harán. Siempre hay una nota de gracia y misericordia en el juicio de Dios.

Ha sido lanzado fuera el acusador de nuestros hermanos. Satanás ha sido lanzado fuera del cielo. Eso revela que ésta es una parte de la estrategia presente de Satanás que trata de frustrar, de desbaratar los propósitos de Cristo con Su iglesia hoy y con los santos de la Tribulación en el día de mañana. Eso hace necesario el presente ministerio de Cristo como Abogado por nosotros.

La victoria de los santos que han sido acusados llega a realizarse por medio de tres avenidas que son mencionadas para nosotros en esta sección:

1. Por medio de la sangre del Cordero. Hay un poder maravilloso en la sangre del Cordero. No se olvide de eso. No tratemos de reducirlo o hacerlo más pequeño. Las muchas referencias a la sangre del Cordero hacen necesario que la despliegue aquí. Ésta no es una concepción cruda; en realidad la crudeza se encuentra en nuestros pecados, que han hecho necesario que Él tuviera que derramar Su sangre. Si usted y yo obtenemos alguna victoria, será porque Él derramó Su sangre por usted y por mí. Usted y yo nunca, nunca seremos capaces de vivir una vida victoriosa. Las personas más derrotadas que he conocido han sido personas que supuestamente estaban viviendo la vida victoriosa. No sé por qué eso es cierto. Todos ellos nos parecen anémicos. Parecerían ser fugitivos de una fábrica de sangre. Tienen una apariencia superficial, pálida. Necesitan una transfusión sanguínea. Ellos no viven una vida victoriosa. Él sí que la vive. Si nosotros vencemos, es por medio de la sangre del Cordero.

2. La palabra del testimonio de ellos revela que ellos eran verdaderos mártires. Aquéllos que pertenecen a Cristo no pueden negarle. Él nos presentó esto de una manera muy clara. Y a cualquiera que me niegue delante de los hombres, yo también le negaré delante de mi Padre que

está en los cielos. (Mt. 10:33) Es la palabra de su testimonio. Usted sabe que a mí no me gusta todo este asunto de dar testimonio que tenemos. Estos testimonios son dados por algunas personas que no deberían hacerlo, porque personas que les conocen bien saben que no están viviendo según testifican. Hace de ellos algo pecaminoso, y los hace escépticos, y con razón. Hay tantos ejemplos que yo podría dar. El lugar para dar un testimonio no es ante una congregación bien alimentada en un banquete, donde todos los santos dicen "amén" a cualquier cosa que uno diga. El lugar para dar un testimonio es en el mundo, donde uno se debe presentar a los impíos, a una multitud blasfema, para hacerles saber a ellos que usted pertenece a Cristo, y que usted está en Cristo. De eso es de lo que se está hablando aquí. Eso da cierta fortaleza. Esto es algo que hace que un hombre se ponga de pie bien recto cuando puede dar un testimonio como éste. Cierto hombre de negocios que podría decir que es muy corpulento y de mano bastante pesada, es un ejecutivo de un establecimiento muy agresivo, y allí hay muchas personas blasfemas que le rodean. Cuando este hombre escucha a alguien que está blasfemando, se le acerca, y hablando de una manera amable y calmada, le dice: "¿Sabe una cosa? quisiera decirle lo que Jesucristo es para mí." El Señor Jesucristo dice que, si nosotros le negamos a Él delante de los hombres, Él nos negará ante el Padre en el cielo. (Véase Mt. 10:33) Éstos son verdaderos mártires, y la palabra mártires (griego: mártus) significa "testigos". Ésos son aquéllos que testifican por Él.

3. Menospreciaran sus vidas hasta la muerte. Ése es un lugar muy elevado al que llegaron. Cuando usted y yo hacemos del Señor Jesucristo nuestro primer amor en nuestra vida, el amor a sí mismo puede ser colocado en segundo, tercero, cuarto o quinto lugar, ya que, por cierto, debemos tener respeto por nosotros mismos. Tiene que haber dignidad en cuanto a nosotros, pero debemos colocarle a Él primero, y cuando le ponemos a Él primero, entonces no tendremos ningún problema en vivir por Él aquí en la tierra. El problema de hoy no es ciertas reglas que están siendo establecidas o dadas aquí. Estas reglas no tienen nada de bueno que les apoye, pero esto es lo que necesitamos detrás de todas estas reglas, la sangre del Cordero, la Palabra de Su testimonio, y luego amarle a Él sobre todas las cosas. Ésa es la base misma del servicio. El Señor Jesucristo le preguntó al Apóstol Pedro si le amaba; y cuando Simón Pedro por fin pudo expresar eso de una manera bastante débil,

por cierto, el Señor Jesucristo le dijo que Él le iba a utilizar. Le dijo que iba a alimentar Sus ovejas. (Véase Jn. 21:15-17) Pedro predicó el primer mensaje o sermón de la iglesia, y probablemente vio a más gente salva por capita de quienes estaban allí que probablemente cualquier otro momento de la historia del mundo.

Hay dos puntos de vista radicales de la expulsión de Satanás del cielo. Hay regocijo en el cielo, porque esta serpiente terrible, traicionera, peligrosa y mortífera ha salido de allí para siempre. Pero hay un ay en la tierra. Éste es el tercer ay que sigue hasta el derramamiento de las siete copas de la ira. El único consuelo para la tierra es que la permanencia de Satanás en la tierra es breve, sólo 42 meses, y es una intensificación de la tribulación durante ese período.

El dragón persigue a la mujer

Y cuando vio el dragón que había sido arrojado a la tierra, persiguió a la mujer que había dado a luz al hijo varón. Y se le dieron a la mujer las dos alas de la gran águila, para que volase de delante de la serpiente al desierto, a su lugar, donde es sustentada por un tiempo, y tiempos, y la mitad de un tiempo. [Ap. 12:13-14]

Ésta es la última ola de antisemitismo que rodará sobre el mundo, y es la peor, porque Satanás ha sido arrojado a la tierra, y sabe que tiene poco tiempo. Él aborrece a Israel porque Cristo vino de esa nación, según la carne. Éste es el tiempo de angustia para Jacob, y ésta es la razón por la cual no puedo regocijarme y nunca lo he podido hacer en el regreso presente de Israel a su tierra. Hay personas que opinan que ellos han regresado allí para el milenio. Pero no es así. Ellos han regresado para el período de la Gran Tribulación, si es que han regresado allí por algún propósito, según la Palabra de Dios.

Se le dieron a la mujer las dos alas de la gran águila, para que volase de delante de la serpiente al desierto. Hay quienes ven en esto un aeroplano o un avión, que los llevará a ellos a un lugar donde ocultarse, y siempre eligen a Petra, ciudad enclavada en la roca, como un lugar de refugio. No sé cómo aterrizarán en un lugar como ése, pero ése es el problema de aquéllos que dan esa explicación.

Dos alas de una gran águila no es algo que es raro o extraño para esta gente. Esto es algo que hace recordar la gracia de Dios al librar a Israel en el pasado de las manos de Egipto. Dios les dijo en Éxodo 19:4: Vosotros visteis lo que hice a los egipcios, y como os tomé sobre alas de águilas, y os he traído a mí. Ellos no habían salido por medio de su propio esfuerzo, o gracias a su propia habilidad. Ellos salieron porque Dios les había sacado, y las alas de águila llegaron a ser un símbolo para ellos. Aquí nuevamente en la Gran Tribulación, Israel no puede librarse a sí misma, y nadie está interesado en librarles. Pero Dios les librará en alas de águila por medio de Su gracia.

Para que volase... al desierto, a su lugar. La Escritura no dice, la ciudad de Petra, enclavada en la roca. Puede que así sea, pero no lo sabemos. El desierto ha sido identificado en varias maneras. Petra no es el único lugar. Algunos dicen que es el desierto de las gentes del mundo, que habrá otro esparcimiento mundial de esta gente. Cristo les dijo... huyan a los montes... (Mt. 24:16) Creemos que esto es un desierto literal, algo similar a aquel período en el cual Israel pasó cuarenta años bajo Moisés. Este tiempo será de cuarenta y dos meses, porque ése es el significado de un tiempo y tiempos y la mitad de un tiempo. Lo importante no es el lugar, sino el hecho de que Dios les protegerá a ellos por Su gracia.

Donde es sustentada nos recuerda que en el pasado Dios les ha sustentado a ellos con el maná del cielo, y el agua que manaba de la roca. Él les alimentará nuevamente, posiblemente de la misma manera.

Y la serpiente arrojó de su boca, tras la mujer, agua como un río, para que fuese arrastrada por el río. Pero la tierra ayudó a la mujer, pues la tierra abrió su boca y tragó el río que el dragón había echado de su boca. [Ap. 12:15-16]

Debido a que el desierto es algo literal, el agua también podría ser literal. Dios había librado a Israel del agua al principio de la marcha en el desierto del Mar Rojo, y nuevamente al fin de la marcha del desierto, en el Río Jordán. Sin embargo, aquí se habla de agua como un río, y esto puede ser ejércitos que fluyen como un río sobre ellos. Esta figura retórica ha sido utilizada por Isaías. (Véase Is. 8:7-8)

En el cuadro que Ezequiel presenta de los últimos días, el rey del norte se ve marchando sobre Israel. Satanás utilizará cualquier medio para destruir al pueblo. ¿Cómo será detenido? Ninguna nación está allí para detenerle. Pero aquí está Dios, y Él le destruirá con las fuerzas naturales cuando él invada a Palestina. Y yo litigaré contra él con pestilencia y con sangre; y haré llover sobre él, sobre sus tropas y sobre los muchos pueblos que están con él, impetuosa lluvia, y piedras de granizo, fuego y azufre. (Ez. 38:22) Eso nos da más indicación de lo que Juan está hablando aquí.

Entonces el dragón se llenó de ira contra la mujer; y se fue a hacer guerra contra el resto de la descendencia de ella, los que guardan los mandamientos de Dios y tienen el testimonio de Jesucristo. [Ap. 12:17]

El resto de la descendencia de ella quizá se refiere al remanente que es testigo de Dios en este período, los 144.000 que han sido sellados. Ellos evidentemente están testificando a través de todo el mundo. Éstos son los que guardan los mandamientos de Dios, y esto los coloca a ellos nuevamente bajo la ley. Esto excluye la posibilidad de que los testigos sean la iglesia.

Todo el antisemitismo es inspirado por Satanás, y finalmente culminará en que Satanás realizará un supremo esfuerzo para destruir a esta nación. Él ha tratado de hacer esto desde la esclavitud bajo el faraón egipcio, al patíbulo de Amán, al edicto cruel de Herodes, a través de Hitler, al mundo de la Gran Tribulación, donde Satanás ha encabezado el ataque contra ese pueblo a causa de este Hijo varón, Jesús.

CAPÍTULO 13

Una bestia salvaje del mar y de la tierra

Aquí se nos presentan los dos últimos personajes de los siete que se nos ha presentado por la séptima trompeta. Ya hemos visto a cinco de ellos en el capítulo 12: a la mujer, que es Israel; al dragón escarlata, Satanás; al Niño de esta mujer, que es Cristo; a Miguel, el arcángel; y luego al remanente, es decir, los 144.000 que fueron sellados por Dios y que van a pasar a través del período de la Gran Tribulación.

Aquí se nos revela la gran lucha o batalla que se está llevando a cabo entre la luz y las tinieblas, entre Dios y Satanás. Lo vemos manifestado ahora al llegar al fin de las edades, durante el período de la Gran Tribulación. Se nos presentan estos dos últimos personajes, y uno de ellos es la bestia que sube del mar. Él es dos cosas: un poder político y una persona. Eso lo vemos en los primeros 10 versículos.

Luego, en los versículos 11-18, tenemos a la bestia que sube de la tierra. Éste es un líder religioso.

Aquí se nos presentan dos bestias como bestias salvajes, ésa es la traducción literal. Es ya bastante malo ser una bestia, pero el ser una bestia salvaje agrava más la injuria. Existe mucho desacuerdo entre expositores bíblicos de reputación en cuanto a la identidad de las bestias. Algunos consideran que la primera bestia es una persona, mientras que otros la tratan como la última forma del Imperio Romano. Algunos tratan a la segunda bestia como el hombre de pecado, mientras que otros la tratan meramente como a un profeta, o como a un tipo de Juan el Bautista, para la primera bestia. Estas dificultades se hacen presentes según mi opinión porque es imposible separar al rey de su reino. Un dictador tiene que tener un reino sobre el cual regir, o gobernar; de otro modo no es un dictador. Aun cuando es difícil distinguir a los dos, parece ser que la primera bestia es el anticristo, o el gobernante sobre el restaurado Imperio Romano. En Apocalipsis 16:10, se habla de el trono de la bestia. De eso podemos juzgar que tiene que haber alguien que se siente sobre ese trono, y ésa es la bestia que se menciona aquí, pero no sería una bestia si no tuviera un imperio. Despúes de haber determinado la identidad de la primera bestia, no es verdaderamente difícil identificar la segunda, al falso profeta, y quien tiene a su cargo guiar o encabezar la adoración de la primera bestia. Él también es el anticristo.

Hay otro punto de vista que se mantiene hoy, de que el anticristo es la negación de la Persona de Cristo, en lugar de ser una persona en realidad. Es decir que el anticristo es una doctrina falsa, en lugar de ser una persona que aún debe ser revelada. Creo que puedo dar una respuesta a eso. La explicación, según opino yo, se encuentra en el significado de la preposición "anti", que tiene dos usanzas: anticristo— "anti" tiene el significado de "ser contra"; y el segundo significado es "en lugar de". Tiene estos dos significados aquí en las Escrituras. Juan, en su primera Epístola, y también en la segunda Epístola, menciona al anticristo, y él es el único que utiliza esa expresión. Podemos ver estas dos características en el anticristo. Tenemos a aquella que está en contra de Cristo, y la otra que imita a Cristo. El anticristo es ambas cosas.

En la Primera Epístola del Apóstol Juan, él escriba: Hijitos, ya es el último tiempo; y según vosotros oísteis que el anticristo viene, así ahora han surgido muchos anticristos; por esto conocemos que es el último tiempo. (1 Jn. 2:18) Hijitos, ya es el último tiempo. Eso lo dijo hace 2.000 años. ¡Hemos estado en esta última etapa por mucho tiempo! En este versículo, Juan no sólo dice que vendrá o habrá un anticristo, sino que en sus días ya había muchos anticristos. ¿Qué era lo que identificaba el anticristo? ¿Quien es el mentiroso, sino el que niega que Jesús es el Cristo? Ese es anticristo, el que niega al Padre y al Hijo. (1 Jn. 2:22) El anticristo niega la Deidad de Cristo. Él está en contra de Cristo, y él es el enemigo de Cristo sobre la tierra.

Juan nos va a decir algo más en cuanto al anticristo en el capítulo 4. Amados, no creáis a todo espíritu, sino probad los espíritus si son de Dios; porque muchos falsos profetas han salido por el mundo. En esto conoced el Espíritu de Dios: Todo espíritu que confiesa que Jesucristo ha venido en carne, es de Dios; y todo espíritu que no confiesa que Jesucristo ha venido en carne, no es de Dios; y éste es el espíritu del anticristo, el cual vosotros habéis oído que viene, y que ahora ya está en el mundo. (1 Jn. 4:1-3) Es decir, cualquier persona o cualquier grupo o cualquier libro que niega la Deidad de Cristo, eso es anticristo. Debo decir honradamente, que considero esa representación teatral y esa película que se titula, "Jesucristo, Súper estrella", como el anticristo. Es contra Cristo Jesús de la Biblia. Cualquier ministro que niega la Deidad de Cristo es anticristo; él es contra Cristo.

En la Segunda Epístola de Juan, él dice: Porque muchos engañadores han salido por el mundo, que no confiesan que Jesucristo ha venido en carne. Quien esto hace es el engañador y el anticristo. (2 Jn. 7) El anticristo es un engañador. El finge ser Cristo, aparenta ser Cristo, y no lo es. Eso es exactamente lo que el Señor Jesucristo dijo. Él dijo que vendrían muchos en Su nombre, diciendo que eran Cristos, y que nosotros deberíamos probarlos, porque todo espíritu no es de Dios. Es necesario probar los espíritus en el presente. Hay muchas personas que se excitan demasiado y se ponen muy nerviosos en el pequeño grupo al que pertenecen. Sería mejor que usted comience a probar ese pequeño grupo al que pertenece, a ese pequeño culto al cual usted asiste. En lugar de ser una cosa extraordinaria, quizá usted esté siguiendo al anticristo. El Señor Jesucristo dijo en el Discurso del Monte de los Olivos: Porque se levantarán falsos Cristos, y falsos profetas, y harán grandes señales y prodigios, de tal manera que engañarán, si fuere posible, aun a los escogidos. (Mt. 24:24) Note usted: Se levantarán falsos Cristos. Es decir, ellos serán capaces de realizar milagros. La última bestia es en realidad una persona que realiza milagros. Él es un anticristo.

Por lo tanto, la primera bestia es un anticristo político. La última bestia es un anticristo religioso. Ni siquiera el diablo pudo poner todo en una sola persona. Creo que son dos personas, estas dos bestias que se presentan aquí como el anticristo.

Una bestia salvaje sale del mar— descripción, un poder político y una persona

El primer versículo de este capítulo presenta a la bestia del mar.

Me paré sobre la arena del mar, y vi subir del mar una bestia que tenía siete cabezas y diez cuernos; y en sus cuernos diez diademas; y sobre sus cabezas, un nombre blasfemo. [Ap. 13:1]

Me paré sobre la arena del mar, como si fuera Juan hablando. En los mejores manuscritos, esto se presenta como "él". ¿Quién es él? ¿De quién estábamos hablando en el último capítulo? Es el mismo "él", porque ése es el último calificativo, y ése, por supuesto, es Satanás. Así es que el dragón, Satanás, se paró sobre la arena del mar.

Y vi subir del mar una bestia. ¿Quién es el que hace salir del mar a la bestia? Es Satanás. Él es quien hace salir del mar a esta bestia. Sale del mar. El mar, en las Escrituras, es un cuadro de las naciones del mundo, la humanidad, como un mar agitado.

Que tenía siete cabezas y diez cuernos; y en sus cuernos diez diademas; y sobre sus cabezas, un nombre blasfemo. Ésta es en realidad una bestia. Si yo me doy cuenta en la oscuridad de que él y yo estamos dirigiéndonos en la misma dirección, estoy seguro que me adelantaré mucho más en el camino que él.

El dragón (Satanás) está parado sobre la arena del mar, y él es el que hace salir a la bestia salvaje del mar y la domina. Ésta es su obra maestra. Él es una persona. Encabeza todo el Imperio Romano. Roma se desintegró, y ése es el único imperio que será capaz de volver a juntarse otra vez.

Aparentemente Dios no interviene en la tierra por un tiempo, y entrega esto a Satanás. Personalmente, creo en la justicia divina, y debido al hecho de que el mal ha aparecido, y Satanás ha llegado a ser quien es, Dios debe permitirle a él demostrar que, aunque le deja dominar y dirigir de tal manera, él no va a ser capaz de producir nada. Es decir, Satanás siempre podrá decirle a Dios, cuando él se encuentre en el lago de fuego: "Tú nunca me diste una oportunidad. Si Tú no hubieras intervenido en el mundo y me hubieras dejado solo, entonces sí hubiera sido capaz de realizar mi propósito y establecer un segundo reino". Pero Dios va a hacer eso. Así es que Satanás no va a tener esa oportunidad de decir eso. Así es que tenemos aquí esta tremenda declaración; y como ya hemos dicho, la mar representa las naciones.

Es importante entender la profecía de Daniel para poder entender Apocalipsis. Esta bestia salvaje es similar en su descripción a la cuarta bestia mencionada en el capítulo 7 de Daniel. Allí representa la historia profética del Imperio Romano, hasta el pequeño cuerno en su destrucción. Esa pequeña bestia allí parecería como que estuviera dormida por un corto tiempo. Luego tuvo esas 7 cabezas y de una de las cabezas salió ese pequeño cuerno. En Daniel 7:8, leemos: Mientras yo contemplaba los cuernos, he aquí que otro cuerno pequeño salía entre ellos. Este pequeño cuerno estableció a tres, y era capaz de dominar a los otros siete. Como ya he dicho, eso se encuentra en el Libro de Daniel.

Pero, en el momento de la Escritura de Juan, la mayor parte de la profecía de Daniel ya se había cumplido. Las primeras tres bestias fueron: Babilonia, el león; el imperio mundial de Media y Persia, el oso; el imperio Greco-Macedonio, y eso era representado por un leopardo. Ésa es la tercera bestia. Cuando Daniel presentó esto, era profecía. Ahora es cumplimiento. Así es que Juan se concentra en la última bestia y en el pequeño cuerno, porque la última bestia ha aparecido, y el Imperio Romano se desintegró. Así es que, en el momento de la Escritura de Juan, la mayor parte de la profecía de Daniel ya se había cumplido. Juan estaba viviendo en la época del Imperio Romano, habiendo sido exiliado en la isla de Patmos por el emperador romano, Domiciano. Ya se estaban notando señales de debilidad y desintegración y deterioro. Juan era un espectador de aquello que aún estaba en el futuro en el tiempo de Daniel. El énfasis se da al gobierno del cuerno pequeño de Daniel, capítulo 7, y el cuerno pequeño se presenta como esta bestia salvaje, porque él ahora está gobernando y controlando el Imperio Romano, es decir, eso será para el período de la Gran Tribulación en la profecía de Juan.

El cuerno pequeño y la bestia salvaje son identificadas aquí. La bestia salvaje es el hombre de pecado, un anticristo, el último dictador mundial. El último versículo del capítulo 13 de Apocalipsis confirma este punto de vista, ya que dice: Aquí hay sabiduría. Él que tiene entendimiento, cuente el número de la bestia, pues es número de hombre. Y su número es 666. (V. 18) Así es que aquí estamos tratando con el hombre que es el último dictador mundial.

En nuestro día ha habido mucho entusiasmo y excitación, y me incluyo en este grupo, y eso es en referencia al Mercado Común Europeo en el día de hoy. Ha habido muchos que han tratado de reunir otra vez a Europa. Carlomagno trató de hacer eso y fracasó. La Iglesia Católica Romana trató de hacerlo, pero fracasó. El Sagrado Imperio

Romano estaba centrado en Viena, Austria, y esto lo hace un lugar interesante para visitar. Francisco José fue el último de los emperadores del Sagrado Imperio Romano que trató de reunirlo, pero él fracasó también. Aparentemente su hijo fue asesinado o se suicidó, y con su muerte el Imperio Romano terminó. Napoleón también trató esto. El Kaiser Guillermo también trató de hacerlo. Hitler y Mussolini trataron de hacerlo. Pero, Dios no estaba listo todavía; y Dios no permitirá que éste aparezca hasta que sea el momento de la Gran Tribulación. Para mí el Mercado Común es algo interesante, no porque veo que se está cumpliendo la profecía, sino porque veo que se están preparando las cosas que revelan que la profecía puede ser cumplida. Hay muchas personas que han dicho a través de los siglos que es imposible reunir otra vez a Europa. Uno no lo puede hacer sino hasta cuando Dios esté listo, y Satanás proveerá al hombre. El Mercado Común es sencillamente un instrumento interesante; eso es todo.

Los diez cuernos con diez diademas hablan de la división del Imperio Romano en el tiempo de la Gran Tribulación. Los cuernos son los diez reyes que gobiernan sobre esta división de diez partes. Esta interpretación es confirmada por Apocalipsis 17:12.

El cuerno pequeño llega al poder en primer lugar derribando a otros 3 líderes o gobernantes, y después, él domina a los otros siete y llega a ser entonces un dictador mundial.

Las siete cabezas no son identificadas fácilmente. Ellas son interpretadas en el capítulo 17:9-10, y también el versículo 17. Éstos no reinan contemporáneamente como lo hacen los 10 cuernos. Pero aparecen en orden cronológico. Algunas han sido interpretadas como representando a ciertos emperadores romanos, como a Domiciano, quien fue un gobernante. Otros han interpretado que estas siete cabezas son formas de gobierno a través de las cuales pasó el Imperio Romano. Ellos han tenido reyes, concilios, dictadores, decenviros, tribunos militares, y emperadores y déspotas. El tercer punto de vista es que las siete cabezas representan algunas grandes naciones de la antigüedad que blasfeman contra Dios: Roma, Grecia, Media y Persia, Caldea, Egipto y Asiria. El reino de la bestia sería el séptimo, que aún está por venir. El comentarista y erudito Seiss toma esa posición. Otro punto de vista probable es que las siete cabezas corresponden a las siete cabezas del dragón, y que demuestran una sabiduría excepcional. Satanás le da energía al hombre de pecado, al último dictador. De modo que, hablando francamente, éste es un lugar donde no puedo ser dogmático. No puedo decir lo que es, y de paso, digamos que no creo que sea de tanta importancia.

Las siete cabezas son culpables de blasfemar. La blasfemia se manifiesta a sí misma de dos maneras, según expresa el comentarista Govett: "Haciéndose a sí mismo igual a Dios, usurpando Su lugar, y calumniando y tomando el nombre de Dios en vano". Los emperadores de Roma eran culpables de la primera forma mencionada. Ellos se hacían a sí mismos iguales a Dios. En el Imperio Romano existía la adoración del emperador. Los fariseos eran culpables de lo segundo, cuando blasfemaban contra el Espíritu Santo. La bestia es culpable de ambas formas.

Y la bestia que vi era semejante a un leopardo, y sus pies como de oso, y su boca como boca de león. Y el dragón le dio su poder y su trono, y grande autoridad. [Ap. 13:2]

Ésta es una criatura bastante extraña, por cierto. Nunca ha sido vista en el mar o en la tierra, o en el aire. Éste es un verdadero espectáculo.

Juan escribió de él que era una bestia compuesta, y ahora nosotros podemos comenzar a formular declaraciones bien directas en cuanto al anticristo. Él combina las características de la otra bestia que observó Daniel en su visión en el capítulo 7. Si usted consulta ese pasaje y mi comentario sobre el Libro de Daniel, le ayudará con esta sección de Apocalipsis.

La semejanza exterior de esta bestia es como un leopardo. Daniel 7:6, dice: Después de esto miré, y he aquí otra, semejante a un leopardo, con cuatro alas de ave en sus espaldas; tenía también esta bestia cuatro cabezas, y le fue dado dominio. Las palabras para "pantera" y "leopardo" son las mismas en el griego, y esta bestia podría ser cualquiera de las dos. Voy a continuar utilizando la palabra "leopardo". Esto representaría a Grecia, y el Imperio Macedonio. Grecia se destacaba por su brillantez, por su progreso en las artes y las ciencias. Se destacaba por sus filósofos, por su arquitectura, por su maravillosa literatura. El idioma en sí es un idioma maravilloso.

El imperio de la bestia tendrá toda la cultura exterior que era la gloria de Grecia, y tendrá los pies semejantes a los de un oso. Eso nos hace recordar de la segunda bestia mencionada en Daniel 7:5: Y he aquí otra segunda bestia, semejante a un oso, la cual se alzaba de un costado más que del otro, y tenía en su boca tres costillas entre los dientes; y le fue dicho así: Levántate, devora mucha carne. Éste era el imperio de Media y Persia, destacado por su paganismo, al moverse y avanzar por toda la tierra, como un enorme gigante insaciable.

El imperio de la bestia tendrá la fortaleza y riqueza pagana que tenía el imperio de Media y Persia. Tenía la boca de un león, y ésta es la primera bestia mencionada en Daniel 7:4: La primera era como león, y tenía alas de águila. Yo estaba mirando hasta que sus alas fueron arrancadas, y fue levantada del suelo y se puso enhiesta sobre los pies a manera de hombre, y le fue dado corazón de hombre. Ésta era la autocracia babilónica, y esto fue cuando Nabucodonosor mandó a dar muerte a los sabios y más adelante hizo preparar este horno de fuego para los tres jóvenes hebreos, y hasta para Daniel mismo, ya que su vida nunca estaba fuera de peligro. No había nadie que pusiera en duda su autoridad. Él era un autócrata. Aunque el hombre de pecado será uno de los dedos de la imagen que vio Daniel, y esos dedos del pie eran parte de barro y parte de hierro, él gobernará con la autoridad autocrática y dictatorial de Nabucodonosor.

Este último dictador mundial llega a la escena bajo el dominio de Satanás. La fuente de su poder se encuentra en Satanás, quien le levantó, y quien le da poder y energía para su tarea dictatorial que debe realizar. Esto es lo más cercano a la encarnación de Satanás que aparece en la Escrituras. Lucas dijo que Satanás había entrado a Judas Iscariote. (Véase Lc. 22:3) Cristo también utilizó un lenguaje similar cuando habló de Simón Pedro, en Mateo 16:23. ¿Es el hombre de pecado la encarnación de Satanás? Creo que puedo decir que él es la encarnación de Satanás. Satanás por cierto que ha entrado dentro de él. Pablo dijo: Inicuo cuyo advenimiento es por obra de Satanás, con gran poder y señales y prodigios mentirosos, y con todo engaño de iniquidad para los que se pierden, por cuanto no recibieron el amor de la verdad para ser salvos. (2 Ts. 2:9-10)

La bestia salvaje que sufre una herida mortal

Vi una de sus cabezas como herida de muerte, pero su herida mortal fue sanada; y se maravilló toda la tierra en pos de la bestia. [Ap. 13:3]

Este versículo, junto con el que aparece en el capítulo 17:8, ha llevado a muchos a pensar que Satanás, en realidad, hace resucitar a la bestia de los muertos. La bestia que has visto, era, y no es; y está para subir del abismo e ir a perdición; y los moradores de la tierra, aquéllos cuyos nombres no están escritos desde la fundación del mundo en el libro de la vida, se asombrarán viendo la bestia que era y no es, y será. (Ap. 17:8)

A causa de estas dos Escrituras, hay quienes han tomado la posición de que la bestia es, en realidad, resucitada de los muertos por Satanás. Pero, eso no puede ser porque Satanás no tiene poder para hacer resucitar a los muertos. Esto es algo que no se le ha dado a él. El Señor Jesucristo es el Único que puede resucitar a los muertos. Y en Juan 5:21, él dice: Porque como el Padre levanta a los muertos, y les da vida, así también el Hijo a los que quiere da vida. Luego, en Juan 5:28-29, leemos: No os maravilléis de esto; porque vendrá hora cuando todos los que están en los sepulcros oirán su voz; y los que hicieron lo bueno, saldrán a resurrección de vida; mas los que hicieron lo malo, a resurrección de condenación. Sólo el Señor Jesucristo puede resucitar los muertos. Satanás no lo puede hacer. Así es que damos por sentado de que aquí tenemos una resurrección falsa. Esto es algo fingido, simulado.

Lo interesante de esto es que la iglesia primitiva, en su mayoría, mantenía este punto de vista, y pensaba que éste era Nerón, o Judas Iscariote. San Agustín dijo que eso quería decir la declaración del misterio de iniquidad que ya era. Algunos suponían que esto se decía del emperador romano, por lo tanto, el Apóstol Pablo no habló en palabras claras, aunque él siempre esperaba que lo que había dicho sería comprendido como aplicable a Nerón, cuyas actuaciones se parecían mucho a las del anticristo. De aquí que algunos sospecharan que él resucitaría de los muertos como el anticristo. Todos ellos esperaban que Nerón fuera levantado de entre los muertos.

Hay otros que toman la posición de que la bestia mencionada aquí se refiere al Imperio Romano, sobre el cual rige o gobierna la bestia, y la forma imperial de gobierno bajo la cual Roma cayó, será restaurada de manera sorprendente. Creo eso, pero no pienso que aquí tengamos una resurrección. Roma nunca murió. Roma se desmoronó. El anticristo reunirá, juntará otra vez a Roma, y eso es lo que va a hacer, y será algo tremendo y notable. Pero el Imperio Romano en realidad nunca llegó a morir. Aún vive en el presente en las naciones de Europa.

Creo que estos puntos de vista tienen algo encomiable, mientras que ambos puntos de vista tienen serias objeciones. No puede haber una verdadera resurrección de un hombre malo antes del juicio del Gran Trono Blanco. Y en esta ocasión, solo Cristo puede hacer resucitar a los muertos salvos y a los perdidos. Y será Cristo quien levantará a los muertos que deberán estar ante el Gran Trono Blanco. (Véase Ap. 20:11-15) Él dijo, como ya he indicado: Porque vendrá hora cuando todos los que están en los sepulcros oirán su voz; (es decir, la voz de Cristo); y los que hicieron lo bueno, saldrán a resurrección de vida; mas los que hicieron lo malo, a resurrección de condenación. (Jn. 5:28-29). Satanás no tiene ningún poder para resucitar a los muertos. Él no va a poder dar vida tampoco. Él es alguien que trata con la muerte, es un destructor.

El Imperio Romano será revitalizado y juntado de una manera milagrosa bajo el dictador mundial, la bestia. Sin embargo, el versículo parece demandar una explicación más amplia que esto.

Creo que la bestia es un hombre que demostrará algo falso, una imitación de resurrección. Éste será el gran engaño, esa gran mentira del período de la Gran Tribulación. Dios permitirá que ellos crean esa gran mentira. (2 Ts. 2:11) Eso es parte de esa gran mentira. Ellos no quieren aceptar la resurrección de Cristo, pero por cierto que van a aceptar la resurrección del anticristo, y eso será algo falso.

Su herida mortal fue sanada demuestra la imitación blasfema de la muerte y resurrección de Cristo, y en aquel día saldrá la proclama o grito: "¿Qué ha hecho Cristo que el anticristo no ha hecho?" Nadie puede duplicar la resurrección. Ellos pueden imitarla, pero no lo pueden duplicar. Pero aún así, el anticristo va a imitarla de tal manera que va a engañar al mundo. Es una gran mentira. Los creyentes decimos hoy que "Cristo ha resucitado", y ellos se jactarán en aquel día y dirán: "También ha resucitado el anticristo". El Imperio Romano saltará otra vez a la existencia bajo la mano cruel de un hombre que falsificó una resurrección, y un mundo crédulo que ha rechazado a Cristo, finalmente acepta y cree tal falsedad.

Ahora comenzamos a tener aquí un cuadro compuesto del anticristo. El jinete del caballo blanco (véase Ap. 6) traía una paz falsa al mundo. En la historia registrada hasta hoy del hombre, éste ha tenido ya 15 mil guerras; ha firmado unos 8.000 tratados de paz, y sin embargo, en toda la historia de la humanidad, el hombre sólo ha disfrutado de 200 o 300 años de verdadera paz. Por cierto, que G. K. Chesterton tenía razón cuando dijo: "Una de las paradojas de esta era es que se llama la era del pacifismo, pero no es la era de la paz". El anticristo se presenta en una plataforma o programa falso, trayendo paz al mundo. ¡Cuántas veces las naciones han hecho lo mismo, elegido un presidente que ha prometido paz, y que luego termina llevando a la nación a la guerra! La mayoría de las naciones son guerreras, no son pacíficas. Es muy difícil hoy encontrar alguna localidad donde exista la verdadera paz.

El director de estudios en el Instituto Real de Asuntos Internacionales, Arnold Toynbee, presentó esto en el año 1953: "Al obligar a la humanidad a desarrollar armas cada vez más letales, y al mismo tiempo hacer que todos los habitantes del mundo dependan más y más unos de los otros económicamente; la tecnología ha llevado a la humanidad a tal grado de angustia que estamos listos ya para deificar a cualquier César nuevo que llegue a tener éxito en dar al mundo unidad y paz". Eso será todo lo que el anticristo tenga que ofrecerle al mundo cuando venga. Él dice: "Yo voy a darles paz", y todos van a decir: "Aleluya", y le elegirán para que ocupe ese alto cargo. Así es como se realiza en la mayoría de los países, y nos suponemos nosotros ser personas de mucha cultura, bien educados. Suponemos que nuestra nación es muy sofisticada y civilizada. El mundo colocará al anticristo en el poder.

El obispo Fulton J. Sheen dijo lo siguiente: "El anticristo vendrá disfrazado como un gran humanitario. Él hablará de paz y prosperidad y de abundancia, no como un medio de llevarnos a Dios, sino como un medio en sí. Él llegará a justificar sicológicamente la culpa que uno siente; hará que los hombres se avergüencen si sus contemporáneos dicen que no son tolerantes y liberales. Él hará correr la mentira de que el hombre nunca será mejor hasta que haga una sociedad mejor".

Estoy de acuerdo con esta declaración en un ciento por ciento. El anticristo está aún por venir.

La bestia salvaje se hace a sí mismo un dios

Y adoraron al dragón que había dado autoridad a la bestia, y adoraron a la bestia, diciendo: ¿Quién como la bestia, y quién podrá luchar contra ella? [Ap. 13:4]

Éste, es el momento supremo para Satanás. Él quiere ser adorado, y todo el mundo le adorará durante este período. Si el Espíritu de Dios quitara Sus manos del mundo en el presente, si las quitara de usted y de mí, temo que muchos de nosotros nos encontraríamos en una posición de apartarnos de Dios, y si apareciera el anticristo, le seguiríamos a él como sigue un perro bien amaestrado a su amo.

Y adoraron a la bestia, diciendo: ¿Quién como la bestia? ¡Qué parodia ésta de la adoración de Dios! La gente está diciendo: "Mirad, estamos adorando a algo más maravilloso que el Dios de la Biblia".

También se le dio boca que hablaba grandes cosas y blasfemias; y se le dio autoridad para actuar cuarenta y dos meses. [Ap. 13:5]

Hay sólo una cosa buena aquí, y es que él no durará sino sólo 42 meses. Es decir, serán tres años y medio.

También se le dio boca que hablaba grandes cosas y blasfemias, quiere decir que ése es un bocón. Daniel menciona esto en cuanto a él. Será uno de ésos que hablan mucho, un charlatán. Él prometerá cualquier cosa. Ésa es la razón por la cual uno debe tener cuidado cuando escucha a la gente por radio, (y en esto me incluyo yo), o algún político o cualquier otra clase de persona, hasta aquéllos que están en la educación. Es necesario que probemos todo aquello que oímos en el presente. El anticristo será un charlatán. Va a tener carisma, y va a ser capaz de promoverse a sí mismo, para obtener el favor de este mundo que rechaza a Cristo.

Una bestia salvaje que desafía a Dios

Y abrió su boca en blasfemias contra Dios, para blasfemar de su nombre, de su tabernáculo, y de los que moran en el cielo. [Ap. 13:6]

Lo que hace la bestia en su blasfemia es algo verdaderamente terrible. Él está en contra de Cristo y de Su iglesia que están en el cielo. Gracias a Dios que la iglesia no está aquí en la tierra. No veo cómo aquella persona que estudia el Libro de Apocalipsis puede creer que la iglesia va a pasar a través de este período.

Y se le permitió hacer guerra contra los santos, y vencerlos. También se le dio autoridad sobre toda tribu, pueblo, lengua y nación. Y la adoraron todos los moradores de la tierra cuyos nombres no estaban escritos en el libro de la vida del Cordero que fue inmolado desde el principio del mundo. [Ap. 13:7-8]

Y se le permitió hacer guerra contra los santos. Los santos (habrá santos durante el período de la tribulación, aunque no son, por supuesto, la iglesia) serán vencidos por la bestia salvaje. En la voluntad de Dios muchos creyentes, tanto judíos como gentiles, sufrirán el martirio.

Y la adoraron todos los moradores de la tierra cuyos nombres no estaban escritos en el libro de la vida del Cordero que fue inmolado desde el principio del mundo. El gran predicador Charles Spurgeon acostumbraba a decir: "Estoy seguro de que mi nombre fue escrito en el Libro del Cordero antes de que yo llegara aquí, porque si Dios hubiera esperado a que yo llegara aquí, nunca hubiera escrito el nombre". Creo que ésta es una declaración maravillosa y de cierto modo y se les aplica a todos los santos de la edad de la iglesia y a los del período de la Gran Tribulación.

Ésta es la hora más tenebrosa en la historia del mundo; y la iglesia, ¡gracias a Dios, no estará aquí! Esto es algo por lo cual estoy agradecido. Yo puedo darle gracias a Dios de que no voy a pasar a través del período de la Gran Tribulación. Estoy bajo Cristo, y no estoy esperando el anticristo. Estoy esperando que Cristo venga.

Una bestia salvaje a quien nadie puede desafiar

Si alguno tiene oído, oiga. Si alguno lleva en cautividad, va en cautividad; si alguno mata a espada, a espada debe ser muerto. Aquí está la paciencia y la fe de los santos. [Ap. 13:9-10]

Ésta es sin lugar a dudas una de las declaraciones más impresionantes que encontramos en la Palabra de Dios. Si alguno, y esto lo dice tres veces. Es una invitación al oído del hombre, es decir, al oído de cualquiera que escuche la Palabra de Dios en cualquier momento y en cualquier edad. La fe viene por el oír, y el oír por la palabra de Dios. (Ro. 10:17). También dice: El que tiene oídos para oír, oiga. (Mr. 4:9b) Así es como comienza este mensaje: Si alguno tiene oído, oiga. Aquí nuevamente tenemos la unión de la libre voluntad y de la elección. Si alguno. Alguno quiere decir cualquier hombre, cualquier persona. Si alguno tiene oído. ¿No tienen todos oídos? Sí, pero hay algunas personas que no oyen, aunque tienen oídos. Hay personas que sencillamente no escuchan para nada. No oyen.

Yo tenía un vecino, que ya se había jubilado, y que gustaba de arreglar las cosas en su casa. Su esposa era una de esas mujeres que gustan de hablar todo el tiempo. Ella era una persona muy buena, pero simplemente hablaba demasiado. Este hombre jubilado tenía que utilizar uno de esos aparatos para ayudarle a oír, un audífono, y cuando él salía fuera de casa, se lo quitaba, y lo hacía con cierto propósito. Él salía a trabajar con las plantas, a podarlas y su esposa salía y hablaba y hablaba, y en cierta ocasión habló como cinco minutos antes de darse cuenta que él no tenía colocado su aparato para ayudarle a oír. Entonces, ella dice: "Tú no has escuchado ni siquiera una palabra de lo que yo he dicho". Él continuaba trabajando tranquilo. La esposa dio media vuelta y regresó a la casa. Eso era exactamente lo que él quería que hiciera. Él estaba allí afuera para trabajar con las plantas, y no quería llevar a cabo una conversación.

Hay muchas personas hoy que no tienen uno de esos aparatos para escuchar la Palabra de Dios. No quieren oírla. He dicho que quisiera hacer posible que toda persona pudiera llegar a estudiar la Palabra de

Dios en nuestro programa de 5 años. Pero si usted, piensa que estoy soñando, de que todos estarán estudiando la Palabra de Dios, digamos el año que viene, pues, debo decirle que no tenemos ni siquiera la ilusión de que eso llegue a suceder. Sé que esto está limitado a aquéllos que tienen oído, un oído para oír la Palabra de Dios. Si alguno. Eso es libre voluntad. Usted tiene que tener un oído; eso es elección; y así es la manera en que Dios les une.

Si alguno lleva en cautividad, va en cautividad; si alguno mata a espada, a espada debe ser muerto. Lo que Juan está diciendo aquí no es ni para usted ni para mí. Por lo menos, espero que no sea para usted. Estoy seguro que no es para mí, porque empezando con el capítulo 4 de Apocalipsis, estamos tratando con las cosas futuras que están más allá de la iglesia. Si la iglesia ya no está en el mundo en esta sección, Juan presenta claramente que nos encontramos en el período de la Gran Tribulación. Él les habla a los santos que estará en el mundo durante ese tiempo. Recuerde que, durante la tribulación, el anticristo será soltado en ese entonces, y será un dictador mundial. Él va a gobernar como ningún hombre lo ha hecho en el pasado. Los hombres no podrán comprar ni vender sin permiso. No podrán viajar sin su permiso. ¿Por qué está permitiendo Dios esto? Dios les ha dicho a aquéllos que son Suyos: "No le resistáis". En primer lugar, no les beneficia en nada. Lo segundo es esto: Ésta es la paciencia y la fe de los santos de entonces. Si usted está en el mundo durante la Gran Tribulación, entonces usted tendrá que soportar con paciencia y fe las pruebas terribles que vendrán, aun sobre los hijos de Dios.

Así es que aparentemente Dios se ha apartado del mundo, y lo ha entregado a Satanás. En el día de hoy el Espíritu Santo se encuentra en el mundo. Él limita, Él apaga la resistencia. Hoy está deteniendo el mal. Quizá no le parezca que esté sucediendo así, pero piense en lo que será cuando Él sea quitado, por así decirlo, de ese cargo, y cuando se le permita al mal actuar de la forma en que quiera, y Satanás tendrá control de todo. Como ya hemos dicho anteriormente, esto en realidad es justicia divina. Satanás y sus secuaces del mal y la humanidad perdida nunca podrán decirle a Dios: "Tú nunca nos diste una oportunidad. Y si Tú nos hubieras dado la oportunidad, hubiéramos podido solucionar las cosas". Dios les va a dar a ellos una oportunidad por un breve período. Si este período no fuera breve, nadie sería salvo, como dijo el Señor Jesucristo. (Mt. 24:22)

La segunda bestia que sale de la tierra—descripción, un líder religioso

La primera bestia es un líder político y un poder político, y una persona. En realidad, ese poder será mundial. Aquí llegamos a la segunda bestia, la que viene de la tierra y es un líder religioso.

Después vi otra bestia que subía de la tierra; y tenía dos cuernos semejantes a los de un cordero, pero hablaba como dragón. [Ap. 13:11]

Esta bestia salvaje es más fácil de identificar que la primera, porque después de haber establecido la primera, no creo que sea demasiado difícil de identificar la segunda. La primera bestia subió de la mar; y la segunda, sube de la tierra. ¿Cuál es la diferencia? La mar representa a los pueblos del mundo. Ellos son como la mar agitada, esa multitud de la humanidad en el presente, y eso siempre ha sido así. La tierra aquí se refiere a la tierra de Israel, y creo que podemos establecer eso. La tierra de la cual sube esta segunda bestia es simbólica, de Palestina, y se piensa naturalmente que la segunda bestia sale de Israel. En primer lugar, él es un mesías, e Israel no le aceptaría a no ser que hubiera salido de su propia tierra, y fuera uno de ellos.

Y tenía dos cuernos semejantes a los de un cordero. Esto nos sugiere su imitación de Cristo. La primera bestia se oponía a Cristo. La segunda bestia imita a Cristo. Él es anticristo en ese sentido "en lugar de"; actúa como si fuera Cristo. Tiene dos cuernos como los de un cordero. Pero es un lobo con piel de oveja. Él imita al Cordero de Dios que quita el pecado del mundo (Jn. 1:29), sólo que este pseudo-cordero no quita el pecado, sino que lo agrega y lo multiplica en el mundo. Él no viene a hacer su propia voluntad, sino la voluntad de la primera bestia. Él es un Cristo falso. Hablará mucho en cuanto a amar a todos, pero por debajo es una bestia peligrosa, tal cual la primera, engañando a todo el mundo.

El Señor Jesucristo dijo en Mateo 7:15: Guardaos de los falsos profetas, que vienen a vosotros con vestidos de ovejas, pero por dentro son lobos rapaces. Éste es el cuadro de la segunda bestia. Éste es la personificación de todos ellos, y él es un anticristo. Así es que son necesarios dos hombres para llenar la posición que Cristo había llenado, y por supuesto, ellos no alcanzan a llenarla, pero se necesita dos hombres aun para intentar imitarla.

Nuevamente, el Señor Jesucristo dijo, en Mateo 24:24: Porque se levantarán falsos Cristos, y falsos profetas, y harán grandes señales y prodigios, de tal manera que engañarán, si fuere posible, aun a los escogidos. Para algunos, el falso profeta es como Juan el Bautista, para la primera bestia, y algunos la han identificado como el Rey Saúl o Judas, pero eso no es nada más que especulación y no se puede ser probado.

La bestia salvaje recibe autoridad

Y ejerce toda la autoridad de la primera bestia en presencia de ella, y hace que la tierra y los moradores de ella adoren a la primera bestia, cuya herida mortal fue sanada. [Ap. 13:12]

Esta segunda bestia tiene la autoridad delegada de la primera bestia, lo que hace que sea superior a él, pero él también está al mismo nivel, tiene el mismo poder.

Esta bestia encabeza un movimiento para exterminar a la ramera de Apocalipsis capítulo 17, y ésa es la falsa iglesia que va a pasar a través del período de la Gran Tribulación. Juan ni siquiera distingue o dignifica a esa iglesia por nombre, porque no es una iglesia. La verdadera iglesia ya se ha ido, y ésta es llamada una ramera. La iglesia había sido llamada la esposa de Cristo. Aquí tenemos el último vestigio de una iglesia apóstata con todo su humanismo. Luego, el falso profeta le ofrecerá al mundo algo nuevo para adorar: La primera bestia, el rey terco y obstinado, el hombre de pecado, el último dictador mundial. (Véase Dn. 11:36-39; Mt. 24:24; 2 Ts. 2:3-10) Aquí es presentada esta terrible bestia que va a ensalzar a la primera bestia a una posición de adoración.

Cuya herida mortal fue sana revela que las dos, la primera y la segunda bestia, son sanadores falsos, los que obran milagros. Ésa es una gran mentira, y un gran engaño que vendrá en este mundo.

También hace grandes señales, de tal manera que aun hace descender fuego del cielo a la tierra delante de los hombres. Y engaña a los moradores de la tierra con las señales que se le ha permitido hacer en presencia de la bestia, mandando a los moradores de la tierra que le

hagan imagen a la bestia que tiene la herida de espada, y vivió. [Ap. 13:13-14]

El falso profeta obra señales y milagros. (Véase Mt. 24:24) El Señor Jesús nos advirtió en contra de esa persona. Su engaño es que imita a Elías al hacer bajar fuego del cielo. Él también es la combinación de Janes y Jambres: Entonces llamó también Faraón sabios y hechiceros, e hicieron también lo mismo los hechiceros de Egipto con sus encantamientos; pues echó cada uno su vara, las cuales se volvieron culebras; mas la vara de Aarón devoró las varas de ellos. (Ex. 7:11-13) Es decir que ellos eran buenos hechiceros o magos. Creo que tenían poder satánico, y éste también lo tendrá al fin del tiempo.

En Mateo 3:11, leemos: Yo a la verdad os bautizo en agua para arrepentimiento; pero el que viene tras mí, cuyo calzado yo no soy digno de llevar, es más poderoso que yo; él os bautizará en Espíritu Santo y fuego. Juan el Bautista no tenía nada que ver con el fuego. Este profeta falso va a imitar esto, pero el fuego, por supuesto, es en realidad juicio.

Este falso profeta juega con fuego hasta que es desalojado en el lago de fuego. (Véase Ap. 19:20) El mundo es engañado por su decepción, con la excepción, por supuesto, de los elegidos de Dios, aquéllos que están aquí. Ellos no pueden ser engañados.

Este falso profeta demuestra su manera de actuar, haciendo que se construya una imagen del hombre de pecado. La palabra para imagen es eikón, que indica semejanza o parecido. Lo que él produce es una semejanza que enfatiza la herida mortal que fue sanada. Es interesante notar que el Señor Jesucristo no permitió que nada relacionado con Su apariencia física sobreviviera, pero será la semejanza del anticristo que estará evidentemente colocada en el templo en Jerusalén. Yo creo que ésta es la abominación desoladora de la que hizo referencia el Señor: Por tanto, cuando veáis en el lugar santo la abominación desoladora de que habló el profeta Daniel, (el que lee, entienda). (Mt. 24:15) Ésta es la abominación desoladora que aparecerá, y lo que esto es, y no voy a ser dogmático en cuanto a esto, sino que creo que será la imagen del anticristo, la primera bestia.

La bestia salvaje perpetra el engaño en el mundo

Y se le permitió infundir aliento a la imagen de la bestia, para que la imagen hablase e hiciese matar a todo el que no la adorase. Y hacía que a todos, pequeños y grandes, ricos y pobres, libres y esclavos, se les pusiese una marca en la mano derecha, o en la frente; Y que ninguno pudiese comprar ni vender, sino el que tuviese la marca o el nombre de la bestia, o el número de su nombre. [Ap. 13:15-17]

Y se le permitió infundir aliento (la palabra en griego es pneúma) a la imagen de la bestia. Éste va a ser un ídolo diferente. Hasta el presente, Isaías menciona, y todos los profetas mencionan, el hecho de que los ídolos no pueden hablar. Pablo también lo menciona, pero, aquí tenemos un ídolo que hablará. Creo que llamarán a todos científicos del mundo para observar a esta imagen, y creo que ellos informarán que no lo pueden comprender, que no lo pueden explicar. Éste es un milagro. Esto es algo que provocará que todo el mundo se vuelva y adore a la bestia.

Aquí tenemos la unión de la religión y los negocios. Es necesario tener la marca de la bestia para poder hacer negocios. En la época de Juan, los soldados eran marcados por sus comandantes, los esclavos eran marcados por sus amos, y algunos unidos a ciertos templos paganos eran marcados con la marca del dios o la diosa a quien servían. Pero aún en nuestros propios días, un periodista escribió en su periódico un artículo titulado: "Viviendo por los números". Él se quejaba del hecho de que es necesario llevar tantas tarjetas de identificación y concluyó diciendo: "Sería mucho más sencillo si el gobierno nos asignara a cada uno de nosotros un número especial, que pudiera ser grabado en nuestras frentes, para evitarnos el problema de llevar tantas tarjetas".

Esto es algo interesante, y no quiero que me entienda mal, éste no es el cumplimiento de la profecía hoy, pero por cierto que muestra como puede suceder algo así. ¿Pero cuál es la marca de la bestia? Esto no se nos ha informado. No se nos dice esto aquí. Pero eso no ha evitado que muchos eruditos no trataran de informarnos lo que esto es.

Aquí hay sabiduría. El que tiene entendimiento, cuente el número de la bestia, pues es número de hombre. Y su número es seiscientos sesenta y seis. [Ap. 13:18]

Aquí hay sabiduría es una declaración un poco irónica, cuando consideramos todo ese laberinto de especulación que se ha venido acumulando a través de los siglos en cuanto a este versículo.

En el griego, éste es un arreglo muy hermoso de este número. Se dice: hexakosioi, hexekonta, hex; "Seiscientos sesenta y seis". Por cierto, que se le da un valor numérico a cada letra, pero debemos dejar esto como que es el número visual que es de la bestia, y su significado espera aun hasta el día de su manifestación. No hay nadie hoy que pueda asegurar lo que significa este número. Esto ha provocado un pequeño rompecabezas para muchas personas que gustan jugar con los números; pero, usted no llegará a saber esto hasta que se llegue al período de la Gran Tribulación.

Sugiero que no se preocupe en pensar en algo como esto. Debemos presentar al Señor Jesucristo hoy, para tratar de reducir la cantidad de personas que van a pasar a través de este período de la Gran Tribulación, y que llegarán a conocer cuál es el número de la bestia.

Yo no tengo demasiados deseos de conocer el número de la bestia, y después de haber leído todo esto, estoy muy agradecido que no tengo que vivir en ese período. Estoy muy agradecido hoy de que conozco a Jesucristo como mi Salvador; pero en lugar de dedicar tanto tiempo al anticristo, quiero conocer a Cristo. Pablo, en Filipenses 3:10, dice: A fin de conocerle, y el poder de su resurrección, y la participación de sus padecimientos, llegando a ser semejante a él en su muerte.

También se nos dice que no debemos confiar en el hombre. Jeremías 17:5, dice: Así ha dicho Jehová: Maldito el varón que confía en el hombre, y pone carne por su brazo, y su corazón se aparta de Jehová. Jeremías 17:7, dice: Bendito el varón que confía en Jehová, y cuya confianza es Jehová.

Es por eso que puedo decir que este pasaje no me interesa mucho en cuanto a lo que puede ser el número de la bestia, o cualquier cosa relacionado con esto, sino que me hace querer conocer más del Señor Jesucristo, porque mi esperanza es estar con Él, no por lo que soy, o lo que he hecho, sino porque Jesucristo murió por mí sobre la cruz del Calvario, y por Su gracia voy a estar en Su presencia. Por eso estoy agradecido hoy.

CAPÍTULO 14

Mirando hacia el fin de la Gran Tribulación

Éste es un capítulo que contiene muchas cosas. Este capítulo que constituye el punto más alto en la serie de siete personajes, es un interludio en el cual vemos el Cordero sobre el Monte de Sion, escuchamos el evangelio eterno, el pronunciamiento del juicio sobre Babilonia y sobre aquéllos que reciben la marca de la bestia, entonces la alabanza para aquéllos que mueren en el Señor, y una vista previa de Armagedón.

Este capítulo constituye un hiato en la serie de siete personajes. Es obvio que este interludio no puede ser ubicado entre el sexto y el séptimo personaje, que son las dos bestias salvajes; primero, la bestia que sube del mar, y luego la bestia que sube de la tierra. Estas dos bestias tenían que ser consideradas juntas. Son como hermanos gemelos siameses, y la continuidad entre ellas no podía romperse. Por tanto, este interludio sigue al séptimo personaje en reconocimiento a la secuencia lógica de este libro, la cual no es una división toda mezclada, sino que se desarrolla de una manera lógica, cronológica y matemática.

Hay ciertos personajes que nos llaman la atención en este capítulo, para darnos una vista orbital de los hechos que son espectaculares de los dos capítulos previos. Es decir que hay otros personajes aparte de los siete mencionados. Es muy claro, por lo que dice el capítulo 13, que éste es el día más tenebroso, el día más horrible en la historia del mundo. Es en verdad un verdadero infierno, y cualquier persona que piense un poco debe hacerse inevitablemente la pregunta de si puede evitarse eso: "¿Qué sucedió con el pueblo de Dios durante este período? ¿Pueden ellos pasar a través de este período hasta el fin con todas estas cosas contra ellos?"

El Pastor que comenzó con 144.000 ovejas ahora es identificado como el Cordero. Note que Él no tiene 143.999 ovejas, sino que tiene 144.000 ovejas. Él no perdió ninguna de ellas, porque Él las redimió, y Él las selló, y las guardó, porque Él es el Gran Pastor de las ovejas.

Estas ovejas son de otro redil, no son de este redil; es decir, del redil donde estamos nosotros en el presente. Él logró que todas estas ovejas pasaran a través de este período. Ése es el cuadro que tenemos ante nosotros al comenzar este capítulo. Él es quien tendrá la última palabra; no serán las dos bestias. El Señor Jesucristo será el que tenga la última palabra, el Cordero. Éste no es el cordero que habla como un dragón. Éste es el Señor Jesucristo Mismo, y siendo que Él va a tener la última palabra, Babilonia va a caer. Ésta será la gran capital política, la gran capital comercial, la gran capital religiosa del mundo durante la Gran Tribulación. Caerá, y los seguidores de la bestia serán juzgados.

Aunque muchos de los creyentes serán mártires durante la tribulación, ellos no saldrán perdiendo, sino que ganarán. Nuevamente digo con Calvino, prefiero estar del lado que parece estar perdiendo en el presente, pero que ganará al final, en lugar de estar del lado que parece estar ganando hoy, pero que perderá eternamente. Me gusta mucho estar del lado ganador. Se nos dice, entonces, que ellos son mártires y que sus obras les seguirán. (Véase Ap. 14:13) Él les va a recompensar.

En el capítulo 19 veremos al Cordero está regresando a la tierra. Se acerca la mañana. Las tinieblas se apartarán, y el Sol de justicia se levantará con sanidad en Sus alas.

El cuadro del Cordero, con las 144.000 ovejas

Después miré, y he aquí el Cordero estaba en pie sobre el monte de Sion, y con él ciento cuarenta y cuatro mil, que tenían el nombre de él y el de su Padre escrito en la frente. [Ap. 14:1]

Después miré indica que Juan aún es un espectador de estos hechos. La historia continúa desarrollándose frente a él, y el Cordero aquí es el Señor Jesucristo, como ya hemos visto en los capítulos 5-7 y en 12-13.

El Monte de Sion está en Jerusalén. No vale la pena tratar de ubicarlo en cualquier otro lugar, excepto donde debe ir, y esto es Jerusalén en Israel.

Tenemos aquí un cuadro pacífico, una escena verdaderamente pastoral, que abre el reino milenario sobre la tierra. El Señor Jesús va a reinar desde Jerusalén. Dios Mismo la llamó "la ciudad del Gran Rey". Y en el Salmo 2:6, Él dice algo que puede aclararle a usted si tiene alguna duda en cuanto al Monte de Sion: Pero yo he puesto mi rey sobre Sion, mi santo monte. Es la intención de Jehová el poner al Señor Jesucristo sobre el trono de David en Jerusalén, y específicamente el Monte de Sion.

Ciento cuarenta y cuatro mil, creo yo que son aquéllos que fueron sellados en el capítulo 7, aunque reconozco que hay algunos problemas relacionados con este punto de vista. Ellos pasaron a través de la Gran Tribulación de la misma manera en que los tres jóvenes hebreos pasaron a través del horno de fuego ardiente.

Note que el Cordero está parado junto a ellos en el Monte de Sion, y aunque Él es en Su Persona el Cordero, Él también es el Pastor. Recuerde que Él comenzó con 144.000 y llegó al final de la Gran Tribulación no con 143.999, sino con 144.000. No perdió a ninguno.

En este día y hora cuando las presiones de Satanás nos oprimen, el Cristo viviente y victorioso está dispuesto a ayudarnos. Ah, que usted y yo podamos llegar a conocerle mejor, para que nos podamos acercar más a Él, y para que Él signifique más para nosotros, y que Él llegue a ocupar un lugar más grande en nuestras vidas día a día. Estoy convencido personalmente, en mi propia experiencia, que el Señor Jesucristo en persona es la respuesta. Es tan fácil decir que Jesús, es la respuesta. Cuando veo letreros que dicen: "Cristo es la Respuesta", siempre digo que depende de cuál sea la pregunta. Pero, ciertamente que Él es la respuesta a todos los problemas que enfrentan los hombres hoy, quienes están tratando de desarrollar algún pequeño método. Ellos le dicen que, si usted sigue su pequeño sistema, usted podrá resolver todos los problemas de su vida, de su hogar, de su trabajo, de su iglesia, y cosas por el estilo. Nunca antes hubo un día en el cual hubo tanta enseñanza en todas estas áreas, y, sin embargo, hay menos demostración de estas cosas en las vidas de los creyentes. ¿Cuál es el verdadero problema del día de hoy? No es que necesitemos un nuevo método. No necesitamos un método. Necesitamos a Cristo. Necesitamos conocerle en una manera que tenga significado para nosotros. Necesitamos acercarnos más a Él. Él tiene que significar más para nosotros. ¿Ha hablado usted con Él hoy? ¿Cuándo fue la última vez que usted le dijo a Él, que le amaba? Él dice que le ama a usted y nosotros debemos repetirle eso a Él.

> *Y oí una voz del cielo como estruendo de muchas aguas, y como sonido de un gran trueno; y la voz que oí era como de arpistas que tocaban sus arpas. Y cantaban un cántico nuevo delante del trono, y delante de los cuatro seres vivientes, y de los ancianos; y nadie podía aprender el cántico sino aquellos ciento cuarenta y cuatro mil que fueron redimidos de entre los de la tierra. [Ap. 14:2-3]*

Y oí una voz. Juan no sólo es un espectador, sino que él también es un oyente de esta escena que se presenta aquí.

Ahora, 144.000 unen sus voces al coro celestial en el milenio. ¿Ha escuchado usted alguna vez un coro de 144.000 voces? Bueno, hasta este momento, la tierra ha estado un poco desafinada en lo que se refiere al cielo, pero aquí el gobierno de Satanás ha concluido, y el cielo y la tierra ya no están más desafinados. Lo que el poeta Browning dijo es cierto cuando uno llega al milenio: "Dios está en Su cielo, y todo anda bien con el mundo". Pero por cierto que no podemos decir esto del mundo del día de hoy. Los 144.000 aprenden un nuevo cántico y ellos se unen en esta armonía del cielo.

Y la voz que oí era como de arpistas que tocaban sus arpas. Dios ha colocado a Sus arpistas en el cielo, mientras que los 144.000 están en la tierra, sobre el Monte de Sion, y ésa es una distancia bastante grande para los instrumentos, digamos de paso. Éstos van a producir muy buena música.

Aquellos ciento cuarenta y cuatro mil que fueron redimidos entre los de la tierra quiere decir que éstos han sido comprados para entrar al milenio en la tierra. Ellos no han sido llevados al cielo. Han sido comprados de entre los de la tierra, lo que quiere decir que van a vivir en la tierra; porque los que no son salvos, no van a vivir en la tierra.

Y nadie podía aprender el cántico sino aquellos ciento cuarenta y cuatro mil. Nadie puede cantar este canto nuevo sino los redimidos. Nadie puede cantar alabanzas a Dios sino los redimidos. ¡Cómo me gustaría poder comunicar esta idea a muchos de aquéllos que dirigen los cantos de las iglesias hoy! Ellos quieren que todo el mundo cante, y entonces dicen: "Bueno, vemos que no todos están cantando. Quiero que todos canten este himno". Si usted tiene una audiencia mezclada, es decir, si tiene juntos a personas que son salvas con otras que no lo son, pues, no les pida que canten un cántico de redención. No les pida que canten: "Salvado soy, Aleluya, salvado soy", porque si una persona incrédula que no es salva, canta eso, entonces le está haciendo a esa persona un mentiroso. No les pida que canten. Deje que los redimidos canten. Esto es lo que, en realidad, dice el salmista: Alabad a Jehová, porque él es bueno; díganlo los redimidos de Jehová. (Sal. 107:1-2) ¿Quién más puede decir eso? Nadie más puede decirlo, sólo los redimidos. Ésa es la razón por la cual necesitamos un cristianismo de esta clase en el presente, que diga que Dios es bueno. Eso es algo que necesitamos enfatizar en el presente.

El cielo y la tierra se unen aquí en una armonía maravillosa durante el milenio. ¡Qué contraste el que encontramos aquí con lo del capítulo 13, donde la tierra está en rebelión contra el cielo, bajo la bestia! Aquí todo es tranquilidad bajo el Cordero.

Éstos son los que no se contaminaron con mujeres, pues son vírgenes. Éstos son los que siguen al Cordero por dondequiera que va. Éstos fueron redimidos de entre los hombres como primicias para Dios y para el Cordero; Y en sus bocas no fue hallada mentira, pues son sin mancha delante del trono de Dios. [Ap. 14:4-5]

No se contaminaron con mujeres, pues son vírgenes. ¿Qué es lo que se quiere decir con esto? Esto siempre ha sido un interrogante para mí, y lo sigue siendo. Esto puede tener un sentido literal o espiritual, o puede tener ambos sentidos. Personalmente opino que tiene ambos sentidos. Si hubiera sido de cualquier otra manera, Juan hubiera indicado cuál de estos sentidos él está enfatizando. El período de la Gran Tribulación es un período de un sufrimiento sin comparación. Los 144.000 pasaron a través de ese período, y estos tiempos anormales demandaron un estado anormal. Por esa razón, ellos no se casaron. Esto es lo que ocurre cuando un país está en guerra contra otro. Los jóvenes se van a la guerra, dejan a la novia, y nunca más regresan. A veces se casan antes de salir, luego la esposa tiene un bebé, que ellos nunca llegan a conocer, porque nunca pudieron regresar al hogar. Eso es lo que ocurre en tiempo de guerra. Muchas mujeres dijeron que hubieran preferido no haberse casado nunca. Durante este período va a ser algo tan terrible que será mejor no casarse. Jeremías también vivió en una época bastante crítica, en la época de la cautividad en Babilonia. Dios le prohibió a él que se casara, porque eran días tenebrosos: Vino a mí palabra de Jehová, diciendo: No tomarás para ti mujer, ni tendrás hijos ni hijas en este lugar. Porque así ha dicho Jehová acerca de los hijos y de las hijas que nazcan en este lugar, de sus madres que los den a luz, y de los padres que los engendren en esta tierra: De dolorosas enfermedades morirán; no serán plañidos ni enterrados; serán como estiércol sobre la faz de la tierra; con espada y con hambre serán consumidos, y sus cuerpos servirán de comida a las aves del cielo y a las bestias de la tierra. (Jer. 16:1-4)

El Señor Jesucristo pronunció un ay en cuanto a aquéllas que estuvieran encintas durante la Gran Tribulación: Mas ¡ay de las que estén encintas y de las que críen en aquellos días! (Mt. 24:19)

Usted y yo estamos viviendo en un día cuando se nos dice, como dijo el escritor a los Hebreos, que el matrimonio tiene que ser algo honroso, y el lecho sin mancilla. Pablo habla mucho en cuanto a esto en 1 Corintios 7. El mandato de Dios a Noé después del diluvio, no antes, era el de multiplicarse y de llenar la tierra. Ésta no es una Escritura que se puede aplicar hoy a un mundo que tiene que hacerle frente a una explosión demográfica, y en un momento cuando los creyentes pueden ver que se acerca el fin de las edades.

Durante la Gran Tribulación, habrá un énfasis exagerado en cuanto al sexo, y obviamente prevalecerá la inmoralidad. No va a ser un tiempo muy bueno para casarse durante el período de la Gran Tribulación. Ahora, los 144.000 se habrán mantenido aparte de los pecados de la Gran Tribulación.

Ahora considerando adulterio en el sentido espiritual, en el Antiguo Testamento la idolatría era clasificada como fornicación espiritual. El ejemplo clásico lo tenemos en Ezequiel 16, donde encontramos la severa acusación contra la fornicación y el adulterio, que era idolatría. Los 144.000 pues, se han guardado a sí mismos de la adoración de la bestia y su imagen durante la Gran Tribulación.

Así es que, cuando dice aquí: Éstos son los que no se contaminaron con mujeres, pues son vírgenes, aparentemente quiere decir que se guardaron a sí mismos de la inmoralidad del período de la Gran Tribulación, aunque no se habían casado. Debido a la severidad de esa época en que les tocó vivir, ellos no se casaron, ni se entregaron a la inmoralidad de ese período. Así es que aquí tenemos una vista de ambas cosas. Tenemos aquí el sentido literal y el sentido espiritual, y creo que ambas cosas son razonables.

Primicias para Dios y para el Cordero es una referencia directa a la nación de Israel. Porque si su exclusión es la reconciliación del mundo, ¿qué será su admisión, sino vida de entre los muertos? Si las primicias son santas, también lo es la masa restante; y si la raíz es santa, también lo son las ramas. (Ro. 11:15-16)

Así es que Israel es las primicias, en especial estos 144.000. Creo que éstos van a llegar a ocupar un lugar muy singular en el reino milenario. Ellos serán evidentemente la vanguardia con el Cordero, cuando Él regrese a establecer el reino, como veremos en el capítulo 19.

Y en sus bocas no fue hallada mentira indica que ellos no participaron en esta gran mentira de la bestia cuando utilizó esas maravillas engañadoras. Ellos no creyeron en eso. Usted recuerda que el Señor Jesucristo dijo que si fuera posible los escogidos serían engañados, pero éstos no son engañados, no lo fueron.

Son sin mancha. ¿Son sin mancha porque han pasado a través de la Gran Tribulación y han sido purificados? No. Están sin mancha porque están vestidos de la justicia de Cristo. Así es como yo me voy al cielo. Yo no voy al cielo porque pienso que soy bueno, porque no lo soy. Pero usted tampoco es bueno. Tanto usted como yo somos pecadores salvados por la gracia de Dios.

Proclamación del evangelio eterno

Vi volar por en medio del cielo a otro ángel, que tenía el evangelio eterno para predicarlo a los moradores de la tierra, a toda nación, tribu, lengua y pueblo, Diciendo a gran voz: Temed a Dios, y dadle gloria, porque la hora de su juicio ha llegado; y adorad a aquél que hizo el cielo y la tierra, el mar y las fuentes de las aguas. [Ap. 14:6-7]

Otro ángel demuestra otro cambio radical en el protocolo de la comunicación de Dios con la tierra. Este ángel es el primero de un desfile de seis otros ángeles, que son mencionados en los versículos 8-9, 15, y 17-18.

Éste es el primero de los 6. Durante esta era, el evangelio ha sido entregado a los hombres, y ellos son los únicos mensajeros. A los ángeles les gustaría hacerlo, pero no se les ha permitido hacerlo. Pero en el principio de la Gran Tribulación, los hombres son los mensajeros de Dios, como demuestran los 144.000. Aun los dos testigos con poderes sobrenaturales no podrían enfrentarse a Satanás, sino que fueron quitados de la escena satánica de la tierra. Los ángeles, como también los hombres, eran los mensajeros del Antiguo Testamento; es decir, que las palabras expresadas por los ángeles eran firmes. La palabra dicha por medio de los ángeles fue firme. (He. 2:2) Los tiempos son tan tensos en este período que sólo los ángeles pueden llevar el mensaje de Dios a todo el mundo. Los ángeles son indestructibles.

Volar por en medio del cielo era una declaración ridícula hace algunos años, y algunos que criticaban la Biblia se burlaban de eso. Pero ya no es más una declaración ridícula, porque hoy existen muchos satélites en el espacio; uno de los más famosos es el satélite Telstar, y otros son utilizados para transmitir señales e imágenes de la televisión, así que uno puede ver al instante lo que ocurre en los Estados Unidos o Argentina o México o Colombia. Uno no sólo puede ver eso en las noticias de la tarde, sino que puede verlo cuando se está desarrollando. Así que nos podemos dar cuenta que esa expresión aquí no es algo ridículo.

El evangelio eterno. La pregunta lógica que debemos hacernos es: ¿Cómo es este evangelio? El evangelio quiere decir buenas noticias. ¿Dónde están las buenas noticias? Si usted es un hijo de Dios, son buenas noticias. Ése es un evangelio eterno. ¿Es éste el mismo evangelio que predicamos? Sí, amigo. Queremos decir que éste es el mismo evangelio que predicamos, pero algo ha sido agregado, no para ser salvos, sino que ellos ahora pueden decir que Él se está preparando para venir. Él viene en juicio, y esas son buenas noticias para el pueblo de Dios. Son muy malas noticias para el mundo, por supuesto.

Temer a Dios es el mensaje de este eterno evangelio. Ése es el mensaje. El escritor de los Proverbios dice: El principio de la sabiduría es el temor de Jehová. Es decir que Él está diciendo al pueblo de Dios que sean sabios, porque uno necesita temer a Dios. Dios le salvó a usted por Su gracia, pero Él va a juzgar a esta tierra. Éste es el último llamado de Dios antes de que Cristo vuelva en juicio.

El pronunciamiento del juicio de Babilonia

En este capítulo, Dios presenta ante nosotros a aquéllos que van a aparecer nuevamente en el libro. Pero nos lo presenta como si fuera un programa que Él va a seguir.

Otro ángel le siguió, diciendo: Ha caído, ha caído Babilonia, la gran ciudad, porque ha hecho beber a todas las naciones del vino del furor de su fornicación. [Ap. 14:8]

Hace mucho tiempo se publicó un libro escrito por Alexander Hislop, que era un libro en que se hablaba de dos Babilonias. Allí se revela que Babilonia ha sido el cuartel general de Satanás desde el mismo principio. Allí fue donde comenzó la idolatría. Allí es donde nació la idolatría. Semiramis fue la esposa de Nimrod. Algunos opinan que era su madre, y que ella se casó con su propio hijo; pero como quiera que sea, ella era la Reina de Babel, que más adelante llegó a ser Babilonia. Ella inventó una historia que comenzó con este sistema de idolatría, y en esta historia, ella decía que había salido de un huevo, que salió del Río Eufrates y ella rompió la cáscara del huevo y salió del mismo como persona adulta. Eso es lo que ella decía, y ella ha sido adorada. Esto introdujo el principio femenino de la deidad. Esto revela que Babilonia comenzó todas estas falsas religiones.

Ha caído, ha caído Babilonia. Este segundo ángel sale y anuncia lo que vendrá como si ya hubiera sucedido. En el griego original, "ha caído" está en el tiempo pretérito profético. Las palabras proféticas de Dios son tan seguras que se expresan como que los hechos ya han tenido lugar, y lo presentan tan seguro como que lo expresado aquí ya fuera historia. Él está mirando hacia el futuro.

Babilonia evidentemente será reedificada durante el período de la Gran Tribulación. Si usted tiene mi comentario sobre el Libro de Isaías (o las notas y bosquejos), verá que he tratado con esa probabilidad en el capítulo 13. Creo que la Babilonia antigua va a ser reedificada, pero no en el mismo lugar, y que el juicio sobre esta ciudad que se predice en Isaías, aún está en el futuro.

La idolatría de Babilonia es una intoxicación divina que fascinará al mundo entero. Ésa es la razón por la cual se experimenta tanto en el presente con la adoración de Satanás y el exorcismo, y cosas por el estilo. Las sectas que aparecen en el presente, todo esto es por cierto satánico. Note lo que Jeremías 51:7 dice: Copa de oro fue Babilonia en la mano de Jehová, que embriagó a toda la tierra; de su vino bebieron los pueblos; se aturdieron, por tanto, las naciones. Si usted pudiera apartarse lo suficiente y observar a esta tierra, pienso que usted se llevaría una desilusión en cuanto a la humanidad, y a las naciones del mundo. Entonces, en Isaías 13:11, leemos: Y castigaré al mundo por su maldad, y a los impíos por su iniquidad; y haré que cese la arrogancia de los soberbios, y abatiré la altivez de los fuertes. Nuevamente, la ira de Dios viene sobre este mundo. (Jer. 25:15-26) Y Babilonia, hermosura de reinos y ornamento de la grandeza de los caldeos, será como Sodoma y Gomorra, a las que trastornó Dios. (Is. 13:19)

Ése es un juicio sobre Babilonia que vamos a ver: juicio sobre una Babilonia religiosa en el capítulo 17 de Apocalipsis, y sobre la Babilonia comercial en el capítulo 18.

Pronunciamiento de juicio sobre aquéllos que reciben la marca de la bestia

Es probablemente cierto que aquéllos que viven por toda o la mayor parte de la Gran Tribulación, sobreviven porque ellos habían recibido la marca de la bestia. Sin embargo, parte de la Gran Tribulación, no es causada porque Satanás fue soltado, sino por el juicio de Cristo sobre esta tierra. Él personalmente y directamente se moverá para arrojar la rebelión contra Él aquí en la tierra.

Y el tercer ángel los siguió, diciendo a gran voz: Si alguno adora a la bestia y a su imagen, y recibe la marca en su frente o en su mano, Él también beberá del vino de la ira de Dios, que ha sido vaciado puro en el cáliz de su ira; y será atormentado con fuego y azufre delante de los santos ángeles y del Cordero; Y el humo de su tormento sube por los siglos de los siglos. Y no tienen reposo de día ni de noche los que adoran a la bestia y a su imagen, ni nadie que reciba la marca de su nombre. Aquí está la paciencia de los santos, los que guardan los mandamientos de Dios y la fe de Jesús. [Ap. 14:9-12]

Él está hablando aquí de la gente que cumplía con los mandamientos de Dios, la ley del Antiguo Testamento. Ellos hasta ofrecían sacrificios, según se nos dice, durante la Gran Tribulación, y aún en el milenio.

En esta sección, se presenta de una manera muy clara, que ninguno puede asumir una posición neutral durante este período tan intenso bajo la bestia. Aún hoy vemos a hombres de negocios creyentes que han capitulado a la ética de la hora. En el capítulo 13, vimos esta terrible alternativa que existía al negarse a recibir la marca de la bestia. Eso significaba perecer de hambre. Por otra parte, la persona que recibe la marca atrae sobre su propia cabeza la ira de Dios.

Él también beberá del vino de la ira de Dios. Si usted cree que la iglesia va a pasar por la Gran Tribulación, usted también creerá que el Señor Jesucristo va a someter a los Suyos a la copa de mistura de Su ira. Yo simplemente no puedo creer que Cristo hiciera esto a la iglesia, la cual Él redimió.

El vino de la ira de Dios es una figura adoptada del Antiguo Testamento. En el Salmo 75:8, leemos: Porque el cáliz está en la mano de Jehová, y el vino está fermentado, lleno de mistura, y él derrama del mismo; hasta el fondo lo apurarán, y lo beberán todos los impíos de la tierra. Los profetas del Antiguo Testamento tomaron este tema. Ellos vieron la copa de la ira que se llenaba hasta rebosar. Luego, cuando estaba llena hasta rebosar, Dios la aplicaría a los labios de la humanidad impía. Ellos continuaban edificando todo esto hasta que el juicio tenía que llegar.

Y será atormentado con fuego y azufre. Si esto no es algo literal, el fuego y azufre, entonces cualquier otra cosa que sea es peor que el fuego y el azufre. Si esto es un símbolo, un símbolo se da como una representación un poco más débil. Es como la esencia de algo. Existe la esencia de pimienta, y de ciertos perfumes. Alguien dio la siguiente definición de lo que es una esencia: "Esencia es ese débil aroma que queda después de que ha sido o ha desaparecido la sustancia". ¿Qué es, entonces, un símbolo? Es la esencia. Es una copia muy débil de la realidad, y la realidad, puede ser mucho peor. Pero recuerde, que el azufre de Sodoma era literal, un hecho que usted debe meditar hondamente si va a rechazar un infierno literal.

Note que el infierno es algo visible para Cristo y para Sus ángeles. Pero no dice que es visible para los 24 ancianos. ¿Debemos pensar entonces, por esta razón, que la iglesia no sabe lo que está teniendo lugar en la tierra? Yo me inclino a pensar que la iglesia no verá lo que está teniendo lugar en la tierra durante el período de la Gran Tribulación, pero por cierto que Cristo y los santos ángeles lo verán.

Entonces, todos aquéllos que pertenecen a Dios lo que tienen que hacer es ser pacientes y esperar la venida de Cristo. El Señor dice: Aquí está la paciencia de los santos—y ellos son los que esperan. En Mateo 24:13, el Señor Jesucristo dice: Mas el que persevere hasta el fin, éste será salvo. ¿Por qué va a perdurar? Porque él ha sido sellado por el Espíritu de Dios, y él está vestido de la justicia de Cristo. Él puede vencer por la sangre del Cordero. El Señor dijo: Con vuestra paciencia ganaréis vuestras almas. (Lc. 21:19) Eso es todo lo que pueden hacer, aguantar la tormenta. Eso es lo que ellos harán en el período de la Gran Tribulación.

Alabanza para aquéllos que murieron en el Señor

Aquí tenemos un versículo que se escucha en los entierros hoy, y por cierto que en el momento en que uno lo lleva a un entierro, no tiene ninguna aplicación. Este versículo se refiere sólo al período de la Gran Tribulación.

Oí una voz que desde el cielo me decía: Escribe: Bienaventurados de aquí en adelante los muertos que mueren en el Señor. Sí, dice el Espíritu, descansarán de sus trabajos, porque sus obras con ellos siguen. [Ap. 14:13]

Ésta no es una declaración para los santos de la era presente. Aparentemente muchos de los santos de Dios, los santos de la tribulación tanto los 144.000 como esa multitud que no se puede contar de los gentiles que será salva, van a entregar sus vidas por Cristo. Van a morir la muerte del mártir. Durante el tiempo de la Gran Tribulación, será mejor morir que vivir. En ese tiempo, Él tendrá esta palabra de bendición para ellos. Bienaventurados de aquí en adelante los muertos que mueren en el Señor... Descansarán de sus trabajos, porque sus obras con ellos siguen. Él les recompensará a ellos por esto, de una manera muy particular.

Como he dicho, éste no es un versículo para los santos que Dios que viven en un país confortable y opulento. No es algo natural el querer morir. La mayoría de nosotros queremos vivir. Pablo dijo: Porque de ambas cosas estoy puesto en estrecho, teniendo deseo de partir y estar con Cristo, lo cual es muchísimo mejor; pero quedar en la carne es más necesario por causa de vosotros. Y confiado en esto, sé que quedaré, que aún permaneceré con todos vosotros, para vuestro provecho y gozo de la fe, para que abunde vuestra gloria de mí en Cristo Jesús por mi presencia otra vez entre vosotros. (Fil. 1:23-26)

Personalmente, me agradaría permanecer aquí unos cuantos años más y enseñar la Palabra de Dios. No tengo ningún apuro en ir al cielo. Hay una historia que he contado ya, pero que quiero repetir porque señala bien este punto de vista. Cierto muchachito fue a la iglesia un domingo por la noche y el predicador en su mensaje preguntó: "¿Cuantos de ustedes quieren ir al cielo?" Todos los que estaban presentes levantaron la mano, menos este muchachito. El predicador le miró y le dijo: "Hijo, ¿no quieres tú ir al cielo?" El muchachito respondió: "Sí, pero yo pensaba que usted estaba enviando un viaje esta noche".

Tampoco yo quiero ir en el viaje de esta noche. Quiero permanecer aquí un poco más, porque voy a ir a ese lugar eventualmente. Pero quiero vivir y servir tanto como me sea posible. No creo que sea algo natural el querer morir, pero en el período de la Gran Tribulación, creo que será algo diferente. Uno estará esperando con paciencia y tristeza. Si usted es martirizado, entonces será algo maravilloso. Bienaventurados los que mueren en el Señor. Ellos serán recompensados.

Usted puede ver porque éste no es un buen versículo para utilizar en un funeral o entierro, especialmente para una persona que ha vivido una vida de riquezas. En cierta ocasión, se llevó a cabo el entierro de un hombre muy adinerado, uno de ésos que nacen con todo lo que necesitan y que nunca tienen que trabajar en la vida. Él tenía tanta riqueza que hasta tuvo que perder algo, porque tenía demasiado y tenía que deshacerse de algo en la vida. Y así es como lo hizo. Sin embargo, el predicador, en el funeral, aplicó este versículo que es en realidad para los santos de la tribulación. ¡Es un abuso terrible de la Palabra de Dios! Esto es algo para la gente en la Gran Tribulación, pero no para los santos que están viviendo en una sociedad rica hoy, que busca toda clase de comodidades, donde todo está diseñado para que la gente lo pase lo mejor posible. Nuestras obras, sean buenas o sean malas, nos siguen. Nos van a seguir hasta el tribunal de Cristo.

Visión de Armagedón

Miré, y he aquí una nube blanca; y sobre la nube uno sentado semejante al Hijo del Hombre, que tenía en la cabeza una corona de oro, y en la mano una hoz aguda. [Ap. 14:14]

Miré, y he aquí enfatiza el hecho de que él no sólo es un oidor, sino que está observando todo esto.

Una nube blanca, y sobre la nube uno sentado semejante al Hijo del Hombre es evidentemente el Señor Jesucristo. La nube es una señal de identificación: Entonces aparecerá la señal del Hijo del Hombre en el cielo; y entonces lamentarán todas las tribus de la tierra, y verán al Hijo del Hombre viniendo sobre las nubes del cielo, con poder y gran gloria. (Mt. 24:30) Creo que ésa es la clase de nube (shekinah) que es la señal en el cielo.

Que tenía en la cabeza una corona de oro confirma aún más que es el Señor Jesucristo. Él es el Héroe de este libro, y usted necesita el

Apocalipsis, la revelación, para tener un verdadero cuadro de Él. Aquí le vemos a Él como Rey, no como profeta o como sacerdote. Su cargo es el de Rey, y eso siempre está relacionado con Su regreso a la tierra.

Y en la mano una hoz aguda establece esto y habla del juicio de los impíos. El comentarista Dr. Newell señala algo interesante. Él declara que esta palabra "hoz" ocurre solamente doce veces en las Escrituras, siete de las cuales se encuentran en los versículos de esta sección. La palabra "aguda" se menciona siete veces en Apocalipsis, y cuatro veces en este capítulo.

> *Y del templo salió otro ángel, clamando a gran voz al que estaba sentado sobre la nube: Mete tu hoz, y siega; porque la hora de segar ha llegado, pues la mies de la tierra está madura. Y el que estaba sentado sobre la nube metió su hoz en la tierra, y la tierra fue segada. [Ap. 14:15-16]*

Creo que ésta es la Segunda Venida de Cristo. Mete tu hoz, y siega se refiere al juicio del hombre en la tierra. De manera que como se arranca la cizaña, y se quema en el fuego, así será en el fin de este siglo. Enviará el Hijo del Hombre a sus ángeles, y recogerán de su reino a todos los que sirven de tropiezo, y a los que hacen iniquidad, y los echará en el horno de fuego; allí será el lloro y el crujir de dientes. (Mt. 13:40-42) En Mateo, la cosecha ha sido por mucho tiempo identificada con el testimonio cristiano; y a los creyentes se les ha pedido que oren por obreros para la siega; así que es difícil para el creyente promedio entender o concebir bien esta escena en el verdadero contexto de la Escritura. En realidad, a los creyentes, no se les está urgiendo a que vayan a la cosecha hoy. Sí, se les urge a que siembren, y que siembren la Palabra de Dios.

El sembrador salió a sembrar (Mt. 13:3b), es un cuadro del creyente hoy. El Señor Jesucristo es el Hijo del Hombre. Él es el Sembrador y la semilla es la Palabra de Dios, y el campo es el mundo. Él la está esparciendo por todo el mundo. Un día habrá una cosecha, pero esto será al fin de las edades. Usted y yo, no estamos cosechando, ésa no es nuestra tarea. Nuestra tarea es la de esparcir la semilla. Ésa es la razón por la cual no me preocupo en cuanto a resultados, pero sí me preocupo mucho en cuanto a los sembradores. Quiero hacer lo mejor aquí al esparcir la Palabra de Dios. ¿Por qué? Porque ésta es nuestra tarea, el sembrar la semilla. No me preocupa en realidad la cantidad de personas que levanten la mano, y yo no le podría ver a usted si la estuviera levantando ahora, pero las cartas me cuentan la historia. Hay cantidades de cartas de personas que indican que se han entregado a Cristo. Yo sencillamente siembro la semilla. Ésa es mi tarea. Él es aquél que va a efectuar la cosecha. La cosecha o la siega es el juicio al fin de las edades, y ése es el cuadro que se nos presenta aquí.

Note las instrucciones de Dios a Su Hijo en el Antiguo Testamento: Yo publicaré el decreto; Jehová me ha dicho: Mi Hijo eres tú; yo te engendré hoy. Pídeme, y te daré por herencia las naciones, y como posesión tuya los confines de la tierra. Los quebrantarás con vara de hierro; como vasija de alfarero los desmenuzarás. (Sal. 2:7-9) ¿Tuvo esto lugar en Su Primera Venida? No, y éste no es un texto misionero. ¿Cuándo, entonces, tendrá lugar? Esto tendrá lugar en la Segunda Venida, cuando es el juicio.

Porque la hora de segar ha llegado está de acuerdo con las palabras de Cristo... la siega es el fin del siglo... (Mt. 13:39) La siega o la cosecha, al fin de las edades; eso se menciona allá en Mt. 13:39. Llegará el momento de cosechar. Así es que, debemos hoy continuar sembrando, y no debemos estar tan preocupados en tratar de que alguien levante la mano y pase adelante. Debemos estar seguros que estamos presentando la Palabra de Dios, y el Espíritu de Dios va a hacer el resto.

El tiempo de la siega nos ha sido presentado ya anteriormente en el Antiguo Testamento: Echad la hoz, porque la mies está ya madura. Venid, descended, porque el lagar está lleno, rebosan las cubas; porque mucha es la maldad de ellos. Muchos pueblos en el valle de la decisión; porque cerca está el día de Jehová en el valle de la decisión. (Joel 3:13-14)

> *Salió otro ángel del templo que está en el cielo, teniendo también una hoz aguda. Y salió del altar otro ángel, que tenía poder sobre el fuego, y llamó a gran voz al que tenía la hoz aguda, diciendo: Mete tu hoz aguda, y vendimia los racimos de la tierra, porque sus uvas están maduras. [Ap. 14:17-18]*

El templo que está en el cielo identifica esto con el Antiguo Testamento, no con la iglesia.

La hoz aguda señala hacia el juicio. Sus uvas están maduras indica que están secas, como uvas pasas. Éste es un cambio en la metáfora para la guerra de Armagedón, y ése es el cuadro que se nos presenta en Isaías 63:1-6: Quién es éste que viene de Edom, de Bosra, con vestidos rojos? ¿éste hermoso en su vestido, que marcha en la grandeza de su poder? Yo, el que hablo en justicia, grande para salvar. ¿Por qué es rojo tu vestido, y tus ropas como del que ha pisado en lagar? He pisado yo solo el lagar, y de los pueblos nadie había conmigo; los pisé con mi ira, y los hollé con mi furor; y su sangre salpicó mis vestidos, y manché todas mis ropas. Porque el día de la venganza está en mi corazón, y el año de mis redimidos ha llegado. Miré, y no había quien ayudara, y me maravillé que no hubiera quien sustentase; y me salvó mi brazo, y me sostuvo mi ira. Y con mi ira hollé los pueblos, y los embriagué en mi furor, y derramé en tierra su sangre.

Éste es un cuadro muy vívido, por cierto, y no se refiere a la Primera Venida de Cristo, sino a la venida de Cristo por segunda vez en juicio. En el día de Isaías las personas entraban al lagar descalzas para pisar las uvas. El jugo rojo salía de las uvas y salpicaba su ropa. El cuadro en este versículo es el de unos espectadores viendo que hay sangre en la hermosa ropa de nuestro Señor como si Él hubiera pisado el lagar, y como si tuviera sangre en Él. Cuando Cristo vino por primera vez, Él derramó Su sangre por ellos, y ellos no le quisieron tener. Ahora Él está pisando a los malvados, y es la sangre de ellos que es derramada. Él les juntará, como se nos dice en Apocalipsis 16:16, en el lugar que en hebreo se llama Armagedón. Y no una sola batalla de Armagedón, sino que es la guerra de Armagedón.

Note que, en este pasaje de la profecía de Isaías, Él está pisando el lagar solo, y esto es algo realmente aterrador. No nos sorprende, entonces, que los hombres hayan clamado a las rocas que cayeran sobre ellos para que los ocultara de la ira del Cordero. Éste es un final triste de la civilización, que en la construcción de la torre de Babel demostró una rebelión activa contra Dios, y que ha continuado en aumento desde entonces, y que se desatará con toda su furia en el período de la Gran Tribulación. Ésta es una rebelión contra Dios; y el Señor Jesucristo, como usted podrá ver en el capítulo 19 de Apocalipsis, cuando Él venga, va a poner todo en orden para establecer Su reino aquí en la tierra. Como dice el Salmo 2:9: Los quebrantarás con vara de hierro; como vasija de alfarero los desmenuzarás.

Ese Jesús tan manso del que hemos escuchado tanto, esa persona tan buena que se nos presenta hoy, no es el Señor Jesús de la Palabra de Dios. Él es el Salvador del mundo, pero Él también es el Juez de todo el mundo. Si usted no acepta Su sangre derramada por usted, entonces habrá derramamiento de sangre, y la sangre suya será derramada en este período que viene sobre la tierra, si ocurriera durante su vida aquí, y entonces usted entrará al período de la Gran Tribulación.

No creo que ningún estudio cuidadoso de la Palabra de Dios lleve a alguna persona que tenga un poquito de inteligencia a creer que la iglesia va a pasar a través de este terrible período. Creo que hay muchos que opinan de esta manera en cuanto a la Gran Tribulación, y quieren empujar a la iglesia a ella. Es como la tarea de tratar de convencer a un niñito a que se deje cortar el cabello. Una tarea muy desagradable que él no llega a disfrutar para nada, y trata de escabullirse de allí durante todo ese tiempo. O es como ir a visitar al dentista para que le extraiga algún diente. Ninguno de nosotros disfruta de una experiencia como ésa, pero es algo que tiene que suceder.

Amigo, si su modo de pensar es así, usted no ha visto aún lo que la Gran Tribulación es en realidad. Nuevamente se nos presenta un cuadro en Isaías 34:1-4, y también el versículo 6, donde leemos: Acercaos, naciones, juntaos para oír; y vosotros, pueblos, escuchad. Oiga la tierra y cuanto hay en ella, el mundo y todo lo que produce. Porque Jehová está airado contra todas las naciones, e indignado contra todo el ejército de ellas; las destruirá y las entregará al matadero. Y los muertos de ellas serán arrojados, y de sus cadáveres se levantará hedor; y los montes se disolverán por la sangre de ellos. Y todo el ejército de los cielos se disolverá, y se enrollarán los cielos como un libro; y caerá todo su ejército, como se cae la hoja de la parra, y como se cae la de la higuera... Llena está de sangre la espada de Jehová, engrasada está de grosura, de sangre de corderos y de machos cabríos, de grosura de riñones de carneros; porque Jehová tiene sacrificios en Bosra, y grande matanza en tierra de Edom.

¡Qué cuadro el que tenemos aquí! La sangre preciosa del Cordero ha sido rechazada. La sangre de aquéllos que han desafiado a Dios y que han seguido y adorado a la bestia, cubre la tierra. Es algo terrible. Es como aplastar una uva madura y el jugo sale por todas partes. Así le ocurrirá al hombre cuando caiga en la cuba o el tanque del juicio de Dios. Éste es Armagedón. Éste es el monte de la matanza.

Y el ángel arrojó su hoz en la tierra, y vendimió la viña de la tierra, y echó las uvas en el gran lagar de la ira de Dios. Y fue pisado el lagar fuera de la ciudad, y del lagar salió sangre hasta los frenos de los caballos, por mil seiscientos estadios. [Ap. 14:19-20]

Fuera de la ciudad, se refiere a la ciudad de Jerusalén.

Hasta los frenos de los caballos, indica la profundidad de un metro o más.

Mil seiscientos estadios, indica una distancia de unos 300 kilómetros, y ésa es la distancia entre Dan y Beerseba. Toda Palestina es la escena de esta guerra final que concluye con lo que es llamado Armagedón. Es una campaña que comienza alrededor de la mitad del período de la Gran Tribulación, y concluye con el regreso personal de Cristo a esta tierra. El Salmo 45:3-7 es una predicción de esto: Ciñe tu espada sobre el muslo, oh valiente, con tu gloria y con tu majestad. En tu gloria sé prosperado; cabalga sobre palabra de verdad, de humildad y de justicia, y tu diestra te enseñará cosas terribles. Tus saetas agudas, con que caerán pueblos debajo de ti, penetrarán en el corazón de los enemigos del rey. Tu trono, oh Dios, es eterno y para siempre; cetro de justicia es el cetro de tu reino. Has amado la justicia y aborrecido la maldad; por tanto, te ungió Dios, el Dios tuyo, con óleo de alegría más que a tus compañeros. El Salmo 45 es un Salmo mesiánico.

No pido disculpas por decir todo esto. Dios no me ha pedido que pidiera disculpas por Su Palabra. Me ha dicho que hablara de ella. Nosotros tenemos que hacerle frente a esto. El pecado es algo terrible. El pecado está en el mundo. Usted y yo somos pecadores, y el único remedio es la redención que Cristo ofreció cuando Él derramó Su sangre por usted y por mí, y pagó el castigo de nuestros pecados.

Usted y yo merecemos el juicio de Dios, y nuestra única salida es aceptar la obra de Cristo en la cruz del Calvario por nosotros. La Biblia hace una pregunta que ni siquiera Dios puede responderla: ¿Cómo escaparemos nosotros, si descuidamos una salvación tan grande? (He. 2:3) Escaparemos ¿de qué? Del juicio—la Gran Tribulación es un juicio y la forma de evitar esto es aceptar a Cristo. Lo puede llamar un mecanismo de escape, si quiere, pero cuando la casa se incendia, yo salgo por la ventana, o puedo salir por cualquier parte que sea un mecanismo de escape. Este juicio viene inevitablemente sobre el hombre que rechaza a Cristo. Los hombres le han rechazado y han tratado Su sacrificio como algo inmundo. Han pisoteado al Hijo de Dios, y si Dios es Justo, y lo es, entonces habrá un juicio. Esta generación en la cual nos toca vivir tiene que escuchar esto. No lo está escuchando hoy. Hay tanto hoy, que se ha dedicado a los pequeños métodos de cómo vivir la vida cristiana. Amigo, no hay nada que le pueda ayudar a usted, como el saber que nuestro Dios es un Dios Santo, y que el Señor Jesucristo es Justo, y que Él no va a tolerar el pecado en su vida o en la mía. Eso es lo que se necesita hoy.

Éste es el mismo concepto que debemos enseñarles a nuestros hijos. He notado que algunos psicólogos han vuelto a decir eso. El problema con Juanito es que es un muchacho malo, y ése es todo su problema. Él es un muchacho malcriado, que debería ser colocado sobre las rodillas del padre o de la madre y aplicarle la vara de la corrección en el punto donde la espalda pierde su decoroso nombre. Así aprenderá a ser disciplinado. El sabio Salomón dice en Proverbios 22:15: La necedad está ligada en el corazón del muchacho; mas la vara de la corrección la alejará de él.

Antes de dejar este capítulo, quisiera llamarle la atención nuevamente al punto de vista que expone que la iglesia va a pasar por el período de la Gran Tribulación. Un artículo que tengo de una revista presenta este punto de vista. El autor del artículo es laico, pero él escribe audazmente: "Hay un cristianismo poco profundo en la tierra. Aquéllos que no están bien arraigados en Cristo rehúsan la idea que Dios probara a Su pueblo con Tribulación, o que Él utilizara el sufrimiento como medio de ayudar a la iglesia a prepararse para ser la Novia de Cristo. Claramente, sin embargo, el sufrimiento es el camino a la gloria. Somos llamados a ello. ¿Por qué? 'Porque Cristo también sufrió, dejándonos un ejemplo que siguiéramos en Sus pisadas'. Como resultado de este modo de pensar, yo ya no enseño a cristianos que ellos no tendrán que pasar por la Tribulación. Quizá no lo harán, pero puedo lograr más preparándolos a enfrentar la prueba en Su nombre que enseñándoles que el Señor va a arrebatarlos antes de esa hora de prueba".

En su artículo este laico también dice, "Hay crecimiento tremendo en aquella persona que toma toda la armadura de Dios, para pueda resistir en el día malo". Amigo, quiero que usted sepa que la Gran Tribulación no se llama el "día malo". Se llama el gran día de la ira de Dios. Así es como es descrita la Tribulación en la Biblia. ¡No entiendo cómo alguien pueda leer y estudiar el Libro de Apocalipsis y creer que pasando por la Gran Tribulación purificara a la iglesia o que la novia tenga que prepararse! ¿Qué cree usted que hizo Cristo cuando Él murió en la cruz? Él nos preparó. Nosotros nunca podemos ser dignos de entrar en la presencia de Dios. Vamos a entrar en Su presencia "en Cristo", y usted no puede añadir nada a eso. Usted no puede igualar la hora de prueba con el gran día de la ira de Dios que va a venir sobre esta tierra. La iglesia será librada de eso. El Libro de Apocalipsis ha aclarado eso. Los 144.000 ya han sido identificados para nosotros como siendo israelitas, y aun las tribus son identificadas para nosotros, así es que no hay modo de decir que este grupo sea la iglesia; ni tampoco que aquella gran multitud "la cual nadie podía contar" sea la iglesia, la novia de Cristo (véase Ap. 7:9).

Hemos visto que Dios pudo guardar a los 144.000 durante la Gran Tribulación. Así que no es cuestión de si Dios puede guardar a la iglesia en la Gran Tribulación. Por supuesto, Él puede guardar a la iglesia si eso es Su voluntad y plan. Pero, según la Palabra de Dios, eso no es Su voluntad y plan. El Señor Jesús dijo, "Yo os voy a guardar de esa hora que viene sobre esta tierra", de ese tiempo terrible de prueba que viene. Permítame expresarlo así: La iglesia no va a pasar por la Gran Tribulación, pero sí vamos a pasar por la pequeña tribulación. Todos nosotros tenemos problemas y pruebas, y no conozco a ningún cristiano que no tenga problemas y dificultades. Parece que mientras más maduros son los santos de Dios espiritualmente, más sufren. Éste es el método que Dios usa para desarrollar a los santos de Dios. Somos nada más que sus hijitos, inmaduros y sin desarrollar. Cuando entremos en Su presencia, seremos aceptados por lo que Cristo hizo para nosotros, no porque hayamos soportado la Gran Tribulación.

Otro punto para considerar es que la mayoría de la iglesia ya ha muerto antes de la Gran Tribulación. Hace más de dos mil años que los creyentes han estando pasando a la presencia del Señor por medio de la muerte. ¡Espero que usted no crea que Dios los va a mandar de regreso a la tierra para que puedan pasar por el período de la Gran Tribulación! Sólo habrá un pequeño porcentaje de los creyentes vivos cuando empiece la Gran Tribulación sobre la tierra. La gran mayoría de la iglesia ya se la perdió.

Siempre ha sido mi impresión que la gente que cree que la iglesia pasará por la Gran Tribulación cree que nosotros la necesitamos, y específicamente que yo la necesito, que merezco tener que pasar por ella. Bueno, estoy de acuerdo que yo lo merezco, y también el infierno. Pero no voy al infierno porque Cristo la soportó por mí, y yo he confiado en Él. Tampoco voy a tener que pasar por la Gran Tribulación. ¿Por qué? Porque Cristo murió por mí, y Él me salva por Su gracia. ¿No es el que dice que Él es rico en gracia, capaz de librarme de la Gran Tribulación?

Es verdad que Dios nos permite pasar por la pequeña tribulación de la vida. Después de haber tenido cáncer y varias operaciones, siento como si yo hubiera pasado por el período de la pequeña tribulación. Y es por este método que Dios nos refine y purifica. Un amigo predicador me dijo recientemente, "Yo noto una diferencia en tu ministerio desde que pasaste por esas enfermedades". Confío en que él tenga razón en cuanto a eso. Sé que Dios lo permitió por un propósito.

Cuando leí ese artículo escrito por el hermano que cree que la iglesia debería pasar por la Gran Tribulación, me pregunté si él había sufrido por Cristo alguna vez. Un amigo predicador que mantiene este punto de vista estaba discutiéndolo mientras almorzábamos un día. Mientras él se estaba comiendo un bistec, él estaba charlando en cuanto a la Gran Tribulación como que no sería peor que cuando la iglesia pasara por un riachuelo o cuando soportara un verano caluroso cuando hay escasez de energía eléctrica. Aparentemente, él no pensaba que iba a ser el tiempo terrible que se describe en el Libro de Apocalipsis. ¿Está Dios representando mal los hechos a nosotros? ¿Está Él tratando de espantarnos?

Bueno, amigo, hay lugares en este libro donde Dios usa símbolos. ¿Sabe usted por qué Él usa símbolos? Él no lo hace para evaporar los hechos para que no prestemos atención, sino porque la realidad representada por el símbolo, es mucho peor que el símbolo. Muchas de las cosas que Juan trata de describirnos no pueden ser descritas. Hasta Dios no puede comunicarnos algunas de ellas—no porque Él no sea capaz, sino porque nosotros somos tardos en oír, como Él nos ha dicho. Temo que muchas personas simplemente no se den cuenta de que la Gran Tribulación es una cosa terrible, y es milagroso que los 144.000 la sobrevivan. Él no los perderá. ¿Por qué? ¿Porque ellos van a ser fuertes, robustos? No. Ellos vencerán por medio de la sangre del Cordero. (Ap. 12:11) Así es como ellos lo harán.

CAPÍTULO 15

Preparación para el juicio final de la Gran Tribulación

En este capítulo tenemos otra señal en el cielo, siete ángeles y las siete últimas plagas. Tenemos el derramamiento de las siete copas de la ira en los capítulos 15 y 16. Me imagino que la mayoría de los lectores habrá pensado que lo peor ya ha pasado, pero no es así. Lo peor está aún por venir. Cada uno de estos sietes, comenzando como vimos con los "siete sellos", las "siete trompetas", y los "siete personajes", ha sido terrible, y ahora tenemos las "siete copas de la ira", y esto es lo peor de todo.

El propósito de la Gran Tribulación es juicio, es para darle a Satanás su oportunidad final. No es para la purificación de la iglesia. Dios va a sacar a Su iglesia de la tierra, debido a Su gracia maravillosa e infinita. Si usted está dispuesto a aceptar Su gracia, entonces puede escapar. Pero, no es ninguna bendita esperanza, el mirar a estas siete copas de la ira. No, nosotros estamos esperando la bendita esperanza y la venida gloriosa de nuestro gran Dios y Salvador Jesucristo. (Véase Tit. 2:13) Si nosotros le amamos a Él, entonces, no vamos a pensar en estas cosas como que son algo terrible. Usted no tiene que esconder su cabeza en la arena como el avestruz y decir que no quiere estudiar el Libro de Apocalipsis. Este libro revela estas cosas terribles, pero usted no va a pasar a través de todo esto si confía en Cristo. Pero usted necesita saber por lo que van a pasar los demás para así poder demostrar más celo e interés en testificar por Cristo hoy.

Alguien dijo de ese gran predicador Dwight L. Moody, que en su vida él había mirado a más gente en el rostro, que ningún otro hombre que hubiera vivido, y que él había reducido la población del infierno en unos dos millones. Bueno, me gusta estar en la tarea de reducir la población del infierno. Se habla hoy de reducir la población y de acabar con el aumento de la natalidad. Bueno, el infierno ha tenido una explosión de la población por muchos años. Y nos gustaría ayudar a reducir ese número.

Llegamos ahora a las siete copas. En los capítulos 15 y 16 de Apocalipsis, hay algo que va junto. El capítulo 15 de Apocalipsis es el más corto de todo este libro; pero en realidad es el prefacio a esta serie final de juicios que vienen sobre la tierra durante el período de la Gran Tribulación. Estos juicios son los más intensos y devastadores de cualquiera que los haya precedido.

Antes de que estos ángeles comiencen a derramar las copas de ira, puede haber dudas aún con algunas personas, en cuanto a si ellos serán capaces de mantenerse en pie delante del anticristo. Si esas dudas no han sido aclaradas para satisfacción del lector, la respuesta está aquí. Habrá aquéllos que se mantendrán en pie.

En primer lugar, veremos la preparación para el juicio final de la Gran Tribulación.

Los santos de la tribulación en el cielo adoran a Dios

En los primeros cuatro versículos vemos que los santos de la tribulación adoran a Dios en el cielo porque Él es santo y justo. Éste es otro interludio.

> *Vi en el cielo otra señal, grande y admirable: siete ángeles que tenían las siete plagas postreras; porque en ellas se consumaba la ira de Dios. [Ap. 15:1]*

Con esto llegamos al fin del período de la Gran Tribulación. No sé en cuanto a usted, pero me alegra poder llegar al fin de este período. Y luego veremos la venida de Cristo a la tierra.

Vi en el cielo, nos asegura de que Juan todavía es un espectador de estos hechos. Él está presenciando el ensayo del último acto del pequeño día del hombre sobre la tierra.

Otra señal une a este capítulo con Apocalipsis 12:1, la primera señal al comienzo de ese capítulo, que era Israel. Estos ángeles de la ira están unidos con los juicios que seguirán hasta que Cristo venga (Cáp. 19). Desde el capítulo 12 hasta el regreso de Cristo, hay una serie de eventos que están relacionados mutuamente. Esto no quiere decir que haya un orden cronológico, sino más bien un orden lógico que es el contar los mismos eventos de otra manera con más detalles. Este método, digamos de paso, es la firma o señal personal del Espíritu Santo, comenzando en Génesis 1-2. En Génesis 1, se nos da la creación, los siete días que describen la obra de Dios. En el capítulo 2, el Espíritu Santo toma la creación del hombre y vuelve a hablar de eso otra vez, pero le agrega detalles. Eso se conoce como la ley de la recapitulación, y se presenta a través de todas las Escrituras. Otro ejemplo es cuando Dios da la ley mosaica en Éxodo, y entonces en Deuteronomio, la interpretación de la ley con 40 años de experiencia en el desierto, y muchos detalles que se habían agregado. También, cuando llegamos al punto donde se habla de Cristo, tenemos los cuatro Evangelios, no sólo uno ni dos sino cuatro, porque son necesarios cuatro Evangelios para presentar los muchos aspectos de Su gloriosa Persona que vino a la tierra hace más de dos mil años.

Satanás, habiendo sido arrojado a la tierra, demuestra su ira contra el remanente de Israel. También él lleva a cabo un avance final para la dominación mundial, a través de las dos bestias. Luego Dios realiza un despliegue final de Su ira, y pone punto final a la sórdida tragedia de pecado en la tierra. Jehová dijo a mi Señor: Siéntate a mi diestra, hasta que ponga a tus enemigos por estrado de tus pies. (Sal. 110:1).

Se consumaba la ira de Dios. En griego ésa es una expresión "profética aorista", que considera a un evento en el futuro como que ya se hubiera desarrollado.

La ira de Dios, señala el juicio final de la Gran Tribulación. Dios ha sido muy lento para enojarse, para la ira, pero aquí concluye Su paciencia. El juicio en sus últimos detalles del día de la ira, procede de parte de Dios, no de Satanás, ni de la bestia, sino que sale del trono de Dios. Dios juzgará.

Vi también como un mar de vidrio mezclado con fuego; y a los que habían alcanzado la victoria sobre la bestia y su imagen, y su marca y el número de su nombre, en pie sobre el mar de vidrio, con las arpas de Dios. [Ap. 15:2]

Ahora, aquí se habla de un mar de vidrio mezclado con fuego. Esta es la terrible persecución por la bestia, durante el período de la Gran Tribulación.

Las siete copas de la ira nos llevan al fin del período de la Gran Tribulación. Es decir, nos llevan hasta el capítulo 19 de este libro.

Un mar de vidrio mezclado con fuego representa la terrible persecución por la bestia durante el período de la Gran Tribulación. Éste es aquel período cuando, como ya hemos visto, ningún hombre podía comprar ni vender a no ser que tuviera la marca de la bestia. Va a ser muy difícil obtener cosas para comer en aquel día. Ésa es la razón por la cual el Señor Jesucristo dijo, hablando de este período: Cualquiera que os diere un vaso de agua en mi nombre… no perderá su recompensa. (Mr. 9:41). En aquel día cualquier persona que se atreva a dar siquiera un vaso de agua fría a uno de los 144.000 pondrá en peligro su propia vida, porque la bestia le dará muerte por darle refugio a lo que él considera un criminal.

Éstos serán días muy difíciles, y nuevamente hago la pregunta: "¿Sobrevivirá alguno a la Gran Tribulación?" No, a no ser que haya sido sellado. Aunque multitudes serán martirizadas durante este período, y creo que la mayor parte de los 144.000 entregarán sus vidas por Jesús, ellos van a ser fieles a Él, hasta la muerte. Como ya hemos visto, todos los 144.000 estarán con el Cordero en el Monte de Sion.

Y a los que habían alcanzado la victoria—aquí tenemos a los santos de la tribulación, que han pasado a través de los fuegos de la persecución de la tierra, y aún así no han perdido su cántico. Ellos tienen las arpas de Dios, y vamos a ver en los próximos versículos que van a ser capaces de cantar, y cantan.

Me pregunto en cuanto a los creyentes de hoy. Nosotros somos hijos de Dios, y no vamos a pasar por la Gran Tribulación, pero, ¿está teniendo usted problemas aun en estos días tratando de evitar que en su corazón haya un poco de amargura, una raíz de amargura? Pablo advirtió a los creyentes que tuvieran cuidado, y que no permitieran esa pequeña raíz de amargura. (Véase He. 12:15) Es algo muy fácil de suceder. Quizá esto no tenga ninguna aplicación para usted, pero por cierto que lo tiene para mí. Cuando yo era un jovencito, tomé mi decisión para estudiar, para prepararme para el ministerio cuando yo me entregué a Cristo. Yo esperaba que los creyentes estuvieran de mi lado. Había una familia muy rica cerca de donde yo vivía, pero ellos me rechazaron. Yo estaba de novio con la hija de la familia, pero ellos no querían a un predicador pobre en su familia. Cuando uno es joven, siento que estas cosas le afectan con más intensidad. En realidad, que así es. Pero aún hasta años más tarde, yo sentía esa pequeña raíz de amargura contra esta clase de personas que me trataron tan mal en aquella época. Quizá, usted haya pasado por una experiencia parecida a ésta, pero permítame decirle que ésta no es una tribulación. Es un quebrantamiento de corazón. Pero no es una Gran Tribulación.

Pero, ¿qué en cuanto a esta pequeña raíz de amargura? ¿Está teniendo usted problemas con esto? Yo conozco a algunos creyentes que permiten que esto arruine sus vidas, y eso causa, en realidad, un deterioro en su vida cristiana y en su testimonio. En cierta ocasión una familia creyente tuvo un problema con otra familia, y en lugar de tratar de olvidarse de esto, permitieron que las raíces de amargura entraran en sus vidas, y cuando yo los veo en la iglesia, ninguno sonríe. Eso puede arruinar su vida cristiana, pero necesitamos orar hoy para que, en las circunstancias de la vida, no crezca la raíz de amargura.

Es interesante notar que estos santos de la tribulación que habían pasado a través de la Gran Tribulación, aún tenían un cántico. Ophelia Guyon Browning escribió un poema en cuanto a la oración que dice:

¿Sin respuesta aún? La fe no puede quedar sin respuesta.

Sus pies están plantados firmemente sobre la roca.

En medio de la tormenta salvaje se mantiene impávida,

Ni se acobarda ante el resonar de los truenos.

Sabe que la Omnipotencia ha oído su oración

Y clama: se realizará alguna vez, en algún lugar.

¿Sin respuesta aún? No. No digas que no se ha concedido,

Quizá tu parte aún no se ha realizado completamente.

La obra comenzó cuando tu primera oración tomó voz,

Y Dios concluirá aquello que ha comenzado.

Si continúas quemando allí el incienso,

Su gloria contemplarás, alguna vez, en algún lugar.

Amigo, en esta vida que usted y yo vivimos en esta tierra, puede entrar un poco de amargura, y ¿qué podemos hacer? Necesitamos orar. Necesitamos orar en cuanto a esto, y creo que debemos hacerlo más que por cualquier otra cosa. Si estos santos han pasado a través de la Gran Tribulación y aún pueden cantar, usted y yo quizá no lo podemos hacer con mucha habilidad, pero debemos tener un cántico en nuestro corazón, y debería estar allí a pesar de las circunstancias.

El salmista escribió, Porque un momento será su ira, pero su favor dura toda la vida. Por la noche durará el lloro, y a la mañana vendrá la alegría. (Sal. 30:5) He aprendido esto al pasar de los años, que Dios nunca permite que nadie cruce su camino, aun un enemigo, sin que eso le enseñe a usted una lección. Él ha permitido eso con algún propósito, para el desarrollo de su carácter. Necesitamos estar en oración hoy para no caer en esa trampa de perder nuestro gozo de la salvación.

Y cantan el cántico de Moisés siervo de Dios, y el cántico del Cordero, diciendo: Grandes y maravillosas son tus obras, Señor Dios Todopoderoso; justos y verdaderos son tus caminos, Rey de los santos. ¿Quién no te temerá, oh Señor, y glorificará tu nombre? pues sólo tú eres santo; por lo cual todas las naciones vendrán y te adorarán, porque tus juicios se han manifestado. [Ap. 15:3-4]

Si usted quiere aprender este cántico de Moisés, lo encontrará en Éxodo 15:1-21; y en Deuteronomio 32:1-43. Ambos cánticos hablan de la libertad de Dios, de la salvación y de la fidelidad. El cántico del Cordero es la atribución de alabanza a Cristo como Redentor, y ya hemos visto esto en Apocalipsis 5:9-12.

Nuevamente debo señalar el hecho, de que el Libro de Apocalipsis es Cristo—céntrico. Quiere decir que está centrado en Cristo. No permita que los cuatro jinetes lo aparten de esa visión. Hay demasiado de esto hoy, personas que se interesan en el tocar de las trompetas, y en los siete personajes. No se deje interesar tampoco en las siete copas. Mantengamos nuestros ojos centrados en Cristo. Él está a cargo de todo. Él es el Señor. En este libro, tenemos la revelación de Jesucristo en Su santidad, en Su poder, y en Su gloria. Eso es algo que necesitamos saber nosotros. ¡Ah, Cristo Jesús Hombre, es maravilloso! Él es Aquél que puede poner Su mano en la mano de Dios, y poner Su mano en la mano del hombre y unirlos. La única razón por la cual Él puede poner

Su mano en la mano de Dios, es porque Él es Dios.

Rey de los santos. Puede ser llamado también "Rey de las edades, Rey de las naciones". Cualquier retórica indica que Cristo será el objeto de la adoración universal y del reconocimiento universal. No habrá ningún lugar donde Él no sea adorado en esta tierra.

¿Quién no te temerá, oh Señor, y glorificará tu nombre? En nuestro día existe muy poco temor reverencial de Dios, aun entre los creyentes. A veces estamos tan envueltos en este asunto de que Dios es amor—y por supuesto que no debemos perder de vista esto—Dios es amor; pero Dios también es luz, y eso indica que Dios es santo. Dios está actuando en las iglesias y tratando con los creyentes de una manera que no tiene igual. Yo puedo testificar de eso. Si usted es un hijo de Dios, es mejor que no actúe como le plazca. Si usted cree que Dios no va a mandarle algo de problemas o dificultades, usted está equivocado. Dios tiene que ser temido. Nuestro Dios es un Dios santo.

Por lo cual todas las naciones vendrán y te adorarán. Llegará el día cuando las naciones vendrán, y entonces le adorarán. Eso no es una realidad hoy. Hay personas que dicen que hay algunos creyentes que viven en una nación cristiana. Pero eso es una insensatez. Ninguno está hoy en una nación cristiana. Pero llegará un día cuando toda nación le adorará. Este conocimiento nos debe dar ánimo al ver nuestras naciones dirigiéndose en un camino equivocado. Pero llegará un día que Dios quitará a los hombres rebeldes y sólo dejará a aquéllos que le adoren.

El Salmo 2:8, nos dice: Pídeme, y te daré por herencia las naciones, y como posesión tuya los confines de la tierra. Ellas van a ser de Él. Luego, en Isaías 11:9, dice: No harán mal ni dañarán en todo mi santo monte; porque la tierra será llena del conocimiento de Jehová, como las aguas cubren el mar. No habrá necesidad, entonces, para tener un programa radial como nuestro A Través de la Biblia, o de cualquiera de los otros programas radiales que existe, porque los hombres van a saber, van a conocer, van a tener un conocimiento de Dios. Jeremías 23:5, dice: He aquí que vienen días, dice Jehová, en que levantaré a David renuevo justo, y reinará como Rey, el cual será dichoso, y hará juicio y justicia en la tierra.

En el día de hoy hasta causa náusea el observar el escándalo y la inmoralidad, el ver la impiedad, la injusticia que existe en este mundo. Si yo no fuera creyente, quizá llegaría a ser una de las personas más radicales que se haya conocido, pero soy hijo de Dios, y veo todo esto en el mundo; y sé que no lo puedo remediar, no puedo hacer nada, porque Él es quien reinará algún día. Él llegará a ejecutar juicio y justicia sobre esta tierra. ¡Gracias a Dios por esto! Es cansador escuchar a los políticos que me prometen que me van a representar ante el gobierno, y que van a hacer allí lo que yo quiero que hagan, pero cuando llegan a ese lugar, de lo único que se preocupan es hacer cosas para ellos mismos, y se olvidan de nosotros. Ésta es una gran inmoralidad, una gran injusticia, pero ¿qué puede uno hacer? Bueno, el pueblo de Dios necesita orar por su propio país. Pero llegará Alguien que hará juicio y justicia en la tierra.

Pablo en Filipenses 2:9-11, dice: Por lo cual Dios también le exaltó hasta lo sumo, y le dio un nombre que es sobre todo nombre, para que en el nombre de Jesús se doble toda rodilla de los que están en los cielos, y en la tierra, y debajo de la tierra; y toda lengua confiese que Jesucristo es el Señor, para gloria de Dios Padre. Los que están en el infierno, no le van a reconocer a Él como su Redentor. Pero van a reconocerle como el que está a cargo de todas las cosas. Éste es Su Universo. Y ellos van a tener que reconocer la gloria de Dios.

Porque tus juicios se han manifestado. Esto proviene de los labios de aquéllos que han pasado a través de la Gran Tribulación. Este testimonio de personas que han pasado a través de este período es algo impresionante, y debería convencer a los creyentes que Dios está en lo justo en todo lo que hace. Quizá no le parezca así a usted. Si a usted no le parece que Dios es justo en lo que hace, pues, permítame decirle que usted está equivocado, no es Dios quien está equivocado. Necesitamos acomodar nuestra actitud a Su forma de pensar. El Salmo 7:9, dice: Fenezca ahora la maldad de los inicuos, mas establece tú al justo; porque el Dios justo prueba la mente y el corazón. Y el Salmo 11:7 dice: Porque Jehová es justo, y ama la justicia; el hombre recto mirará su rostro. Luego, el Salmo 107:1, 40, 42, dicen: Alabad a Jehová, porque él es bueno; porque para siempre es su misericordia... Él esparce menosprecio sobre los príncipes, y les hace andar perdidos, vagabundos y sin camino... Véanlo los rectos, y alégrense, y todos los malos cierren su boca. Esto tendrá lugar cuando Dios se encargue de todas las cosas.

El templo se abre en el cielo para los ángeles con las siete copas

Ahora se abre el templo del tabernáculo en el cielo para que los siete ángeles, teniendo las siete copas de oro, puedan proceder.

Después de estas cosas miré, y he aquí fue abierto en el cielo el templo del tabernáculo del testimonio; Y del templo salieron los siete ángeles que tenían las siete plagas, vestidos de lino limpio y resplandeciente, y ceñidos alrededor del pecho con cintos de oro. [Ap. 15:5-6]

En el Libro de Apocalipsis, se hace referencia al templo 15 veces. Su prominencia no se puede ignorar, por cierto. En la primera parte de Apocalipsis, hasta el capítulo 3, es la iglesia. ¡No hay templo! Del capítulo 4 en adelante, tenemos una escena en el cielo, y el templo se abre en el cielo, y también hay un templo en la tierra, hecho según el modelo del que está en el cielo. No hay ningún templo en la Nueva Jerusalén, a donde va a ir la iglesia. ¿Por qué? Porque la iglesia no está identificada con el templo. Esto debería decirnos algo cuando vemos que Él está tratando con la gente que ha tenido un templo. Y sólo conocemos un pueblo que ha recibido un templo de parte de Dios, según el modelo que está en el cielo. Aquí tenemos una referencia específica al tabernáculo en el Lugar Santísimo donde se guardaba el arca del testimonio. En el arca se encontraban las tablas de la ley. El tabernáculo y la piedra de la ley eran duplicados del original en el cielo. Mira y hazlos conforme al modelo que te ha sido mostrado en el monte. (Ex. 25:40) Fue, pues, necesario que las figuras de las cosas celestiales fuesen purificadas así; pero las cosas celestiales mismas, con mejores sacrificios que éstos. (He. 9:23)

Se refiere a los originales en Apocalipsis 11:19: Y el templo de Dios fue abierto en el cielo, y el arca de su pacto se veía en el templo. Y hubo relámpagos, voces, truenos, un terremoto y grande granizo. La acción de Dios aquí está basada en la violación de Su pacto con Israel, la ley que ha sido quebrantada. Dios es justo en lo que Él va a hacer. Él juzgará. Luego Él llevará a cabo Su pacto con Israel.

Así es que la importancia de los ángeles en este libro es destacada para nuestra atención, por medio de la aparición de estos ángeles, en este punto en particular. Previamente, siete ángeles habían tocado siete trompetas. Aquí en esta nueva serie de siete, esos ángeles tienen las siete últimas plagas y las siete copas de la ira de Dios. Su separación del templo demuestra que se han separado del propiciatorio, y ahora Dios está actuando en justicia y no en misericordia.

Vestidos de lino. Otro significado es vestido de piedras preciosas. Éste es un pasaje enigmático. Aparentemente sus vestidos estaban decorados con piedras preciosas. Éste parece ser el cuadro. Aunque sus vestidos los identifican como en una actividad sacerdotal, ellos dejan esa obra de misericordia para ocuparse en las plagas de juicio.

Los cintos de oro revelan que ellos están con la vestidura de Cristo, quien ya no está ejerciendo más Su función sacerdotal, sino que ahora se le ve aquí juzgando al mundo.

Y uno de los cuatro seres vivientes dio a los siete ángeles siete copas de oro, llenas de la ira de Dios, que vive por los siglos de los siglos. Y el templo se llenó de humo por la gloria de Dios, y por su poder; y nadie podía entrar en el templo hasta que se hubiesen cumplido las siete plagas de los siete ángeles. [Ap. 15:7-8]

Siete ángeles siete copas de oro. Yo quisiera decir algo en cuanto al número 7, y se ha repetido una y otra vez. A veces escucho a personas que dicen que el número 7 es el número de la perfección, pero eso no está del todo correcto. Es el número de plenitud, de lo completo, y a veces el número de lo completo es perfecto. Por ejemplo, Dios creó los cielos y la tierra en 6 días. Él descansó en el día séptimo no sólo porque ya estaba completo, sino porque era perfecto. Pero aquí, estas series de sietes demuestran que es una serie que completa algo, así que yo pienso que aquí tenemos la historia completa de la iglesia en las siete iglesias que se presentan. Tenemos el período completo de la Gran Tribulación en cada una de las series de sietes. Es decir que lo cubre todo. En primer lugar, tenemos en los 7 sellos un esquema general.

Luego al avanzar, Dios enfoca los últimos tres años y medio.

Copas llenas de la ira de Dios. Note que las copas están llenas de la ira de Dios, y no de Su amor.

Y el templo se llenó de humo por la gloria de Dios. El hecho de que esta sección continúe tratando con el templo debería indicarle a cualquier persona que no estamos tratando con la iglesia. Ni el templo ni el tabernáculo tenían nada que ver con la iglesia. Aquí no se quiere decir que debemos construir un templo hoy, o un tabernáculo, sino que se refiere al pueblo que tenía el tabernáculo y el templo. Ése, por supuesto, es el pueblo de Israel. Hay muchos que no quieren admitir esto, porque dejan de lado a Israel en el plan y propósito de Dios cuando uno entra al principio del Nuevo Testamento. Como usted puede apreciar, el Nuevo Testamento no los deja de lado a ellos.

Las siete copas de la ira, representan la parte final del período de la Gran Tribulación. Estas copas, eran utilizadas en el servicio del templo. Una copa de sangre era llevada por el sumo sacerdote un día cada año, al Lugar Santísimo. Y en la copa de sangre se hablaba de la redención por el pecado.

Los siete ángeles con vestiduras sacerdotales se apartaban del templo propio y ya no estaban realizando ese servicio en misericordia, sino que están comenzando un servicio extraño, derramando estas copas de la ira sobre un mundo que rechaza a Cristo. Un mundo que rechaza la sangre de Cristo debe ahora soportar el juicio, el castigo por el pecado. Este juicio no es el resultado de la enemistad del hombre o Satanás. Es una acción directa del Señor Jesucristo. Hemos visto a este Jesús tan manso y humilde, y ahora le vemos descrito con esa descripción tan extraña, cuando se habla de la ira del Cordero. Uno nunca piensa que un cordero pueda enojarse. El león puede rugir, pero no un pequeño cordero. Pero la ira del Cordero es lo que va a llegar a sorprender a este mundo un día.

Los profetas del Antiguo Testamento utilizaron esta figura de la copa de iniquidad y de ira que finalmente sería derramada en juicio. Ese cuadro mostraba que Dios permitía que se llenara pacientemente. Pero cuando se llena, entonces Él actuará. El humo mencionado aquí está relacionado con la gloria de Dios.

Estos siete ángeles con las siete copas de oro presentan claramente que los juicios de las copas proceden de Dios, y no son el resultado de las fallas del hombre, y de las equivocaciones que ha cometido ni de las enemistades de Satanás. Ésta es una acción directa de parte de Dios.

CAPÍTULO 16

Derramamiento de las siete copas

Los siete ángeles que están derramando las siete copas de la ira de Dios sobre la tierra, es el tema de este capítulo. También, incluye el interludio entre la sexta y la séptima copas. El capítulo 15 era el preludio a este capítulo y está orgánicamente conectado a él.

Vale la pena repetir que las copas de ira contienen el juicio directo de Dios sobre el mundo; no proceden ni de las fallas del hombre ni de las maquinaciones de Satanás. Son derramadas durante el reino de la bestia. Cubren un período de tiempo muy breve, hablando comparativamente.

Hay una semejanza definida entre los juicios en este capítulo y los juicios de Dios sobre Egipto por medio de Moisés.

Preparación para el juicio final de la Gran Tribulación

El primer versículo de este capítulo habla del mensaje que la gran voz les da a los siete ángeles.

Oí una gran voz que decía desde el templo a los siete ángeles: Id y derramad sobre la tierra las siete copas de la ira de Dios. [Ap. 16:1]

El Señor Jesucristo aún está a cargo, aún está controlando todo esto. Usted recuerda que anteriormente cuando Él era el Único digno de abrir el libro de los siete sellos, y con eso se introdujo una serie entera de sietes. Él no ha concluido todavía. Él está en control hasta el fin de este libro. Él es quien está marchando hacia la victoria. Él es Aquél a quien pertenecen el poder y la gloria y la majestad. Éste es Su juicio sobre un mundo que rechaza a Cristo. El Padre le ha entregado a Él todo el juicio, y Él es Quién da la orden de salida para estos ángeles. Ya no hay más demora, ya no hay un intervalo. La hora ha llegado, se ha dado la orden, y los ángeles llevan a cabo la orden recibida.

Es algo difícil de entender para el hombre del presente, y aún para los creyentes que Dios va a derramar Su ira sobre un mundo rebelde, un mundo que aborrece a Dios, y que destruirá la civilización. Pero, amigo, todo lo que usted observa a su alrededor hoy está bajo la condena, bajo el juicio de la mano de Dios.

Quizá usted, vive en un lugar en el cual usted recuerda hace muchos años que era un pueblo pequeño, es una zona donde no había tanta gente, no había llegado la contaminación ambiental y no es ahora lo que era entonces. Usted recuerda que podía salir a pasear por las montañas, o ir a la playa, o tal vez inclusive, andar de noche sin tanto peligro como lo hay hoy. Cuando usted salía, podía darse cuenta de lo atractivo que era su pueblo. Cuando salía de noche, podía ver todos los edificios, los negocios, iluminados con el encanto y atractivo que el mundo tiene que ofrecer en el presente, en todos los aspectos para satisfacer la carne; y de todas las maneras llegaba a satisfacer las demandas de la carne. Al recorrer ese lugar tan atractivo, usted se sentía con cierto aire de satisfacción y exclamaba que era un lugar muy hermoso. Bueno, eso es algo interesante, porque ¿sabe usted una cosa? Todo esto va a desaparecer. Usted recuerda que los Apóstoles le dijeron al Señor Jesucristo en cierta ocasión que mirara el templo y le mostraron lo hermoso que era. Él dijo, ¿Veis todo esto? De cierto os digo, que no quedará aquí piedra sobre piedra, que no sea derribada. (Mt. 24:2) Se sorprendieron mucho de que Él pudiera hacer una declaración así. Él les recordó que no quedaría piedra sobre piedra en ese lugar. Todo esto va a pasar; está bajo el juicio de Dios. Dios va a juzgar todo esto, y todo desaparecerá como el humo. Es necesario entonces, que nosotros hagamos nuestras inversiones en el cielo, allí debe estar nuestro tesoro, donde ni la polilla ni el orín corrompen, y donde ladrones no minan ni hurtan. (Mt. 6:20). Aquí en la tierra usted va a perderlo todo algún día. Hay personas que dicen: "Bueno, yo tengo mis inversiones y mi herencia, mis acciones están seguras en el banco"; pero no he dicho que alguien se las va a llevar, sino que usted va a tener que dejarla aquí algún día. Y eso es tan malo o quizás peor que venga un ladrón y se las robe. Usted va a tener que abrir sus manos cuando muera. Va a tener que soltar todo eso. Tendrá que salir.

Este mundo en el cual estamos viviendo, está bajo el juicio de Dios, y eso es difícil de aceptar aun para los creyentes. Nosotros hemos sido alimentados tanto con esta pseudo dulzura del amor, esta predicación insípida del liberalismo, y el creyente común y corriente piensa que todo es dulce y brillante, que todo es de color de rosa, que Dios no va a disciplinar y que no va a castigar a nadie. Bueno, lea el Libro de Apocalipsis. Y aquí tenemos juicio.

Derramamiento de la primera copa

Fue el primero, y derramó su copa sobre la tierra, y vino una úlcera maligna y pestilente sobre los hombres que tenían la marca de la bestia, y que adoraban su imagen. [Ap. 16:2]

El comentarista Dr. Vincent ha escrito: "Cada ángel, cuando llega su turno, sale de la escena celestial". Es decir que cada ángel sale del lugar donde se encuentra el propiciatorio que ahora es juicio. Él parte de allí, sale ahora y derrama el juicio de la ira sobre la tierra.

La primera copa es muy interesante. Parecería que Dios está enfrascado en una guerra de gérmenes contra los seguidores del anticristo. La Escritura declara que la vida de la carne se encuentra en la sangre (Lv. 17:11), y también la muerte está en la carne. Estas llagas o úlceras malignas son peores que la lepra o el cáncer. En el momento en que el hombre descubre un remedio para una enfermedad, otra peor aparece. Éstos son los juicios de Dios por los cuales Él revela físicamente que el hombre es corrupto moralmente en su totalidad.

La primera copa se compara a la sexta plaga en Egipto, y es de la misma clase de llaga o úlcera que se presentaba allí. (Véase Ex. 9:8-12) Lo interesante de notar es que Moisés predijo que vendría un juicio que sería sobre Israel algún día, tal cual se menciona aquí. Eso se nos presenta en el Libro de Deuteronomio: Pero acontecerá, si no oyeres la voz de Jehová tu Dios, para procurar cumplir todos sus mandamientos y sus estatutos que yo te intimo hoy, que vendrán sobre ti todas estas maldiciones y te alcanzarán. (Dt. 28:15) Más adelante en el versículo 27, hay una lista de ellas: Jehová te herirá con la úlcera de Egipto, con tumores, con sarna, y con comezón de que no puedas ser curado. Así es que tenemos una lista de estas enfermedades. Es algo que no puede ser curado, digamos de paso. Luego, en Deuteronomio 28:35, leemos: Te herirá Jehová con maligna pústula en las rodillas y en las piernas, desde la planta de tu pie hasta tu coronilla, sin que puedas ser curado. Moisés fue quien predijo esto.

Ahora en el Libro de Apocalipsis, la úlcera maligna y pestilente es para aquéllos que han recibido la marca de la bestia. Aquéllos que no lo hicieron, también se encuentran en una situación mala. Ya hemos visto esto. Ellos no pueden comprar ni vender. Si un hombre tiene una familia que se está muriendo de hambre, y no puede trabajar, y tampoco puede comprar, no puede pedir, nadie le va a dar nada a él. Y si tiene niños en su casa que están muriéndose de hambre, no le culpo a este hombre si roba algún establecimiento donde se venden alimentos para lograr algo que pueda llevar a su casa, porque sus hijos tienen que comer algo. Por tanto, esto es algo terrible que se le impone al hombre, a no ser que tenga la marca de la bestia. Pero aquéllos que tienen la marca de la bestia tampoco van a pasarlo muy fácil, porque al final de la Gran Tribulación, Dios les juzgará con esta úlcera maligna y pestilente.

¿Me permite hacer un comentario personal? Yo siempre interpreté el cáncer que tuve como un juicio de parte de Dios. Yo creo que era eso. El hecho de que Dios me hubiera sanado, indica que Dios me había perdonado. Desde entonces me ha dado el ministerio más grande de mi vida, que es este ministerio de A Través de la Biblia que todavía sigue adelante y en varios idiomas. Pero durante la Gran Tribulación el juicio de Dios, esta úlcera terrible, la cual es probablemente peor que el cáncer, no hace que la gente se vuelva a Dios.

Derramamiento de la segunda copa

El segundo ángel derramó su copa sobre el mar, y éste se convirtió en sangre como de muerto; y murió todo ser vivo que había en el mar. [Ap. 16:3]

Esta plaga es más severa que la segunda trompeta. Cuando se tocó la segunda trompeta, sólo una tercera parte del mar se convirtió en sangre. Aquí todo el mar se convierte en sangre: se convirtió en sangre como de muerto.

La sangre es una señal de vida. La Escritura dice que la vida de la carne está en la sangre. (Lv. 17:11) Pero el mar es una gran reserva de vida, ya que allí abunda la vida, el agua salada es catártica, es decir, como un purgante para la tierra. Sin embargo, en esta plaga la sangre es la señal de la muerte, y el mar se convierte en la tumba de muerte en lugar del seno de la vida. La refrescante brisa del mar se convierte en un hedor terrible por los cuerpos que flotan en la superficie del agua. Ahora es algo lleno de sangre y que cubre las costas. Se paraliza el comercio, los seres humanos mueren como moscas. La primera plaga en Egipto fue el volver las aguas del Nilo en sangre. Aquí tenemos una similitud sorprendente.

Me pregunto si nos damos cuenta de cuánto dependemos de Dios hoy. Las compañías de electricidad, las compañías de gas, las compañías de agua, todos nos envían sus cuentas. ¿Pero de dónde sacaron la luz, y el gas y el agua? Es muy obvio. Ellos han tenido algo que ver en llevar eso a nuestros hogares, pero fue Dios quien creó la luz, el gas y también el agua. ¿Le ha enviado alguna vez la cuenta Dios por la luz del sol, por el agua que usted bebe, y el aire que respira? ¿Le ha pagado usted alguna vez a Él? Él no le ha enviado la cuenta, y usted no podría pagarle si lo hiciera. Dios ha demostrado Su gracia a un mundo que rechaza a Cristo, pero Él juzgará la tierra finalmente. Ahora, los ángeles derraman las copas de la ira de Dios.

Derramamiento de la tercera copa

El tercer ángel derramó su copa sobre los ríos, y sobre las fuentes de las aguas, y se convirtieron en sangre. Y oí al ángel de las aguas, que decía: Justo eres tú, oh Señor, el que eres y que eras, el Santo, porque has juzgado estas cosas. Por cuanto derramaron la sangre de los santos y de los profetas, también tú les has dado a beber sangre; pues lo merecen. También oí a otro, que desde el altar decía: Ciertamente, Señor Dios Todopoderoso, tus juicios son verdaderos y justos. [Ap. 16:4-7]

Esta plaga, similar a aquélla de la tercera trompeta, es nuevamente mucho más severa. En esa ocasión, sólo fue afectada una tercera parte del agua fresca. Aquí vemos que la totalidad del agua de la tierra será afectada. Esto significa la destrucción de la vida humana en un nivel sin paralelo.

El ángel de las aguas, es el superintendente del departamento de aguas de Dios aquí en la tierra. Esto nos revela, otro ministerio de los ángeles que tiene que ver con la creación. Ellos están a cargo de diferentes departamentos físicos del Universo. Hemos visto a cuatro ángeles en este libro que controlan los vientos. Este ángel, que conoce toda la historia, declara que Dios es justo y santo en este acto de juicio.

Cualquier cosa que Dios haga es justa y santa. Si usted no está de acuerdo con Él, es una lástima para usted. Usted está equivocado, no es Dios quien está equivocado. Usted se puede imaginar a un hombrecito de pie diciendo en cuanto al Creador: "Yo no creo que Él está obrando correctamente". Tengo una pregunta para usted. ¿Qué es lo que usted está haciendo en cuanto a esto? En realidad, ¿qué es lo que usted puede hacer? Si usted no está de acuerdo con Dios, pues es mejor que se ponga de acuerdo con Él, porque Dios es justo en todo lo que hace.

Por cuando derramaron la sangre de los santos y de los profetas, también tú les has dado a beber sangre. Esto es justicia divina, por cierto. Aquéllos que a espada matan, a espada morirán; y el derramamiento de sangre lleva al derramamiento de sangre. Éstos que están siendo juzgados habían hecho mártires al pueblo de Dios, y ahora Dios está forzando a aquéllos que los mataron, a beber sangre, por la sangre derramada por los justos.

Desde el altar decía, se refiere a los santos bajo el altar quienes habían estado orando para que se hiciera justicia: Cuando abrió el quinto sello, vi bajo el altar las almas de los que habían sido muertos por causa de la palabra de Dios y por el testimonio que tenían. Y clamaban a gran voz, diciendo: ¿Hasta cuándo, Señor, santo y verdadero, no juzgas y vengas nuestra sangre en los que moran en la tierra? Y se les dieron vestiduras blancas, y se les dijo que descansasen todavía un poco de tiempo, hasta que se completara el número de sus consiervos y sus hermanos, que también habían de ser muertos como ellos. (Ap. 6:9-11) Las oraciones que llegaron al altar están siendo contestadas ahora. Dios se demoró mucho tiempo en llegar a esto, pero ahora vemos que hace justicia. El mundo es culpable ante Él.

Derramamiento de la cuarta copa

El cuarto ángel derramó su copa sobre el sol, al cual fue dado quemar a los hombres con fuego. Y los hombres se quemaron con el gran calor, y blasfemaron el nombre de Dios, que tiene poder sobre estas plagas, y no se arrepintieron para darle gloria. [Ap. 16:8-9]

Nuestro Señor Jesucristo predijo que habría señales en el sol durante el período de la Gran Tribulación. Entonces habrá señales en el sol, en la luna y en las estrellas, y en la tierra angustia de las gentes, confundidas a causa del bramido del mar y de las olas. (Lc. 21:25)

El Antiguo Testamento tenía mucho que decir en cuanto al juicio del período de la Gran Tribulación, debido al calor extremo del sol: Consumidos serán de hambre, y devorados de fiebre ardiente y de peste amarga; diente de fieras enviaré también sobre ellos, con veneno de serpientes de la tierra. (Dt. 32:24)

Isaías 24:6, dice: Por esta causa la maldición consumió la tierra, y sus moradores fueron asolados; por esta causa fueron consumidos los habitantes de la tierra, y disminuyeron los hombres. Así continúa hablando: Por tanto, derramó sobre él el ardor de su ira, y fuerza de guerra; le puso fuego por todas partes, pero no entendió; y le consumió, mas no hizo caso. (Is. 42:25)

En Malaquías 4:1, se nos dice: Porque he aquí, viene el día ardiente como un horno, y todos los soberbios y todos los que hacen maldad serán estopa; aquel día que vendrá los abrasará, ha dicho Jehová de los ejércitos, y no les dejará ni raíz ni rama.

Todo lo que tendría que hacer el Señor es quitar una o dos capas de la atmósfera, y eso nos calentaría mucho, por cierto. A veces aquéllos que tienen que vivir en las zonas tropicales piensan que el Señor ha sacado ya una o dos capas de la atmósfera. Luego, todo lo que Él tendría que hacer es acercar la tierra un poquito más al sol, no mucho, pero nosotros no podríamos sobrevivir. Éste es un período terrible del cual Isaías dice que la tierra será diezmada en aquel entonces. Y el Señor, dijo: Y si aquellos días no fuesen acortados, nadie sería salvo... (Mt. 24:22).

Pero los Suyos son guardados: El sol no te fatigará de día, ni la luna de noche. (Sal. 121:6) Ésta es una promesa que no tiene mucho significado para nosotros en el presente, pero que será de mucho consuelo para el creyente en la Gran Tribulación.

Y los hombres se quemaron con el gran calor, y blasfemaron el nombre de Dios. A pesar de eso, en vez de volverse a Dios, los hombres blasfemaban el nombre de Dios. Esto demuestra que el corazón humano, es incurable, y que ninguna cantidad de castigo lo justificará o lo cambiará. De la misma manera, la Gran Tribulación no es para la purificación de la iglesia. En ningún lugar se menciona esto. En ningún lugar se declara que los santos son purificados por la Gran Tribulación. Éste es un juicio sobre la tierra.

Derramamiento de la quinta copa

El quinto ángel derramó su copa sobre el trono de la bestia; y su reino se cubrió de tinieblas, y mordían de dolor sus lenguas, Y blasfemaron contra el Dios del cielo por sus dolores y por sus úlceras, y no se arrepintieron de sus obras. [Ap. 16:10-11]

El trono de la bestia, aclara que la bestia que se mencionó en el capítulo 13 era un hombre. También es un reino, porque no puede haber Rey, sin reino.

Su reino se cubrió de tinieblas, indica que ésta era una tiniebla extraña, que se podría llamar luz negra. Eso lo tenemos hoy. Y, es algo aterrador. En este período se aumenta el poder del sol, y en lugar de hacerse más claro, se hace más oscuro. El calor será mayor, pero habrá menos luz. Hay una extraordinaria similitud a las tinieblas de Egipto durante la novena plaga. (Ex. 10:21-22)

Los profetas del Antiguo Testamento tenían mucho que decir en cuanto a esto: Porque he aquí que tinieblas cubrirán la tierra, y oscuridad las naciones; mas sobre ti amanecerá Jehová, y sobre ti será vista su gloria. (Is. 60:2) Tocad trompeta en Sion, y dad alarma en mi santo monte; tiemblen todos los moradores de la tierra, porque viene el día de Jehová, porque está cercano. Día de tinieblas y de oscuridad, día de nube y de sombra; como sobre los montes se extiende el alba, así vendrá un pueblo grande y fuerte; semejante a él no lo hubo jamás; ni después de él lo habrá en años de muchas generaciones... El sol se convertirá en tinieblas, y la luna en sangre, antes que venga el día grande y espantoso de Jehová. (Joel 2:1-2, 31)

Además de estos dos profetas, Nahum, Amós y también Sofonías lo mencionaron. Y ahora Juan sencillamente está diciendo: "Esta Gran Tribulación es donde estas profecías entran en el programa de Dios".

Nuestro Señor confirmó esto cuando Él dijo: Pero en aquellos días, después de aquella tribulación, el sol se oscurecerá, y la luna no dará su resplandor. (Mr. 13:24).

Y mordían de dolor sus lenguas. Piense, en la intensidad del sufrimiento que es causada por estas copas de la ira. Pero, no afectan al hombre. El hombre en su maldad y depravación no se vuelve a Dios.

Aquí hay dos cosas que se demuestran a sí mismas. Dios es justo en derramar las copas de la ira. Debemos recordar eso. Jesús es el Juez en esta ocasión. Él está a cargo de todo, dando este castigo, y los hombres no son llevados al arrepentimiento por el sufrimiento. El Apóstol Pablo habló de esto: ¿Y piensas esto, oh hombre, tú que juzgas a los que tal hacen, y haces lo mismo, que tú escaparás del juicio de Dios? ¿O menosprecias las riquezas de su benignidad, paciencia y longanimidad, ignorando que su benignidad te guía al arrepentimiento? Pero por tu dureza y por tu corazón no arrepentido, atesoras para ti mismo ira para el día de la ira y de la revelación del justo juicio de Dios. (Ro. 2:3-5) Y aquí lo tenemos—el justo juicio de Dios—y no cambia al hombre.

Derramamiento de la sexta copa

El sexto ángel derramó su copa sobre el gran río Eufrates; y el agua de éste se secó, para que estuviese preparado el camino a los reyes del oriente. [Ap. 16:12]

El Eufrates es llamado "el gran río", de manera que el Mar Mediterráneo es llamado en la Biblia "el gran mar". La importancia del Río Eufrates en la Palabra de Dios no debe ser descuidada. Es mencionado, en primer lugar, en Génesis 2, y es mencionado más de 25 veces en la Biblia, En este versículo que acabamos de leer, se le ve en relación con la sexta plaga. Era prominente en el primer estado del hombre en la tierra, y aquí es destacado en su último estado, aquél de la Gran Tribulación. Fue la cuna de la civilización humana y obviamente va a ser la tumba de la civilización del hombre. Era la frontera entre el oriente y el occidente, con un recorrido de unos 2.900 kilómetros, y la mitad de esta distancia navegable. Era ancho y profundo, lo cual hacía muy difícil que un ejército lo cruzara.

A Abraham se le llamó "hebreo", y algunos interpretan esto como que significa que él vino del otro lado del Río Eufrates. Era la orilla oriental de la tierra que Dios le había prometido a Abraham—esta orilla. En aquel día hizo Jehová un pacto con Abram, diciendo: A tu descendencia daré esta tierra, desde el río de Egipto hasta el río grande, el río Eufrates. (Gen. 15:18) Este río llegó a ser la frontera oriental del Imperio Romano.

El Río Eufrates se secará milagrosamente, borrando así la frontera entre el oriente y el occidente, para que estuviese preparado el camino a los reyes del oriente, para que vengan a la batalla de Armagedón. Usted recuerda que en el pasado Tamerlán, el conquistador tártaro, salió del oriente y arrasó esas llanuras con una tremenda horda, y Gengis Kan, otro conquistador tártaro, fundador del primer imperio mongol, hizo lo mismo. Ésas son sólo pequeñas muestras de lo que sucederá en los últimos días cuando la frontera, o lo que sea que esto es, que separa al oriente del occidente, se borre; entonces estas grandes multitudes que nunca han avanzado hacia el occidente, ahora vienen en una gran cruzada a Palestina. Allí es donde la mayor parte de la población del mundo se encuentra hoy, y habiendo tenido un ligero conocimiento del evangelio, elegirán al anticristo, y saldrán del oriente cruzando el Río Eufrates. El cuadro es terrible. Me pregunto si alguien puede dudar, con cientos de millones fluyendo hacia Palestina, que la sangre suba hasta los frenos de los caballos.

Interludio: Los reyes de la parte habitada de la tierra se dirigen a Armagedón

Entre la sexta copa y la séptima copa de ira, existe un paréntesis. (Como he indicado, hay un interludio entre lo sexto y lo séptimo de cada serie de siete—con la excepción de los siete personajes.) En él, se presentan los detalles que faltaban, por así decirlo.

Y vi salir de la boca del dragón, y de la boca de la bestia, y de la boca del falso profeta, tres espíritus inmundos a manera de ranas; Pues son espíritus de demonios, que hacen señales, y van a los reyes de la tierra en todo el mundo, para reunirlos a la batalla de aquel gran día del Dios Todopoderoso. [Ap. 16:13-14]

Éste es Armagedón. No es una sola batalla, sino que es una guerra, la guerra de Armagedón.

Esto es desatado, según creo yo, por la invasión de Rusia procedente del norte, alrededor de la mitad del período de la Gran Tribulación. Esa campaña cubre el largo de Palestina hasta el valle de Josafat, y las montañas de Edom. Esto continuará por aproximadamente tres años y medio. Concluirá en la venida del Señor Jesucristo a establecer Su reino. ... nacerá el Sol de justicia, y en sus alas traerá salvación... (Mal. 4: 2a).

Aquí se nos presenta la trinidad del infierno: Satanás, el anticristo, y el falso profeta. Ellos actúan al unísono obligando a las naciones del mundo a marchar contra Israel en un intento por destruir el propósito de Dios en esta tierra. Dios les había hecho a Abraham y a aquéllos después de él, ciertas promesas. Él hizo ciertos pactos con esta gente, y estos pactos van a mantenerse, de la misma manera en que el versículo que leemos en Juan 3:16 se mantiene para nosotros en el presente.

Permítame decir algo con mucho cuidado. En el día de hoy existe un sistema de teología que se pasa como de tendencia conservadora, y toma la posición de que Dios ya no tiene nada que ver con la nación de Israel. Todos esos pactos han sido negados. Todos esos pactos han sido cancelados. Dios no tiene ninguna intención de cumplir esos pactos. Dios ya no tiene nada que ver con Israel, y todas esas promesas son tomadas—y hay literalmente cientos de ellas en el Antiguo Testamento, que son tomadas y espiritualizadas—y arbitrariamente hacen esto esta gente sin ninguna base bíblica. Orígenes, en la iglesia primitiva, uno de los pocos que estaban muy apartados de los seguidores de la iglesia, y uno de los pocos que vino del norte de África, comenzó este método de espiritualizar en lugar de darle literalidad a la Escritura. Debemos recordar que aquí estamos tratando con algo que es literal, y ése es el propósito de Satanás, el de destruir los pactos que Dios hizo con Israel, para que no se cumplan. Ésa es la razón por la cual él actúa aquí, llevando todo el mundo contra esta pequeña nación. Eso es lo que sucederá en el período de la Gran Tribulación.

Digo esto con mucho cuidado: creo que este punto de vista, aunque hoy es aceptado por muchos, llegará a ser una herejía en la iglesia, y puede tomar nota de lo que digo, amigo. Quizá yo no esté aquí cuando esto suceda, pero usted puede recordar.

A la manera de ranas. La pregunta es, ¿son literales o no lo son? Bueno, fueron algo literal en Egipto, y lo pueden ser aquí también, pero estoy también dispuesto a aceptar esto como un símbolo. Quizá usted me puede decir: "Un momento, yo pensaba que usted no aceptaba un símbolo, a no ser que se dijera que fuera así, y entonces tendría razón para creerlo". Aquí se dice: a manera de ranas. No dice que eran ranas, sino a manera de ranas. Juan siempre tiene mucho cuidado en presentarnos un cuadro correcto de lo que ve.

El Dr. J. A. Seiss nos ha dado un cuadro muy dramático, de una manera vívida, por cierto: "Éstos son espíritus inmundos, son demonios, son enviados a actuar por la trinidad del dragón. Son los ángeles elegidos para despertar al mundo para tratar de abolir a Dios de la tierra. Son parecidos a las ranas, en el sentido de que vienen procedentes de las ciénagas nocivas, pestilentes del Universo, y realizan su tarea en las naciones con su demostración vociferante, hasta que establecen a todos los reyes y los ejércitos de toda la tierra, en una promoción entusiasta al aplastamiento final del Cordero y todos Sus poderes. Como en el capítulo 9, los siete Espíritus de Dios y de Cristo salieron por toda la tierra para recoger en un compañerismo santo la gran congregación de los santificados: así también estos espíritus del infierno salen sobre los reyes y los poderes del mundo, para recoger al gran ejército de los que adoran al diablo".

Hemos visto que en el día de hoy los medios noticiosos pueden llegar a ser un agente propagandista para llevar a cabo un propósito de los hombres que aparentemente está detrás de las escenas. Ellos pueden darle un lavado cerebral a la gente. Eso es exactamente lo que esta trinidad del mal llevará a cabo. Ellos van a hacer que todas las naciones del mundo marchen contra Israel.

El Señor Jesucristo es el Único que puede detenerles. La ayuda de ellos no viene procedente del norte o del sur, del oriente o del occidente. De allí es donde viene la dificultad. La ayuda para ellos proviene del Señor, el Creador del cielo y de la tierra.

He aquí, yo vengo como ladrón. Bienaventurado el que vela, y guarda sus ropas, para que no ande desnudo, y vean su vergüenza. [Ap. 16:15]

He aquí, yo vengo como ladrón. Él nunca viene como un ladrón a la iglesia. Él le dice: Mas vosotros, hermanos, no estáis en tinieblas, para que aquel día os sorprenda como ladrón. (1 Ts. 5:4) Él no viene como ladrón a la iglesia que le está esperando. Uno no le da una bienvenida a un ladrón. Aguardando la esperanza bienaventurada y la manifestación gloriosa de nuestro gran Dios y salvador Jesucristo. (Tit. 2:13) La iglesia le da la bienvenida. Cuando uno sale de la casa no deja una nota diciéndole al ladrón que ha dejado la puerta de atrás abierta para que él entre. No le deja dicho dónde puede encontrar su dinero. Uno nunca le da la bienvenida a un ladrón. Uno deja todo bien asegurado para que no pueda entrar. Él viene como un ladrón, y vimos al principio de Apocalipsis que toda la tierra se lamentará a causa de Él. No quieren que Él venga. Quisieran dejarlo por fuera, evitar que Él regrese a esta tierra.

Bienaventurado el que... guarda sus ropas. ¿Qué ropa es ésa? El comentarista Edersheim aclara esto explicando que el capitán del templo realizaba ciertos recorridos por la noche para ver si los guardas estaban despiertos y alertas. Si alguno era encontrado dormido, se le golpeaba o se quemaban sus ropas, y si algo así le sucedía a alguno, por cierto, que se despertaba rápidamente. Así es que aquí se le dice: guarda tus ropas, para que no andes desnudo, y vean tu vergüenza. Debe estar seguro de que está vestido con la justicia de Cristo.

Y los reunió en el lugar que en hebreo se llama Armagedón. [Ap. 16:16]

Armagedón es una guerra. Quiero enfatizar esto. Leemos en el versículo 16 aquí la única mención de la palabra "Armagedón" en las Escrituras. "Armagedón" es una palabra compuesta de la palabra en hebreo que significa "montaña", y el nombre de un monte en la llanura de Esdraelón. Quiero dar una descripción de esto, ya que he visitado este lugar. El pequeño monte que se encuentra en el valle de Esdraelón, y debo decir que este lugar ha llegado a ser uno de los más fértiles que se pueden apreciar, es el más fértil del mundo en el presente, y allí han llegado personas como Nabucodonosor; Napoleón Bonaparte estuvo allí; los gentiles también estuvieron allí; los sirios, las cruzadas cristianas, franceses anticristianos, egipcios, persas, turcos, árabes, y muchos otros. Todos han estado allí. Ése es el cuadro que tenemos aquí.

Y los reunió. El sujeto aquí puede ser Dios Mismo. Aunque Satanás, el anticristo, el falso profeta actúan al unísono para forzar a las naciones del mundo a marchar contra Israel, ellos, sin embargo, estarán cumpliendo la Palabra de Dios.

Derramamiento de la séptima copa

El séptimo ángel derramó su copa por el aire; y salió una gran voz del templo del cielo, del trono, diciendo: Hecho está. Entonces hubo relámpagos y voces y truenos, y un gran temblor de tierra, un terremoto tan grande, cual no lo hubo jamás desde que los hombres han estado sobre la tierra. [Ap. 16:17-18]

El séptimo derramó su copa por el aire. Ésta es la última serie de 7 juicios antes de la venida de Cristo, y éste es el séptimo y el último de los últimos siete. Es decir que estamos al final mismo de la Gran Tribulación. El Único que puede librar a esta gente en esta ocasión y establecer el reino justo en la tierra, y traer paz al mundo, es el Señor Jesucristo. Así es que ellos no buscan ayuda del norte, del oriente, del sur o del occidente, sino que la ayuda viene de Jehová, Creador del cielo y de la tierra. Mantengamos nuestros ojos en Cristo. Él es el Juez ahora.

Por el aire. Así es que no se nos da una localidad geográfica. El Señor Jesús también controla el espacio.

El templo ha sido mencionado una y otra vez, y aquí se menciona otra vez. Se nos identifica a este pueblo ahora, y es Israel, y, sea que nos guste o no, esa nación pasará a través de la Gran Tribulación. Los 144.000 pasarán a través de este período. No sé cuántos más, pero pienso que habrá muchos más que serán salvos. Una gran multitud de los gentiles fueron sellados. Ellos también pasarán a través de la Gran Tribulación.

Nuevamente, repito que la iglesia no es parte de esta escena. Sería algo desafortunado que la iglesia pasara por esto, porque no están sellados. Éstos mencionados aquí son los dos únicos grupos sellados. Pero, la iglesia no va a estar allí. Dios tiene dos maneras de salvar a la gente en el período de la Gran Tribulación: primero, salvándolos, evitando que estén allí, sacándolos del mundo, como lo hizo con Enoc que fue trasladado. Él fue trasladado porque no entró al tiempo del juicio por el diluvio; y segundo, salvándolos en medio del período, como lo hizo con Noé durante el diluvio. Dios salvará a la gente en el período de la Gran Tribulación, pero no a la iglesia, porque ella ya habrá salido de la tierra antes del comienzo de la Tribulación.

Salió una gran voz del templo del cielo, del trono. Esa voz no es identificada, pero creo personalmente que es la voz del Hijo de Dios. Se menciona su mensaje: Hecho está. Ésta es la segunda vez que escuchamos que Él dice esto. Cuando estaba clavado en la cruz, Él dijo: Consumado es—o sea—hecho está. Aquí lo dice otra vez. Cuando Él logró la redención, dijo: Consumado es y la salvación para el hombre fue acabada. No hay nada que el hombre pueda contribuir a su salvación. Él la tiene que recibir por fe. Usted puede tener una redención completa; pero si usted no la adquiere, habrá un juicio. Para aquéllos que rehúsan la salvación de Dios, no hay nada que puedan hacer para escapar del juicio de Dios. Está hecho. No es de sorprenderse que el escritor a los Hebreos, escribió: ¿Cómo escaparemos nosotros, si descuidamos una salvación tan grande? La cual, habiendo sido anunciada primeramente por el Señor, nos fue confirmada por los que oyeron. (He. 2:3). Cristo es el Juez, y el juicio de la Gran Tribulación ahora está concluido. "Está hecho" es Su anuncio, y no queda por adelante nada sino juicio, el juicio del Gran Trono Blanco.

Relámpagos, voces, y truenos eran el anuncio al principio de la Gran Tribulación indicando que el juicio estaba cerca. Y del trono salían relámpagos y truenos y voces; y delante del trono ardían siete lámparas de fuego, las cuales son los siete espíritus de Dios. (Ap. 4:5) Ahora, a la conclusión de la Tribulación, hay voces y relámpagos, y truenos.

Hubo un gran temblor tan grande, cual no lo hubo jamás desde que los hombres han estado sobre la tierra. La Palabra de Dios aclara que aquí al final de la Gran Tribulación habrá un terremoto horrendo que probablemente sacudirá al mundo entero.

Y la gran ciudad fue dividida en tres partes, y las ciudades de las naciones cayeron; y la gran Babilonia vino en memoria delante de Dios, para darle el cáliz del vino del ardor de su ira. Y toda isla huyó, y los montes no fueron hallados. Y cayó del cielo sobre los hombres un enorme granizo como del peso de un talento; y los hombres blasfemaron contra Dios por la plaga del granizo; porque su plaga fue sobremanera grande. [Ap. 16:19-21]

Con esto concluye el período de la Gran Tribulación. Hubo un gran terremoto y esto divide a la gran ciudad, la cual es Jerusalén, y la divide en tres partes. Aunque el epicentro del terremoto es Jerusalén, no está limitado a esa zona solamente, porque las ciudades de las naciones cayeron también. Esto nos da una idea de la extensión y la vasta destrucción de este terremoto.

Se menciona específicamente a Babilonia. Fue mencionada también en el capítulo 14:8, que dice: Otro ángel le siguió, diciendo: Ha caído, ha caído Babilonia, la gran ciudad, porque ha hecho beber a todas las naciones del vino del furor de su fornicación. Los próximos dos capítulos nos darán más detalles en cuanto a Babilonia.

Y toda isla huyó revela que aun las islas están cambiando de un lugar a otro por este terremoto.

Un enorme granizo fue el acto final del juicio. Se dice que el tamaño del granizo era... como del peso de un talento. Un talento griego pesaba como 25 kilos. El talento judío pesaba como 52 kilos. Lo interesante de notar aquí es que tenemos esto en la época de Josué: Y mientras iban huyendo de los israelitas, a la bajada de Bet-horón, Jehová arrojó desde el cielo grandes piedras sobre ellos hasta Azeca, y murieron; y fueron más los que murieron por las piedras del granizo, que los que los hijos de Israel mataron a espada. (Jos. 10:11)

De acuerdo con el historiador Josefo, las catapultas romanas lanzaron piedras del peso de un talento, dentro de Jerusalén, en el año 70 d.C., cuando Tito derribó la ciudad.

Así es que esto es algo milagroso, que concluye así el período de la Gran Tribulación.

CAPÍTULO 17

La iglesia apóstata en la Gran Tribulación

En los capítulos 17 y 18 se nos presentan las dos Babilonias que van a ser juzgadas. En primer lugar, vemos a la iglesia apóstata en la Gran Tribulación, en el capítulo 17, y luego veremos no sólo la Babilonia religiosa, sino también la Babilonia comercial en el capítulo 18.

En primer lugar, vemos aquí a la gran ramera sentada sobre una bestia escarlata. Luego la bestia destruye a la gran ramera. Éste es un cuadro que se nos presenta aquí.

En el período de la Gran Tribulación, como ya hemos indicado, hay muchos grandes asuntos que llegan al punto de crisis. Es difícil mantenerlos separados. Hay muchos eruditos que no están de acuerdo en los detalles que se presentan aquí en el período de la Gran Tribulación. Al haber recorrido parte de esto, notamos que hay muchos que toman una posición un poco diferente, y aunque nosotros estamos de acuerdo con el sistema de interpretación, no estamos de acuerdo en los detalles.

Este hecho no debe inquietar a los creyentes, ya que muchos detalles no van a ser clarificados hasta que el mundo entre en el período de la Gran Tribulación y vea el clímax de cada crisis.

Esto es evidente aquí en los capítulos 17 y 18 de Apocalipsis, en cuanto a las dos Babilonias. Surgen varias preguntas. ¿Hay dos Babilonias? y ¿están ellas en puntos geográficos diferentes? ¿Están representando dos sistemas diferentes? ¿Son dos sistemas literales o son lo mismo? La respuesta a estas preguntas, se aclarará al acercarse nuestra redención. Pero parece que en el presente, es decir, según mi juicio, tenemos en vista a dos ciudades diferentes.

En el capítulo 17 tenemos... un misterio: BABILONIA. La iglesia cósmica, la iglesia apóstata, Tiatira en el capítulo 2, que permitió que Jezabel enseñara llegará a ser la iglesia apóstata de la Gran Tribulación. Obtendrá el objetivo de los apóstatas del día presente, de todos los grandes sistemas del mundo: el romanismo, el protestantismo, las religiones paganas, y las sectas. Son muchos los que, aún en las así llamadas iglesias bíblicas independientes del presente, no son creyentes, y ellos entrarán a las grandes organizaciones en el período de la Gran Tribulación. Se llamará a sí misma una iglesia, pero no lo es. La Biblia la llama ramera. La Palabra de Dios le ha dado el título de ramera, y no puede ser peor que esto. Éste es un sistema eclesiástico ecuménico, de una iglesia mundial. La ubicación de esta iglesia podría ser en Roma. Roma, una ciudad construida sobre siete cerros, es probablemente la ciudad en consideración aquí. Pero, Ginebra, donde se encuentra el Concilio Mundial de las Iglesias también debería ser incluida. Pienso en muchos otros lugares también. Por los informes que tengo, la ciudad de Los Ángeles, en California, puede hacer una buena contribución a esto.

Se le llama... un misterio: BABILONIA, debido a su origen. En la torre de Babel el hombre tenía la intención de unirse contra Dios. Bajo Nimrod, Babilonia llegó a ser el origen de todas las religiones falsas. Ahora, el sueño de Nimrod llegará a cumplirse en la primera parte del período de la Gran Tribulación, porque la iglesia cósmica dominará a la bestia. La iglesia que tenía que haber sido la esposa de Cristo, aquí, se presenta como la ramera. La iglesia es culpable de fornicación espiritual, habiéndose vendido a sí misma al mundo. Ésta es la iglesia que dice: "Yo soy rica y tengo abundancia de cosas, y no tengo necesidad de nada".

Cuando estuvimos considerando las siete iglesias, usted recordará que dije que creía que es la iglesia en Filadelfia, la que sale en el momento del rapto de la iglesia, antes del período de la Gran Tribulación. Él le dijo a esa iglesia: ... yo también te guardaré de la hora de la prueba que ha de venir sobre el mundo entero. (Ap. 3:10) Hemos pasado mucho tiempo en esa hora en este estudio, y esa hora es el período de la Gran Tribulación.

La iglesia verdadera no pasará a través de este período. Será raptada antes de que empiece la Tribulación. Pero, vamos a ser específicos: ¿Quiénes serán raptados? No son las denominaciones, no son las iglesias individualmente, sino Su iglesia que está formada por los creyentes, aquéllos que están en Cristo. Ése es el grupo que es sacado de la tierra, y el resto de esa multitud de miembros de las iglesias permanece en la tierra. El Dr. George Gill acostumbraba decir que algunas iglesias continuarán funcionando como que si nada hubiera pasado, al domingo siguiente del rapto. Es decir, que, en muchas iglesias, después del rapto, no faltará ningún miembro. Ese grupo entrará al período de la Gran Tribulación. Pero debemos comprender que éstos no son creyentes. Ésta no es la iglesia del Señor Jesucristo, y nunca ha sido llamada Su iglesia. Ésta es parte de la ramera. Y no puede ser peor que esto. Éste es un sistema seudo-religioso. El Dr. Pentecost en su libro sobre las cosas que vendrán, presenta este comentario en cuanto al sistema de la ramera: "La bestia que fue dominada por el sistema de la ramera, se levanta nuevamente contra ella y la destruye a ella y a su sistema completamente. Sin duda alguna, el sistema de la ramera estaba en competencia con el sistema religioso de la bestia, que era promovido por el falso profeta, y se lleva a cabo la destrucción, para que la bestia sea el único objetivo de la falsa adoración, como está reclamando ser Dios".

Babilonia va a ser reedificada, como ya hemos visto en el Libro de Isaías, en Jeremías, y aquí vemos esta destrucción de Babilonia en los capítulos 17 y 18.

La Babilonia eclesiástica será destruida por la bestia.

La Babilonia comercial es destruida por el regreso de Cristo.

La Babilonia eclesiástica es aborrecida por la bestia.

La Babilonia comercial es amada por el mundo.

La Babilonia eclesiástica es destruida al comienzo de los últimos tres años y medio de la Gran Tribulación.

La Babilonia comercial es destruida al final de los últimos tres años y medio de la Gran Tribulación, es decir, al final mismo. Zacarías 5:5-11 tiene algo interesante que decir en cuanto a esto.

La gran ramera sobre la bestia

De muchas maneras éste es el capítulo más terrible que se encuentra en la Palabra de Dios. No hay nada que se le pueda comparar.

Vino entonces uno de los siete ángeles que tenían las siete copas, y habló conmigo diciéndome: Ven acá, y te mostraré la sentencia contra la gran ramera, la que está sentada sobre muchas aguas; Con la cual han fornicado los reyes de la tierra, y los moradores de la tierra se han embriagado con el vino de su fornicación. [Ap. 17:1-2]

La gran ramera es aquella parte de la iglesia que permanecerá después de que la iglesia verdadera haya sido raptada. Estará compuesta de aquéllos que nunca confiaron en Cristo como Salvador; nunca estuvieron en el cuerpo de Cristo. Éste es el grupo que entra a la Gran Tribulación.

Se nos dice varias cosas en cuanto a ella, dice... la que está sentada sobre muchas aguas. Según el versículo 15, que veremos después, las aguas indican grandes multitudes de pueblos y naciones. La ramera puede controlar todo el mundo.

... con la cual han fornicado los reyes de la tierra demuestra que hay una alianza impía, profana entre la iglesia y el estado, durante este período.

El movimiento que existe en el día de hoy, de reunir a todas las religiones, no proviene de Dios, sino que cae dentro del patrón de la iglesia falsa que aparecerá, y ni siquiera ha sido dignificada en la Escritura llamándosele con el nombre de iglesia. Estoy seguro que se llamará a sí mismo una iglesia, pero no lo es. Creo que este movimiento es mucho más peligroso de lo que son ciertos movimientos políticos; es más peligroso que la nueva moralidad, y es mucho más peligroso que cualquier otro movimiento del presente. Creo que es el movimiento peligroso número uno del día de hoy. Esto va a ser una paradoja que va a deslumbrar a las multitudes que no piensan, y ellos van a quedar bajo la influencia de la bestia que salió del mar y de la bestia que salió de la tierra. Ellas usarán la iglesia apóstata para controlar a las multitudes, y la iglesia cederá a este arreglo por poder y consideraciones políticas.

Cuando usted rechaza lo genuino, entonces es blanco fácil para lo falso. Pablo les dijo a los Tesalonicenses... por cuanto no recibieron el amor de la verdad para ser salvos... sino que se complacieron en la injusticia. (2 Ts. 2:10, 12)

La sentencia contra la gran ramera. Así es que la copa de juicio será acercada a los labios de la ramera, y ¿quién será el que haga esto? ¿Quién la destruirá? La bestia misma. El anticristo, el falso profeta, no quieren que ella esté funcionando después que haya cumplido su propósito, porque el anticristo quiere ser adorado; y no quieren ninguna clase de competencia. Esta iglesia por lo menos hablará en cuanto a Dios, aun cuando no cree en Él. Ése es el cuadro que tenemos aquí.

> *Y me llevó en el Espíritu al desierto; y vi a una mujer sentada sobre una bestia escarlata llena de nombres de blasfemia, que tenía siete cabezas y diez cuernos. [Ap. 17:3]*

Me llevó en el Espíritu al desierto. Note lo que se indica aquí, ya que hay dos cosas que no hemos visto anteriormente: al desierto. Recuerde que Juan estaba en la isla de Patmos en el Espíritu, para la visión del Cristo glorificado y Su mensaje a las iglesias. En esa ocasión Juan fue llevado al cielo. Desde entonces la escena cambia del cielo a la tierra. Aquí se nos dice otra vez que Juan estaba en el Espíritu. ¿Necesitaba él un nuevo ungimiento del Espíritu para esta visión? Creo que era así. ¿Es el desierto algo literal? Recuerde que éste es un capítulo en el cual se utiliza símbolos. Alrededor de Babilonia y de Roma existe un desierto literal que ha sido registrado en la historia. Babilonia debía llegar a ser un desierto, y lo es en relación con esto. Usted puede leer los capítulos 47 y 48 de Isaías; y también los capítulos 50 y 51 de Jeremías. El desierto en las afueras de Roma era llamado La Campiña. Creo que el desierto mencionado en este versículo, es literal. Pero también es una señal de la condición caótica del mundo, provocada por la convulsión religiosa de Babilonia.

Juan dice… y vi a una mujer sentada sobre una bestia escarlata… lo cual es algo realmente terrible. La bestia ha sido identificada como el anticristo, y el imperio sobre el cual gobierna es el restaurado Imperio Romano. La mujer es identificada para nosotros en el versículo 18: Y la mujer que has visto es la gran ciudad que reina sobre los reyes de la tierra. La mujer es una ciudad, y la ciudad es Roma, la capital religiosa del mundo. Es Roma, Roma religiosa, que ha heredado todas las religiones en el mundo. Porque los verdaderos creyentes del romanismo, es decir, aquéllos que han aceptado al Señor Jesucristo como su Salvador personal, han sido llevados en el rapto de la iglesia. Hay muchos creyentes verdaderos allí, y en las iglesias liberales, y hasta en algunas sectas extrañas. Ellos también participarán del rapto. Esto deja a una iglesia que es apóstata completamente. No es la esposa de Cristo, sino que se le llama... ramera... llena de nombres de blasfemia.

La ciudad se identifica también en el versículo 9: Esto, para la mente que tenga sabiduría: Las siete cabezas son siete montes, sobre los cuales se sienta la mujer. La ciudad es Roma. Babilonia, como veremos más adelante, es el centro comercial. Roma ha sido denominada como la ciudad de las siete colinas. Horacio escribió: "Los dioses que miran con favor sobre las siete colinas..." Ovidio agregó: "Pero Roma mira alrededor de todo el globo desde sus siete colinas; el asiento de su imperio y el domicilio de los dioses". San Agustín, por su parte, lo expresó de la siguiente manera: "Babilonia es una forma de Roma, y Roma es una Babilonia postrera". Ya hemos visto que la mujer es una ciudad, y un sistema religioso. En estos versículos, por cierto, que podemos apreciar a la ciudad de Roma. La mujer ramera representa un sistema religioso que existirá durante la primera parte del período de la Gran Tribulación, cuando la verdadera iglesia haya sido quitada de la tierra. El sistema religioso, como lo indica el símbolo que se nos presenta aquí, domina y controla al Imperio Romano al principio de la Gran Tribulación. Por cierto, que al anticristo no le gusta esto para nada. La realidad es que va a hacer algo en cuanto a esto, como ya vamos a ver. Ahora, esto es algo tan aterrador que no cabe comparación.

Llena de nombres de blasfemia revela hasta que punto la religión se ha apartado del Cristo viviente.

Y la mujer estaba vestida de púrpura y escarlata, y adornada de oro, de piedras preciosas y de perlas, y tenía en la mano un cáliz de oro lleno de abominaciones y de la inmundicia de su fornicación; Y en su frente un nombre escrito, un misterio: BABILONIA LA GRANDE, LA MADRE DE LAS RAMERAS Y DE LAS ABOMINACIONES DE LA TIERRA. [Ap. 17:4-5]

Estaba vestida de púrpura y escarlata. Ése era el color predominante del imperialismo romano. Cada senador y cónsul de la época llevaba el color púrpura como un distintivo. Las togas del emperador eran púrpuras. El color escarlata también es el color usado por el catolicismo romano.

Adornada de oro, nos habla de la belleza de un despliegue externo, pero, como los fariseos, por dentro es corrupción e inmundicia.

Piedras preciosas, es algo bastante frío, aunque sea algo genuino. Y es una imitación sórdida de una religión genuina. El Señor Jesucristo dijo: ¡Ay de vosotros, escribas y fariseos, hipócritas! Porque limpiáis lo de fuera del vaso y del plato, pero por dentro estáis llenos de robo y de injusticia. (Mt. 23:25)

Un cáliz de oro lleno de abominaciones, es la intoxicación religiosa de la anti-iglesia, no anticristo sino anti-iglesia, una seudo religión falsa, una cristiandad de un evangelio falso, y de un sistema engañoso. Ésta es la copa que embriaga al mundo. Copa de oro fue Babilonia en la mano de Jehová, que embriagó a toda la tierra; de su vino bebieron los pueblos; se aturdieron, por tanto, las naciones. (Jer. 51:7) Ése es el cuadro que tenemos aquí.

En su frente un nombre escrito es una revelación asombrosa del carácter de esta mujer. Ella no lleva una corona, sino una marca que indica su profesión. Es de interés ver que Séneca, al dirigirse a una sacerdotisa, dijo, "Tu nombre colgaba de tu frente". "MISTERIO, BABILONIA LA GRANDE, LA MADRE DE LAS RAMEROS Y DE LAS ABOMINACIONES DE LA TIERRA" es el título desgraciado para la "iglesia" que debería pertenecerle a Cristo como Su novia.

Sé que hoy vivimos en un día de nueva moralidad, pero yo soy un poquito chapado a la antigua, y aún creo que la Palabra de Dios está en lo correcto en cuanto a los valores. Creo que una de las cosas más excelentes en este mundo es una mujer, porque Dios la hizo de esa manera. Cuando ella se casa, entra a una relación donde le da al hombre aquello que en realidad pone a ese hombre en órbita. Yo creo firmemente que lo que falta en nuestra sociedad es que la mujer no ha sido liberada, sino que en realidad ha sido esclavizada, y ha llegado a ser más un símbolo sexual que lo que jamás ha sido en el pasado; y en lugar de ocupar un lugar donde pueda elevar al hombre al nivel más alto, ella puede arrastrarle hasta el mismo abismo. Y el cuadro de esta mujer, el cuadro más bajo que uno pueda tener, es el cuadro de una ramera. A usted quizá no le guste, pero ése es el cuadro que tenemos en la Palabra de Dios.

Un misterio: BABILONIA. La verdadera iglesia es un misterio que no fue revelado en el Antiguo Testamento. (Véase Ef. 3:1-9) Pero la anti-iglesia, la iglesia de la Gran Tribulación, nunca fue llamada una iglesia en el Nuevo Testamento. Es llamada—una ramera. Eso lo explica claramente, por cierto; y es un misterio en el sentido de que no fue revelado hasta cuando Juan escribió Apocalipsis 17. Porque la verdadera iglesia ya ha dejado la tierra, ya ha salido, y ¿qué es lo que sucede con lo falso; qué es lo que ocurre con aquéllos que eran nada más que miembros de la iglesia, pero no eran creyentes genuinos? Ellos entraron al período de la Gran Tribulación, y el sistema continúa. La iglesia organizada continúa, pero no es llamada una iglesia. Es una ramera y está lejos de Cristo. Pablo dice en 2 Tesalonicenses 2:7: Porque ya está en acción el misterio de la iniquidad; sólo que hay quien al presente lo detiene, hasta que él a su vez sea quitado de en medio. La anti-iglesia es la antítesis de la verdadera iglesia, la cual es la esposa virginal de Cristo, y es la consumación de la acción del misterio de la iniquidad. Es el misterio Babilonia, porque así ha sido denominada, así como Jerusalén es llamada Sion. Babilonia es la fuente de toda religión falsa, por tanto, ella es... LA MADRE DE LAS RAMERAS Y DE LAS ABOMINACIONES DE LA TIERRA. Creo que éste es, sin duda, el cuadro más expresivo en las Escrituras del terrible y abominable pecado del sexo y de la falsa religión. Están relacionados. Usted puede estar seguro de eso. Creo que hay muchos jóvenes hoy que pierden mucho en el matrimonio, cuando no entran al matrimonio como vírgenes, presentándose uno a otro, habiéndose guardado para el matrimonio. Ése es el ideal de Dios y aún lo es.

¿Ha podido ver usted que este... misterio: BABILONIA... es llamada LA MADRE DE LAS RAMERAS. Eso es interesante: LA MADRE DE LAS RAMERAS, en forma plural, no singular. Eso quiere decir que toda esta iglesia ecuménica del día de hoy que se está juntando, tiene muchos problemas. Ellos han decidido que todos no pueden entrar de la misma manera. Después de todo, hay diferencias sicológicas que deben reconocer. Tampoco es posible ajustar las teologías y prácticas de forma que les agraden a todos. Así es que cada grupo va a entrar a este gran movimiento ecuménico mundial, pero retiene algunas de sus cosas particulares. Por ejemplo, aquéllos que quieren bautizar por inmersión, lo harán así; aquéllos que deseen hacerlo por aspersión, así lo harán. Y aquéllos que tienen un rito bien elaborado y complicado, también continuarán haciéndolo. Y aquéllos que no quieren ningún rito, no lo tendrán. Pero ésta es... LA MADRE DE LAS RAMERAS. Y habrá muchas rameras aquí; será como una casa de citas que será establecida en aquel día.

Vi a la mujer ebria de la sangre de los santos, y de la sangre de los mártires de Jesús; y cuando la vi, quedé asombrado con gran asombro. Y el ángel me dijo: ¿Por qué te asombras? Yo te diré el misterio de la mujer, y de la bestia que la trae, la cual tiene las siete cabezas y los diez cuernos. [Ap. 17:6-7]

Ebria de la sangre de los santos. La mujer no sólo embriaga a otros, sino que se intoxica a sí misma con sus propias persecuciones. Los creyentes que forman la verdadera iglesia al fin de la historia, no van a pasar a través de la Gran Tribulación, pero sí deben esperar alguna persecución cuando se acerque el fin del período de la gracia. Creo que se está haciendo cada vez más difícil hoy, el mantenerse firme en la Palabra de Dios y en las cosas de Cristo. Eso lo veo yo y creo que otros también lo han notado.

Los santos, probablemente se refiere a los santos del Antiguo Testamento, y los mártires de Jesús, se refiere a los santos del Nuevo Testamento. Eso indica que BABILONIA es mucho más que el romanismo. Es una amalgama de todas las religiones. Todos los verdaderos creyentes fueron arrebatados en el momento del Rapto. Babilonia es aquello que ha quedado.

Es una iglesia compuesta que incluye al protestantismo, las sectas, el romanismo, todos aquéllos que no fueron llevados en el Rapto. Babilonia es una confusión multiplicada y es la fuente de todo el error y la idolatría religiosa. Babilonia, en el Antiguo Testamento perseguía al pueblo de Dios, y era el enemigo de Dios. Fue Babilonia la que arrojó a los jóvenes hebreos al horno de fuego ardiente, porque éstos se negaron a adorar la imagen.

Juan se asombró de la ramera, porque esto era algo completamente nuevo para él. El ángel le preguntó a Juan por qué se asombraba cuando él estaba allí para explicarle el misterio de la mujer. Juan está enfatizando aquí el aspecto romano, el aspecto del Imperio Romano de la bestia, en lugar del aspecto del anticristo. Debemos notar eso.

La bestia que has visto, era, y no es; y está para subir del abismo e ir a perdición; y los moradores de la tierra, aquéllos cuyos nombres no están escritos desde la fundación del mundo en el libro de la vida, se asombrarán viendo la bestia que era y no es, y será. Esto, para la mente que tenga sabiduría: Las siete cabezas son siete montes, sobre los cuales se sienta la mujer, Y son siete reyes. Cinco de ellos han caído; uno es, y el otro aún no ha venido; y cuando venga, es necesario que dure breve tiempo. [Ap. 17:8-10]

La bestia que era habla de la historia pasada del Imperio Romano. Se refiere a la condición pasada. La expresión no es, se refiere a la condición presente del imperio fragmentado. El Imperio Romano no está muerto, sino que ha sido desparramado por las naciones de Europa en el presente. Está para subir del abismo, habla de la reactivación del Imperio Romano por Satanás.

E ir a perdición, habla de la destrucción del Imperio Romano por la venida de Cristo. La reaparición del Imperio Romano en su gran poder, ganará la admiración de las gentes del mundo que no han sido redimidas. Ellos respetarán y adorarán al anticristo por la brillantez de su golpe de estado. Los santos de Dios tendrán la mente del Espíritu, y ellos comprenderán y no serán tontos espirituales: Pero vosotros tenéis la unción del Santo, y conocéis todas las cosas... Pero la unción que vosotros recibisteis de él permanece en vosotros, y no tenéis necesidad de que nadie os enseñe; así como la unción misma os enseña todas las cosas, y es verdadera, y no es mentira, según ella os ha enseñado, permaneced en él. (1 Jn. 2:20, 27)

Y son siete reyes. Algunos eruditos, que son excelentes, por cierto, en su trato del Libro de Apocalipsis, han dicho que esto se refiere a regidores individuales. Govett presenta la siguiente lista:

1. Julio César fue asesinado.

2. Tiberio fue envenenado o ahogado.

3. Calígula fue asesinado.

4. Claudio fue envenenado.

5. Nerón se suicidó.

Uno es, se refiere a Domiciano que estaba vivo en la época de Juan, y quien fue asesinado más adelante.

Y el otro aún no ha venido, se refiere al anticristo. Otros expositores bíblicos, incluyendo al Dr. Scofield, y Walter Scott, consideran a estos siete como diferentes formas de gobierno por las cuales pasó Roma: Reyes, cónsules, dictadores, decenviros, y tribunos militares. Uno es, se refiere al sexto o a la forma imperial de gobierno establecida por Julio César, bajo la cual Juan fue desterrado por Domiciano. La séptima y última que vendrá, será la forma satánica.

No importa la interpretación que uno tenga, el fin será el mismo: el anticristo reina sobre el Imperio Romano reactivado.

> *La bestia que era, y no es, es también el octavo; y es de entre los siete, y va a la perdición. los diez cuernos que has visto, son diez reyes, que aún no han recibido reino; pero por una hora recibirán autoridad como reyes juntamente con la bestia. Éstos tienen un mismo propósito, y entregarán su poder y su autoridad a la bestia. Pelearán contra el Cordero, y el Cordero los vencerá, porque él es Señor de señores y Rey de reyes; y los que están con él son llamados y elegidos y fieles. [Ap. 17:11-14]*

A veces, la bestia significa generalmente el Imperio Romano, pero también significa la última o la octava cabeza. Es decir, el emperador individual que es el anticristo. Aquí se designa al anticristo. Él es el "pequeño cuerno" de Daniel. Éste dominará a los tres cuernos, es decir tres reyes, cuando llegue al poder. Mientras yo contemplaba los cuernos, he aquí que otro cuerno pequeño salía entre ellos, y delante de él fueron arrancados tres cuernos de los primeros; y he aquí que este cuerno tenía ojos como de hombre, y una boca que hablaba grandes cosas... Y los diez cuernos significan que de aquel reino se levantarán diez reyes; y tras ellos se levantará otro, el cual será diferente de los primeros, y a tres reyes derribará. (Dn. 7:8, 24)

La bestia que era, se refiere a la historia pasada del Imperio Romano bajo los emperadores.

Y no es, se está refiriendo al fin de la Roma imperial con su Imperio Romano que llegó a su fin entre los siglos tercero y quinto.

Es también el octavo, y es de entre los siete, identifica al anticristo con el regreso a la forma imperial del restaurado Imperio Romano. Él es el "pequeño cuerno" mencionado en el capítulo 7 de Daniel. Él no es uno de los diez cuernos, sino que es separado de ellos. Es la octava cabeza en estos siete, pero aun así es uno de los siete ya que restaura la última forma de gobierno a Roma. Eso parece confuso, estoy seguro, pero es exactamente lo que se está diciendo aquí.

Éste es aquél que tiene los diez cuernos, y los diez cuernos son los mismos que los diez cuernos mencionados en Daniel 7:7. Estos diez reyes reinarán con el anticristo, pero serán subordinados a él. Ellos voluntariamente o involuntariamente, dan su autoridad al anticristo y llegan a ser marionetas de él.

Me dijo también: Las aguas que has visto donde la ramera se sienta, son pueblos, muchedumbres, naciones y lenguas. Y los diez cuernos que viste en la bestia, éstos aborrecerán a la ramera, y la dejarán desolada y desnuda; y devorarán sus carnes, y la quemarán con fuego; Porque Dios ha puesto en sus corazones el ejecutar lo que él quiso: ponerse de acuerdo, y dar su reino a la bestia, hasta que se cumplan las palabras de Dios. Y la mujer que has visto es la gran ciudad que reina sobre los reyes de la tierra. [Ap. 17:15-18]

Las aguas son los muchos grupos etnológicos y las naciones del mundo. Este cuadro que se presenta aquí está en armonía con lo que se usa en el Antiguo Testamento. Usted puede ver eso leyendo Isaías 8:7, y también en el Salmo 18:4. La posición de la ramera revela que ella está gobernando sobre ellos por un breve período.

Los diez cuernos son los diez reyes de los cuales se habla aquí, y que gobiernan sobre las diferentes divisiones del Imperio Romano; ellos a su vez entregan a la bestia sus reinos, lo cual solidifica al Imperio Romano y le permite a la bestia levantarse, elevarse a sí mismo como un dictador mundial.

Por un período la bestia, el anticristo, está dispuesto a compartir su lugar de exaltación con la ramera ya que ella también buscó avanzar su causa dividiendo su gloria. Pero él aborrece eso, y los diez reyes están unidos con él en cuanto a esto. El anticristo no sólo quebranta su pacto con Israel, sino que también rompe su relación con la iglesia apóstata. Ese aborrecimiento que siente contra la iglesia apóstata es tan violento, que la reacción que se presenta o que se describe aquí, es la costumbre caníbal de quitar toda la carne a los huesos y quemarlos en el fuego. Eso destruye a la falsa iglesia. Eso es lo que sucede con la falsa iglesia. No hay victoria. Nunca llega a la presencia de Cristo. Finalmente es destruida por el anticristo.

En esto, el anticristo y sus diez aliados están cumpliendo la Palabra de Dios y llevando a cabo Su voluntad como lo hicieron los asirios, como predice Isaías 10, y de la misma manera en que lo hizo César Augusto cuando él firmó esa ley de impuestos que hizo que María y José fueran a la ciudad de Belén, para que se cumpliese la Escritura.

Al eliminar la iglesia apóstata, queda el camino libre para la adoración del anticristo, como abogaba el falso profeta.

La mujer es un sistema religioso, y, creo que es identificada como la ciudad de Roma. Eso se dice en Apocalipsis 17:9.

Éste es un fin justo pero espantoso para la iglesia apóstata. Sin embargo, esto no mejora la situación, sino que en su lugar, introduce el período más tenebroso para la religión, en la historia del mundo; el reino y la religión del anticristo es la hora más tenebrosa que ha conocido la tierra. Sin embargo, es inevitable debido a la desconfianza y recelo que comenzó en el Jardín de Edén, cuando el hombre no creyó a Dios. Recibió un nuevo ímpetu en la Torre de Babel. El hombre edificó una torre contra Dios, un lugar de reunión para aquellos que estaban contra Dios. Y finalmente, culminó en la crucifixión del Señor Jesucristo, porque ellos rechazaron a Aquél que es el Camino, la Verdad, y la Vida. La única alternativa entonces, era creer esa gran mentira, ese engaño tan fuerte, y culmina en la catastrófica venida de Cristo a esta tierra como veremos en el capítulo 19. Ésta es la retribución justa del error y el mal.

Amigo, usted como cristiano, debe tener agradecimiento en su corazón sabiendo que no tendrá que pasar por la Gran Tribulación, pero también debe preocuparse por sus seres queridos que tendrán que enfrentar ese período espantoso que quedan por delante.

CAPÍTULO 18

Babilonia política y comercial es juzgada

En este capítulo vemos el juicio de la Babilonia comercial y la reacción del cielo y de la tierra a él.

En los capítulos 17-18, dos Babilonias se presentan ante nosotros. La Babilonia del capítulo 17, es eclesiástica. La Babilonia del capítulo 18, es económica. La primera es religiosa—la iglesia apóstata que entró en la Gran Tribulación. La segunda es política y comercial que es amada de los reyes de la tierra. La iglesia apóstata es aborrecida por los reyes de la tierra, como pudimos ver en el capítulo 17. La iglesia apóstata es destruida por los reyes de la tierra. Babilonia política es destruida por el juicio de Dios; y cuando Cristo venga, esa ciudad será destruida. Obviamente, misterio Babilonia es destruida primero, en medio de la Gran Tribulación, y es entonces cuando es destruida la iglesia apóstata. Pero la Babilonia comercial es destruida en la Segunda Venida de Cristo. Estas dos Babilonias no son una y la misma cosa. Opino que misterio Babilonia es destruida, y que cae en medio de la Gran Tribulación, que el centro religioso llega a ser Jerusalén, porque ése es el lugar en el cual el falso profeta colocará la imagen del anticristo para ser adorada. La Babilonia comercial es la antigua Babilonia reedificada como la capital comercial del mundo. Ésta es la última capital y poder político de la bestia.

Hace unos cuantos años esto parecía algo demasiado extraordinario. Pero, también parecía algo demasiado extraordinario entonces que el poder llegara a quedar en manos del oriente medio; pero desde entonces hemos experimentado que el mundo sufre una falta de energía, y los árabes sencillamente cortaron el abastecimiento de petróleo, y cuando ellos hicieron eso, todo el mundo sintió el impacto. Nos damos cuenta del tremendo poder que está en sus manos, y el mundo aún hoy está actuando en esa zona en particular a causa del precio del petróleo, y millones y millones de dólares están entrando a esa zona. Muy bien podría llegar a ser el gran centro comercial de todo el mundo.

En una ocasión, un judío le pidió una aclaración a un ministro de turismo israelí, y le preguntó: "¿Cómo es que todos los países que rodean a Israel tienen petróleo, pero Israel no lo tiene?" La respuesta que recibió fue: "Dios les dio a los árabes el petróleo y a los judíos la Biblia. ¿Quiere usted cambiarlos? Por supuesto que no. El petróleo se acabará rápidamente, pero la Biblia permanecerá para siempre".

Éste es el gran centro comercial que llegará a ser la Babilonia reedificada, y entonces será destruida por la Segunda Venida de Cristo.

Ha habido cierto desacuerdo entre expositores de tendencia conservadora de si la Babilonia antigua será reedificada. Hablando honestamente, por muchos años tomé la posición de que no sería reedificada. Pero ahora creo que sí lo será. Isaías 13:19-22, habla del hecho de que la Babilonia antigua será reedificada y destruida, y esta destrucción se menciona aquí en el capítulo 18 de Apocalipsis. No creo, sin embargo, que sea reedificada en el mismo lugar, porque el Río Eufrates ha desplazado su cauce unos 20 kilómetros o más de la antigua ciudad.

Note aquí que hay dos puntos de vista en cuanto a la destrucción de Babilonia que son completamente opuestos el uno del otro. El punto de vista y la perspectiva son de suma importancia. (1) La reacción de los hombres en los negocios y en la política es de mucha angustia. Para ellos es una tragedia tremenda. Significa una bancarrota total de los grandes negocios. (2) La segunda reacción es la del cielo. Es de gozo, porque la santidad y la justicia de Dios han sido vindicadas. Significa el fin de la carrera pecaminosa del hombre en la tierra. Eso le pone punto final al período de la Gran Tribulación.

Anuncio de la caída de la Babilonia comercial y política

El capítulo 18 empieza con otro ángel que descendió del cielo con un mensaje.

Después de esto vi a otro ángel descender del cielo con gran poder; y la tierra fue alumbrada con su gloria. [Ap. 18:1]

Tenemos otra vez esta declaración interesante: después de esto. En griego es meta-tauta. Aquí ha habido por cierto un progreso de este período de la serie de los sietes que se nos han presentado: los siete sellos, las siete trompetas, los siete personajes, las siete copas de la ira. De hecho, esto nos lleva al fin de la Gran Tribulación.

Juan dice: Vi. Él es todavía espectador. Él vio a otro ángel que nos hace regresar al capítulo 14, donde se mencionó una serie de seis ángeles con la sola identificación de otro ángel. Éste es un mensajero divino, sobrenatural de Dios, sin rostro y sin nombre, con la única excepción que este ángel tiene gran autoridad, lo cual indica que este ángel era superior en rango a los otros ángeles, y él trajo un mensaje de importancia.

La tierra fue alumbrada con su gloria, destaca el prestigio de este ángel. (Véase Ez. 43:2)

Y clamó con voz potente, diciendo: Ha caído, ha caído la gran Babilonia, y se ha hecho habitación de demonios y guarida de todo espíritu inmundo, y albergue de toda ave inmunda y aborrecible. [Ap. 18:2]

Ya habíamos tenido un anuncio preliminar de la caída de Babilonia en el capítulo 14:8: Otro ángel le siguió, diciendo: Ha caído, ha caído Babilonia, la gran ciudad, porque ha hecho beber a todas las naciones del vino del furor de su fornicación. El ángel aquí es una autoridad mayor que el ángel que hizo el primer anuncio.

Pero ahora hemos llegado al anuncio: Ha caído, ha caído la gran Babilonia. En el idioma griego existe un tiempo que expresa lo que sucederá en el futuro como que ya ha sucedido, y eso es lo que tenemos aquí en lo que a Dios se refiere, y Él dice algo que va a suceder, y uno puede decirlo como que ya ha sucedido, porque así será. Es tan seguro como que ya hubiera sucedido. Éste es el plan y programa de Dios. Es como que, si ya hubiera tenido lugar, porque Él conoce el fin desde el principio mismo. Babilonia es el gran centro comercial del mundo, y va a ser destruida.

Y se ha hecho habitación de demonios y guarida de todo espíritu inmundo, y albergue de toda ave inmunda y aborrecible. Esto indica que aquí se da el lugar donde serán encarcelados los demonios del mundo espiritual y las aves inmundas del mundo físico durante el milenio. Isaías y Jeremías confirman esto. (Véase Is. 13:19-22 y Jer. 50:38-40) Estas profecías de Isaías y Jeremías encuentran cumplimiento final en la destrucción general de Babilonia, en el capítulo 18 de Apocalipsis. Si esto es cierto, entonces no hay ninguna profecía que prohíba que Babilonia llegue a ser reedificada. Babilonia es el centro de los demonios y ha sido el lugar de rebelión a través de los años.

Porque todas las naciones han bebido del vino del furor de su fornicación; y los reyes de la tierra han fornicado con ella, y los mercaderes de la tierra se han enriquecido de la potencia de sus deleites. [Ap. 18:3]

Aquí tenemos el juicio de Dios contra los grandes negocios que niegan la autoridad de Dios. Ésta es una alianza impía del gobierno y los negocios, como lo hemos podido ver en nuestro propio día.

La palabra que se utiliza aquí como mercaderes, indica aquéllos que viajan. No se refiere a aquéllos que son productores o fabricantes de las cosas, sino aquéllos que son intermediarios, que están en el negocio para ganar mucho dinero. Los negocios es algo que nadie puede tocar; con lo que nadie puede interferir en estos días. Y es lo mismo hoy, por supuesto. Los hombres han utilizado a los negocios como la excusa más grande para no tener tiempo para Dios, pero estos mismos hombres finalmente deben presentarse ante Dios. Y Dios juzgará al comercialismo impío, y los grandes negocios deben estar allí. Estoy seguro de esto. En realidad, han tenido bastante dificultad aun en nuestro propio día.

Y oí otra voz del cielo, que decía: Salid de ella, pueblo mío, para que no seáis partícipes de sus pecados, ni recibáis parte de sus plagas. [Ap. 18:4]

Esto revela que el pueblo de Dios va a estar en el mundo hasta el mismo fin. Aquí no se habla de la iglesia. La iglesia ya ha sido sacada de este mundo, antes de la Gran Tribulación. Pero Dios tiene un pueblo durante este período. Siempre ha existido la duda, la pregunta, de si ellos podrán pasar a través de este período. Debo decir que sí, lograrán pasar a través del período. Él comenzó con 144.000, y finalizará con 144.000, tal cual se enseña en la parábola que contó el Señor Jesucristo del pastor que tenía 100 ovejas. Una de ellas se perdió. Pero él no se quedó con solamente 99, sino que tuvo otra vez las 100 ovejas, porque Él salió a buscar la oveja que se había perdido.

El que está hablando en este versículo es el mismo Hijo de Dios, y Él está llamando a Su pueblo para que salga de Babilonia antes de que el juicio venga. Ésta es una separación física que es consecuente con la experiencia de Lot en Sodoma. A Lot se le había advertido que saliera de Sodoma para escapar a ese castigo por medio del fuego (Gn. 19), de la misma manera que se le advierte al pueblo de Dios aquí. Cuando estuvieres en angustia, y te alcanzaren todas estas cosas, si en los postreros días te volvieres a Jehová tu Dios, y oyeres su voz; porque Dios misericordioso es Jehová tu Dios; no te dejará, ni te destruirá, ni se olvidará del pacto que les juró a tus padres. (Dt. 4:30-31)

También hay una advertencia de parte de Dios a Israel en Jeremías 51:5-6, y 45, y también en Isaías 48:20. Ésta es una advertencia doble. Ellos no tienen que tener comunión con los pecados de Babilonia; y tienen que huir antes que tenga lugar el juicio.

Creo que esto tiene una aplicación muy pertinente para nosotros en el presente. Creo que esto debe servir de advertencia para nosotros, no en el sentido de que Dios no va a salvar aquéllos que le pertenecen, de esta hora, sino que Él quiere que nosotros seamos separados. No debemos complacer la vieja naturaleza, sino que debemos andar por el Espíritu. Si nosotros no tratamos con el pecado aquí y ahora, en nuestras propias vidas, confesándolo y dejándolo de lado completamente, Él tratará con este pecado. Él lo juzgará ahora o lo hará cuando nosotros tengamos que presentarnos ante el Tribunal de Cristo. Dios nos da ahora la oportunidad para juzgar nuestro pecado: Si, pues, nos examinásemos a nosotros mismos, no seríamos juzgados; mas siendo juzgados, somos castigados por el Señor, para que no seamos condenados con el mundo. (1 Co. 11:31-32)

¿Cómo podemos juzgar nuestro propio pecado? 1 Juan 1:9, dice: Si confesamos nuestros pecados, él es fiel y justo para perdonar nuestros pecados, y limpiarnos de toda maldad. "Confesar", significa decir la misma cosa, decir lo mismo que Dios dice en cuanto al pecado. Significa adoptar el punto de vista de Dios y decir, "Dios, estoy acuerdo contigo. Lo que hice fue pecado". Es fácil dar excusas por nuestros pecados. Decimos que no es pecado en nuestras vidas; ah, pero si lo hacen nuestros vecinos, entonces sí sería pecado. Pero Dios dice que es pecado, y, hasta que usted y yo estemos dispuestos a llamarle pecado, no lo hemos confesado para nada. Si nosotros nos negamos a juzgarnos a nosotros mismos, Dios nos juzgará; es decir, nos juzgará a nosotros los creyentes, en el Tribunal de Cristo. El pecado de varias personas no será resuelto hasta el Tribunal de Cristo. Hablando personalmente, espero tener todas mis cuentas arregladas aquí en la tierra, porque si Dios no nos disciplina inmediatamente, esto no quiere decir que nos está dejando salir con la nuestra. Nadie es un hijo de Dios si se sale con la suya. El juicio le va a venir a usted si es Su hijo. Él no castiga a los hijos del diablo.

Porque sus pecados han llegado hasta el cielo, y Dios se ha acordado de sus maldades. [Ap. 18:5]

Babilonia tiene una historia muy larga de pecado acumulado. Es una de las ciudades más antiguas en la historia de la humanidad, y probablemente es mencionada más que cualquier otra ciudad en la Biblia, con excepción de Jerusalén. Finalmente, el castigo, el juicio, se desata sobre estas ciudades y sus sistemas como un diluvio. El juicio de Dios puede ser demorado, pero es seguro. Nos parecería que los incrédulos se están saliendo con la suya, con el pecado, pero el castigo, el juicio de Dios se acerca.

Dadle a ella como ella os ha dado, y pagadle doble según sus obras; en el cáliz en que ella preparó bebida, preparadle a ella el doble. [Ap. 18:6]

Ésta es verdadera justicia divina. (Véase Abd. 15) La copa de la iniquidad ha llegado a llenarse hasta el tope. Esto es cuando se le derrama la última copa, y es acercada a los labios de aquéllos que han cometido iniquidad. Amigo, esto es justo. Usted puede leer el Salmo 137. Dios es justo y recto en lo que hace.

Cuanto ella se ha glorificado y ha vivido en deleites, tanto dadle de tormento y llanto; porque dice en su corazón: Yo estoy sentada como reina, y no soy viuda, y no veré llanto. [Ap. 18:7]

La prosperidad de Babilonia la enceguecíó en cuanto al juicio de Dios. El comercio era muy activo en el mercado de valores, y los que compraban y vendían lo hacían hasta el momento del juicio. El lujo, la arrogancia, el orgullo, el pecado, y el engaño a sí mismo, caracteriza el espíritu de esta ciudad impía. La paz mundial estaba a la vista, y el optimismo era el espíritu del día. Sólo los profetas presentaban una advertencia, y éstos eran clasificados como chapados a la antigua, como lo fue Noé.

Por lo cual en un solo día vendrán sus plagas; muerte, llanto y hambre, y será quemada con fuego; porque poderoso es Dios el Señor, que la juzga. [Ap. 18:8]

Esto nos habla de lo repentino de la destrucción, y que será por medio del fuego. Su pena y dolor es tan grande que el llanto es considerado una plaga junto con la muerte y el hambre. La muerte, el llanto y el hambre son tres de los jinetes que pisotean verdaderamente a Babilonia. La destrucción es total y final. En las Escrituras, ésta es la primera ciudad de importancia, pero también tiene una larga historia pecaminosa. Finalmente es juzgada aquí.

Poderoso es Dios el Señor, que la juzga. Es Dios quien la destruye, porque Él es el Único que puede hacerlo. Él lo hace, según creemos nosotros, cuando Cristo regrese a la tierra. Note que Isaías expresa esto: ¿Quién es éste que viene de Edom, de Bosra, con vestidos rojos? ¿éste hermoso en su vestido, que marcha en la grandeza de su poder? Yo, el que hablo en justicia, grande para salvar. ¿Por qué es rojo tu vestido, y tus ropas como del que ha pisado en lagar? He pisado yo solo el lagar, y de los pueblos nadie había conmigo; los pisé con mi ira, y los hollé con mi furor; y su sangre salpicó mis vestidos, y manché todas mis ropas, porque el día de la venganza está en mi corazón, y el año de mis redimidos ha llegado. (Is. 63:1-4)

En Su Segunda Venida, Cristo es visto como procedente de Edom, con sus vestidos salpicados de sangre. Creo que Él ha pasado por Babilonia, y ha ejecutado Su juicio contra esa ciudad impía. Vamos a ver la Segunda Venida en el capítulo siguiente.

Entonces veremos cuál fue la reacción a la destrucción de este gran centro. Habrá angustia en el mundo, y vamos a ver quién es el que va al entierro. Luego veremos la anticipación del gozo en el cielo debido al juicio de Babilonia. Son dos puntos de vista completamente opuestos el uno del otro. Será bueno para cierta gente, pero malo para otros.

Angustia en el mundo por el juicio de Babilonia

Y los reyes de la tierra que han fornicado con ella, y con ella han vivido en deleites, llorarán y harán lamentación sobre ella, cuando vean el humo de su incendio, Parándose lejos por el temor de su tormento, diciendo: ¡Ay, ay, de la gran ciudad de Babilonia, la ciudad fuerte; porque en una hora vino tu juicio! [Ap. 18:9-10]

En esta época de la cual se está hablando aquí, Babilonia dominará y gobernará al mundo. La capital del anticristo será aquí. Esta ciudad tendrá la primera dictadura total; es decir que el anticristo será un dictador mundial y el mundo llegará a ser un lugar terrible. En aquel día todo estará centrado alrededor de Babilonia. El mercado de valores se leerá desde Babilonia, no de la ciudad de Nueva York. Babilonia será la que establecerá las nuevas modas, no será París. Para que una obra teatral tenga éxito tendrá que hacerlo en Babilonia, no en Londres. Todo en esta ciudad es en rebelión contra el Dios Todopoderoso, y está centrada en el anticristo.

Nadie ni siquiera se había imaginado que esta ciudad sería juzgada. Sin embargo, para el momento de la puesta del sol, Babilonia no es otra cosa sino humo y cenizas. Cuando se pase la noticia, el mundo quedará sorprendido, y luego comienzan a lamentarse. Todo el mundo llorará cuando Babilonia sea destruida. Si usted se encontrara en ese instante en la luna, tendría que bajarle el volumen a sus audífonos, porque el ruido de los lamentos será tan grande.

En el capítulo 17, vimos que los reyes de la tierra aborrecían a la Babilonia religiosa, y el anticristo se libró de ella para que él pudiera ser adorado, porque no quería ninguna clase de competencia en esa área de la religión. Y todos la destruyeron.

Pero en el capítulo 18, vemos que los reyes de la tierra amaban mucho a la Babilonia comercial, porque, gracias a ella, aumentaban sus tesoros particulares. En realidad, aquí se le llama "fornicación". Uno no puede usar una mejor palabra que ésta. Aquéllos que hacen presiones sobre los gobiernos, lo que llamamos cabildeo, estarán en Babilonia, y no en las grandes capitales. Ellos estaban representando a todas las grandes compañías comerciales y las grandes corporaciones del mundo. Allí también se encontraban los sindicatos y todas las organizaciones mundiales de la época. Ésta es una alianza impía de la política y de los grandes negocios, pero ellos abandonan a Babilonia, como ratas cuando se hunde un barco. Su llanto es a la vez patético y despreciable. La elogian con panegíricos líricos de alabanza, pero también hay una desesperación en su angustia. Se maravillan al ver la destrucción de aquello que era su seguridad. El juicio vino en el tiempo de una hora, y esto nos hace pensar en lo devastador de una explosión atómica. Este cuadro es algo verdaderamente terrible, y es la conflagración final y el juicio catastrófico que traerá a Cristo a la tierra para establecer Su reino.

> *Y los mercaderes de la tierra lloran y hacen lamentación sobre ella, porque ninguno compra más sus mercaderías; Mercadería de oro, de plata, de piedras preciosas, de perlas, de lino fino, de púrpura, de seda, de escarlata, de toda madera olorosa, de todo objeto de marfil, de todo objeto de madera preciosa, de cobre, de hierro y de mármol; Y canela, especias aromáticas, incienso, mirra, olíbano, vino, aceite, flor de harina, trigo, bestias, ovejas, caballos y carros, y esclavos, almas de hombres. Los frutos codiciados por tu alma se apartaron de ti, y todas las cosas exquisitas y espléndidas te han faltado, y nunca más las hallarás. Los mercaderes de estas cosas, que se han enriquecido a costa de ella, se pararán lejos por el temor de su tormento, llorando y lamentando, Y diciendo: ¡Ay, ay, de la gran ciudad, que estaba vestida de lino fino, de púrpura y de escarlata, y estaba adornada de oro, de piedras preciosas y de perlas! Porque en una hora han sido consumidas tantas riquezas. [Ap. 18:11-17a]*

Al leer estos versículos uno siente como que estuviera andando por la calle principal de algunas grandes ciudades de nuestro tiempo; como que estuviera en el centro comercial, mirando a las vidrieras donde se presentan todos estos artículos a la venta; estas vidrieras donde se despliega todo lo que el hombre puede comprar. Éstos son productos de una sociedad acomodada, y estas cosas estaban al alcance de la mano en el Imperio Romano en la época de Juan. Todo lo que se menciona aquí es un artículo de lujo. Babilonia hará de estos artículos de lujo, artículos de primera necesidad, según lo que consideramos hoy como artículos de primera necesidad.

Yo recuerdo la época cuando fueron presentadas por primera vez las bañeras. Y ¿sabe usted, quienes eran los que se oponían más que ninguna otra persona? Eran los médicos. Ellos decían que, si uno se bañaba todos los días, iba a acortar su vida. Decían que, si lo hacía una vez a la semana o una vez al mes, eso era lo suficiente. La bañera era un lujo que muchos no podían adquirir. Pero, hoy cuando vamos a cualquier hotel, lo primero que hace mi esposa, es mirar si tienen bañera. Yo miro a ver si tienen ducha también, y por lo general tienen las dos cosas. Vivimos en una época cuando aquello que nosotros llamamos cosas de primera necesidad, son en realidad lujos.

Aquí no puede uno encontrar un vestido de algodón, o pantalones para el trabajo en esta lista. Veamos estas cosas y analicémoslas separadamente.

Y los mercaderes de la tierra lloran y hacen lamentación sobre ella, porque ninguno compra más sus mercaderías. Esta gente por cierto que estaba experimentando una gran depresión. Nadie compraba más su mercadería o su carga. Mercadería de oro, de plata, de piedras preciosas, de perlas. Aquí estamos en la joyería.

Cuando salimos de la joyería, vamos al departamento de ropas para damas, y dice: de lino fino, de púrpura, de seda, de escarlata.

Y de allí, pasamos al departamento de regalos: de toda madera olorosa, de todo objeto de marfil, de todo objeto de madera preciosa, de cobre, de hierro y de mármol.

Y de allí pasamos al departamento de especias y de artículos de tocador, leemos: Y canela, especias aromáticas, incienso, mirra, olíbano. Como usted puede apreciar, ellos tenían muchos desodorantes en ese día, como esa clase que dura 24 horas que vemos en la televisión, y aquí lo tenemos todo.

De allí pasamos al departamento donde se venden licores y confituras: vino, aceite, flor de harina, trigo. Ésta es la comida de los ricos. En aquel entonces, la cebada era la comida de los pobres. Esto que se menciona aquí era lo que comían los ricos. Ellos hacían honor a la glotonería en aquel día. Ellos la estaban pasando muy bien hasta cuando cayó Babilonia.

Ahora entramos al departamento de las carnes, donde uno puede comprar su filet mignon, y también donde puede comprar la carne de oveja. Porque aquí dice que había bestias, ovejas. La mercadería cubre todo aspecto de los negocios. Éstos son artículos para una sociedad que acostumbraba vivir bien, y ésas son las cosas del universo material. Hasta los hombres eran comprados y vendidos, hasta su propia alma. Hoy estamos apreciando esto más y más, donde grandes compañías tienen a sus órdenes gran cantidad de personas que verdaderamente se sienten atadas, como si fueran esclavos. Hoy hay muchas mujeres que venden sus almas. Los artículos son artículos para una sociedad que ha estado viviendo muy bien. Y no sólo eso, se nos dice también que comerciaban en caballos y carros, y esclavos y almas de hombres.

Los mercaderes de estas cosas, que se han enriquecido a costa de ella, se pararán lejos por el temor de su tormento, llorando y lamentando. Luego vemos al principio del versículo 16 que esta gente lloraba mucho, diciendo: ¡Ay, ay, de la gran ciudad! Éste es un verdadero lamento. Los mercaderes de la tierra están frente a sus pantallas de televisión, y se lamentan porque, en una hora, ha sido destruida esa gran ciudad.

He podido encontrar un paralelo a esto en el Antiguo Testamento. ¿Cree usted que hay algo parecido a esto que corresponda con esto en el pasado? Creo que sí. Ezequiel predijo el juicio de Tiro, la capital de los fenicios. Tiro era para el mundo antiguo lo que es la ciudad de Nueva York hoy, y lo que será Babilonia en el futuro. (Véase Ez. 26-27)

Y todo piloto, y todos los que viajan en naves, y marineros, y todos los que trabajan en el mar, se pararon lejos; Y viendo el humo de su incendio, dieron voces, diciendo: ¿Qué ciudad era semejante a esta gran ciudad? Y echaron polvo sobre sus cabezas, y dieron voces, llorando y lamentando, diciendo: ¡Ay, ay de la gran ciudad, en la cual todos los que tenían naves en el mar se habían enriquecido de sus riquezas; pues en una hora ha sido desolada. [Ap. 18:17b-19]

La tercera delegación de aquéllos que se lamentan son aquellas personas que tenían a su cargo el transporte público. Ellos se habían enriquecido transportando mercadería a Babilonia, de la misma manera en que hicieron los fenicios en el mundo antiguo. Pero ahora, ya no hay más negocio. Se lamentan a causa de su gran depresión. Todo se fue en humo en un instante. Ellos, como los demás, se maravillan ante esta destrucción repentina.

Todo esto tiene una aplicación para nosotros. ¿Cómo vemos el lujo de este mundo? ¿Lo vemos como lo que es en realidad? Hablamos mucho hoy en cuanto a la espiritualidad y a las cosas espirituales, y aún así en las organizaciones cristianas existe un gran celo en lograr que la gente dé financieramente, especialmente cuando se acercan a los ricos y tratan que esa gente dé de sus riquezas. En cierta ocasión algunas personas ricas amenazaron a la organización A Través de la Biblia, diciendo que no les apoyarían si no hacían ciertas cosas. Pero, eso no evitó que siguiéramos el camino que ya habíamos establecido. Ya hemos prestado demasiada atención a este mundo hoy. Es algo que está pasando, y las cosas que uno ve que tiene al alcance de su mano están pasando también. Un discípulo le dijo al Señor Jesucristo, refiriéndose a los edificios de la ciudad: Mira… qué edificios. El Señor Jesucristo le dijo: ¿Los ves? No quedará piedra sobre piedra, que no sea derribada. Eso fue cumplido literalmente.

En el mundo en que usted y yo vivimos, estas grandes ciudades que habitamos, de muchas maneras son maravillosas, y disfrutamos viviendo en ellas. Pero es algo que está pasando, es algo pasajero. Dios va a juzgar este lugar. Pero la pregunta que hago es ésta: ¿Quebrantará su corazón si usted ve las cosas de este mundo desaparecer en el humo? ¿O está su corazón hoy en el cielo, establecido en Cristo? Eso, hace mucha diferencia.

Anticipación del gozo en el cielo, a causa del juicio de Babilonia

Alégrate sobre ella, cielo, y vosotros, santos, apóstoles y profetas; porque Dios os ha hecho justicia en ella. [Ap. 18:20]

El punto de vista del cielo es completamente diferente. Allí no hay ninguna marcha fúnebre, sino que es una celebración de un evento anticipado. Los santos habían orado por eso, los profetas del Antiguo Testamento y los Apóstoles del Nuevo Testamento lo predijeron, y ahora se ha cumplido; y por tanto hay gozo, porque Dios ha eximido de culpa o de carga Su nombre, y el juicio ha venido sobre estas cosas.

¿Cuál es, el punto o el objeto al cual está asido su corazón? Esto va a ser de mucha diferencia en aquel día porque usted, o va a estar con aquéllos que están llorando y lamentándose, o va a estar con aquéllos que se van a regocijar.

> *Y un ángel poderoso tomó una piedra, como una gran piedra de molino, y la arrojó en el mar, diciendo: Con el mismo ímpetu será derribada Babilonia, la gran ciudad, y nunca más será hallada. [Ap. 18:21]*

Aún el cielo señala lo violento y la forma repentina y completa de la aniquilación de Babilonia. Es como cuando se arroja ruidosamente una roca al agua, y luego desaparece debajo de la superficie. Así será la caída de Babilonia al final. Este mundo en el cual usted y yo estamos viviendo, va a ser juzgado.

> *Y voz de arpistas, de músicos, de flautistas y de trompeteros no se oirá más en ti; y ningún artífice de oficio alguno se hallará más en ti, ni ruido de molino se oirá más en ti. Luz de lámpara no alumbrará más en ti, ni voz de esposo y de esposa se oirá más en ti; porque tus mercaderes eran los grandes de la tierra; pues por tus hechicerías fueron engañadas todas las naciones. [Ap. 18:22-23]*

La música de rock ya va a pasar de moda entonces, y le doy gracias a Dios por eso.

Ningún artífice de oficio alguno se hallará más en ti. Todas las fábricas habrán cerrado sus puertas.

Luz de lámpara no alumbrará más en ti. Todas las luces de las carteleras se apagarán.

Ni voz de esposo y de esposa se oirá más en ti. Ya no habrá más matrimonios aquí. Eso ya se habrá acabado.

Porque tus mercaderes eran los grandes de la tierra; pues por tus hechicerías fueron engañadas las naciones. En la última parte de este versículo 23, se habla de las hechicerías. En nuestros días está aumentando el asunto de las hechicerías, de la magia, de lo mágico, y del asunto de los demonios y el satanismo. Esto aumentará cada vez al acercarnos al fin de las edades. Esto va a engañar y a enceguecer a la gente de la misma manera en que muchos están siendo engañados por esto hoy.

La música popular llega a su fin en Babilonia. El jazz, el rock-and-roll, todo esto cesa en la destrucción. La música clásica también llegará a silenciarse.

Las artesanías que se habían prostituido al servicio del anticristo llegarán a su fin. Se detendrán las grandes maquinarias de las fábricas. Se apagarán las luces de lugares como Broadway y Hollywood. Es interesante notar que, al principio de todas estas cosas, como se informa en Gn. 4:16-22, la vida social, la vida de la familia, todo esto concluirá. Los hombres de las grandes empresas desaparecerán. Esta ciudad ha engañado al mundo con la adoración del anticristo. Éste fue ese gran engaño.

Y en ella se halló la sangre de los profetas y de los santos, y de todos los que han sido muertos en la tierra. [Ap. 18:24]

El pueblo de Dios recibió un tratamiento muy duro en esta ciudad y Dios la ha juzgado. Ésta es la ciudad de Satanás, y él era asesino desde el principio. Éste es el día de juicio. Éstos son los asesinos. El crimen final de ellos fue el de dar muerte al pueblo de Dios.

Al contemplar la destrucción de Babilonia, pensamos en otras grandes ciudades y civilizaciones del pasado que han caído también. Cuando el historiador inglés Eduardo Gibbon escribió entre los años 1.776 a 1.778, ese libro de la historia de la decadencia y caída del Imperio Romano, él expresó que había cinco razones básicas del por qué las grandes civilizaciones, por así decirlo, se secaban y morían:

1. La dignidad y santidad del hogar fue socavada, la cual es la base de la sociedad humana.

2. Impuestos cada vez más elevados; el gasto del dinero público para dar pan y circo gratis al populacho.

3. La locura insensata por el placer; los deportes se convierten cada año más excitantes, más brutales, más inmorales.

4. La acumulación de grandes armamentos, cuando el verdadero enemigo estaba adentro—la decadencia de la responsabilidad individual y personal.

5. La decadencia de la religión. La fe se desvanece en un formulismo, nada más, y pierde contacto con la vida; pierde el poder para guiar a la gente.

La repetida advertencia de que la historia se repite a sí misma tiene un significado siniestro a la luz de lo que se mencionó anteriormente. Ya usted puede apreciar, estas cinco cosas obrando en nuestra cultura contemporánea, y esto será lo que destruirá a Babilonia al final, porque éstas son cosas que destruyen a una nación, y al hogar, y al individuo.

Gracias a Dios que la triste historia del pecado del hombre llegará a su fin.

Este capítulo trae a su conclusión el terrible período llamado por el Señor Jesucristo "la Gran Tribulación". En el próximo capítulo le veremos venir a la tierra para poner fin a este período oscuro, doloroso y desastroso.

Éste es el aspecto negativo de Su venida. El aspecto positivo es el amanecer del Día del Señor, llamado "el milenio" o "los mil años" del capítulo 20.

Ahora vamos a echar una última mirada a la Gran Tribulación con sus eventos catastróficos y cataclismos que tienen lugar uno tras otro, como cuando uno dispara un arma automática.

El tiempo completo de este período es siete años. Es la semana setenta de la profecía de Daniel. En el Antiguo Testamento Daniel lo dividió, y en el Nuevo Testamento Juan lo dividió en dos períodos iguales de tres años y medio cada uno.

Sin embargo, después que la iglesia sale de esta tierra, el anticristo llega al poder como dictador mundial con una plataforma de paz, prosperidad y fama. En la primera parte de la tribulación, él llevará a cabo cambios radicales que parecerán beneficiar a la humanidad. Él traerá una paz falsa. Todo el gobierno y la religión serán controladas por él. Cuando el momento llegue, habrá un solo mundo, una sola religión, y solo uno de todo. El mundo creerá que está entrando al milenio, y que el mundo en realidad se está convirtiendo en una utopía. Esto es parte de la gran mentira del período. La verdadera iglesia, la esposa de Cristo, será quitada de la tierra, antes de que comience la tribulación. La iglesia llegará a ser la esposa de Cristo, y en poco tiempo vamos a ver a esta esposa, casi al fin de este libro.

Israel volverá a convertirse otra vez en el testigo de Dios aquí en la tierra con los 144.000 sellados. Ellos darán testimonio aquí sobre la tierra. También habrá una gran multitud de gentiles que serán sellados para Dios.

Pero en algún punto cerca de la mitad del período de siete años, el rey del norte, y yo creo que va a ser Rusia, se levantará contra Israel, y Dios juzgará a esa nación como lo hizo con Sodoma y Gomorra. Si usted quiere tener un cuadro completo de todo esto, lo puede leer en Ezequiel 38. Esto abre las exclusas o las compuertas de la aflicción. El anticristo comienza a actuar, y el engaño, creo yo, será evidente ahora para muchas personas. La humanidad agitada, bajo el control de Satanás, comienza a marchar. El mundo comienza a desintegrarse, como una pera madura. El hombre de pecado, el anticristo, rompe su pacto con la nación de Israel.

El Medio Oriente llegará a ser el centro de la actividad mundial en este período. Babilonia llegará a ser la capital política y económica del mundo, y Jerusalén (también llamada Babilonia), será la capital religiosa. El anticristo comenzará en Roma, y el falso profeta en Jerusalén. Cuando el anticristo llegue al poder mundial, reedificará a Babilonia. La iglesia apóstata será destruida por el anticristo, y los reyes de la tierra se mostrarán serviles, sumisos a él.

La antigua Babilonia, sobre el Río Eufrates, llegará a ser el centro económico y político del mundo. Si unas cuantas pequeñas naciones árabes pueden detener el curso de ese fluido tan precioso como es el petróleo, y al hacer eso obligar a que todo el mundo se ponga de rodillas en nuestro propio día, piense usted, ¿qué será cuando la antigua

Babilonia en aquella misma tierra llegue a ser nuevamente el centro del mundo?

La ciudad de Nueva York será como un pueblito abandonado y no valdrá nada. Las grandes ciudades, como Los Ángeles, o Río de Janeiro, o Buenos Aires, o Caracas, no serán ya las ciudades grandes, sino un lugar donde moren los demonios. De paso, digamos que ya están comenzando a ir a estos lugares, según me parece a mí. Londres y las otras ciudades del mundo llegarán a ser pueblitos con calles empantanadas, con nativos con sus pies embarrados. Los juicios de parte de Dios caerán de manera rápida y efectiva, sobre un mundo blasfemo que ha rechazado a Dios. De un solo golpe, una cuarta parte de la población del mundo es destruida. Luego una tercera parte es borrada. La naturaleza sufre, todo se seca, la hierba de la tierra, los árboles, los peces y el comercio marítimo; también se secan los ríos. Todo es destruido. El sol, la luna y las estrellas se ven conmovidas. Sobre la tierra se repite un desastre después de otro, pero el duro corazón del hombre aún quedará sin arrepentirse. De hecho, él desafía y blasfema contra el Dios del cielo.

Entonces los ejércitos marcharán hacia Israel. Ruge la batalla por tres años y medio. No es una batalla de Armagedón, sino la guerra de Armagedón. Millones de hombres estarán marchando en aquella época sobre esta tierra. Estarán envueltos en ese conflicto, y allí serán destruidos; la sangre llegará hasta los frenos de los caballos, de un metro de profundidad. Esto no es una exageración.

En medio de esta terrible arena caótica producida por el propio hombre y por la trama de Satanás, llega el Rey de reyes y Señor de señores. Sí, el Rey viene a la tierra, pero antes de que todo esto ocurra, Su iglesia tiene que ser sacada de aquí para estar con Él. Entonces regresaremos con Él a la tierra cuando Él venga a establecer Su reino. Nosotros no estamos esperando el cumplimiento de ninguna de estas cosas a las cuales hemos observado desde el capítulo 4 hasta el capítulo 18. En realidad, el resto de Apocalipsis aún se encuentra en el futuro. Nosotros estamos esperando esa bendita esperanza y la aparición gloriosa de nuestro Dios y Salvador Jesucristo.

Nosotros no sabemos el día, ni siquiera sabemos el período en el cual Él vendrá. Puede que sea pronto; puede que sea hoy. Pero también puede demorarse cien años, o cientos de años; nadie puede decirlo con exactitud cuando el Señor volverá por Su iglesia. Cualquier persona que establezca alguna fecha en cuanto a Su regreso, está fuera de orden y puede que esté un poco enajenado también. O podríamos decir que por lo menos tiene información que no está en la Palabra de Dios.

La mejor manera de decir esto, es que todo lo que está ocurriendo tiene mucho significado en el presente. Vivimos en un gran período de la historia del mundo, pero todo lo que podemos decir es que ahora nuestra salvación está más cerca que cuando creímos primero.

El Dr. Bill Anderson acostumbraba decir: "Dios está preparando el escenario. Parece que viene pronto. Y ya que es necesario mucha preparación para volver a colocar todo en posición si Él no viene hoy, si yo fuera el Señor, vendría y sacaría a la iglesia de este mundo, para no tener que ponerla en esa posición nuevamente, y pasar por toda esa molestia".

Yo estoy listo para que Él venga, y puede venir cualquier momento; no sabemos cuándo. No tenemos esa información. Pero todo esto que estamos tratando aquí tendrá lugar después que la iglesia haya sido quitada de la tierra, y no se nos da ninguna señal hoy. Estamos viendo sí la preparación del escenario. Todas estas cosas que están ocurriendo tienen mucha significación. Creo que Europa occidental está buscando a algún hombre que la una a toda. Pero no será lo que ellos esperan. El anticristo viene uno de estos días. Quizá ellos no se den cuenta, pero están esperando que él llegue allí ahora. También hay un gran poder en el norte, y me refiero a Rusia. Egipto nuevamente se está avivando. China, como dijo Napoleón, era un gran gigante dormido, y ¡que Dios tenga misericordia de la generación que la despierte! Ya hemos hecho eso, y ¡que Dios tenga misericordia de nosotros! Allí es donde está la mayor parte de la población hoy, y algún día ellos van a marchar con un ejército desde ese lugar. Luego, Israel se encuentra en la tierra, es decir, la preparación suprema del escenario. Parecería que pudiera comenzar en cualquier momento. Pudiera comenzar mañana en lo que se refiere a la iglesia. Podría haber comenzado hace 2.000 años, mil años atrás, pero no se nos ha dado ninguna señal.

CAPÍTULO 19

El casamiento del Cordero y la venida de Cristo en juicio

Con todo esto, llegamos al capítulo 19, y los grandes sucesos que nos conciernen. Hay muchas cosas en este capítulo, y vamos ahora a dar la vuelta a la página en aquello que marca un cambio drástico en el tono de Apocalipsis. La destrucción de Babilonia, la capital del reino de la bestia, señala el fin de la Gran Tribulación. Lo sombrío ahora da paso al cántico. Se hace una transferencia de las tinieblas a la luz, de la negra oscuridad de la noche, a la luz blanca; de los terribles días del juicio, a los brillantes días de la bendición. Este capítulo señala una bifurcación muy notable, por cierto, en el Libro de Apocalipsis, e introduce el mayor evento a esta tierra: la Segunda Venida de Cristo a la tierra para establecer Su reino. Éste es el puente entre la Gran Tribulación y el milenio, el reino milenario que Él establecerá en la tierra. Aquí se nos señala los grandes hechos y sucesos de significación. Las dos cosas principales centrales son las Bodas del Cordero y el regreso de Cristo a la tierra. Uno sigue al otro.

Este capítulo 19 de Apocalipsis, comienza con aleluya, y la apertura del infierno concluye este capítulo. Se mencionan dos grandes cenas: la Cena de las Bodas del Cordero, y la fiesta Caníbal de Carroña, después de la batalla, la última parte de la guerra de Armagedón.

Cuatro aleluyas

Al abrirse este capítulo, las voces del cielo se unen, formando un coro.

> *Después de esto oí una gran voz de gran multitud en el cielo, que decía: ¡Aleluya! Salvación y honra y gloria y poder son del Señor Dios nuestro. [Ap. 19:1]*

Después de esto. Nuevamente tenemos esta expresión meta-tauta que vimos cuando Juan presentó la división de este libro, las cosas que serán después de estas cosas. (Ap. 1:19) ¿Después de cuáles cosas? Después del rapto de la iglesia. Comenzó con el capítulo 4 y allí abrió con meta-tauta, y hemos estado haciendo esto desde entonces. Hay una progresión cronológica, y una serie de eventos. Ahora veremos lo que ocurre después de la Gran Tribulación. Se nos informa en este capítulo: la venida de Cristo a la tierra. Él es el Único que puede darle punto final a la tribulación. Así es que lo que tenemos aquí nos lleva al fin de la Gran Tribulación, y es el último suceso de la expresión meta-tauta.

Después de esto oí una gran voz de gran multitud en el cielo. Algunos han sido agregados a lo que teníamos en los capítulos 5-7. En esos capítulos vimos a los ancianos, la iglesia, y un número imposible de contar de ángeles, y de inteligencias creadas y todos adoraban a Dios. Ahora una gran multitud de los santos de la tribulación se ha agregado a este coro, y ahora ellos van a cantar. Esto es algo verdaderamente maravilloso. Ésta es la primera vez que han podido usar esta gran nota de alabanza del Antiguo Testamento—¡aleluya! Ésta es la primera vez que ocurre en el Nuevo Testamento, y ocurre 4 veces en estos primeros 6 versículos, y es la única vez que ocurre en el Nuevo Testamento. Este asunto de los "aleluyas" ha sido reservado para la victoria final. Es interesante notar que "aleluya" ocurre frecuentemente en el Libro de los Salmos. Sencillamente quiere decir "alabad a Jehová". Se presenta en una sucesión frecuente en los Salmos 146-150. El Salmo 150 es un poderoso crescendo de alabanza. Aleluya. Creo que ésta es una nota muy apropiada de alabanza en este momento aquí en Apocalipsis. La Gran Tribulación ya ha pasado. Cristo viene. La iglesia va a ser unida con Cristo en matrimonio. ¡Aleluya, amigo! Cantemos esto. Me encanta escuchar "El Mesías" de Handel, pero esto será mucho mejor que cualquier coro cantando este aleluya en aquel día futuro. El Salmo 104:35, dice: Sean consumidos de la tierra los pecadores, y los impíos dejen de ser. ¿Qué es lo que quiere decir eso? Bendice, alma mía, a Jehová. Aleluya. Aquí tenemos aleluya. Porque Dios viene a juzgar, y los impíos serán quitados de la tierra. Yo espero eso, y espero que usted también, amigo. Aleluya es una voz expresiva de alabanza al tener lugar la última fase de la salvación. Esto es algo de lo cual habló Pablo, en Romanos 8:18-23: Pues tengo por cierto que las aflicciones del tiempo presente no son comparables con la gloria venidera que en nosotros ha de manifestarse. Porque el anhelo ardiente de la creación es el aguardar la manifestación de los hijos de Dios. Porque la creación fue sujetada a vanidad, no por su propia voluntad, sino por causa del que la sujetó en esperanza; porque también la creación misma será libertada de la esclavitud de corrupción, a la libertad gloriosa de los hijos de Dios. Porque sabemos que toda la creación gime a una, y a una está con dolores de parto hasta ahora; y no sólo ella, sino que también nosotros mismos, que tenemos las primicias del Espíritu, nosotros también gemimos dentro de nosotros mismos, esperando la adopción, la redención de nuestro cuerpo.

Éste es ese gran día el que se acerca. La tierra será liberada de la esclavitud del pecado. Pero mientras tanto está gimiendo, usted puede ir a cualquier parte de la costa, y puede escuchar el ruido que hacen las olas del mar. Es como si se estuvieran lamentando, como si estuvieran llorando; no hay una nota alegre de alabanza. También puede ir a las montañas, y por la noche puede oír el ulular del viento que pasa a través de los árboles. No hay ninguna soprano en todos estos árboles. No hay ningún árbol por alto que sea que pueda cantar soprano. Todo se ve reprimido, abatido. Es un gemido, y toda la creación está gimiendo, esperando por este día que llegará algún día sobre la tierra.

Nosotros, también gemimos. Cuando yo era joven construí una casa con escaleras para subir y bajar a mis habitaciones. Cuando yo era joven, lo podía hacer de una manera muy fácil sin ningún problema. Pero, cuando ya había entrado en años, a cada paso que daba, gemía. Mi esposa me decía que no debía gemir tanto. Pero yo le contestaba que es algo bíblico el gemir. Nosotros también gemimos dentro de nosotros mismos. Así dice la Escritura. Pero un día, ya no habrá más gemido, sino el canto de "Aleluya". De esto es que habla este pasaje de las Escrituras aquí.

> *Porque sus juicios son verdaderos y justos; pues ha juzgado a la gran ramera que ha corrompido a la tierra con su fornicación, y ha vengado la sangre de sus siervos de la mano de ella. Otra vez dijeron: ¡Aleluya! Y el humo de ella sube por los siglos de los siglos. Y los veinticuatro ancianos y los cuatro seres vivientes se postraron en tierra y adoraron a Dios, que estaba sentado en el trono, y decían: ¡Amén! ¡Aleluya! [Ap. 19:2-4]*

Hemos visto aquí el segundo y tercer "aleluya". Es interesante notar que, en medio de todos estos juicios, y a la conclusión de ellos, aquéllos que están en el cielo y que tienen un conocimiento más perfecto del que usted y yo tenemos, pueden decir que los juicios de Dios son verdaderos y justos. Son juicios justos. Si usted no cree que lo que Dios está haciendo es justo, es porque usted, está equivocado, no Dios. Su forma de pensar es incompleta, como lo es la mía también. Pero Dios es justo, y Él actuó de manera justa cuando juzgó a la gran ramera. Esto es interesante, porque cuando leemos en cuanto a este juicio, fueron los reyes de la tierra y el anticristo los que destruyeron esta iglesia apóstata. Esa iglesia que fue a la Gran Tribulación. Pero, aquí se nos dice que Dios fue quien la juzgó. Dios utiliza instrumentos, y Él hasta puede utilizar al diablo mismo para lograr Su propósito. Eso es lo que tenemos aquí. Los que están en el cielo están diciendo, "Verdaderos y justos son Sus juicios", porque esa iglesia debía ser destruida. Y fue destruida, porque era culpable de hacer mártires, porque ella había dado muerte a muchos de ellos.

Basándonos en eso, encontramos aquí que se mencionan los 24 ancianos. Ésta es la iglesia; por tanto, debemos recordar que esto es antes de las bodas, y éste es el cuadro de la iglesia en el cielo que está cantando "aleluya". Lo hacen dos veces aquí. ¿Por qué? Mientras el impostor de la verdadera iglesia, esa gran ramera esté en la tierra, la Boda del Cordero no puede tener lugar. Primero es necesario librarse de la antiglesia; y eso abre el camino para las Bodas del Cordero. Creo que la Boda del Cordero tiene lugar en el cielo, alrededor de la mitad de la Gran Tribulación que está sucediendo en la tierra.

Y ha vengado la sangre de sus siervos de la mano de ella. Usted se da cuenta que a los creyentes se les prohíbe vengarse por sí mismos, aunque muchos de nosotros tratamos de tomar las cosas en nuestras propias manos. Pero en el momento en que lo hacemos, olvidamos nuestro andar por fe, porque se nos ha dicho en Romanos 12:19: No os venguéis vosotros mismos, amados míos, sino dejad lugar a la ira de Dios; porque escrito está: Mía es la venganza, yo pagaré, dice al Señor. Dios se hará cargo de eso por usted. Si usted ha sido insultado, y muchos de nosotros nos ha sucedido esto, queremos golpear en respuesta a eso. Es natural; ése es el viejo hombre natural. Pero lo interesante es que nosotros debemos poner esto en las manos de Dios. Él no quiere que ninguno se salga con la suya. La venganza es de Él. Él es quien trae juicio sobre este sistema apóstata.

Los 24 ancianos cantan "aleluya" por primera vez. Los ancianos, creemos nosotros, son la iglesia (véase Ap. 4). Ésta es la última vez que aparecen los ancianos, porque la próxima vez, veremos a la iglesia. Ya no es representada más. Ella está allí como la esposa de Cristo, para unirse a Él. La palabra iglesia quiere decir "llamado fuera". Aquí sobre la tierra, somos la iglesia, los "llamados fuera", pero después que seamos sacados de la tierra somos la novia. Ya veremos esto.

> *Y salió del trono una voz que decía: Alabad a nuestro Dios todos sus siervos, y los que le teméis, así pequeños como grandes. Y oí como la voz de una gran multitud, como el estruendo de muchas aguas, y como la voz de grandes truenos, que decía: ¡Aleluya, porque el Señor nuestro Dios Todopoderoso reina! [Ap. 19:5-6]*

Y salió del trono una voz que decía: Alabad a nuestro Dios. Note que el llamado para alabar a Dios sale directamente desde el trono, porque el Señor Jesucristo está preparándose para tomar control del mundo. Cuando Él reine, entonces habrá oportunidad de cantar "aleluya". Esto es verdaderamente un coro "aleluya", y éste es el himno triunfal más profundo que hemos tenido en toda la Palabra de Dios. Nos lleva hacia ese pacto que Dios hizo con David en el cual, Dios le dijo a David que Él iba a levantar a Uno y colocarlo sobre el trono, quien gobernaría al mundo; hasta que Él viniera, habría guerras y rumores de guerras; y cuando Él viniera, entonces iba a juzgar. En 2 S. 7:16, leemos: Y será afirmada tu casa y tu reino para siempre delante de tu rostro, y tu trono será estable eternamente.

Pero antes de que Él venga, tendrá lugar una boda y nosotros, como creyentes, vamos allí porque vamos a ser parte de ella.

Novia del Cordero y Cena de las Bodas

> *Gocémonos y alegrémonos y démosle gloria; porque han llegado las bodas del Cordero, y su esposa se ha preparado. Y a ella se le ha concedido que se vista de lino fino, limpio y resplandeciente; porque el lino fino es las acciones justas de los santos. [Ap. 19:7-8]*

Ésta será la experiencia más emocionante que los creyentes hayan tenido. La iglesia, es decir, el cuerpo de los creyentes, desde el día de Pentecostés hasta el rapto, será presentada como una esposa a Cristo en matrimonio. El matrimonio, la boda, tiene lugar en el cielo, y ésta es una escena celestial.

Ésa es la razón por la cual Pablo enfatizó el matrimonio de los creyentes en la tierra. De paso, digamos que cuando habla en cuanto al esposo y la esposa y todas las relaciones, está hablando en cuanto a aquéllos que están llenos del Espíritu. Es decir que él está diciendo: Sed llenos del Espíritu, y estas son las cosas que saldrán de allí. (Ef. 5:18) Usted no puede tener un hogar cristiano sin tener un esposo o una esposa llenos del Espíritu. Hablando honradamente, no creo que usted pueda tener un verdadero hogar cristiano y saber lo que es el verdadero amor hasta que los dos sean creyentes. Note lo que dice Pablo: Maridos, amad a vuestras mujeres, así como Cristo amó a la iglesia, y se entregó a sí mismo por ella, para santificarla, habiéndola purificado en el lavamiento del agua por la palabra, a fin de presentársela a sí mismo, una iglesia gloriosa, que no tuviese mancha ni arruga, ni cosa semejante, sino que fuese santa y sin mancha. (Ef. 5:25-27) Éste es el cuadro de la relación de Cristo con la iglesia.

En el día de hoy estamos viviendo en una época de "nueva moralidad". Quizá a veces yo parezca ser un poco chapado a la antigua, pero, hoy tenemos una avalancha del sexo, y esta generación de hoy sabe mucho en cuanto al sexo. Una vez uno me encontré con unos jóvenes en la calle que no podían controlar sus pasiones, y estaban abrazados besándose ante todo el mundo. Cuando los vi, pensé: "¿Qué saben esa muchacha y ese joven en realidad en cuanto al amor, y lo que significa en realidad que un hombre ame a una mujer, y que una mujer ame a un hombre?" Temo que aún hoy haya muchos creyentes que no saben nada en cuanto al amor tampoco. ¿Se acuerda usted de la primera vez en que vio a la que hoy es su esposa? Cuando ella llegó a pertenecerle, cuando fueron unidos en matrimonio, ¿no fue ése un momento emocionante para usted? Y a las esposas, cuando usted llegó a ver al que hoy es su esposo, y pensó que era tan maravilloso, cuando él la abrazó, ¿no fue ése un momento excitante, de veras? Aquí en Efesios 5:25-27, tenemos un cuadro de aquel día cuando Cristo nos va a acercar a Sí Mismo, habiendo sido limpiados y purificados. Y señorita y joven varón, ésa es la razón por la cual usted en este día de nueva moralidad debe llevar pureza al matrimonio también.

Han llegado las bodas del Cordero. Aquí tenemos un cuadro maravilloso de la iglesia y de Cristo, que se unirán en aquel día. Note que es sólo la iglesia; los santos del Antiguo Testamento no están incluidos. Aun Juan el Bautista, se designó a sí mismo como un amigo del esposo. Él dijo, El que tiene la esposa, es el esposo; mas el amigo del esposo, que está a su lado y le oye, se goza grandemente de la voz del esposo; así pues, éste mi gozo está cumplido. (Jn. 3:29) La esposa ocupa esa posición única en cuanto a Cristo. Cristo amó a la iglesia, y se entregó a Sí Mismo por ella. Recuerde lo que Él dijo en Su oración sacerdotal: Yo en ellos, y tú en mí, para que sean perfectos en unidad, para que el mundo conozca que tú me enviaste, y que los has amado a ellos como también a mí me has amado. Padre, aquéllos que me has dado, quiero que donde yo estoy, también ellos estén conmigo, para que vean mi gloria que me has dado; porque me has amado desde antes de la fundación del mundo. Padre justo, el mundo no te ha conocido, pero yo te he conocido, y éstos han conocido que tú me enviaste. Y les he dado a conocer tu nombre, y lo daré a conocer aún, para que el amor conque me has amado, esté en ellos, y yo en ellos. (Jn. 17:23-26)

La cosa que es verdaderamente maravilloso es, que vamos a conocerle a Él. Y vamos a conocerle a Él, por primera vez en realidad.

El lino fino es las acciones justas de los santos. El vestido de boda de la iglesia es las acciones justas de los santos. Éste es un concepto difícil de aceptar, porque es imposible para nosotros estar ante Cristo en nuestra propia justicia. Pablo escribió en cuanto a esto: Y ser hallado en él, no teniendo mi propia justicia, que es por la ley, sino la que es por la fe de Cristo, la justicia que es de Dios por la fe. (Fil. 3:9) Por fe podemos confiar en Cristo, no sólo para el perdón de los pecados, sino para que nos dé de Su justicia. ¿Por qué dice entonces Juan que el vestido de boda es las acciones justas de los santos? El vestido de novia se utilizará solamente una vez, pero nosotros estaremos vestidos con la justicia de Cristo a través de toda la eternidad. Nosotros como creyentes apareceremos ante el Tribunal de Cristo, no para ser juzgados por nuestros pecados, en referencia a la salvación, sino para recibir recompensa. A través de los siglos, los creyentes han estado llevando a cabo actos de justicia que se han estado acumulando para adornar el vestido de boda. De paso, permítame hacerle una pregunta que quizá sea un poco personal, pero: "¿Qué es lo que está usted haciendo para ese vestido de bodas? ¿Qué es lo que está usted haciendo para el Señor?"

Cito a Pablo otra: Y si sobre este fundamento (Cristo) alguno edificare oro, plata, piedras preciosas, madera, heno, hojarasca, la obra de cada uno se hará manifiesta; porque el día la declarará, pues por el fuego será revelada; y la obra de cada uno cuál sea, el fuego la probará. Si permaneciere la obra de alguno que sobre-edificó, recibirá recompensa. (1 Co. 3:12-14) El oro, la plata, y las piedras preciosas, sobrevivirán el fuego; el heno y la madera y la hojarasca se convertirán en humo. Así es que las buenas obras, por tanto, son el vestido de bodas de la iglesia. Porque somos hechura suya, creados en Cristo Jesús para buenas obras, las cuales Dios preparó de antemano para que anduviésemos en ellas. (Ef. 2:10).

Después de la boda, el vestido de boda se pone a un lado. Ya hemos visto que los ancianos colocaban sus coronas ante el Cordero, proclamando que Él sólo era digno. La iglesia revelará la gloria del Señor, no la suya propia. Para mostrar en los siglos venideros las abundantes riquezas de su gracia en su bondad para con nosotros en Cristo Jesús. (Ef. 2:7) Nosotros vamos a ser mostrados allí, pecadores salvados del infierno, y ahora en el cielo. Nosotros no tendríamos ningún derecho allí, si no tuviéramos Su justicia, y si no perteneciéramos a Él. La relación de la iglesia y Cristo es íntima. Es diferente, y es deliciosa. Ninguna otra criatura en el Universo de Dios podrá disfrutar de tal dulzura como la disfrutaremos nosotros en aquel día.

Y el ángel me dijo: Escribe: Bienaventurados los que son llamados a la cena de las bodas del Cordero. Y me dijo: Éstas son palabras verdaderas de Dios. Yo me postré a sus pies para adorarle. Y él me dijo: Mira, no lo hagas; yo soy consiervo tuyo, y de tus hermanos que retienen el testimonio de Jesús. Adora a Dios; porque el testimonio de Jesús es el espíritu de la profecía. [Ap. 19:9-10]

Las Bodas del Cordero, y escuche atentamente, tendrán lugar en el cielo, pero la Cena de las Bodas del Cordero tendrá lugar en la tierra.

Éste es el cuadro que tenemos en Mateo 25:1-13, donde se presenta la parábola de las diez vírgenes. Usted se da cuenta que ellas no eran la esposa. Cristo sólo tiene una esposa, y ésta es la iglesia. El Esposo regresará a la tierra para la Cena de las Bodas, no sólo para juzgar a la tierra, sino para la Cena de las Bodas, a las que las diez vírgenes esperaban asistir.

Se da otro cuadro de esta escena en el Salmo 45. Allí se ve a Cristo como Rey que viene. Y allí también está la Reina, aunque no se nos dice quién es ella; pero las hijas del Rey estaban entre las ilustres. Las hijas de reyes están entre tus ilustres, está la reina a tu diestra, con oro de Ofir. (Sal. 45:9) Yo creo que éste es un cuadro simbólico, un tipo de la iglesia.

Allí hay invitados presentes. Y las hijas de Tiro vendrán con presentes; implorarán tu favor los ricos del pueblo. (Sal. 45:12) La Cena de la Boda tendrá lugar en la tierra. Israel y los gentiles entrarán al milenio, y ellos son los invitados. La Cena de las Bodas es evidentemente el milenio. Amigo, aquí tenemos una cena que va a durar mucho tiempo. Al fin del milenio, la iglesia aún es presentada como la esposa. ¿Se puede imaginar usted una luna de miel que dura mil años? Pero, eso es sólo el principio. ¡Qué gozo, qué éxtasis! El ángel coloca el sello de Dios sobre todo esto y dice: Éstas son palabras verdaderas de Dios.

Juan, actuando aquí como escriba de esta escena, se siente obligado a adorar a este mensajero angelical. Sin embargo, el ángel le dice que no haga eso. El ángel no es sino una criatura. Sólo Dios puede ser adorado. ¡Qué reproche el que tenemos aquí para Satanás, el anticristo, y el falso profeta, que querían ser adorados! Y hay mucha gente en nuestro día que tienen ese mismo deseo.

Después de las bodas del Cordero en el cielo, el próximo gran evento, es el regreso de Cristo a la tierra. ¡El Rey ya viene! Pero no será hasta después que la iglesia haya sido raptada y después que la tierra haya sufrido la Gran Tribulación. Ahora cuando Él venga a la tierra, Su esposa estará con Él, y Su Cena de Bodas será aquí sobre la tierra, como hemos visto. Oh, amigo, ¡qué día tan glorioso nos espera! Si sólo pudiéramos quitar nuestros ojos de todo el lodo de esta tierra en el cual vivimos y contemplar aquellas cosas que son eternas.

El regreso de Cristo como el Rey de reyes, y Señor de señores

Entonces vi el cielo abierto; y he aquí un caballo blanco, y el que lo montaba se llamaba Fiel y Verdadero, y con justicia juzga y pelea. Sus ojos eran como llama de fuego, y había en su cabeza muchas diademas; y tenía un nombre escrito que ninguno conocía sino él mismo. [Ap. 19:11-12]

Solamente con leer este pasaje nos hace poner la carne de gallina, como se dice. ¡Qué escena más emocionante es ésta! El Rey viene. Pero Él viene en este momento, después de haber tenido lugar todos estos hechos que hemos estado observando. Éste es el evento supremo hacia el cual se están dirigiendo todas las cosas de este mundo, y el contraste con Su Primera Venida es algo realmente destacado.

Es bueno comprender dónde ubicar esto. Éste es el regreso de Cristo a la tierra. ¡Qué suceso más emocionante! Éste es el clímax, ya que hasta ahora hemos tenido en este libro la historia de la iglesia, desde el día de Pentecostés hasta el momento en que la iglesia fue arrebatada.

A partir del capítulo 4 y hasta el capítulo 18, nos encontramos en medio del período de la Gran Tribulación, un período verdaderamente terrible. Ese período llega a su fin con la venida de Cristo a la tierra a establecer Su reino.

En el pasado ha existido una idea muy ingenua en relación al futuro: Uno de estos días el Señor Jesús va a venir. Todos los muertos resucitarán. Los salvados, estarán en un lado, mientras que los perdidos, estarán del otro lado. Luego Él hace esta división: de un lado es el cielo, mientras que el otro lado es el infierno eterno. Ésa es una idea muy ingenua.

Uno no puede leer la Palabra de Dios sin estar consciente del hecho de que Él tiene un plan y propósito y programa para esta tierra que está siguiendo, y lo está siguiendo de manera muy clara y categórica. Éste es el momento de clímax hacia el cual todas las cosas se están dirigiendo.

El contraste con Su Primera Venida es algo estupendo. Es absolutamente extraordinario.

Cuando Él vino por primera vez, Él vino como lo expresa George McDonald: "Estaban esperando a un rey para que los elevara, y Él vino como un bebé". Así es como entró al mundo. Él era manso y humilde. Él era el Salvador. Él murió por los pecadores. Ahora Él viene en Su gran gloria. ¡Qué manifestación! Él viene a dominar la injusticia. Ésta es la manifestación final de la ira de Dios sobre los pecadores en el mundo. La rebelión de Satanás y los demonios y de la humanidad es detenida ahora, y es juzgada. Él domina toda la injusticia antes de establecer Su reino en justicia.

El cielo se abre en Apocalipsis, capítulo 4, versículo 1, para permitir que Juan, como representante de la iglesia, entre al cielo donde él ve a los ancianos, es decir a la iglesia, que ya está allí. Y aquí en el capítulo 19, el cielo se abre para que salga Cristo. El caballo blanco sobre el cual está montando es un animal de guerra. Cuando Jesús estuvo en la tierra, Él entró a Jerusalén montado en un pollino que, aunque el animal de los reyes, siempre demostraba paz y no guerra.

A Él se le llama Fiel, porque Él ha venido a llevar a cabo este largo programa de Dios, y todo aquello que ya había sido predicho. El burlador decía: "¿Dónde está la señal de Su venida?" (Véase 2 P. 3:2-10) Ahora no hay señal. Él está aquí. Él es fiel. Él es el Único en el cual usted y yo, podemos confiar y en el cual podemos descansar.

También se le llama aquí Verdadero. Intrínsecamente, Él es verdadero. Él dice: Yo soy la verdad. (Jn. 14:6). Él no es Uno que sólo dice la verdad. Él es eso. Él es la Verdad. Él es quien establece las normas de la verdad. Él es la Vara que mide la verdad. Él hoy es la Verdad. Ah, el poder creer eso hoy cuando todo es propaganda, cuando todo es calumnia y difamación.

Él ha venido a juzgar y a pelear, y no a morir sobre una cruz.

Sus ojos eran como llama de fuego. Esto es porque Él ha venido a juzgar esta tierra, y a dominar la injusticia.

Y había en su cabeza muchas diademas indica que Él será el único Gobernante de esta tierra. Y Su gobierno va a ser una dictadura, de eso usted puede estar seguro. Si usted no ama a Jesús, y Él no es su Salvador, y usted pasa a través de este período, va a ser ese período el más incómodo al que usted haya podido entrar, porque Él es un dictador. El gallo no va a cantar, ni el hombre va a poder actuar sin tener Su permiso. Él es el Rey de reyes y el Señor de señores.

Tenía un nombre escrito que ninguno conocía sino él mismo. ¿Cuál es este nombre que ninguno conocía sino Él Mismo? A Él se le dan cuatro nombres, los cuales corresponden con el evangelio:

1. Rey de reyes corresponde al Evangelio según San Mateo. Mateo lo presenta a Él como un Rey.

2. Fiel y Verdadero corresponde al Evangelio de Marcos en que Él es presentado como el siervo de Dios. Lo importante en cuanto a un siervo no es su genealogía, sino si se puede confiar en Él. ¿Es fiel, y dice la verdad? Ésas son las dos cosas que son importantes.

3. La Palabra de Dios repite lo que se le llama en el Evangelio según San Juan: En el principio era el Verbo... y aquel Verbo fue hecho carne. (Jn. 1:1,14).

4. ¿Cuál es este nombre que ninguno conoce? Bueno, yo tengo una sugerencia. Quizá corresponde a lo que dice el Evangelio de Lucas, donde Él es presentado como Jesús, el Hijo del Hombre. Éste es el nombre que tenemos aquí: Jesús. En el día de hoy existe demasiada familiaridad con ese nombre; se lo utiliza para jurar y para blasfemar, y por aquéllos que están tratando de familiarizarse y volverse confianzudos con Él. Pero éste es un nombre que usted y yo vamos a tener que probar a través de la eternidad. Él es Jesús, el Hijo del Hombre. ¿Conoce usted verdaderamente a Jesús? Bueno, nadie conoce al Hijo, sino el Padre. Y aquí, cuando Él viene, tiene un nombre que nadie conoce, sino Él Mismo.

Ésa es la razón por la cual el Apóstol Pablo podía decir, no al principio de su ministerio, sino al fin de su ministerio, antes de ser ejecutado: A fin de conocerle, y el poder de su resurrección, y la participación de sus padecimientos, llegando a ser semejante a él en su muerte. (Fil. 3:10). Nadie conoce al Hijo sino el Padre. Ésta será una de las cosas que van a hacer del cielo, un cielo; el llegar a conocer a Jesucristo. ¡Cuán maravilloso va a ser el conocerle! Vamos a necesitar de toda la eternidad para llegar a conocerle verdaderamente. ¡Es tan maravilloso! Hay muchas personas, que cuando uno llega a conocerlas bien, ya no son tan atractivas como nos parecían, ¿verdad?

Pero mientras uno conoce más a Jesús, más atractivo y emocionante es.

En Juan 14:7, 9 leemos: Si me conocieseis, también a mi Padre conoceríais; y desde ahora le conocéis, y le habéis visto.... Jesús le dijo: ¿Tanto tiempo hace que estoy con vosotros, y no me has conocido, Felipe? El que me ha visto a mí, ha visto al Padre; ¿cómo, pues, dices tú: Muéstranos el Padre?

Luego en esa oración intercesora que Él pronunció en Juan 17:3, leemos: Y ésta es la vida eterna: que te conozcan a ti, el único Dios verdadero, y a Jesucristo, a quien has enviado. Cuando usted viene a Él, y recibe como su Salvador del pecado, usted ha iniciado la escuela. Cuando usted comienza a conocerle, usted está en el jardín de la infancia. Permítame decirle, o mejor dicho, hacer cierta clase de confesión. Desde que me jubilé, del pastorado, yo quiero llegar a conocerle mejor. Después que yo me había jubilado, deseaba llegar a conocer mejor al Señor Jesús. Cada mañana, cuando me levanto, yo le doy gracias al Señor por otro día más. Yo le digo que le amo, pero también a veces parece estar muy lejos. Yo quiero conocerle mejor, y pido que el Espíritu de Dios se haga real y verdadero para mí. El nombre de Jesús, ¡Ah, cuanto significa, y qué Persona es Él!

Algo más que quisiera decir en cuanto a este tema: no sólo vamos a conocer mejor al Señor por toda la eternidad, sino que nos vamos a conocer los unos a los otros entonces. No creo que nos conozcamos como debiéramos conocernos ahora. A veces soy muy mal entendido. Yo digo algo por radio, y luego recibo cartas que sorprenden mucho, por haber sido tan malentendido. Pero en el cielo vamos a conocer como somos conocidos. Creo que será algo muy bueno. Entonces nos conoceremos a nosotros mismos. Esto va a ser algo muy bueno en el cielo. También vamos a conocer en el cielo a nuestros seres amados. Un verano cuando yo me recuperaba de una enfermedad descansando, pude sentarme con mi esposa en el patio y conocerla mucho mejor. ¡Fue algo maravilloso! Supe los sacrificios que ella había hecho y su fidelidad a través de los años. Y creo que de verdad voy a llegar a conocerla en el cielo. Amigo, ¡cuán maravilloso va a ser el cielo! Aun en esta vida terrenal encontramos que cuanto nuestro amor por Cristo crece, nosotros también crecemos en nuestro amor el uno por el otro.

Note ahora la descripción de Cristo en Su venida:

Estaba vestido de una ropa teñida en sangre; y su nombre es: EL VERBO DE DIOS. Y los ejércitos celestiales, vestidos de lino finísimo, blanco y limpio, le seguían en caballos blancos. De su boca sale una espada aguda, para herir con ella a las naciones, y él las regirá con vara de hierro; y él pisa el lagar del vino del furor y de la ira del Dios Todopoderoso. Y en su vestidura y en su muslo tiene escrito este nombre: REY DE REYES Y SEÑOR DE SEÑORES. [Ap. 19:13-16]

Estaba vestido de una ropa teñida en sangre. Note que Su vestido está teñido en sangre y que Él está pisando el lagar del vino del furor de la ira de Dios. Este cuadro nos lleva a Isaías 63:1-6, que he citado antes.

Eso obviamente se refiere a la Segunda Venida, aquí en el capítulo 19, no a la Primera Venida de Cristo.

Él regirá con vara de hierro, nos hace recordar lo que dice el Salmo 2: Pero yo he puesto mi rey sobre Sion, mi santo monte. Yo publicaré el decreto; Jehová me ha dicho: Mi Hijo eres tú; yo te engendré hoy (de entre los muertos). Pídeme, y te daré por herencia las naciones, y como posesión tuya los confines de la tierra. (¿Cómo llegará a obtenerlas? Él no obtuvo eso en Su Primera Venida.) Los quebrantarás con vara de hierro; como vasija de alfarero los desmenuzarás. (Sal. 2:6-9). De eso es que nos está hablando Juan aquí en Apocalipsis. Él viene a esta tierra.

El furor de Su ira en Su Segunda Venida es un gran contraste a Su mansedumbre en Su Primera Venida. Sin embargo, ambas cosas revelan la ira del Cordero.

Los ejércitos celestiales, son evidentemente legiones de ángeles que obedecen Sus órdenes.

El fin de la guerra de Armagedón

Y vi a un ángel que estaba en pie en el sol, y clamó a gran voz, diciendo a todas las aves que vuelan en medio del cielo: Venid, y congregaos a la gran cena de Dios,

Para que comáis carnes de reyes y de capitanes, y carnes de fuertes, carnes de caballos y de sus jinetes, y carnes de todos, libres y esclavos, pequeños y grandes. [Ap. 19:17-18]

Si hay un pasaje en las Escrituras que sea repugnante a la lectura, aquí lo tenemos. Usted puede notar que Dios lo incluye al fin de Su Palabra, para recordarnos de lo repugnante y nauseabundo que son para Él las obras de la carne. Los hombres que viven en la carne verán su carne destruida. Ésta es una invitación al fin de la batalla de Armagedón a las aves que comen carroña a que vayan a esta gran cena, a este banquete en la tierra, donde van a poder comer de lo mejor de la carne: Para que comáis carne de reyes y de capitanes, y carnes de fuertes. Es algo terrible el rebelarse contra Dios, porque Él le va a juzgar a usted algún día. Esto revela el corazón del hombre, de lo horrible que es en realidad ese corazón.

Se abre el infierno

Ahora por la primera vez, el infierno se abre completamente:

Y vi a la bestia, a los reyes de la tierra y a sus ejércitos, reunidos para guerrear contra el que montaba el caballo, y contra su ejército. Y la bestia fue apresada, y con ella el falso profeta que había hecho delante de ella las señales con las cuales había engañado a los que recibieron la marca de la bestia, y habían adorado su imagen. Estos dos fueron lanzados vivos dentro de un lago de fuego que arde con azufre. Y los demás fueron muertos con la espada que salía de la boca del que montaba el caballo, y todas las aves se saciaron de las carnes de ellos. [Ap. 19:19-21]

La bestia mencionada aquí es el anticristo; ese gobernante político, y también el gobernante religioso, ambos son tomados.

El cuadro que se nos presenta aquí es algo terrible en realidad. La bestia y el falso profeta desafían a Dios hasta el último momento. Ellos se atreven a desafiar en guerra al Hijo de Dios. Seguramente el que mora en los cielos se reirá ante la inutilidad de sus esfuerzos (Sal. 2: 4a). La rebelión del hombre contra Dios es algo absurdo, y el resultado algo inevitable. Los dos grandes rebeldes y tiranos, el anticristo y el falso profeta, tienen la dudosa distinción de ser los primeros en ser arrojados al infierno. Hasta el diablo todavía no ha ido a parar a ese lugar.

Surge entonces la pregunta de si el lago de fuego es algo literal. Quiero darle algo para pensar, porque vamos a regresar a esto cuando estudiemos el capítulo 20 de Apocalipsis. Si el infierno no es algo literal, entonces demuestra que es peor, algo peor a un lago de fuego que arde con azufre.

La espada que salía de su boca. ¿Qué es esto? Cierto amigo de tendencia a-milenaria me hizo la pregunta en cierta ocasión riéndose de si sería una espada literal la que saldría de la boca de Jesús. Le dije que sería literal si la Palabra de Dios no hubiera presentado claramente Su Palabra es como una espada. Porque la Palabra de Dios es viva y eficaz, y más cortante que toda espada de dos filos; y penetra hasta partir el alma y el espíritu, las coyunturas y los tuétanos, y discierne los pensamientos y las intenciones del corazón. (He. 4:12). Y tomad el yelmo de la salvación, y la espada del Espíritu, que es la palabra de Dios. (Ef. 6:17)

Sino que juzgará con justicia a los pobres, y argüirá con equidad por los mansos de la tierra; y herirá la tierra con la vara de su boca, y con el espíritu de sus labios matará al impío. (Is. 11:4) ¿Nota usted cuán claramente se explica este símbolo por la Palabra de Dios? La espada que sale de la boca de Jesús es Su Palabra. Fue la Palabra de Dios la que creó este Universo. Es la Palabra de Dios la que le salvará a usted. Y será la Palabra de Dios que destruirá lo impío al fin de esta era.

CAPÍTULO 20

El milenio

Al llegar al capítulo 20, vemos que aquí estamos tratando con el milenio en relación a Cristo, a Satanás, al hombre, a los santos de la tribulación, a la resurrección, a la tierra y al Gran Trono Blanco. Desafortunadamente, muchos en el pasado, (incluyendo al Dr. B. B. Warfield, uno de los grandes pensadores de la iglesia que haya existido) pensaban que el capítulo 20 de Apocalipsis no valía la pena considerarse, porque el milenio, el período de mil años, sólo se menciona allí. Desafortunadamente es cierto que el milenio se menciona solamente en este capítulo. Alguien quizá me diga: "Pero es mencionado como mil años". No creo que sea necesario entrar en la semántica del asunto. "Milenio" viene de una palabra latina que significa "un mil". Así es que no discutamos en cuanto a la semántica del asunto. "Milenio" significa mil años de cualquier forma en que uno lo tome, ya que el resultado siempre es el mismo, mil años. A una persona que cree en el milenio se le podría llamar jilios, y jilioísmo es la manera en que la iglesia primitiva se refería a esto, porque jilioísmo en el griego, significa también "mil". Espero, pues, que todos nos demos cuenta que estamos hablando de la misma cosa. En la iglesia primitiva, el jiloísmo, es milenarismo, ya sea pre o post o a-milenarismo existía.

El capítulo 20 es, en realidad, la gran línea divisoria entre los expositores bíblicos. No hay ninguna duda en cuanto a eso. Pero esto no quiere decir que debamos comportarnos mal los unos con los otros, insultarnos o hacer cosas por el estilo. Si usted no está de acuerdo conmigo y acepta una de estas otras posiciones, está en buena compañía. Hay algunos buenos expositores que mantienen un punto de vista diferente al nuestro. (Pero, si usted quiere estar en lo correcto, pues entonces, estamos seguros que querrá estar de acuerdo con nuestro punto de vista.)

Como resultado de todo esto, han surgido tres escuelas muy definidas en el área de la interpretación de este capítulo 20 de Apocalipsis. Ya hemos hablado de esto con anterioridad, y regresamos a lo mismo.

El post-milenarismo, asumía que Cristo vendría a la conclusión de ese período de mil años. Es decir que el hombre traería el reino por medio de la predicación del evangelio. Éste es un punto de vista optimista que prevaleció a principios del siglo XX. En ese entonces, parecía como que llegaría a tener lugar una conversión a Cristo de carácter mundial, y que todo el mundo sería convertido. Pero ese punto de vista ya ha llegado a ser algo anticuado, pasado de moda. No pudo superar la primera mitad del siglo XX que produjo dos guerras mundiales, una depresión mundial, el surgimiento del comunismo, y la bomba atómica con la cual la destrucción mundial es algo inminente. Por tanto, el post-milenarismo está más muerto que un dinosaurio. Aún hay algunas personas que tienen esta tendencia. De vez en cuando recibo cartas de personas que, cuando comencé este estudio, me dijeron que ellos aún eran post-milenaristas. No sé cómo uno puede ser eso, pero ellos dicen que lo son.

El a-milenarismo ha llegado a ser algo popular solamente en los últimos años, y ha reemplazado en su mayor parte al post-milenarismo. Cuando se dice "a" en el griego, significa sencillamente que uno no cree en el milenio. No mantiene un optimismo falso, y en su mayor parte ha enfatizado la venida de Cristo. Su debilidad principal es que espiritualiza los mil años, como hace con todo el Libro de Apocalipsis. Coloca al milenio en la era presente. En realidad, la interpretación del Dr. Warfield de que el milenio se está desarrollando en el cielo, mientras la tribulación tiene lugar aquí en la tierra, es algo raro, porque creo que en el cielo se mantendrá un milenio, no sólo por mil años, sino de eternidad a eternidad. Nunca pues, puedo aceptar eso, pero ése es un punto de vista, y ubica al milenio en la era presente. Allí es donde se encuentran la mayoría de los a-milenaristas, y todos los sucesos mencionados en Apocalipsis son ubicados en la historia, así como son colocados los pedazos en una colcha hecha con retazos de distintos colores y tamaños. Creo que el resultado es el mismo. Es un verdadero lío.

El pre-milenarismo, por el contrario, toma el capítulo 20 de Apocalipsis a pie juntillas, como hace con todo el Libro de Apocalipsis, aplicando una interpretación literal, a no ser que el contexto instruya de otra manera. Tuvimos un ejemplo de esto en el capítulo 19, donde dice que cuando el Señor viene lo hará con una espada que sale de Su boca. Se me ha hecho la pregunta si allí se habla de una espada literal que sale de Su boca. Creo que la Escritura presenta esto claramente, que se refiere a la Palabra de Dios, la cual es la espada. (Ap. 19:15) Pablo dice Y tomad... la espada del Espíritu, que es la Palabra de Dios. (Ef. 6:17) Con esa clase de instrucción no veo cómo podemos entender mal lo que Juan está diciendo. Pero es necesario tener una razón bíblica para la interpretación. No creo que uno pueda espiritualizar esto de ninguna manera, aunque ésa es la costumbre del día de hoy, y el método popular. En la interpretación pre-milenarista, los mil años son tratados como lo que son: mil años, y Cristo viene al principio del milenio. El capítulo 20 aclara que no puede haber milenio hasta que Cristo venga.

En los primeros nueve versículos de este capítulo, tenemos repetida seis veces la palabra para "mil años". Esto debe ser bastante importante si tiene tanto énfasis. Esta expresión de mil años es repetida muchas veces. Aquí en los primeros 9 versículos del capítulo 20, esta expresión de mil años se repite 6 veces. Por tanto, debo decir que la iglesia primitiva creía en lo que era conocido entonces como jilias, y ésa era la predicación de la iglesia primitiva. Aquéllos que rechazaban esto eran considerados como en un estado de herejía, porque la iglesia primitiva creía en mil años literalmente, y jiloísmo significa eso. Más adelante se dijo que los mil años serían establecidos por la iglesia. Que la iglesia produciría un mundo perfecto, y que Jesús podría venir y encontrar todo funcionando de una manera bien ordenada. Pero eso no es lo que se nos presenta en esta sección. Él viene en juicio, y si todo estuviera en orden, entonces no habría ninguna necesidad de dominar la rebelión y juzgar y hacer guerra.

Alguien quizá me pregunte: "¿No me va a decir usted que hubo una época cuando los hombres en realidad pensaban y creían que la iglesia iba a formar un reino aquí en la tierra?" Amigo, no ha pasado mucho tiempo desde que se expresó algo como eso. En el año 1.883, un comentarista llamado Justin A. Smith hizo la siguiente declaración: "¡Pero por el otro lado, qué fuerza más tremenda es la cristiandad del día de hoy, cuando se ha dicho todo! Se puede concebir que este auspicioso poder, que tan rápidamente se está apoderando de toda la tierra, puede ir a parar en esa imbecilidad que parecen predecir algunos milenaristas".

En el año 1.883 se dijo esto, y la mayoría de nosotros que somos premilenaristas hoy, hubiéramos sido llamados un grupo de pesimistas. Nosotros estamos diciendo que el mundo va a empeorar, y que habrá una apostasía en la iglesia. Ellos no creían eso. Escuche lo que este hombre sigue diciendo: "Se ha dicho que, dentro de 25 años, si el progreso presente continúa, la India llegará a ser tan cristiana como lo es Gran Bretaña hoy". Continúa este comentarista diciendo: "Se dice que habrá 30 millones de creyentes en la China. Japón será tan cristianizado como lo es América en el presente. Estos antiguos sistemas, según nos dicen, están saturados por la influencia cristiana. Parecería que pronto puede llegar un día cuando esos sistemas, golpeados de manera tan poderosa, caerán en un colapso tremendo. Mientras tanto, toda arma que se ha formado contra la cristiandad se rompe en la mano que la sostiene. La mano del Señor ya se ha levantado en victoria".

Pero observe hoy a la Gran Bretaña, por ejemplo—está en la situación como la India. En el libro The Problem of Evil [El Problema del Mal], se hace la siguiente declaración: "La civilización de Europa, o para llamarla por su verdadero nombre que es derivado de su origen, la civilización cristiana, está llevando a cabo visiblemente la conquista del mundo. Su triunfo sólo es cuestión de tiempo".

En realidad, la así llamada civilización europea, o civilización cristiana, se está desintegrando, y ya ha desaparecido en su mayor parte. La gente hablaba muy arriesgadamente en aquellos días. Ya no se habla así hoy.

Hay gente le da poca importancia al capítulo 20 del Apocalipsis; y aún hombres de la estatura del Dr. Warfield, a quien considero uno de los eruditos más grandes de esta generación, quizá diría yo de este siglo, dice que no hay ninguna referencia a tal era, es decir al milenio aquí en la tierra. Éstas son sus palabras: "Apocalipsis, capítulo 20 es una porción muy obscura". Él no le presta ninguna atención a todo lo que dice el Antiguo Testamento, donde Dios realizó un pacto de que Él iba a establecer Su reino sobre la tierra. Y que sería Uno del linaje de David. Él ignora completamente todo esto.

El Dr. Rothe dijo hace algún tiempo: "Nuestra llave no abre. La llave correcta se ha perdido. Y hasta cuando logremos tenerla en nuestra posesión otra vez, nuestra exposición nunca llegará a tener éxito. El sistema de ideas bíblicas no es el de nuestra escuela".

Otro teólogo del pasado, el Dr. R. L. Dabney, en cierta ocasión, estaba hablando con un estudiante que había logrado conseguir un libro pre-milenario, y demostraba tanto entusiasmo en cuanto a esto que fue a hablar con el Dr. Dabney. El estudiante le contó acerca del libro que había leído, y el Dr. Dabney le dijo: "Probablemente usted tenga razón. Yo nunca he estudiado esta materia". Él estaba admitiendo honestamente que nunca había estudiado la profecía.

El finado Dr. Charles Hodge, otro teólogo destacado, dijo lo siguiente: "Este tema no puede discutirse adecuadamente sin realizar un estudio de todas las enseñanzas proféticas de las Escrituras en el Antiguo y en el Nuevo Testamento. Esta tarea no puede desarrollarse satisfactoriamente por una persona que no ha realizado un estudio de las profecías, y lo ha hecho su especialidad. El autor, sabiendo que él no tiene tales requisitos para esta tarea, propone el limitarse a sí mismo en gran medida a la investigación histórica de los diferentes esquemas de interpretación de las profecías bíblicas en cuanto a este tema".

En el día de hoy todo esto ha cambiado. Hay mucho interés en la profecía. Pero me gustaría ver a personas que sean tan honradas como el Dr. Hodge, que dirían: "Bueno, en realidad no he estudiado este tema como debería haberlo hecho". Desafortunadamente muchos hombres están hablando sobre el tema de la profecía, que no han estudiado en realidad el tema. Ésta es una materia muy importante; es una materia vital. Yo no digo tener los requisitos especiales para esto, aunque lo he estudiado por 40 años, y le he prestado bastante atención aun en los años cuando todo el mundo lo estaba ignorando. Eso fue hace muchos años. Yo estaba tratando de hacerlo por todos nosotros. Yo estaba dando bastante énfasis, porque siempre lo consideré importante. Opino que es peligroso hoy el que muchos se estén apartando paso a paso hacia este asunto de establecer fechas para el rapto de la iglesia. No creo que uno pueda hacer eso. Creo que ésa es una fecha que no se le puede fijar ningún término absoluto. Puede ser el día de mañana, como bien puede no serlo. Así es que aquí necesitamos reconocer que nos encontramos en un período donde no se nos han dado fechas. Pero sí estamos viendo la preparación del escenario. No sé qué es lo que piensa hacer Dios en el futuro. Pero sé que Él tiene las cosas en posición. Puedo decir nuevamente lo que dijo el Dr. Bill Anderson: "Quisiéramos, por cierto, que el Señor viniera, ahora que tiene todas las cosas en posición, porque no nos gustaría que Él tuviera que pasar por todo ese trabajo para ponerlo todo en posición otra vez". Bueno, no creo que haga eso.

Creo que es obvio: soy pre-milenarista, y también que soy pre-tribulacionista. La razón que tengo para decir esto es que eso es lo que enseña el Apóstol Juan aquí. Si usted no está de acuerdo conmigo, todavía podemos continuar siendo amigos. Si a usted le gusta estar equivocado, pues es cosa suya y no mía. No nos enojemos entonces, ni perdamos tiempo en discusiones. Es suficiente con establecer mi posición.

En primer lugar, no puede haber un milenio hasta cuando Satanás sea quitado de la escena terrenal, y creo que eso es obvio. Uno no puede tener un estado ideal si Satanás anda suelto.

En segundo lugar, la maldición del pecado debe ser quitada de la tierra física antes de que pueda establecerse el milenio. La Escritura dice que el desierto florecerá como una rosa. La maldición del pecado no ha sido quitada todavía de esta tierra.

En tercer lugar, la resurrección de los santos del Antiguo Testamento, tiene que tener lugar al principio de los mil años. Daniel presentó esto de una manera muy clara. Tiene lugar después de la tribulación. Ellos no son resucitados antes de la Gran Tribulación. Ellos tendrían que estar por allí esperando el milenio. Así es que no hay necesidad para que ellos hagan eso, y el Señor no los va a resucitar hasta que concluya el período de la Gran Tribulación. En Daniel 12:1-2, leemos: En aquel tiempo se levantará Miguel, el gran príncipe que está de parte de los hijos de tu pueblo; y será tiempo de angustia, cual nunca fue desde que hubo gente hasta entonces; pero en aquel tiempo será libertado tu pueblo, todos los que se hallen escritos en el libro. Y muchos de los que duermen en el polvo de la tierra serán despertados, unos para vida eterna, y otros para vergüenza y confusión perpetua. Aquí estamos hablando de Israel. Así es que tenemos aquí el período de la Gran Tribulación y la resurrección de los santos del Antiguo Testamento. (Véase Is. 25:8-9.) En realidad, sólo es Cristo quien puede hacer resucitar a los muertos, así es que Él debe venir para este propósito.

En cuarto lugar, los santos de la tribulación están incluidos en la resurrección de los santos del Antiguo Testamento, y ellos reinan con Cristo durante el milenio.

Finalmente, el milenio es la prueba final del hombre bajo condiciones ideales. Ésta es la respuesta a aquéllos que dicen que no hay nada malo en el hombre, que las circunstancias y las condiciones no puedan cambiar. El hombre es un pecador incurable, incorregible. Aún así, al fin del milenio se encuentra aún en rebelión contra Dios. La rebelión en el corazón humano, en la naturaleza depravada del hombre, es imposible de llegar a comprender de parte de cualquier hombre hoy. Usted y yo no nos damos cuenta de lo terribles que somos como pecadores. Si usted y yo nos pudiéramos ver a nosotros mismos como Dios nos ve, no podríamos soportarnos a nosotros mismos. Creemos que somos bastante buenos, ¿verdad? Y que somos gente bastante buena, por cierto. El milenio es la prueba final de la humanidad antes del comienzo del estado eterno.

El milenio es la respuesta de Dios a la oración: Venga tu reino. Cuando oramos el así llamado "Padre Nuestro", decimos, Venga tu reino. Hágase tu voluntad, como en el cielo, así también en la tierra. (Mt. 6:10) El reino del cual se está hablando es aquél que Él establecerá en la tierra, y es llamado "el milenio". Éste es el reino que le fue prometido a David. (Véase 2 S. 7:12-17; 23:5) Dios juró en cuanto a su establecimiento. (Véase Sal. 89:34-37) Éste es el reino que fue profetizado en los Salmos y en los libros de los profetas. (Véase Sal. 2; 45; 110; Is. 2:1-5; 11:1-9; 60; 61:3-62; 66; Jer. 23:3-8; 32:37-44; Ez. 40-48; Dn. 2:44-45; 7:13-14; 12:2-3; Mi. 4:1-8; Zac. 12:10-14:21) Todos los profetas hablaron de este reino, y ninguno de ellos dejó de hacerlo, tanto los profetas mayores, como los menores. Éstas son unas pocas de las muchas Escrituras que hablan del reino teocrático que era el tema de todos los profetas del Antiguo Testamento. Éste es el reino, el reino teocrático que viene sobre esta tierra.

Satanás es atado por mil años

Vi a un ángel que descendía del cielo, con la llave del abismo, y una gran cadena en la mano. Y prendió al dragón, la serpiente antigua, que es el diablo y Satanás, y lo ató por mil años; Y lo arrojó al abismo, y lo encerró, y puso su sello sobre él, para que no engañase más a las naciones, hasta que fuesen cumplidos mil años; y después de esto debe ser desatado por un poco de tiempo. [Ap. 20:1-3]

Usted habrá notado que se menciona dos veces la expresión "mil años", en estos tres primeros versículos. Se menciona seis veces en este capítulo. Hay quienes les gusta decir: "Bueno, después de todo, el milenio sólo se menciona en un capítulo". Sí, pero Dios lo menciona seis veces. ¿Cuántas veces tiene que mencionarlo Él para que sea cierto? Él lo menciona aquí más de lo que menciona algunas de las otras cosas que la gente enfatiza, y piensan que son de importancia, porque se mencionan una o dos veces en las Escrituras. Aquí se menciona esta expresión seis veces; así es como se menciona los mil años, y siempre en relación al diablo y Satanás. Espero que no me entienda mal, en cuanto a quién es él. Él es arrojado al abismo.

Hay algunos expositores bíblicos que separan esta sección del milenio, es decir que lo están clasificando como la escena final del día de la ira. Este punto de vista le quita impacto a la aguda distinción que existirá en la tierra cuando sea quitado Satanás; la diferencia que esto hará. Él se encuentra encarcelado y ausente de la tierra, y eso cambia las condiciones de las tinieblas a la luz. Él es el dios de esta edad, el príncipe de la potestad del aire (Ef. 2:2), y su poder e influencia en el mundo es enorme. Es más allá de lo que puedan analizar las grandes computadoras. Su salida pues, abre el camino al milenio. Si él está suelto, entonces no puede haber un milenio. Así es que, si nosotros vemos el milenio con relación a Satanás, él tiene que ser quitado de la escena terrenal. Los hombres hablan hoy de traer paz a la tierra, y en cuanto a producir prosperidad y cosas por el estilo. El sistema mundial finalmente será encabezado por el anticristo, y él no será capaz de lograr esto, aunque por un corto período de tiempo parezca que lo va a hacer. Pero, mientras Satanás esté suelto en el mundo, uno no puede tener una utopía. No se puede tener aquí una situación ideal con Satanás suelto.

Un ángel... prendió al dragón... Aquí es reducido el poder de Satanás, ya que un ángel ordinario, común, se convierte en su carcelero y lo lleva cautivo. (Véase Jud. 9; Ap. 12:7-9.)

Note que él es colocado en el abismo. Éste no es el lago de fuego; esto lo veremos más adelante en el versículo 10.

Después de esto, debe ser liberado por un corto tiempo. Aquí es donde tenemos un problema, y un verdadero problema. ¿Por qué es liberado, después que Dios le ha encadenado y arrojado al abismo? El Dr. Lewis Sperry Chafer, ha dado una respuesta cuando se le preguntó por qué Dios había soltado a Satanás, después de haberle tenido cautivo, y su respuesta, creo que tiene mucho significado: "Si usted me dice a mí por qué Dios le dejó libre en el primer lugar, entonces yo le diré por qué Dios le dejó libre en el segundo lugar". Ésa es la respuesta. ¿Por qué le dejó Dios libre? Dios tiene un propósito detrás de todo esto, y ése es el gran problema del mal. ¿Por qué lo ha permitido Dios? Yo creo que Dios está obrando un programa tremendo, y que éste es el misterio de Dios que aún tiene que ser revelado a nosotros, y nos será revelado algún día. Todo lo que Él nos pide a usted y a mí es que andemos por fe. Confíe en Dios, confíe hoy que Él está obrando correctamente.

Yo recuerdo que mi papá me llevó en un viaje en un carro tirado por un caballo, cuando yo era pequeño. De pronto se desató una tormenta y yo tenía mucho miedo. Soplaba el viento, y era una verdadera tormenta, y nos estábamos mojando. Nunca me olvidaré de que mi papá puso su brazo alrededor mío, y me dijo: "Hijo, puedes confiar en mí". Y así lo hice. Me acerqué a mi papá y confié en él, y salimos de esa tormenta. Mi padre terrenal se ha ido. Murió cuando yo tenía sólo 14 años, y no he tenido un padre terrenal por mucho tiempo, pero he tenido un Padre Celestial por muchos años. Así es que, a través de las tormentas de esta vida, y con todos los problemas que se han presentado, he tenido en quien confiar. Pero, no tengo la respuesta para darle a usted en cuanto a esto, aunque me gustaría tenerla. Por lo tanto, vamos a confiar en El.

Hace tiempo se publicó un libro que trataba del problema del mal, y cuando terminé la lectura de ese libro, aún existía el problema del mal. Ese libro no lo solucionó. El autor del libro utilizó unas 200 páginas para decir lo que yo voy a decir en una sola frase: "No sé la respuesta al problema del mal". Y él tampoco la sabía. Pero tendremos la respuesta algún día, si andamos por fe.

Ahora, Dios encarceló a Satanás por mil años porque no hubiera podido tener un milenio sin haber hecho eso.

Los santos de la Gran Tribulación reinan con Cristo por mil años

Y vi tronos, y se sentaron sobre ellos los que recibieron facultad de juzgar; y vi las almas de los decapitados por causa del testimonio de Jesús y por la palabra de Dios, los que no habían adorado a la bestia ni a su imagen, y que no recibieron la marca en sus frentes ni en sus manos; y vivieron y reinaron con Cristo mil años. Pero los otros muertos no volvieron a vivir hasta que se cumplieron mil años. Ésta es la primera resurrección. Bienaventurado y santo el que tiene parte en la primera resurrección; la segunda muerte no tiene potestad sobre éstos, sino que serán sacerdotes de Dios y de Cristo, y reinarán con él mil años. [Ap. 20:4-6]

Muchos van a morir por Cristo en el período de la Gran Tribulación, pero van a vivir otra vez y van a reinara con Cristo por mil años. Estos santos de la tribulación fueron resucitados. Los santos de la tribulación hacen un cambio muy interesante: tres años y medio por mil años. Yo diría que están haciendo algo muy bueno, porque esos tres años y medio fueron algo realmente terrible. Pero los mil años van a ser maravillosos— ¡Imagínese viviendo y reinando con Cristo sobre esta tierra!

Esta profecía es como cualquier otra profecía de las Escrituras: Entendiendo primero esto, que ninguna profecía de la Escritura es de interpretación privada. (2 P. 1:20) O sea que, uno no puede sacar un versículo de la Escritura y basar una doctrina en él. Es necesario tener la corroboración de otras Escrituras. Cuando este pasaje ante nosotros es tratado por una declaración digna de hechos literales, llega a ser algo razonable, y calza en el programa completo de la profecía que hemos estado siguiendo. El tratar de reducirlo a un denominador común bajo símbolos figurados, hace de este pasaje algo absurdo. Y el espiritualizar este pasaje es despojar a toda la Escritura de significado vital, reduciendo a lo absurdo la interpretación de la Escritura.

Los tronos son algo literal. Los mártires son literales. Jesús es literal. La Palabra de Dios es literal. La bestia es literal, y la imagen aquí es literal. La marca de la bestia es literal. Sus frentes y sus manos son literales. Y los mil años son literales. Todo es literal. Y mil años, significa mil años. Si Dios hubiera querido decir que era algo eterno, pues, hubiera dicho eso. Si hubiera querido decir que eran 500 años, entonces hubiera dicho eso. ¿No puede acaso decir Dios lo que quiere decir? ¡Por supuesto que lo puede hacer! Y cuando Él dice mil años, entonces quiere decir mil años.

La palabra para "resurrección" aquí es anástasis, que quiere decir "pararse", o "una resurrección corporal". Es la misma palabra que el Apóstol Pablo usa en 1 Corintios 15, para la resurrección de Cristo y de los creyentes, y significa una resurrección corporal. Es difícil que un espíritu se ponga de pie, y, ¡aquéllos que espiritualizan esta sección no pueden explicar cómo un espíritu se para!

Y vi tronos, y se sentaron sobre ellos. Esta palabra ellos, crea cierto problema. ¿Quiénes son ellos? He llegado a la conclusión, y es mi juicio nada más, que debe ser el número total de aquéllos que han sido parte de la primera resurrección, y eso incluye los salvos de todas las edades.

Ésta es la primera resurrección que comenzó con la resurrección de Cristo. Luego fue seguida por la resurrección de la iglesia (en el rapto). Eso fue más de 2.000 años después, no se sabe cuántos más; pero fue antes de la Gran Tribulación, como lo hemos visto en Apocalipsis 4. Al fin de la Gran Tribulación está la resurrección de los santos de la tribulación, las almas de los decapitados por causa del testimonio de Jesús y por la palabra de Dios, los que no habían adorado a la bestia ni a su imagen, etc., y los santos del Antiguo Testamento, como vimos en Daniel 12:1-2. Dios está siguiendo un programa. Ésta no es una idea ingenua. Éste es un programa que Dios está siguiendo, y que Él ha presentado en Su Palabra.

Todo esto constituye la primera resurrección, y ésa es la resurrección de los salvos. La resurrección de los perdidos es una resurrección completamente separada.

Nuevamente quiero decir que es una idea, un tanto ingenua, el pensar que, de una forma u otra, el mundo va a llegar a su fin; que Cristo vendrá, que los muertos son resucitados, y Él coloca los buenos de un lado y los malos del otro, y entonces, entrarán a la eternidad, y eso es todo. Dios tiene un programa. Él sigue un programa ya establecido que Él ha hecho ya en el pasado, y actúa de manera inteligente.

Los santos de la tribulación y los santos del Antiguo Testamento evidentemente reinarán en esta tierra con Cristo. Creo que David será Su lugarteniente. La iglesia, la cual es la esposa de Cristo, residirá en la Nueva Jerusalén, donde reinará junto con Él desde ese lugar exaltado, y creo que también sobre mucho de la creación de Dios. Cristo viajará de la Nueva Jerusalén a la antigua Jerusalén en la tierra. En realidad, puede haber mucho tráfico al viajar la iglesia de un lado para el otro, entre su hogar celestial y la tierra.

Multitudes de Israel y de los gentiles entrarán al reino en sus cuerpos naturales, no habiendo muerto, y éstos son aquéllos, junto con los que han nacido durante el milenio, que son probados durante ese período. De la misma manera en que Cristo, en un cuerpo glorificado anduvo con Sus Apóstoles y seguidores, así mismo la iglesia en un cuerpo glorificado se mezclará con las multitudes en sus cuerpos naturales aquí en la tierra. La iglesia en cuerpos glorificados podrá viajar en el espacio. Ésa será la primera oportunidad en la cual viajaremos por el espacio, de eso estoy seguro. La gravedad de la tierra no me hará regresar a ella rápidamente en aquel día.

Serán sacerdotes de Dios y de Cristo, se refiere a toda la nación de Israel. Ése era el propósito original de Dios para Israel: Y vosotros me seréis un reino de sacerdotes, y gente santa. Éstas son las palabras que dirás a los hijos de Israel. (Ex. 19:6) Abraham fue un sacerdote en su familia. Leví fue el sacerdote de la tribu, con la familia de Aarón sirviendo como el sumo sacerdote. En el reino teocrático sobre esta tierra, toda la nación de Israel llegará a ser sacerdotes.

En las Escrituras existe más profecía en cuanto al milenio que a cualquier otro período. El reino fue el tema de los profetas del Antiguo Testamento. No sé cómo uno lo podría interpretar de otra manera. En nuestro día se escucha poco en cuanto a los profetas menores. Hay un gran silencio, un vacío en cuanto a la enseñanza de los profetas menores, pero todos ellos miran hacia el reino que viene sobre la tierra.

Satanás es soltado después de mil años

Cuando los mil años se cumplan, Satanás será suelto de su prisión, Y saldrá a engañar a las naciones que están en los cuatro ángulos de la tierra, a Gog y a Magog, a fin de reunirlos para la batalla; el número de los cuales es como la arena del mar. Y subieron sobre la anchura de la tierra, y rodearon el campamento de los santos y la ciudad amada; y de Dios descendió fuego del cielo, y los consumió. [Ap. 20:7-9]

Todo el Libro de Apocalipsis trata con las últimas cosas, especialmente los últimos capítulos. Aquí tenemos la última rebelión de Satanás y del hombre contra Dios. El milenio es un tiempo de prueba del hombre bajo condiciones ideales, como lo demuestra este pasaje. Tan pronto como es liberado Satanás, una gran multitud que había estado bajo el reino personal de Cristo, y bajo circunstancias ideales, sigue a Satanás. ¿De dónde salieron esas multitudes? Ésa es una buena pregunta. La respuesta la encontramos en el hecho de que no sólo las multitudes entran al milenio, sino que multitudes nacen durante el milenio. (Véase Is. 11:6; 65:20.) Éste será el momento cuando tenga lugar la mayor explosión demográfica sobre la tierra. Se eliminará la enfermedad, y la maldición del pecado es quitada de la tierra física, y ésta producirá suficiente alimento como para alimentar a esta gran población. Sólo el corazón humano queda sin cambiar durante estas circunstancias; y muchos aún le darán las espaldas a Dios y seguirán a Satanás. Esto parece increíble, pero, ¿qué sucede hoy? Satanás está progresando mucho en la época presente.

Esta rebelión después del milenio, revela lo terrible que es el corazón del hombre. Jeremías dijo: Engañoso es el corazón más que todas las cosas, y perverso; ¿quién lo conocerá? (Jer. 17:9) Usted y yo, no sabemos cuán viles somos, en realidad; cuán separados estamos, y que tenemos una vieja naturaleza. No podemos hacer que esa vieja naturaleza se someta a Dios. Por cuanto los designios de la carne son enemistad contra Dios; porque no se sujetan a la ley de Dios, ni tampoco pueden. (Ro. 8:7) Estas personas tendrán oportunidad de vivir en condiciones ideales, cuando Cristo reine, y hablando francamente, pienso que se cansarán un poco de ello. Cuando Él reine, va a ser verdaderamente un dictador, y usted tiene que andar en línea, o si no, atenerse a las consecuencias. Pero a ellos no les gusta comportarse de esa manera. Por tanto, cuando se les ofrezca la oportunidad de rebelarse, así lo harán. Las naciones del mundo estarán de nuevo bajo el poder de Satanás, y planearán una rebelión.

Ya que esta rebelión se le llama Gog y Magog, muchos estudiantes de la Biblia la identifican con el Gog y Magog de Ezequiel 38-39. Pero hablando francamente, creo que esto se debe a que los nombres son similares, pero esto no es posible, porque las condiciones descritas aquí no son paralelas en cuanto al tiempo, al lugar, y a los participantes. Lo único que es lo mismo es el nombre. La invasión del norte por Gog y Magog de Ezequiel 38-39 rompe esa paz falsa del anticristo y provoca que él se muestre como es verdaderamente en medio de la Gran Tribulación. La rebelión de las fuerzas impías del norte habrá hecho tal impresión en la humanidad que después de mil años la última rebelión lleva el mismo título.

Pasamos por una situación similar, en el siglo XX. La Primera Guerra Mundial fue tan devastadora que cuando se desató la guerra en Europa, y nuevamente incluía a muchas de las mismas naciones y aún otras, fue llamada también guerra mundial. Tenía el mismo nombre. La única diferencia es que llevaba el número dos, la Segunda Guerra Mundial. Ahora se escucha a la gente que está diciendo que habrá una tercera guerra mundial.

La guerra mencionada en Ezequiel 38-39, es Gog y Magog número uno. La referencia que tenemos aquí en el versículo 8 es a Gog y Magog, número dos. Sólo los nombres son los mismos. Es una guerra diferente. Ésta es la última rebelión de Satanás. Aunque llevan el mismo nombre, no son la misma cosa. En algunas familias hay muchas personas que llevan el mismo nombre. El abuelo puede llamarse Juan, el hijo también lleva ese nombre, y el nieto también puede llamarse Juan. Pero eso no quiere decir que todos sean la misma persona. Así es que usted, puede comprender que de alguna manera estas personas tienen que ser distinguidas de los demás, y lo mismo ocurre con este juicio de Gog y Magog.

En el versículo 9, tenemos que se arroja la última bomba atómica. Esa frase: Y de Dios, en realidad no está en el texto. Indica sencillamente que las fuerzas naturales que destruyeron a Gog y Magog I, y si usted revisa esto, podrá ver que las fuerzas naturales también destruirán a Gog y Magog II.

Esta última resistencia y rebelión contra Dios fue tan insensata y fútil como la primera rebelión del hombre en el jardín del Edén. Aquí no tenemos el principio, sino el fin de la desobediencia del hombre para con Dios. Es lo último de la rebelión del hombre. Ya no queda más sino el juicio final.

Satanás es echado al lago de fuego y azufre

Y el diablo que los engañaba fue lanzado en el lago de fuego y azufre, donde estaban la bestia y el falso profeta; y serán atormentados día y noche por los siglos de los siglos. [Ap. 20:10]

Ésta es una declaración muy solemne, y es rechazada por esta edad que habla tanto del amor. Pero es un alivio, especialmente para el hijo de Dios, saber que el enemigo suyo y de Dios por fin será juzgado permanentemente. Aquí no hay nada para satisfacer la curiosidad o el gusto sádico. El hecho de que sea presentado aquí de manera reverente y reservada es para mí más impresionante aún. Si el hombre hubiera sido quien hubiera escrito esto, habiendo dicho tanto, él no podría haberse detenido y evitado decir mucho más. En el día de hoy tenemos esto que Sir Robert Anderson llama: "Declaraciones extrañas de los traficantes de profecía". Usted puede apreciar que hay hombres hoy que van mucho más allá de la Palabra de Dios. La Palabra de Dios muestra mucha reserva. Se dice muy poco en cuanto a este tema del infierno, y también del cielo.

Aquí tenemos varias cosas que contradicen ideas o conceptos populares. En primer lugar, el diablo no está en el infierno en el día de hoy. Él es el príncipe de la potestad del aire. Él es quien hoy controla gran parte de este mundo en que vivimos. Dios, por supuesto, le ha puesto cierto límite, y en la Gran Tribulación él tendrá completa autoridad por un corto tiempo.

En segundo lugar, él no es el primero en ser arrojado al infierno. La bestia y el falso profeta le precedieron a él por mil años. Finalmente, el infierno es descrito como un lago de fuego y azufre. El Señor Jesucristo Mismo fue quien presentó la descripción más solemne del infierno. Considere los siguientes versículos. Juan el bautista dijo: Y decía a las multitudes que salían para ser bautizadas por él: ¡Oh generación de víboras! ¿Quién os enseñó a huir de la ira venidera? (Lc. 3:7) Entonces dirá también a los de la izquierda: Apartaos de mí, malditos, al fuego eterno preparado para el diablo y sus ángeles. (Mt. 25:41) Mas los hijos del reino serán echados a las tinieblas de afuera; allí será el lloro y el crujir de dientes. (Mt. 8:12)

Esto debería hacer pensar a unos cuantos. ¿Cómo puede ser una tiniebla total, y aún un fuego literal? Jesucristo también dijo: Y los echarán en el horno de fuego; allí será el lloro y el crujir de dientes. (Mt. 13:42) Donde el gusano de ellos no muere, y el fuego nunca se apaga. (Mr. 9:44) Para mí, este fuego es un cuadro, es el mejor símbolo que puede utilizarse de la realidad. Hay pecados que los hombres han cometido en el espíritu, por ejemplo. ¿Cómo pueden ser ellos castigados en el cuerpo? Creo que las tinieblas de afuera y el abismo es el estar separados de Dios y el mirar hacia una vida que ha sido malgastada en este mundo. Y, ¿puede usted pensar, en un fuego que sea más caliente que el de un hombre que esté en el infierno, y escuche allí la voz de un hijo diciéndole: "¿Papá, yo te he seguido aquí"? Esto es algo muy solemne. Cierto hombre le dijo en una ocasión al Dr. Bill Anderson: "Supongamos que lleguemos allí y descubramos que esto no es cierto". "Bueno", respondió el Dr. Anderson, "entonces tendremos que pedirle disculpas y decir que hemos entendido mal al Señor. Pero, supongamos que llegamos allí y tenemos razón, y que usted está equivocado. ¿Qué en cuanto a esto?" Esto es lo que ha hecho perder el sueño a muchas personas. ¿Qué, si esto es cierto? Y, es cierto. Ésta es la Palabra de Dios la que estamos contemplando. Nos gusta mucho Juan 3:16, pero, ¿qué piensa usted en cuanto a esto?

El fuego es un símbolo muy pobre de la realidad, y lo que es el estar perdido, separado de Dios por la eternidad. Uno no puede reducir estas descripciones a nada menos que la realidad. No podemos aceptar nada que sea menos que esto, porque un símbolo siempre es una pobre representación de la realidad. Usted no puede disolver esto en un mundo de fantasía. La realidad supera en mucho el símbolo, y el lenguaje humano es muy pobre cuando trata de describir esta terrible realidad. El infierno es un lugar, y también es un estado. Es un lugar de tormento consciente. Ése es el lenguaje de la Palabra de Dios. Uno no puede escapar a esto.

El Gran Trono Blanco donde se juzgan los perdidos

Y vi un gran trono blanco y al que estaba sentado en él, de delante del cual huyeron la tierra y el cielo, y ningún lugar se encontró para ellos. [Ap. 20:11]

Esto es lo que los hombres equivocadamente llaman el juicio general. Es sólo general en el sentido de que todos los perdidos de todas las edades van a ser resucitados para ser juzgados aquí. Todos los que han sido salvos han sido resucitados en la primera resurrección. Eso lo vemos claramente aquí. Aún los santos de la tribulación han sido parte de la primera resurrección. Ésta es la segunda resurrección, y éstos son resucitados aquí para juicio. Los perdidos son resucitados para recibir una evaluación justa, equitativa de todas sus obras en relación a su salvación.

En cierta ocasión, tuve que visitar a un hombre en su lecho de muerte. El enfermo me dijo: "Predicador, usted no tiene necesidad de hablar conmigo en cuanto al futuro. Creo que Dios va a ser justo y me permitirá presentar mis obras". Yo le contesté: "Usted tiene razón. Dios es justo y recto y le permitirá que presente sus obras. Eso es lo que Él dice que va a hacer. Pero también hay algo más. En ese juicio, nadie llega a ser salvo, porque usted no puede ser salvo por sus obras. Cuando usted llega a la presencia de un Dios justo, entonces sus pequeñas obras son tan insignificantes que no llegarán a ser nada".

Hace poco nuestro nieto nos trajo a su abuela y a mí, algunas flores. Le digo que era un ramo de flores marchito que había perdido su hermosura. Sin embargo, la abuelita agradeció mucho lo que trajo el nieto. Cuando yo observo una escena como ésta, puedo darme cuenta de lo solemne que será cuando muchas personas lleguen a la presencia de Dios y lleguen ante Cristo, ante ese Cristo que han rechazado, con ese pequeño ramillete de flores marchitas, y esperarán que Él reaccione como la abuelita, y que le dé unas palmaditas en la cabeza, y que les diga qué buenitos que son. Amigo, esto es algo muy solemne y también es algo muy serio. Es necesario que usted tenga un Salvador para poder estar en Su presencia. Usted necesita estar vestido con la justicia de Cristo. ¿No sabe usted que somos pecadores? Estamos perdidos.

Nos encontramos en un mundo en que nos gusta compararnos a los demás. A usted le parece que el vecino de al lado es tan bueno, pero en realidad usted debiera saber cómo es. Fue Samuel Johnson quien dijo: "Cada hombre conoce aquello de sí mismo que no se atreve a contarle ni a su mejor amigo". Usted se conoce a sí mismo, ¿no es así? Usted conoce cosas que ha tapado y ocultado, que no quisiera revelar por nada del mundo. Pues bien, el Señor Jesucristo presentará esto abiertamente en ese punto, cuando usted se le acerca a Él con su pequeño ramillete, y Él le va a decir unas cuantas cosas acerca de usted mismo. Usted necesita un Salvador hoy.

Note que aquí tenemos un Gran Trono Blanco, y la santidad de este trono es revelada por la reacción del cielo y de la tierra hacia Él: De delante del cual huyeron la tierra y el cielo, se enrollaron como un pergamino. De esto, Juan F. Walvoord dice lo siguiente: "La interpretación más natural del hecho de que la tierra y el cielo huyen es que la tierra presente y el cielo son destruidos y serán repuestos por un nuevo cielo y una nueva tierra. Esto también es confirmado por la declaración adicional en el capítulo 21:1, donde Juan ve un nuevo cielo y una nueva tierra que toman el lugar del primer cielo y la primera tierra que han pasado".

El que está sentado sobre el trono es el Señor Jesucristo. Ahora, usted pregunta, ¿Cómo es que sabemos esto? Porque el Padre a nadie juzga, sino que todo el juicio dio al Hijo.... Porque como el Padre tiene vida en sí mismo, así también ha dado al Hijo el tener vida en sí mismo; y también le dio autoridad de hacer juicio, por cuanto es el Hijo del Hombre. No os maravilléis de esto; porque vendrá hora cuando todos los que están en los sepulcros oirán su voz; y los que hicieron lo bueno, saldrán a resurrección de vida; mas los que hicieron lo malo, a resurrección de condenación. (Jn. 5:22, 26-29)

¿Cuál es la obra de Dios? ... que creáis en el que él ha enviado. (Jn. 6:29b) Éstos son los que hicieron lo bueno. Ellos han aceptado a Cristo. Entonces ellos saldrán a resurrección de vida. Ésta es la primera resurrección. Ya hemos hablado en cuanto a esto. Y los que hicieron lo malo, ¿a qué clase de resurrección? Bueno, dice: A resurrección de condenación. Ése es el Gran Trono Blanco.

> *Y vi a los muertos, grandes y pequeños, de pie ante Dios; Y los libros fueron abiertos, y otro libro fue abierto, el cual es el libro de la vida; y fueron juzgados los muertos por las cosas que estaban escritas en los libros, según sus obras. Y el mar entregó los muertos que había en él; y la muerte y el Hades entregaron los muertos que había en ellos; y fueron juzgados cada uno según sus obras. [Ap. 20:12-13]*

Por cierto, que uno va a tener un juicio justo. Su vida está en una cinta grabada, y Él tiene esa cinta. Cuando Él la haga girar, usted va a poder escucharla, y no va a ser algo muy lindo, de escuchar tampoco. ¿Está usted dispuesto a estar ante Dios y escuchar cuando Él haga sonar esa cinta de su vida? Pienso también que Él va a tener una televisión para que usted pueda contemplar allí su vida. ¿Piensa usted que puede pasar esa prueba? No sé en cuanto a usted, pero yo no la podría pasar. Gracias a Dios por la gracia de Dios. Ése es el único camino. Porque por gracia sois salvos por medio de la fe; y esto no de vosotros, pues es don de Dios. (Ef. 2:8)

Los muertos están clasificados como grandes y pequeños. Todos están perdidos, porque evidentemente ninguno ha tenido su nombre escrito en el Libro de la Vida. Nunca habían buscado a Dios para salvación. El Señor Jesucristo dijo que en Su generación: No queréis venir a mí para que tengáis vida. (Jn. 5:40). Éstos no habían ido a Él.

Éstos son los libros que han registrado las obras en todas las personas. Dios guarda las cintas y las hará sonar para esta gente en el momento oportuno. Habrá muchos políticos que tendrán que escuchar estas cintas en aquel día, y habrá muchos predicadores que van a tener que escuchar estas cintas en aquel día, y esto no les va a hacer muy felices.

Si usted es salvo, entonces no va a tener que estar en este juicio. Sus obras serán juzgadas como un hijo de Dios, en el Tribunal de Cristo, el propósito del cual son las recompensas. (2 Co. 5:10) El juicio del Gran Trono Blanco es el juicio de los perdidos. Hay multitudes que quieren ser juzgados según sus propias obras. Ésta es su oportunidad. El juicio es justo, pero ninguno es salvado por obras.

Y el mar entregó los muertos. Ha habido multitudes que han muerto en el mar, y los elementos químicos de sus cuerpos han sido disueltos en las aguas del mar. Dios no tendrá ningún problema con eso. Después de todo, son sólo átomos. Él sólo tiene que unirlos, formarlos otra vez. Ya lo hizo una vez, y lo puede hacer otra vez. Y la muerte y el Hades, (el lugar donde van los espíritus de los perdidos) entregaron los muertos que había en ellos; y fueron juzgados cada uno según sus obras. Éste es un juicio terrible.

Y la muerte y el Hades fueron lanzados al lago de fuego. Ésta es la muerte segunda. Y el que no se halló inscrito en el libro de la vida fue lanzado al lago de fuego. [Ap. 20:14-15]

Hay algunas cosas que debemos explicar. La palabra Hades en el versículo 14, es una buena traducción; en realidad es una transliteración de la palabra Hades en el griego original. En la versión anterior de nuestra Biblia en castellano, esta palabra se había traducido como "infierno", pero eso era incorrecto porque las palabras Seol en el Antiguo Testamento y Hades en el Nuevo Testamento, no significan infierno. En realidad, este lugar es un lugar donde van los muertos que no se ven. Está dividido en dos compartimentos. El Señor Jesucristo en el relato del hombre pobre y del rico, donde ambos murieron, lo dividió en el paraíso y en el lugar de tormento. (Lc. 16:19-31) El paraíso fue vaciado cuando Cristo llevó consigo en Su ascensión a los creyentes del Antiguo Testamento. Por lo cual dice: Subiendo a lo alto, llevó cautiva la cautividad, y dio dones a los hombres. Y eso de que subió, ¿qué es, sino que también había descendido primero a las partes más bajas de la tierra? El que descendió, es el mismo que también subió por encima de todos los cielos para llenarlo todo. (Ef. 4:8-10) Cristo hizo dos cosas: Él le dio dones a los hombres, pero también Él llevó consigo al cielo, es decir, al lugar llamado Paraíso, a aquellos santos del Antiguo Testamento que habían muerto. Pero el lugar de tormento entregará a los perdidos a juicio en el gran trono blanco. Todos aquéllos que tienen que presentarse a ese juicio son perdidos, y se nos dice que ellos son arrojados al lago de fuego, que es la muerte segunda. El Señor también lo llamó las tinieblas de afuera. Creemos que esto es simbólico de algo que es peor que un fuego literal, las tinieblas de afuera. Es una separación eterna de Dios, porque la muerte indica separación.

La muerte, ese gran enemigo final del hombre, es finalmente quitada de la escena, y ya no se dirá jamás, en Adán todos mueren. (Véase 1 Co. 15:22) La muerte es personificada en este caso, porque es el gran enemigo del hombre. En el Antiguo Testamento, leemos: De la mano del Seol los redimiré, los libraré de la muerte. Oh muerte, yo seré tu muerte; y seré tu destrucción, oh Seol; la compasión será escondida de mi vista. (Os. 13:14)

Luego el Apóstol Pablo dijo: Y el postrer enemigo que será destruido es la muerte. Y luego: ¿Dónde está, oh muerte, tu aguijón? ¿Dónde, oh sepulcro, tu victoria? (1 Co. 15:26, 55)

El Hades, la prisión de las almas perdidas, también fue lanzado al lago de fuego. Los perdidos ya no están más en el Hades, sino que se encuentran en el lago de fuego. Allí es donde han sido consignados Satanás, la bestia, el falso profeta y todos sus seguidores. Si el hombre no acepta la vida de Dios, entonces tiene que aceptar la otra única alternativa. Dios nunca creó al hombre para colocarlo en ese lugar, pero no hay ningún otro lugar para él, sino una asociación eterna con Satanás, porque ése era el propósito de la creación del infierno mismo. Asumo yo que ése es un lugar al cual Dios nunca va. La segunda muerte quiere decir una separación eterna y absoluta de Dios.

CAPÍTULO 21

Entrada a la eternidad; la eternidad revelada

En el capítulo 21, se le quita el velo a la eternidad; un nuevo cielo, una nueva tierra y una nueva Jerusalén; una nueva era, y la morada eterna de la esposa del Cordero, y entonces, nosotros seremos nueva creación en Cristo Jesús, sin esta antigua naturaleza que tanto se manifiesta a sí misma en el día de hoy. Adaptando una expresión moderna, se podría decir que este capítulo es algo fuera de este mundo. No tiene nada que ver con la tierra, con la excepción de la primera parte, y en él vemos nosotros la morada eterna de la iglesia. ¿Qué es, en realidad, el cielo? Hoy existe demasiado sentimentalismo. Los ojos se llenan de lágrimas cuando uno habla del cielo. Sin embargo, el cielo es un lugar, un lugar palpable. Usted tendrá su domicilio allí. A usted se le colocará su nombre sobre usted mismo, para que cuando viaje a través de la eternidad al espacio y se pierde, algún ángel podrá hacerlo regresar a casa; y tendrá allí una casa.

Aquí tenemos una extensa vista de la eternidad en este capítulo. No es sólo el movernos del tiempo a la eternidad, sino a una nueva creación. A un nuevo cielo, a una nueva tierra, a una nueva Jerusalén que nos recibe. Los redimidos han recibido previamente cuerpos glorificados, como el de Cristo. Todas las cosas han sido hechas nuevas. Un nuevo Universo sugiere nuevas formas y métodos nuevos para la vida. Habrá nuevas leyes que regularán el nuevo Universo. El estilo de vida será cambiado completamente, y aquí tenemos algunos de los cambios que se sugiere en los próximos dos capítulos:

1. Habrá una ausencia total del pecado, y de la tentación, y de la prueba en la nueva creación. Esto en sí mismo muestra una diferencia radical.

2. Una nueva Jerusalén que baja del cielo de Dios y no quiere decir otro satélite para la tierra, sino que la tierra y toda la nueva creación, con sus sistemas galácticos girará alrededor de la Nueva Jerusalén, porque es la morada de Dios y de Cristo.

3. La ley de la gravedad, como la conocemos ahora, será cambiada radicalmente. Habrá un tráfico intenso entre la Nueva Jerusalén y la tierra. La iglesia ya habrá dejado la tierra y su morada se encuentra en la Nueva Jerusalén. Creo que tendremos cuerpos completamente diferentes, y que no seremos afectados por la ley de la gravedad, es decir, la ley de la gravedad de esta tierra o la de cualquier otro planeta.

4. No habrá sol para dar luz, porque Dios Mismo suplirá eso directamente al Universo. Por tanto, habrá una ausencia de la noche. No habrá noche entonces, porque nosotros no vamos a necesitar un tiempo de descanso porque tendremos cuerpos nuevos. De paso, digamos que ésa es una esperanza que tengo yo.

5. Ya no habrá más mar en la tierra. El mar ocupa la mayor parte de la superficie terrestre del presente. Aproximadamente unas tres cuartas partes de la superficie total de la tierra es agua. Esto demuestra una revolución en la vida sobre la tierra. Usted ya puede imaginarse todo el lugar que habrá para estacionamiento. No habrá peces para comer, y aparentemente el hombre será vegetariano, aun en el milenio y en la eternidad, como lo fue en el jardín del Edén. La fruta es la única dieta del hombre eterno. (Véase Ap. 22:2)

6. Allí estará la presencia de Cristo y de Dios, juntos con el trono de Dios hecho visible; y esto introduce un nuevo día para el hombre, y la nueva creación.

Un nuevo cielo, una nueva tierra, y una Nueva Jerusalén

Juan describe el pasar del cielo y la tierra que conocemos en el primer versículo del capítulo 21.

Vi un cielo nuevo y una tierra nueva; porque el primer cielo y la primera tierra pasaron, y el mar ya no existía más. [Ap. 21:1]

Vi. Ésta es una declaración que se ha repetido varias veces con la que Juan nos recuerda que él es un espectador de todas estas escenas. Él era un testigo de esta escena panorámica final que introduce la eternidad.

La Escritura enseña claramente que el orden presente de la creación pasará, para dar lugar a un nuevo cielo y a una nueva tierra. El Señor Jesucristo Mismo dijo: El cielo y la tierra pasarán. (Mt. 24:35) La vieja creación fue hecha para el primer Adán, y el postrer Adán, Cristo, tiene una nueva creación para nuevas criaturas. Porque como los cielos nuevos y la nueva tierra que yo hago permanecerán delante de mí, dice Jehová, así permanecerá vuestra descendencia y vuestro nombre. (Is. 66:22)

Dios había prometido a Abraham una tierra para siempre, y a David un trono para siempre. Daniel profetizó de un reino que no será jamás destruido. (Dn. 2:44) La nueva tierra será el cumplimiento de todas estas profecías. Considere la fe de estos personajes del Antiguo Testamento: Conforme a la fe murieron todos éstos sin haber recibido lo prometido, sino mirándolo de lejos, y creyéndolo, y saludándolo, y confesando que eran extranjeros y peregrinos sobre la tierra. Porque los que esto dicen, claramente dan a entender que buscan una patria; pues si hubiesen estado pensando en aquélla de donde salieron, ciertamente tenían tiempo de volver. Pero anhelaban una mejor, esto es, celestial; por lo cual Dios no se avergüenza de llamarse Dios de ellos; porque les ha preparado una ciudad. (He. 11:13-16) Eso de celestial no quiere decir que ellos van al cielo, sino que significa que el cielo está descendiendo a esta tierra. Esto es lo que queremos decir en el Padre Nuestro cuando decimos: Venga tu reino. Hágase tu voluntad, como en el cielo, así también en la tierra. (Mt. 6:10).

Pero nosotros esperamos, según sus promesas, cielos nuevos y tierra nueva, en los cuales mora la justicia. (2 P. 3:13) En su segunda Epístola, Pedro declara claramente que la tierra presente en la cual vivimos será destruida por fuego: Pero los cielos y la tierra que existen ahora, están reservadas por la misma palabra, guardados para el fuego en el día del juicio y de la perdición de los hombres impíos. Pero el día del Señor vendrá como ladrón en la noche; en el cual los cielos pasarán con grande estruendo, y los elementos ardiendo serán deshechos, y la tierra y las obras que en ella hay serán quemadas. Puesto que todas estas cosas han de ser deshecha, ¡cómo no debéis vosotros andar en santa y piadosa manera de vivir! (2 P. 3:7, 10-11)

La característica principal de la nueva tierra, como hemos sugerido, es la ausencia del mar. Eso automáticamente va a cambiar el clima, la atmósfera, y las condiciones de vida. Es imposible para la mente humana el comprender la gran transformación que tendrá lugar en una nueva creación. El mar en el pasado ha sido una barrera y también una frontera para la humanidad, la cual en algunos casos ha sido algo bueno y en otros casos ha sido algo malo. También el mar fue un instrumento de juicio, en la época del diluvio. Sin embargo, con la desaparición del mar, la población sobre la tierra puede duplicarse una y otra vez, gracias al incremento de la superficie de la tierra.

Y yo Juan vi la santa ciudad, la nueva Jerusalén, descender del cielo, de Dios, dispuesta como una esposa ataviada para su marido. [Ap. 21:2]

Llegamos aquí a la parte que nos debe interesar. Creo que la nueva Jerusalén es donde los que somos hijos de Dios vamos a vivir. Cuando usted habla de ir al cielo, ¿en qué piensa? Para la mayoría de la gente, es una hermosa isla en algún lugar lejano. Éste es un lugar bien definido, es una ciudad llamada la Nueva Jerusalén. Es un planeta dentro de sí mismo. Ya veremos esto cuando lleguemos a esta sección. Y hablando honradamente amigo, se dice muy poco en la Escritura en cuanto al cielo. Pero aquí lo tenemos. Y esta es la razón por la cual esto debe ser importante para nosotros. Será mucho mejor que el lugar en el cual estamos viviendo en este momento.

Este versículo 2, entonces dice: Y yo Juan vi la santa ciudad, la nueva Jerusalén, descender del cielo, de Dios, dispuesta como una esposa ataviada para su marido. Esta nueva Jerusalén no se debe identificar con la vieja Jerusalén, la Jerusalén terrenal.

No creo que sea posible tener una descripción más hermosa que ésta: Dispuesta como una esposa ataviada para su marido. Ha sido mi privilegio como Pastor presenciar muchas ceremonias matrimoniales, y es muy difícil decir que he visto a una novia fea. Siempre se han de presentar muy hermosas. En una ceremonia matrimonial, cuando la gente ya está en la iglesia, entra el predicador, entra el novio muy elegante, por cierto, y nadie le presta ninguna atención sino su mamá. Ella es la única que cree que es un muchacho maravilloso, pero la verdad es que nadie más le está mirando. Pero en un minuto entra la que va a ser la esposa, y todo el mundo se pone de pie, y la mira. Yo nunca he visto a una novia fea. Las novias siempre son muy hermosas. Si usted ha podido ver a esa muchacha antes de la boda, se hubiera preguntado si ella podría aparecer hermosa para la ceremonia del casamiento. Pero luego, cuando uno las ve vestidas con ese vestido de novia, se pregunta si ésta es la misma muchacha que había visto antes. Dios les da a ellas una belleza radiante. Y es algo muy hermoso cuando uno mira hacia la entrada de la iglesia, y especialmente para el novio, y ver a aquélla que está entrando y que va a ser su esposa. ¡Qué cuadro más hermoso! Parece que Dios transformara a todas estas muchachas en una novia hermosa en ese momento. Creo que la razón por la cual hace eso es a causa de la Nueva Jerusalén, donde nosotros viviremos, y es como una esposa, dice: Ataviada para su marido. ¡Qué cuadro el que tenemos aquí! Permítame decirle que ésta es la primera vez que podemos echarle una mirada a ella.

Esta Nueva Jerusalén es la morada, es el hogar que ha sido preparado para la iglesia. El Señor Jesucristo dijo: Voy, pues, a preparar lugar para vosotros. Y si me fuere y os preparare lugar, vendré otra vez, y os tomaré a mí mismo, para que donde yo estoy, vosotros también estéis. (Jn. 14:2-3) No podemos tener un cuadro más hermoso, o más apropiado, que el que se nos presenta aquí; porque la iglesia, como vimos al comienzo del período milenario (Ap. 19:7-8), y en realidad antes que Él viniera a la tierra, vio la Boda del Cordero, con la iglesia como la esposa.

Este pasaje es en realidad el cumplimiento de lo que Pablo dijo, hablando a los creyentes de Éfeso: Maridos, amad a vuestras mujeres, así como Cristo amó la iglesia, y se entregó a sí mismo por ella, para santificarla, habiéndola purificado en el lavamiento del agua por la palabra. (Ef. 5:25-26)

En el Tribunal de Cristo, tendrá lugar el corregimiento y el juicio de los creyentes. Todo lo que andaba mal en su vida y en la mía tendrá que ser corregido. Allí se tratará con todo pecado, y se entregarán las recompensas. Y Él va a hacer algo más. Él lavará a la iglesia por la Palabra. La Palabra de Dios es un agente limpiador muy poderoso. A fin de presentársela a sí mismo, una iglesia gloriosa, que no tuviese mancha ni arruga ni cosa semejante, sino que fuese santa y sin mancha. (Ef. 5:27)

Éste es el cuadro que tenemos aquí en capítulo 21. La ciudad santa, la Nueva Jerusalén, está descendiendo de Dios del cielo, ataviada como una esposa para su marido. El casamiento tuvo lugar antes, y ahora el milenio ha terminado. Por cierto, que ésta ha sido una luna de miel bastante larga. Creo que es un tiempo que seguirá hacia la eternidad.

En su Epístola a los Efesios, Pablo continúa hablando en cuanto a esta maravillosa relación de Cristo y la iglesia, y la compara al matrimonio aquí en la tierra. Así también los maridos deben amar a sus mujeres como a sus mismos cuerpos. El que ama a su mujer, a sí mismo se ama. Porque nadie aborreció jamás a su propia carne, sino que la sustenta y la cuida, como también Cristo a la iglesia, porque somos miembros de su cuerpo, de su carne y de sus huesos. Por esto dejará el hombre a su padre y a su madre, y se unirá a su mujer, y los dos serán una sola carne. Grande es este misterio; mas yo digo esto respecto de Cristo y de la iglesia. (Ef. 5:28-32) La idea es de un misterio que ahora ha sido revelado para nosotros. La relación matrimonial es la relación más hermosa y maravillosa. En realidad, es la única ceremonia que Dios ha instituido para el hombre. Esto se remonta al mismo jardín de Edén, al mismo principio, y es de suma importancia. Es un misterio tan profundo que aun los consejeros matrimoniales el día de hoy y todos los libros que han sido escritos, ni siquiera han llegado a tocar el armazón de lo maravilloso que puede ser un matrimonio para los creyentes.

De paso, digamos que Pablo está hablando aquí a los creyentes que están llenos del Espíritu. Todas estas instrucciones son para creyentes llenos del Espíritu. No se han dado aquí para el mundo perdido. Estas cosas no se han dado para el creyente promedio. Es dada, él dice al principio de esta sección, a aquéllos que están llenos del Espíritu Santo. ...sed llenos del Espíritu. (Ef. 5:18). Ése es el único mandamiento requerido para hacer algo en cuanto al Espíritu Santo.

Aquí debemos ver algo que es difícil de comprender, y presenta otro punto de vista sobre el matrimonio. Aquí se nos dice que la esposa es la misma carne que el esposo. Alguien puede preguntar ¿cómo puede ser esto? ¿Ha visto usted algún niño hermoso que se parezca a la madre, pero que tenga el temperamento del padre? Allí es donde se ven los dos en una misma carne. Pero es mucho más profundo que esto. Cuando un hombre ama de veras a su esposa, en realidad, se está amando a sí mismo. Y lo mismo ocurre con ella. Cuando ella ama de veras a su esposo, se está amando, en realidad, a sí misma. Y uno no puede tener una cosa más íntima que eso.

Si yo me lastimo un pie, no voy a ignorarlo. Hago todo lo que puedo y voy al médico, y quizá él tenga que enyesarlo. Quizá no sea algo muy lindo de ver, pero no lo voy a dejar en casa porque es parte de mi cuerpo. Bueno, mi esposa es parte mía. Ella es mi carne. Somos la misma carne. Esto es algo difícil de comprender. Pero eso nos demuestra lo íntimo que eso es, y nos lleva al mismo principio, a la creación: Dijo entonces Adán: Esto es ahora hueso de mis huesos y carne de mi carne; ésta será llamada Varona, porque del varón fue tomada. Por tanto, dejará el hombre a su padre y a su madre, y se unirá a su mujer, y serán una sola carne. Y estaban ambos desnudos, Adán y su mujer, y no se avergonzaban. (Gn. 2:23-25) Ambos estaban desnudos, y se conocían el uno al otro. Ésta es una relación muy íntima y personal. Pienso que hoy éste es uno de los grandes problemas del matrimonio. Especialmente después que una pareja se ha casado, han tenido su primera pelea, ella se le acerca a él en la cama, pero él siente que hace demasiado calor y quizá se levanta y se va a dormir al sofá. Luego se sorprenden de por qué tiene lugar la desintegración en la relación matrimonial. Cuando se le enferma el pie a usted, usted no lo ignora. Usted no se enoja con su pie. No le da un puntapié, porque si hace eso, pues, tiene más problemas todavía. Lo que uno puede hacer con la carne es hacer todo lo posible para ayudarla a que se mejore. Trata de curarla para que se sane. Ésa es la razón por la cual una pareja nunca tienen que tener una pelea sin sentarse y conversar sobre lo que ha sucedido. Yo opino que la esposa tiene que ser muy franca con su esposo, decirle a él todo, cómo se siente, lo que de él le ofende, lo que ella piensa que anda mal, y él debe hacer la misma cosa. Son una misma carne; son uno. Ellos han sido unidos en esa manera tan íntima, en esta relación tan maravillosa, donde el hombre deja a su familia, a su padre y a su madre, a sus hermanos y a sus hermanas, y antes habían tenido una relación muy hermosa, pero eso ha llegado a su fin. Él ahora se ha unido a esta mujer, y son una sola carne. Han comenzado una nueva creación. Esto es lo que debe ser la relación matrimonial. ¡Cuán maravilloso es ver una familia donde el esposo y la esposa no tienen nada que los separe! Ella le conoce a él como un libro abierto, y lo mismo ocurre con él. Se conocen el uno al otro, y se aman el uno al otro. Hasta cuando esta clase de relación sea establecida, usted va a tener problemas en su relación matrimonial, porque Dios nos ha hecho de esa manera. Es decir que el matrimonio, es mucho más que un arreglo para vivir juntos y dormir juntos. Cuando un hombre elige a una esposa, y cuando ella le acepta a él como esposo, tienen que comprender que van a ser una sola carne. Uno no se va a herir a sí mismo a propósito por cualquier cosa.

Grande es este misterio, escribe Pablo, mas yo digo esto respecto de Cristo y de la iglesia. (Ef. 5:32) En el cielo vamos a tener que ser como Él. Juan: Amados, ahora somos hijos de Dios, y aún no se ha manifestado lo que hemos de ser, pero sabemos que cuando él se manifieste, seremos semejantes a él, porque le veremos tal como él es. (1 Jn. 3:2) Nosotros vamos a tener carne glorificada como la de Él. Vamos a ser uno con Él, parte de Su cuerpo. Vamos a estar unidos a Él. Él dijo que iba a preparar lugar para nosotros, para que donde Él esté, nosotros también estemos. (Jn. 14:2-3) ¡Para que podamos estar con Él a través de toda la eternidad! Ése va a ser el lugar más glorioso, y hasta donde yo sé, ninguna otra criatura, incluyendo a los ángeles del cielo, van a poder tener esa relación perfecta e íntima con el Señor Jesucristo. Esto va a ser lo más glorioso, y vamos a poder celebrar a través de toda la eternidad el hecho de que estamos con Él, y de que estamos unidos a Él.

Una era nueva

Y oí una gran voz del cielo que decía: He aquí el tabernáculo de Dios con los hombres, y él morará con ellos; y ellos serán su pueblo, y Dios mismo estará con ellos como su Dios. Enjugará Dios toda lágrima de los ojos de ellos; y ya no habrá muerte, ni habrá más llanto, ni clamor, ni dolor; porque las primeras cosas pasaron. [Ap. 21:3-4]

He aquí el tabernáculo de Dios con los hombres. Ésta es una expresión a la que se ha hecho referencia con anterioridad, especialmente en el Nuevo Testamento. Juan 1:14 dice, Y aquel Verbo fue hecho carne, y habitó entre nosotros... Esa carne fue crucificada en la cruz, y fue resucitada con un cuerpo glorificado. Nosotros también vamos a tener un cuerpo glorificado, y vamos a vivir con Él en la Nueva Jerusalén. Las calles de oro no son en realidad importantes. ¿Qué importa el tipo de calle en que caminamos? Es importante conocer los valores espirituales y sicológicos que habrá allí.

Y ellos serán su pueblo, y Dios mismo estará con ellos como su Dios. Ciertas cosas que son muy prominentes hoy van a ser quitadas. Enjugará Dios toda lágrima de los ojos de ellos. Cierto periodista escribió en una ocasión que por cada luz que brilla en Broadway, hay un corazón roto. También se puede decir eso de Hollywood. Varias veces mi esposa y yo hemos subido a la ladera de la montaña, las montañas que rodean a la ciudad de Hollywood donde he podido contemplar toda la luz desplegada en esa ciudad. Yo le he dicho a mi esposa que también por cada luz que brilla, hay un corazón roto. Hoy hay muchas personas tristes y solitarias en el mundo, pero en la Nueva Jerusalén, no habrá más llanto ni lágrima.

Y ya no habrá muerte. Esto va a ser una mejora maravillosa. Desde que usted comenzó a leer este capítulo, ha habido varios entierros. La gente está muriéndose todo el tiempo. Es una marcha continua hacia el cementerio. Esta tierra no es otra cosa sino un gran cementerio. Yo conocía a cierto ingeniero que tenía la tarea de planificar los caminos que recorren el país, y le pregunté en cierta ocasión cuál era la tarea más difícil; si era el tener que subir las montañas, o pasar por los valles, o el cruzar los ríos, qué era lo más difícil para él. Lo que él respondió fue esto: "El problema más grande es el evitar los cementerios". Esta tierra es un gran cementerio, pero todo esto va a terminar. No habrá un cementerio en la Nueva Jerusalén. Allí no habrá empresas fúnebres. Ni los médicos tendrán trabajo tampoco allí, porque allí ni habrá más llanto, ni clamor, ni dolor; porque las primeras cosas pasaron.

Y el que estaba sentado en el trono dijo: He aquí, yo hago nuevas todas las cosas. Y me dijo: Escribe; porque estas palabras son fieles y verdaderas. [Ap. 21:5]

He aquí, yo hago nuevas todas las cosas. Esto tiene más significado para mí que ninguna otra cosa. Yo no sé en cuanto a usted, pero yo nunca me he sentido verdadera y completamente satisfecho con esta vida. Muy a menudo me siento frustrado, me siento atrapado, nunca he llegado a realizar lo que deseo hacer. Nunca he llegado a ser la persona que quisiera ser. Nunca he llegado a ser el tipo de esposo que quisiera ser. Tampoco he llegado a ser el padre que quisiera ser. Tampoco he predicado el sermón que hubiera querido predicar. Parece que no llego nunca. Todos los logros que tengo siempre parecen tener alguna mancha.

Y Él me dice a mí, y le dice a usted también: Yo hago nuevas todas las cosas. Usted va a poder comenzar todo de nuevo. Estoy esperando ansiosamente ese día cuando todas las cosas van a ser hechas nuevas. Y entonces puedo empezar de nuevo. ¿Se ha detenido usted a pensar alguna vez, en ese potencial de volver a comenzar todo de nuevo? ¿De aprender todo de nuevo? ¿Y de no detenerse de nuevo, sino continuar hacia la eternidad? Ah, el gran potencial y la capacidad del hombre. Usted recuerda que, cuando ocurrió ese incidente en la torre de Babel, Dios dijo que sería mejor que descendiera, porque nada podría ser ocultado del hombre. (Véase Gn. 11:5-7) Fue algo insensato de parte de algunos científicos y predicadores el decir que el hombre nunca podría llegar a la luna. Creo que va a ir mucho más allá. El hombre es un ser muy inteligente que Dios ha creado, pero aún tiene mucho potencial. La muerte le pone punto final a todo aquí para él. Pero con la eternidad delante, existen grandes posibilidades.

Ésta es una sección muy importante, y vemos que podemos comenzar todo de nuevo, y que nunca habrá un final de nuestro crecimiento. Recuerde que se dijo de Cristo, Lo dilatado de su imperio y la paz no tendrán límite. (Véase Is. 9:7) Hay un crecimiento y desarrollo constante. Piense usted en esta perspectiva para el futuro. Bueno, algún día voy a saber algo que no sé hoy, pero lo sabré entonces.

Y me dijo: Hecho está. Yo soy el Alfa y la Omega, el principio y el fin. Al que tuviere sed, yo le daré gratuitamente de la fuente del agua de la vida. El que venciere heredará todas las cosas, y yo seré su Dios, y él será mi hijo. [Ap. 21:6-7]

Yo soy el Alfa y la Omega, el principio y el fin. Esto identifica al que está hablando como el Señor Jesucristo. Él fue identificado así en el primer capítulo de este libro.

Los creyentes, aun en sus cuerpos nuevos, tendrán una sed de Dios y de las cosas de Dios, y ellos quedarán satisfechos. Se dice en el versículo 6: Al que tuviere sed, yo le daré gratuitamente de la fuente del agua de la vida. El Señor Jesús dijo en Mateo 5:6: Bienaventurados los que tienen hambre y sed de justicia, porque ellos serán saciados.

Los creyentes todos son vencedores por la fe. El que venciere heredará todas las cosas. Bueno, todos los creyentes son vencedores a causa de la fe. Porque todo lo que es nacido de Dios vence al mundo; y ésta es la victoria que ha vencido al mundo, nuestra fe. (1 Jn. 5:4)

Y yo seré su Dios, y él será mi hijo. Todos los hijos de Dios, llegaron a ser hijos por medio de fe en Jesucristo. En Juan 1:12, leemos: Mas a todos los que le recibieron, a los que creen en su nombre, les dio potestad de ser hechos hijos de Dios.

Ellos heredarán todas las cosas, porque eso fue lo prometido a los hijos de Dios: El Espíritu mismo da testimonio a nuestro espíritu, de que somos hijos de Dios. Y si hijos, también herederos; herederos de Dios y coherederos con Cristo, si es que padecemos juntamente con él, para que juntamente con él seamos glorificados. (Ro. 8:16-17)

Y él será mi hijo. La expresión en el griego, es: moi ho juiós. Esta expresión es muy fuera de lo común. El Dr. Vincent señala el hecho de que éste es el único lugar en los escritos de Juan donde se dice que el creyente es un hijo (juiós) en relación con Dios, y Dios es quien lo dice aquí. (En otros pasajes se usa otra palabra griega.) Los creyentes en la iglesia son parte del pueblo de Dios, pero son más que eso: son los hijos de Dios de una manera única y gloriosa. Amados, ahora somos hijos de Dios, y aún no se ha manifestado lo que hemos de ser; pero sabemos que cuando él se manifieste, seremos semejantes a él, porque le veremos tal como él es. (1 Jn. 3:2)

Pero los cobardes e incrédulos, los abominables y homicidas, los fornicarios y hechiceros, los idólatras y todos los mentirosos tendrán su parte en el lago que arde con fuego y azufre, que es la muerte segunda. [Ap. 21:8]

Hay varias cosas que resaltan en este versículo. En primer lugar, la creación de un nuevo cielo y una nueva tierra no afectó para nada el estado del lago de fuego ni de los perdidos. Ellos van a la eternidad, así como están.

En segundo lugar, no hay ninguna posibilidad de que el pecado que ha hecho que el hombre llegue a ser cobarde, incrédulo, mentiroso y homicida, y todo lo demás, llegue alguna vez a romper las barreras y entrar al nuevo cielo y a la nueva tierra. El pecado y su potencial están apartados para siempre de la nueva creación.

Finalmente, el lago de fuego es eterno. Es la segunda muerte, y no hay una tercera resurrección. Es una separación eterna de Dios, y no hay nada que sea más terrible que eso.

La Nueva Jerusalén, descripción de la morada eterna de la novia

El aspecto de esta ciudad es la quinta esencia de la hermosura, de la belleza ya refinada, de un gozo sin control. Un lenguaje muy refinado describe su matrimonio, y el vocabulario descriptivo se agota al pintar este cuadro. La contemplación de Su gloria venidera es un tónico espiritual para aquéllos que están cansados de la jornada peregrina aquí en la tierra.

La Nueva Jerusalén es, en realidad, una ciudad post-milenaria, porque ella no aparece sino hasta el fin del milenio, y el comienzo de la eternidad. Esta ciudad evidentemente estaba en la mente de Cristo cuando Él dijo: Voy, pues, a preparar lugar para vosotros. (Jn. 14:2). Pero el telón no se levanta en esta escena de la ciudad celestial, sino hasta cuando el drama terrenal ha llegado a su conclusión satisfactoria. La tristeza de la tierra no es apagada hasta cuando comienza la edad sin fin.

La Nueva Jerusalén será para la eternidad lo que la Jerusalén terrenal es para el milenio. La Jerusalén terrenal no dejará de ser, sino que tiene segundo lugar en la eternidad. La justicia reina en Jerusalén, y morará en la nueva Jerusalén. La imperfección y la rebelión existen aún en la Jerusalén milenaria. La perfección y la ausencia del pecado identificarán a la ciudad celestial. De la misma manera en que la reina del rey es de mayor importancia que el lugar que gobierna, así también la Nueva

Jerusalén trasciende la ciudad de la tierra. Esto no echará ninguna censura sobre la ciudad terrenal, ni le causará dolor interno. Ella puede decir en el espíritu de Juan el Bautista: El que tiene la esposa, es el esposo. (Jn. 3:29).

La Nueva Jerusalén es la morada eterna de la iglesia. La Nueva Jerusalén es el hogar de la iglesia, la ciudad de la iglesia. Ésta es la ciudad hacia la cual la iglesia desea llegar, al establecer su tienda en esa dirección.

Vino entonces a mí uno de los siete ángeles que tenían las siete copas llenas de las siete plagas postreras, y habló conmigo, diciendo: Ven acá, yo te mostraré la desposada, la esposa del Cordero. [Ap. 21:9]

Ahora, en los versículos 9-21, tenemos los planos del arquitecto: Ven acá, yo te mostraré la desposada, la esposa del Cordero. Ya hemos visto los aspectos sicológicos y espirituales de esto, y son maravillosos, pero esta descripción física también vale la pena contemplar.

Pasamos ahora aquí a considerar la relación de la ciudad con los ciudadanos, la ciudad propia con la iglesia. Por cierto, que no hemos de inferir que una ciudad vacía sin los ciudadanos es la esposa. Los ciudadanos son identificados con la ciudad en el capítulo 22:3, 6, y 19. Aquéllos de afuera son identificados aquí para nosotros en este capítulo 21, versículo 8, como aquéllos que han perdido sus derechos civiles. Aunque es necesario mantener una distinción entre la esposa y la ciudad, el escritor tiene la intención de considerarlos juntos.

Este pasaje es una descripción de los adornos que revelan algo del amor y del valor que el Esposo ha conferido a la esposa.

Y me llevó en el Espíritu a un monte grande y alto, y me mostró la gran ciudad santa de Jerusalén, que descendía del cielo, de Dios. [Ap. 21:10]

Por cierto, que esta ciudad no tiene contraparte entre las ciudades de la tierra. Éstas están edificadas en un fundamento terrenal, y suben de abajo para arriba. Esta ciudad, en cambio, baja del cielo. Se origina en el cielo, y el Señor Jesucristo es su Arquitecto y quien la ha construido. Aunque la ciudad baja, o desciende del cielo, no hay ninguna sugerencia que llegue a esta tierra. La ciudad terrenal nunca va al cielo, y la ciudad celestial nunca va hasta la tierra. La distancia que recorre en su descenso es asunto de especulación nada más.

Esto ha llevado a puntos de vista extremos en interpretar la Nueva Jerusalén. En el principio mismo, el ebionismo, una de las primeras herejías, fue al extremo de aplicar todo este pasaje en cuanto a la nueva Jerusalén a la Jerusalén terrenal. Los gnósticos, por su parte, otra herejía bien antigua, fueron al otro extremo de espiritualizar este pasaje para hacerlo que se refiriera al cielo. Muchas sectas modernas aplican esto de la Nueva Jerusalén a sí mismos, y seleccionan una localidad geográfica de su propia elección aquí en la tierra. Los teólogos liberales y los a-milenaristas han dejado la ciudad en el cielo, a pesar de la declaración bíblica de que desciende del cielo. Hay dos cosas que son muy evidentes aquí. (1) Desciende del cielo, (2) pero no se dice que llegue a la tierra. Este pasaje de las Escrituras deja a esta ciudad como colgada en el aire. Esto no es incompatible en cuanto a una civilización en el espacio en un planeta nuevo. La Nueva Jerusalén o llegará a ser otro satélite de la tierra, o lo que será más probable, y creo que es cierto, la tierra llegará a ser un satélite de la Nueva Jerusalén, como también el resto de la creación. Este capítulo indica que la ciudad llegará a ser el centro de todas las cosas, y toda actividad y gloria girará alrededor de esta ciudad. Dios estará allí. Su centro principal y Su Universo es teocéntrico, es decir que está centrado alrededor de Dios. La Nueva Jerusalén es por tanto digna de recibir tal posición preeminente por la eternidad.

Teniendo la gloria de Dios. Y su fulgor era semejante al de una piedra preciosísima, como piedra de jaspe, diáfana como el cristal. [Ap. 21:11]

Pablo instruye a los creyentes a regocijarse en la esperanza de la gloria de Dios. (Ro. 5:2) Esta esperanza llegará a realizarse en la ciudad santa. El hombre en pecado nunca ha sido testigo de la revelación de la gloria de Dios. La experiencia de Israel en el desierto les enseñó a ellos que cada vez que había una rebelión en el campamento, la gloria de Dios aparecía en juicio. La manifestación de Dios en gloria, crea el terror en un corazón pecaminoso; pero, ¡qué gloriosa anticipación al poder contemplar Su gloria cuando estemos vestidos con la justicia de Cristo!

Dos cosas maravillosas hacen de esta ciudad la manifestación de toda la gloria de Dios. (1) La presencia de Dios hace de esta ciudad la fuente de la gloria para el Universo. Toda bendición es irradiada de esta ciudad. (2) La presencia de los santos, no prohíbe la manifestación de la gloria de Dios. El pecado hizo que Dios quitara Su gloria de la presencia del hombre, pero en esta ciudad, todo esto ya ha quedado en el pasado. El hombre redimido, morando con Dios en la ciudad, teniendo la gloria de Dios, es el gran objetivo, lo cual es digno de Dios. Esta ciudad revela el alto propósito de Dios en la iglesia, el cual es el de llevar muchos hijos a la gloria. (Véase He. 2:10)

La palabra que ha sido traducida aquí como fulgor, en griego es fostér, y es la palabra que indica la fuente de la luz. La ciudad es la que da la luz. No refleja la luz como la luna, tampoco genera luz por una combustión física, como el sol, sino que la origina, es la fuente de la luz. Es la presencia de Dios y de Cristo la que da explicación a todo esto, como Él ya ha declarado: Yo soy la luz del mundo. (Jn. 9:5). Dios es la luz.

Toda la ciudad es como una piedra preciosa. A ésta se la compara como piedra de jaspe. La piedra de jaspe moderna es una piedra de muchos colores de cuarzo. La piedra a la cual se refiere aquí no puede ser eso, porque esta piedra no es opaca. Jaspe es una trascripción de la palabra íespis, que es de origen semítico, y Moffatt sugiere que íespis puede significar la piedra de ópalo moderno, diamante o topacio.

Esta piedra es transparente y brillante, lo cual sugiere una de estas piedras, probablemente el diamante. El diamante parecería estar más cerca de esta descripción que cualquier otra piedra conocida por el hombre. La similitud de la palabra hebrea para cristal, mencionada en Ezequiel 1:22, a la palabra hebrea para hielo, ayuda a fortalecer este punto de vista. La Nueva Jerusalén es un diamante engarzado en oro. Esta ciudad es el anillo de compromiso de la esposa. En realidad, es el anillo de matrimonio. Es el símbolo del compromiso y de la boda de la iglesia con Cristo.

Las puertas de la ciudad

Tenía un muro grande y alto con doce puertas; y en las puertas, doce ángeles, y nombres inscritos, que son los de las doce tribus de los hijos de Israel; Al oriente tres puertas; al norte tres puertas; al sur tres puertas; al occidente tres puertas. [Ap. 21:12-13]

Hay doce puertas en la ciudad, tres puertas de cada lado. Sobre cada una de las puertas se ha colocado el nombre de las tribus de Israel. Esto es algo llamativo y sugiere inmediatamente el orden que se acostumbraban a tener los hijos de Israel alrededor del tabernáculo. La tribu de Leví era la tribu sacerdotal y servía en el mismo tabernáculo. La Nueva Jerusalén es un templo, en cierto sentido un tabernáculo, porque allí está Dios con el hombre. La iglesia constituye el sacerdote que le sirve a Él constantemente. Ellos le sirven como tal en la ciudad, y moran allí como lo hizo Leví en el tabernáculo.

Todo en la eternidad mirará hacia esta ciudad, porque allí está Dios. Los hijos de Israel en la tierra disfrutarán de la misma relación con la ciudad que tenían con el tabernáculo en el desierto, y más adelante con el templo en la ciudad. Esta ciudad será el tabernáculo para los hijos de Israel; ellos estarán entre la multitud que irá a esa ciudad a adorar en la eternidad. Ellos vendrán de la tierra para presentar su adoración en la gloria. Ellos no morarán en la ciudad, del mismo modo que no moraron en el tabernáculo antiguo. Aquéllos que morarán allí serán los sacerdotes, quienes son la iglesia. La iglesia ocupa el lugar más cerca a Dios en la eternidad, y la esposa, como Juan en el aposento alto, puede reposar su cabeza sobre Su seno. ¿Quién es ésta que sube del desierto, recostada sobre su amado? (Cnt. 8:5). Ella es la esposa, y ha venido del desierto, el cual es este mundo presente. Pero las doce tribus de Israel irán a la ciudad celestial a adorar; tres tribus irán en cada lado de los cuatro de la ciudad, y luego ellos regresarán a la tierra, después de un período de adoración. Pero la iglesia morará en la Nueva Jerusalén.

Los cimientos de la ciudad

Y el muro de la ciudad tenía doce cimientos, y sobre ellos los doce nombres de los doce apóstoles del Cordero. [Ap. 21:14]

Esta ciudad tiene doce cimientos, y los nombres de los doce apóstoles están sobre ellos. La iglesia hoy es, edificado sobre el fundamento de los apóstoles y profetas, siendo la principal piedra del ángulo Jesucristo Mismo. (Ef. 2:20) Cuando Cristo regresó al cielo, él entregó las llaves al cuidado de los Apóstoles. En el nivel humano, la iglesia estaba en las manos de esos doce hombres. El Libro de los Hechos presenta ese orden: En el primer tratado, oh Teófilo, hablé acerca de todas las cosas que Jesús comenzó a hacer y a enseñar, hasta el día en que fue recibido arriba, después de haber dado mandamientos por el Espíritu Santo a los apóstoles que había escogido. (Hch. 1:1-2) Como usted ya sabe, yo tomo la posición que Matías no fue quien reemplazó a Judas, sino que creo que fue Pablo. Matías nunca más fue mencionado. Simón Pedro tuvo esa elección para buscar el reemplazante de Judas antes de que viniera el Espíritu Santo. No creo que haya sido la voluntad de Dios el que ellos tuvieran esa elección entonces. Usted nunca se entera de nada que haya hecho Matías, pero por cierto sabe mucho de lo que Pablo, el Apóstol, hizo. Yo creo que él es quien fue elegido por el Espíritu para reemplazar a Judas.

A estos doce Apóstoles se les entregó todas las Escrituras de la iglesia. Estos hombres predicaron el primer sermón. Ellos organizaron las primeras iglesias, y llegaron a ser los primeros mártires. No es honrar la Escritura cuando tratamos de disminuir la importancia de los doce Apóstoles. En un sentido muy real y verdadero, ellos fueron el fundamento de la iglesia. A través de ellos, la iglesia estará eternamente agradecida. Esto no es quitarle a Cristo Su gloria, porque Él es la principal piedra del ángulo (Ef. 2:20), pero la iglesia es edificada sobre el fundamento de los Apóstoles. Eso es lo importante de notar de nuestra parte.

El tamaño y la forma de la ciudad

El que hablaba conmigo tenía una caña de medir, de oro, para medir la ciudad, sus puertas y su muro. La ciudad se halla establecida en cuadro, y su longitud es igual a su anchura; y él midió la ciudad con la caña, doce mil estadios; la longitud, la altura y la anchura de ella son iguales. [Ap. 21:15-16]

La forma de esta ciudad es algo difícil de describir, lo cual se debe, en su mayor parte, a nuestra falta de habilidad para traducir nuestros conceptos de un Universo de tiempo a una nueva creación de eternidad. Las medidas de esta ciudad que se presentan aquí dan lugar a toda clase de concepciones en cuanto a la forma y al tamaño de ella. En primer lugar, debemos examinar el tamaño de la ciudad. Aquí se dice: Y él midió la ciudad con la caña, doce mil estadios; la longitud, la altura y la anchura de ella son iguales. Doce mil estadios, significa unos 2.400 Km. Es una ciudad bastante grande, mucho más grande de lo que son algunas de las grandes ciudades en el presente. Ésta es una ciudad que tiene 2.400 Km. de lado, y también de altura. ¿Cómo podemos ubicar esto en nuestro concepto del presente? Esta cantidad es corroborada por los Doctores Seiss, Walter Scott y otros. La amplitud de esta ciudad es algo sorprendente cuando se considera al principio, pero luego se da cuenta uno que esto está de acuerdo con la importancia de la ciudad. Por cierto, que Dios como Creador nunca puede ser acusado de ser mezquino, de economizar, o de hacer las cosas de modo tal que revelen pequeñez. Usted puede haber notado cuando va a la playa, que hay suficiente arena, que hay suficiente agua en los océanos, ha creado las montañas de la altura apropiada, y les ha dado rocas y las ha colocado en todas partes. Cuando Dios hace algo, por cierto, que lo hace en abundancia. Con mano pródiga y generosa, Él ha adornado los cielos con cuerpos celestiales. Esta ciudad lleva en sí la marca de Aquél que la construyó, El Señor Jesús, el Carpintero de Nazaret, Él fue quien construyó esta ciudad.

Considere conmigo la forma de esta ciudad. Ésta es una ciudad cuadrangular. Ésa es una sencilla declaración de la Escritura. Eso indicaría que la ciudad es un cubo de 2.400 Km. de lado. El Dr. Seiss la ve como un cubo; el Dr. Ironside la ve como una pirámide. Aun otros interpretan estas medidas en tantas figuras geométricas como se puede imaginar. Sin embargo, es difícil para nosotros concebir un cubo o una pirámide proyectada así en el espacio. Nosotros estamos acostumbrados a pensar de una esfera que tiene una forma redonda que está en el espacio, porque ésa es la forma general de los cuerpos celestiales. Según lo que sabemos nosotros, no hay ninguno que tenga la forma cuadrada o de un cubo o de una pirámide. Los cubos y las pirámides son cosas apropiadas para los edificios terrenales, pero no son prácticos para el espacio, así como las esferas no son prácticas para los edificios terrestres. Sin embargo, se indica claramente que esta ciudad es cuadrangular.

Esta dificultad se resuelve cuando pensamos de esta ciudad como de un cubo dentro de una esfera de cristal transparente, y lo que tenemos aquí son las medidas interiores. Yo pienso que puede ser como una gran esfera de plástico. Uno puede ilustrar esto colocando un cubo dentro de una bola de plástico, donde sus ocho esquinas toquen esa esfera. Yo creo que éstas son las medidas que se dan aquí. Es decir que nos daría una esfera en el espacio, ya que aquí no tenemos geometría plana. Ésta es una matemática que yo no pude resolver. Les pregunté a unos ingenieros que se especializan en esta tarea de diseñar las naves espaciales, y dieron una respuesta que quiero compartir con usted. Esto indicaría que con un cubo de 2.400 Km. de lado dentro de la esfera, esta esfera tendría que tener una circunferencia de unos 13.130 Km. El diámetro de la luna es de unos 3.470 Km. y el diámetro de la esfera de la Nueva Jerusalén es de unos 4.160 Km. Así es que, la Nueva Jerusalén será aproximadamente del tamaño de la luna, y será una esfera. Será más grande que la luna, pero una esfera similar a los otros cuerpos celestiales. Personalmente opino que ése es el cuadro que se nos presenta aquí, y un cuadro al cual creo se le debería prestar atención.

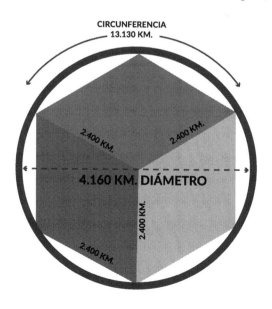

Pienso yo que vamos a vivir dentro de esta esfera, no en la parte de afuera. Aquí en la tierra, estamos viviendo en la parte de afuera, y eso presenta algunas dificultades. El Señor tuvo que crear la ley de la gravedad para que nos mantuviera sobre la tierra; de otra manera saldríamos disparados por el espacio. Ésta será una ciudad donde uno camine de manera opuesta a lo que camina aquí. Aquí uno camina en la parte de afuera, pero allí lo hará en la parte de adentro. Hemos dicho que ésta es una esfera clara o transparente, como el cristal. Eso es enfatizado una y otra vez.

También se nos da el fundamento o cimiento de esta ciudad:

El muro de la ciudad

Y midió su muro, ciento cuarenta y cuatro codos, de medida de hombre, la cual es de ángel. El material de su muro era de jaspe; pero la ciudad era de oro puro, semejante al vidrio limpio. [Ap. 21:17-18]

Los muros de la ciudad son para protección. Una ciudad amurallada es una ciudad segura. La Nueva Jerusalén es una ciudad segura, y los que moran allí moran en seguridad. La Jerusalén celestial gozará de los frutos de la seguridad y de la paz. Formada por aquéllos que encontraron la paz con Dios en la tierra, ella experimentará la totalidad de la paz a través de la eternidad. Los muros son una señal que esta ciudad ha logrado el significado completo de su nombre: Paz.

Los muros tienen una altura de 144 codos, o sea unos 65 metros. Heródoto estima que los muros de la antigua ciudad de Babilonia eran de 50 codos de ancho, y 200 de altura. Estos muros eran construidos para hacer la ciudad inexpugnable. La gran altura de los muros de la Nueva Jerusalén es en proporción al gran tamaño de la ciudad. La belleza, en lugar de la protección es el motivo y el diseño de ella. Dice que el material del muro era de jaspe. La más dura de las sustancias y la más hermosa de las piedras constituyen el exterior de la ciudad.

Las piedras de fuego en el cimiento

Y los cimientos del muro de la ciudad estaban adornados con toda piedra preciosa. El primer cimiento era jaspe; el segundo, zafiro, el tercero, ágata; el cuarto, esmeralda; El quinto, ónice; el sexto, cornalina; el séptimo, crisólito; el octavo, berilo; el noveno, topacio, el décimo, crisopraso; el undécimo, jacinto; el duodécimo, amatista. [Ap. 21:19-20]

Estos cimientos no sólo tienen los nombres de los doce Apóstoles, sino que son doce piedras preciosas diferentes. Las cosas más hermosas y caras que el hombre conoce son las piedras preciosas. Estas piedras preciosas expresan en lenguaje humano, por así decirlo, la magnificencia de la ciudad. El grado superlativo de estas piedras preciosas es utilizado para demostrar algo de la gloria de la ciudad para aquéllos que ven por espejo oscuramente. (1 Co. 13:12) Nosotros veremos claramente algún día.

Un examen minucioso de estas doce piedras preciosas en los cimientos, revelan un modelo policromado de virtud y belleza. Diversos matices y tintes forman una galaxia de colores, como del arco iris. Estas piedras preciosas, son enumeradas como sigue:

1. Es la piedra de jaspe. El color es claro. Mencionado anteriormente, ése es probablemente el diamante, claro como el cristal, un reflector de luz y de color. El Dr. Seiss, al hablar de la Nueva Jerusalén, la describe como algo claro y puro, brillante como un carámbano transparente al fulgor del sol.

2. El zafiro es de color azul. Esta piedra se menciona en Éxodo 24:10, como el fundamento de Dios. Y había debajo de sus pies como un embaldosado de zafiro, semejante al cielo cuando está sereno. El comentarista Moffatt, describe esta piedra como una piedra azul. El comentarista Pliny, la describe como una piedra opaca con manchas doradas, con lo cual está de acuerdo Petrie.

3. El ágata es de color verde. Pliny la describe como una variedad de esmeralda que se junta en las montañas de Calcedonia. Robinson dice que es posiblemente un silicato verde de cobre.

4. La esmeralda es de color verde. Robinson la describe como una piedra verde.

5. El ónice es de color rojo. Robinson la describe como blanca con láminas o estratos de color rojo.

6. La cornalina es del color rojo vivo. Pliny dice que ésta es la piedra roja que proviene de Sardis. Swete dice que es un color rojo vivo.

7. El crisólito es amarillo dorado. El comentarista Moffatt le da un matiz dorado. Robinson dice que es un color dorado como el topacio.

8. El berilo es el color verde mar. Así lo describe Pliny. Es como una esmeralda, dice Robinson.

9. El topacio es amarillo verdoso. Robinson la llama una piedra dorada verdosa.

10. La crisoprasa es verde dorado. Robinson la describe como un puerro dorado. También es descrita como de color verde mar.

11. El jacinto es de color violeta, como la flor del mismo nombre. Pliny le da el color violeta.

12. El amatista es de color púrpura. Aunque la Enciclopedia Bíblica Internacional Estandard la menciona como rubí, Robinson la describe como de color púrpura.

Los cimientos de la Nueva Jerusalén son construidos de piedras preciosas y costosas y de mucha brillantez. Adentro está Jesús quien, cuando estuvo aquí en la tierra, fue la luz del mundo. Allí Él será la luz del Universo. Allí está Dios el Padre, y la luz brilla a través de todo eso e ilumina el Universo de Dios. No será como se dice ahora por los científicos que en el espacio hay tinieblas, que es oscuro, y que el único color que se puede apreciar está sobre este pequeño planeta tierra. Pero espere hasta ver la Nueva Jerusalén. Esto iluminará el nuevo cielo de Dios y la nueva tierra como nunca antes ha sido iluminado. Creo que será una de esas escenas que le cortan a uno el aliento, como se dice. Esta Nueva Jerusalén, como podemos apreciar, es un planeta que desciende del cielo, y todo girará a su alrededor, y de allí saldrá la luz. Será Jesucristo Mismo. La luz brillará, y uno podrá apreciar todos estos hermosos y diáfanos colores. No podemos pensar en nada que se le pueda comparar.

Al color se lo describe en el presente como luz reflejada. Uno puede pasar un rayo de luz a través de un prisma y se separa en los tres colores primarios: amarillo, azul y rojo. Así es que de estos tres colores primarios vienen todos los demás colores, tonos y matices. La luz es un requerimiento para el color. Donde no hay luz, no hay color. Los objetos de color revelan color a la luz gracias a su habilidad de absorber o rechazar los rayos de la luz. Una piedra roja absorbe todos los colores del rayo de luz con excepción del rojo. Rechaza o envía de regreso al ojo los rayos rojos que forman ese color.

La Nueva Jerusalén es una ciudad de luz, es una ciudad de color. Dios es luz, y Él está allí. La ciudad se describe como una piedra de jaspe, clara como el cristal. Y todo este color estará saliendo de allí e inundará el Universo de Dios. Allí está la Nueva Jerusalén, una luz que brilla desde adentro, a través de esa piedra de jaspe, que actúa como un prisma, para dar todo color y tono de color en el arco iris, como un prisma, pero estará dando todo color, y colores que ni usted ni yo siquiera hemos imaginado. La Nueva Jerusalén creo yo, es un nuevo planeta, y está dentro de una esfera de cristal, y allí es a donde iremos a vivir nosotros. La presencia de los colores primarios sugiere que todo tono y matiz y tinte es reflejado desde esa ciudad. Un arco iris que aparece después de una lluvia de verano sólo presenta una vaga impresión de la belleza, y el color de la ciudad de luz. ¡Ah, qué glorioso lugar es éste!

La ciudad y calle de oro

Las doce puertas eran doce perlas; cada una de las puertas era una perla. Y la calle de la ciudad era de oro puro, transparente como vidrio. [Ap. 21:21]

Note que el versículo también dice, pero la ciudad era de oro puro, semejante al vidrio limpio. Se nos dijo al principio de esta descripción que la ciudad era transparente. Eso es lo que me dio la idea y la clave para creer que nosotros viviremos en la parte de adentro, y que todo es transparente. Eso quiere decir que la luz que brilla desde adentro y que sale, pasa a través de estas piedras preciosas de diferentes colores, no sólo de colores conocidos al hombre en el presente, sino muchos otros que nuestros ojos naturales no pueden apreciar en el presente.

Podremos verlos, entonces, con el cuerpo nuevo que tendremos en esa oportunidad.

Aquí se nos dice que la calle es de oro puro. Personalmente hablando no me interesa el asfalto del lugar. No me interesa eso en realidad, pero es transparente como el vidrio. Hay dos cosas que me llaman la atención aquí: (1) No se trata de calles, en plural, sino calle, en singular. Ésta es una ciudad que no tiene muchas calles. (2) Es transparente; aun la calle es transparente. El asfalto, o sea la superficie de esa calle, no sólo es oro puro, sino que es oro transparente.

Esto me lleva nuevamente a insistir que lo que estamos observando allí es un globo desde adentro. Uno no puede tener una ciudad como la que tenemos hoy sin tener calles. Por cierto, que habría un amontonamiento de tráfico terrible con sólo una calle. Pero aquí tenemos una sola calle. Esta calle, diría yo, comienza en las cuatro puertas, y comenzaría a recorrer el círculo del globo, y subiría hasta la parte superior, haría un círculo, y luego regresaría a la parte inferior. Una sería la entrada y la otra sería la salida. Así es que lo que tenemos aquí es una sola calle, y mi punto de vista se presta a la idea de que es una sola calle. El hecho de que es oro transparente significa que la luz puede pasar a través de ella y brillar, y que no habrá nada que se interponga, ni siquiera la calle.

Vamos a ver ahora nuevas relaciones, a Dios morando con el hombre; y luego al nuevo centro de la nueva creación en los versículos 24-27.

La nueva relación, Dios morando con el hombre

Y no vi en ella templo; porque el Señor Dios Todopoderoso es el templo de ella, y el Cordero. La ciudad no tiene necesidad de sol ni de luna que brillen en ella; porque la gloria de Dios la ilumina, y el Cordero es su lumbrera. [Ap. 21:22-23]

Dios ilumina la nueva creación con Su presencia. Después de la entrada del pecado en la vieja creación, Dios quitó Su presencia, y se nos dice que las tinieblas estaban sobre la faz del abismo. (Véase Gn. 1:2) Luego Dios utilizó las luces físicas en Su Universo. Él las colocó como uno coloca las luces en la calle hoy, o como coloca las luces en su propia casa. Sin embargo, en la nueva creación se quita el pecado, y luego Él llega a ser otra vez Fuente de luz. En el día de hoy, el Señor Jesucristo es la Luz del mundo en un sentido espiritual: Otra vez Jesús les habló diciendo: Yo soy la luz del mundo; el que me sigue, no andará en tinieblas, sino que tendrá la luz de la vida. (Jn. 8:12)

En la nueva creación, Él es tanto la luz directa física, como la luz espiritual. En el tabernáculo, estaba el candelero de oro, el cual es uno de los mejores cuadros de Cristo. En la Nueva Jerusalén, Él es el candelero de oro. Las naciones del mundo entrarán a la ciudad santa, así como los sacerdotes entraban al Lugar Santísimo del tabernáculo con el propósito de adorar. Las naciones de la tierra, así como también Israel irán a la Nueva Jerusalén, como el sumo sacerdote antiguo entraba al Lugar Santísimo. Pero en lugar de traer sangre, el Cordero está allí en persona. ¡Qué cuadro el que tenemos allí!

El templo, que reemplazó al tabernáculo en la nación de Israel, era una envoltura, por así decirlo, terrenal para la gloria Shekiná. Era el testimonio de la presencia de Dios, y también de la presencia del pecado. Donde existía el pecado, uno sólo podría acercarse a Dios por medio del rito del templo. Sin embargo, en la Nueva Jerusalén el pecado ya no es una realidad. Es como una terrible pesadilla que aun ha sido sacada fuera de la memoria de uno. La presencia actual de Dios con los redimidos elimina la necesidad del templo, aunque toda la ciudad podría ser llamada o se podría pensar como que fuera un templo. Algunos han destacado el hecho de que la Nueva Jerusalén es de la misma forma que el Lugar Santísimo del tabernáculo y del templo, donde Dios moraba, un cubo perfecto. De paso, digamos que eso no es ningún accidente. En la ciudad de luz, Dios está presente. El pecado está ausente, por tanto, un edificio de sustancia material ya no es necesario. El templo físico era un sustituto muy pobre para la Persona de Dios. La Nueva Jerusalén posee el artículo genuino, a Dios en persona. Ése es probablemente el primer lugar donde Dios hará Su aparición personal ante el hombre, y ¡qué pensamiento más glorioso es éste!

La Nueva Jerusalén es independiente del sol y de la luna, para la luz y la vida. ¡Qué contraste con la tierra del día de hoy, que depende completamente del sol y de la luna! Un día el sol y la luna pueden llegar a depender de la ciudad celestial para la potencia necesaria para transmitir la luz, ya que Aquél que es la Fuente de la luz y vida mora dentro de la ciudad. La ciudad de Jerusalén no necesitará de una compañía de electricidad. Aquél que es luz estará allí, y la refulgencia de Su gloria será manifestada en la Nueva Jerusalén, sin ninguna clase de obstáculos. ¡Qué cuadro el que tenemos aquí!

El nuevo centro de una nueva creación

Y las naciones que hubieren sido salvas andarán a la luz de ella; y los reyes de la tierra traerán su gloria y honor a ella. [Ap. 21:24]

Y las naciones que hubieren sido salvas andarán a la luz de ella. No dice que vivirán allí, sino que andarán a la luz de ella. Es decir que la Nueva Jerusalén dará luz a la tierra en lugar del sol y de la luna.

Y los reyes de la tierra traerán su gloria y honor a ella. Ésa es la razón por la cual yo digo que habrá mucho tráfico y que habrá mucha gente viajando entre la Nueva Jerusalén y esta tierra. No sólo irá Israel a la Nueva Jerusalén a adorar, sino que las naciones del mundo que han entrado a la eternidad, también subirán. Ésta no va a ser su morada permanente, sino que irán allí para adorar. Creo que la iglesia será los sacerdotes de esa época. Se nos dice hoy que nosotros somos un sacerdocio de los creyentes.

Sus puertas nunca serán cerradas de día, pues allí no habrá noche. [Ap. 21:25]

Es insensato el decir que las puertas no serían cerradas de noche, porque allí no habrá noche. Por eso es que se nos dice: Sus puertas nunca serán cerradas de día. En otras palabras, van a botar, van a tirar la llave, y no habrá allí ningún peligro. Las puertas fueron colocadas allí con un propósito, para la protección. Cuando las puertas de la ciudad se cerraban, eso indicaba que un enemigo estaba afuera, y ellos estaban tratando de mantenerlo en esa misma posición.

Y llevarán la gloria y la honra de las naciones a ella. No entrará en ella ninguna cosa inmunda, o que hace abominación y mentira, sino solamente los que están inscritos en el libro de la vida del Cordero. [Ap. 21:26-27]

Dios aparentemente ha logrado Su propósito original con el hombre, el de tener comunión. Él tiene ahora a una criatura que es un agente moral, libre, y quien ha elegido adorarle y servirle eternamente.

No puede haber noche. El Cordero es la luz. Y Él está allí presente eternamente.

Las puertas ya no son para protección, porque no se cierran jamás. Más bien, son como un distintivo o un emblema de la iglesia. Usted ha notado que estas puertas son de perla. La Perla de Gran Precio ha sido comprada a un gran precio. La Perla de Gran Precio no se encuentra en esa parábola que presentó el Señor Jesucristo. (Véase Mt. 13:45-46) La Perla no es Cristo que el pecador compra. ¿Qué tiene que pagar el pecador por Cristo? Él no tiene nada con lo cual pueda pagar, sino que es todo lo contrario. Pero en realidad, el mercader que compró esa perla era el Señor Jesucristo Mismo, y la Perla es la iglesia. Es interesante notar que la perla es formada por un grano de arena o algo que entra en la vida de la ostra, y luego el animal que está dentro de ella comienza a formar a su alrededor una secreción que, con el pasar del tiempo, forma la perla. La iglesia tiene el nombre de una Perla de Gran Precio, y en griego la palabra es margarítes, que bien puede ser expresada como Margarita. El Señor Jesucristo pagó un gran precio para comprar esta perla. Ésa es la perla que fue formada de Su costado. Alguien dijo: "Entré al corazón de Cristo a través de la herida provocada por la lanza". Él fue herido, por nuestras transgresiones. Fue molido por nuestros pecados, y la iglesia será para demostrar Su gracia por la eternidad, a todos esos millones de inteligencias creadas por Él. Para mostrar en los siglos venideros las abundantes riquezas de su gracia en su bondad para con nosotros en Cristo Jesús. (Ef. 2:7)

Pablo dice: Para mostrar en los siglos venideros. Ésa es una eternidad. Usted y yo estaremos allí siendo mostrados, y éstos vendrán y nos mirarán, y dirán: "¿Ves a este hombre? Él merecía el infierno. Pero el Señor Jesucristo murió por él, y pagó un precio tremendo y él confió en Cristo, y eso era todo lo que tenía que ofrecer. Mira lo que el Señor Jesús ha hecho por él ahora. Le ha hecho una persona digna de estar en el cielo. Le ha hecho 'acepto en el Amado'".

En el Libro de la Vida del Cordero, están inscritos los nombres de los redimidos de todos los tiempos. A nadie que no haya sido redimido por la sangre de Jesucristo se le permitirá entrar por los portales de la Nueva Jerusalén. Hay un gran abismo que separa a los que son salvos de los perdidos.

El gran gozo que cautivará el corazón del redimido será aquél de poder morar en la presencia de Cristo por toda la eternidad. Él dijo: Para que donde yo estoy, vosotros también estéis. (Jn. 14:3) Eso es el cielo, el estar con Él. Apocalipsis, es todo en cuanto a Jesucristo. Él es el Centro mismo en el Universo de Dios. ¡Qué cuadro el que tenemos aquí!

Nuestra atención ya ha sido dirigida al hecho de que el remanente de Israel redimido hace visitas periódicas a la ciudad de Dios. En el versículo 24, se identifica otro grupo que trae su gloria y honor. Éstas son las naciones gentiles redimidas que ocuparán la tierra junto con Israel, por la eternidad. Estas naciones, lo mismo que Israel, no pertenecen a la iglesia. Ellos fueron redimidos después de que la iglesia fue sacada de la tierra, y antes de que la iglesia llegara a existir. Ellos vienen como visitantes a la ciudad. Vienen allí como adoradores. Hebreos 12:22, dice: Sino que os habéis acercado al monte de Sion, a la ciudad del Dios vivo, Jerusalén la celestial, a la compañía de muchos millares de ángeles. Éstos evidentemente constituyen la clase que sirve. La ciudad es de un carácter cosmopolita. Allí están todas las nacionalidades. Las inteligencias creadas de Dios caminan por la calle de la nueva Jerusalén.

Entre esas multitudes, no hay ninguno que traiga mancha o pecado. ¡Cuán superior es esta ciudad aun al jardín del Edén, donde la mentira de Satanás abrió una entrada para el pecado! Ni la mentira ni el mentiroso entrarán por los portales de la ciudad celestial de Jerusalén. Todos los moradores y todos los turistas no sólo han sido redimidos del pecado, sino que han perdido su gusto por el pecado. Ellos han pasado a través de las puertas que nunca pueden cerrarse, y el disfrute en esta ciudad celestial y gloriosa no está restringido a la iglesia nada más, aunque ellos son los que morarán allí.

Ahora, al concluir este capítulo, yo quisiera mencionar las palabras que escribió Bernardo de Cluny en el siglo XII: "Ciudad del Rey Eterno, de perlas son tus puertas, continuamente abiertas al mísero mortal; y en tu recinto moran los que por fe elevan y el sello augusto llevan del Verbo celestial".

¡Qué cuadro, y cuán inadecuadamente he tratado con esto! Si de alguna manera pudiéramos ir allí usted y yo para poder contemplar, aunque sea por un poco la gloria de esa ciudad, y la gloria de Aquél que es su adorno principal, el Señor Jesucristo, y el glorioso porvenir y privilegio de estar con Él durante toda la eternidad porque no hay nada con qué compararlo.

CAPÍTULO 22

El Río de Agua de Vida; el Árbol de la Vida; la promesa del regreso de Cristo; la invitación final de la Biblia

Este capítulo nos lleva a las escenas finales de este gran libro de escenas maravillosas. Del mismo modo, nos lleva al fin de la Palabra de Dios. Dios nos da aquí una palabra final, y porque son las últimas palabras, ellas tienen un mayor significado. Nos llevan al final de la jornada del hombre. El camino ha sido difícil en muchos lugares, y muchas preguntas han quedado sin respuesta. Muchos problemas han quedado sin solución, pero el hombre entra a la eternidad en comunión con Dios nuevamente, y allí todo encontrará respuesta.

La Biblia comienza con Dios en la escena. En el principio creó Dios los cielos y la tierra. (Gn. 1:1) Concluye con Él en la escena, en un control completo de los Suyos. Él sufrió. Pagó un precio, y Él murió, pero la victoria y la gloria son Suyas, y Él está satisfecho. Isaías 53:11, lo expresa de la siguiente manera: Verá el fruto de la aflicción de su alma, y quedará satisfecho; por su conocimiento justificará mi siervo justo a muchos, y llevará las iniquidades de ellos.

El Río de Agua de Vida y el Árbol de la Vida

Después me mostró un río limpio de agua de vida, resplandeciente como cristal, que salía del trono de Dios y del Cordero. En medio de la calle de la ciudad, y a uno y otro lado del río, estaba el árbol de la vida, que produce doce frutos, dando cada mes su fruto; y las hojas del árbol eran para la sanidad de las naciones. [Ap. 22:1-2]

Hasta este capítulo, la Nueva Jerusalén parecía ser todo mineral y nada vegetal. Su apariencia era como el despliegue brillante y deslumbrante de una joyería fabulosa. Pero parecía que no hubiera hierba donde sentarse, que no hubiera árboles que disfrutar, que no hubiera agua para beber, y que no hubiera comida para comer. Sin embargo, aquí se presentan los elementos que le dan suavidad a esta ciudad de tanta belleza.

Hubo un río en el primer Edén que se dividía en cuatro ríos. Aunque había abundancia de agua, no era llamado el Río de Agua de Vida. El Edén era un jardín de árboles entre los cuales se encontraba el Árbol de la Vida. Dios mantuvo el camino abierto al hombre por el derramamiento de la sangre. (Véase Gn. 3:24)

En la Nueva Jerusalén, hay un Río de Agua de Vida, y el trono de Dios es su fuente viviente de la cual mana abundancia de agua.

El árbol de la vida es un árbol frutal, que produce 12 clases de frutos diferentes, uno cada mes. Hay una provisión continua y abundante y hay variedad. En la eternidad, el hombre comerá y beberá, y eso será de mucho alivio para muchos de nosotros, de eso estoy seguro. El menú es variado, pero limitado a frutas, como lo fue en el jardín del Edén: Y dijo Dios: He aquí que os he dado toda planta que da semilla, que está sobre toda la tierra, y todo árbol en que hay fruto y que da semilla; os serán para comer. Y a toda bestia de la tierra, y a todas las aves de los cielos, y a todo lo que se arrastra sobre la tierra, en que hay vida, toda planta verde les será para comer. Y fue así. (Gn. 1:29-30)

Existe la tendencia de espiritualizar este pasaje y compararlo a los frutos del Espíritu. No objeto esto, y personalmente, prefiero mantener ese punto de vista de si nos atenemos a la interpretación literal, lo cual creo se puede hacer en esta sección. Aunque parecería ser algo altamente simbólico, creo que estamos tratando con aquello que es muy literal, porque aún estamos tratando y hablando del cielo.

Hasta las hojas de los árboles son de beneficio, porque tienen valor medicinal. ¿Por qué hace falta la sanidad en un Universo perfecto? Ésa es una buena pregunta, y yo diría que es un problema difícil de resolver. He hecho la sugerencia que es como un paquete de primeros auxilios, que demuestra el antiguo proverbio que dice, "Más vale prevenir que curar". Yo creo personalmente que los cuerpos de los que moran en la tierra en la eternidad serán diferentes a los cuerpos de los creyentes en la iglesia porque nosotros vamos a ser como Cristo. Es decir que nuestros cuerpos serán semejantes al de Él. Puede que los cuerpos de los que moran en la tierra necesiten renovación de tiempo en tiempo. Ésa puede ser la razón por la cual ellos van a la Nueva Jerusalén, no sólo a adorar, sino para ser renovados, por cierto espiritualmente. Es por eso que creo que eso es un paquete de primeros auxilios. Por lo menos aquí está la prevención.

Pero la posibilidad de que el pecado entre allí no existe.

Y no habrá más maldición; y el trono de Dios y del Cordero estará en ella, y sus siervos le servirán, Y verán su rostro, y su nombre estará en sus frentes. No habrá allí más noche; y no tienen necesidad de luz de lámpara, ni de luz del sol, porque Dios el Señor los iluminará; y reinarán por los siglos de los siglos. [Ap. 22:3-5]

La primera creación fue arruinada por la maldición del pecado, y esta vieja tierra, en la cual usted y yo vivimos, lleva las cicatrices de la maldición del pecado. La nueva creación no llevará ninguna cicatriz del pecado. Al pecado nunca se le permitirá entrar ni siquiera potencialmente. Estaba en potencia en el jardín del Edén, en el árbol del conocimiento del bien y del mal. La misma presencia de Dios y del Cordero será lo suficiente para prevenirlo. Fue durante la ausencia de Dios en el jardín del Edén que el tentador se acercó a nuestros primeros padres.

El trono de Dios y del Cordero está en la Nueva Jerusalén. Éste es el centro mismo donde están Dios el Padre y Dios el Hijo. La ausencia notable de cualquier referencia al Espíritu Santo necesita alguna explicación. En la primera creación el Espíritu Santo vino después de la caída, para renovar esta tierra que había sido arruinada. Y el Espíritu de Dios se movía sobre la faz de las aguas. (Gn. 1:2c). Él es hoy el instrumento de regeneración en el corazón y en la vida de los pecadores. No habrá necesidad de Su obra en la nueva creación en relación con eso. Por tanto, el silencio de Dios en cuanto a esto es muy elocuente.

Y sus siervos le servirán revela que el cielo no es un lugar de desocupación, donde no hay nada que hacer. Es un lugar de actividad sin cesar. Allí no habrá necesidad de descansar y darle al cuerpo una oportunidad para recuperarse. La palabra que se utiliza aquí para indicar "servicio" es una palabra muy peculiar. El Dr. Vincent señala el hecho de que llegó a ser usada por los judíos de una manera muy especial, donde demostraba el servicio rendido a Jehová por los israelitas como Su pueblo especial. Eso lo vemos en Hebreos: Ahora bien, aun el primer pacto tenía ordenanzas de culto y un santuario terrenal. Y luego: Y así dispuestas estas cosas, en la primera parte del tabernáculo entran los sacerdotes continuamente para cumplir los oficios del culto. (He. 9:1, 6) Éste va a ser un servicio que usted y yo, vamos a brindar en particular, ante Dios, por la eternidad. ¿Qué será? No lo sé. Quizá estemos a cargo de un Universo. Creo que tendremos una actividad sin cesar, no habrá noche, y el hombre por fin, cumplirá su destino y llegará a satisfacer los deseos de su corazón.

El hombre, por fin, llegará a ver el rostro de Dios. Éste fue el deseo supremo, expresado por Moisés en el Antiguo Testamento, y por Felipe en el Nuevo Testamento. Es el objetivo más alto para la vida. ¡Qué satisfacción más divina llegará a ser ésta!

Su nombre estará en sus frentes. Cada persona llevará el nombre de Cristo. Cada uno será como Él, sin llegar a perturbar su propia personalidad. Yo siempre he dicho esto como chiste, y puede ser cierto. He dicho que una de las cosas que quiero que Dios haga, si Él quiere hacerlo, es el permitirme que enseñe la Biblia. Quiero asistir a las clases que dará el Apóstol Pablo, y me gustaría enseñarle a ese grupo de personas que no quisieron ir a los estudios de enseñanza bíblica los días de semana. He pedido que el Señor me permita enseñar por un millón de años, y esta gente no va a pensar que es el cielo por ese primer millón de años, de eso estoy seguro; porque voy a trabajar muy duro entonces, ya que habrá mucho terreno que recorrer. No sé si esto es cierto o no, pero lo que sí sé es que allí vamos a estar muy ocupados.

Aquí en esta sección, se destaca el hecho de que habrá una luz directa en esta nueva creación. No habrá necesidad de postes de luz, ni tampoco habrá necesidad del sol, o de reflectores como la luna. Dios iluminará al Universo con Su presencia, porque Dios es luz.

Él dijo que, en la eternidad, la iglesia reinaría junto con Cristo. No sé lo que será, pero puede que Él le dé a cada santo un mundo, o un sistema solar o un sistema galáctico para gobernar. Usted recuerda que a Adán se le dio dominio sobre toda la creación que existía sobre esta tierra.

La promesa del regreso de Cristo

Y me dijo: Estas palabras son fieles y verdaderas. Y el Señor, el Dios de los espíritus de los profetas, ha enviado su ángel, para mostrar a sus siervos las cosas que deben suceder pronto. ¡He aquí, vengo pronto! Bienaventurado el que guarda las palabras de la profecía de este libro. [Ap. 22:6-7]

Lo importante de notar aquí es esto: ¡He aquí, vengo pronto! Eso quiere decir "rápidamente", y se repite otra vez en el versículo 12 y otra vez en el versículo 20, tres veces aquí en el final. He aquí, vengo pronto. No dentro de poco, ni inmediatamente, ni siquiera enseguida. Lo que Él está diciendo es que estos hechos que hemos estado observando aquí en Apocalipsis, comenzando con el capítulo 4, tienen lugar en un período de unos 7 años. La mayoría de estos sucesos están limitados a los últimos tres años y medio. Lo que me anima es que el Señor Jesucristo dijo que esto no sería un período largo: "Yo vengo; dentro de poco, estaré allí". Allí es cuando uno llega a este período. Nosotros no estamos hablando correctamente, en realidad, cuando decimos o cuando hablamos de la pronta venida de Cristo. Tal vez he dicho esto mil veces o más. Pero no creo que ésa sea una forma correcta de expresarse, porque da una impresión equivocada.

El Señor Jesús presenta o pone Su propio sello sobre este libro, y dice: Estas palabras son fieles y verdaderas. Creo que esto significa que nadie debe jugar con esto espiritualizándolo o reduciéndolo a un símbolo sin significado. Él está hablando en cuanto a la realidad. Usted recuerda que, al comienzo de este libro, hubo una bendición para aquéllos que leyeran esto. En conclusión, el Señor Jesús repite esa bendición para aquéllos que han leído estas palabras. Eso es lo importante. Este libro no es sólo para satisfacer la curiosidad del hombre natural, sino para vivir y actuar sobre lo que dice.

Yo Juan soy el que oyó y vio estas cosas. Y después que las hube oído y visto, me postré para adorar a los pies del ángel que me mostraba estas cosas. Pero él me dijo: Mira, no lo hagas; porque yo soy consiervo tuyo, de tus hermanos los profetas, y de los que guardan las palabras de este libro. Adora a Dios. Y me dijo: No selles las palabras de la profecía de este libro, porque el tiempo está cerca. El que es injusto, sea injusto todavía; y el que es inmundo, sea inmundo todavía; y el que es justo, practique la justicia todavía; y el que es santo, santifíquese todavía. [Ap. 22:8-11]

Esto es algo verdaderamente tremendo. Ésta es la última declaración de Juan, que es repetida a menudo, de que él es un oyente y un espectador de las escenas de este libro. Éste es el método que él mencionó al comienzo del libro. Por tanto, digo que éste es el primer programa de televisión. Juan vio y Juan oyó.

Él quedó tan impresionado con todo esto que su reacción natural fue la de postrarse y adorar al ángel. La sencillez y la humildad del ángel son impresionantes. Aunque los ángeles fueron creados sobre el hombre, este ángel se identifica a sí mismo como consiervo de Juan y de los otros profetas. Él era nada más que un mensajero para comunicar la Palabra de Dios al hombre, y él dirige toda la adoración hacia Dios. Cristo es el Objeto central del Libro de Apocalipsis. No pierda esto de vista.

No selles las palabras de la profecía de este libro. A Daniel, en cambio, se le dijo que sellara las palabras de su profecía por el intervalo largo antes del cumplimiento de ello. (Véase Dn. 12:4) En realidad, aún ni siquiera hemos llegado a la septuagésima semana de Daniel. Pero ahora, en el Libro de Apocalipsis, dice que no lo selle. Desde más de 2.000 años estamos en ese período de la iglesia en algún punto de los capítulos 2 y 3. No sé en cuál.

Ya hemos tenido algunas palabras bastante fuertes, y es esto: El que es inmundo, sea inmundo todavía. Ésta es la condición más terrible de los perdidos que se ha dicho en este libro. Es aun más terrible que la condición de los perdidos en el juicio del Gran Trono Blanco. La condición pecaminosa de los perdidos es una cosa permanente y eterna, aunque no es estática. La sugestión es que los injustos aumentarán más y más en lo injusto: El que es injusto, sea injusto todavía. La condición de los perdidos va empeorando hasta que cada uno llega a ser un monstruo del pecado. El pensamiento es realmente terrible.

Por otra parte, la condición del siervo de Dios tampoco es estática.

Éstos continuarán creciendo en justicia y santidad. El cielo no es un lugar estático, aun en el milenio. De su reino no habrá fin. ¡Qué porvenir más glorioso debería ser éste para el hijo de Dios! Vamos a tener toda la eternidad para crecer en el conocimiento, y necesitamos una eternidad para aprender algo.

> *He aquí yo vengo pronto, y mi galardón conmigo, para recompensar a cada uno según sea su obra. Yo soy el Alfa y la Omega, el principio y el fin, el primero y el último. Bienaventurados los que lavan sus ropas, para tener derecho al árbol de la vida, y para entrar por las puertas en la ciudad. Mas los perros estarán fuera, y los hechiceros, los fornicarios, los homicidas, los idólatras, y todo aquél que ama y hace mentira. Yo Jesús he enviado mi ángel para daros testimonio de estas cosas en las iglesias. Yo soy la raíz y el linaje de David, la estrella resplandeciente de la mañana. [Ap. 22:12-16]*

La iglesia debe conocer este programa de Dios. O el ángel está presentando una palabra muy personal de parte de Jesús, o bien, el Señor Mismo está diciéndolo personalmente. Nuestro Señor promete que viene otra vez. Ésta es Su declaración personal. Ningún creyente puede dudar o negar que ésta es una promesa importante y personal del Señor Jesucristo.

Él personalmente recompensará a cada creyente individualmente—a la iglesia en el rapto; a Israel y los gentiles en Su regreso a establecer Su reino en el milenio.

No me sorprende que Pablo pudiera decir: A fin de conocerle, y el poder de su resurrección, y la participación de sus padecimientos, llegando a ser semejante a él en su muerte, si en alguna manera llegase a la resurrección de entre los muertos. No que lo haya alcanzado ya, ni que ya sea perfecto; sino que prosigo, por ver si logro asir aquello para lo cual fui también asido por Cristo Jesús. Hermanos, yo mismo no pretendo haberlo ya alcanzado; pero una cosa hago: olvidando ciertamente lo que queda atrás, y extendiéndome a lo que está delante, prosigo a la meta, al premio del supremo llamamiento de Dios en Cristo Jesús. (Fil. 3:10-14)

Nuevamente, el Señor Jesucristo declara Su Deidad: Yo soy el Alfa y la Omega, el principio y el fin, el primero y el último. Él dijo eso al principio del Libro de Apocalipsis, y así lo concluye.

Sólo los creyentes que han sido lavados por la sangre de Cristo, tienen autoridad sobre el Árbol de la Vida, y acceso a la ciudad santa. (Véase Ef. 1:7-12)

Usted puede haber notado que se habla mal de los perros en las Escrituras. Ya he hablado de esto antes. Eran basureros en aquel día. Este término y expresión es utilizada por los gentiles en varios lugares. (Véase Mt. 15:21-28 y el nombre de Pablo para los judaizantes en Fil. 3:2)

Aparentemente el Señor Jesucristo había enviado a Su ángel con este mensaje personal. Yo Jesús. Él toma el nombre Salvador aquí, el nombre que Él recibió cuando tomó en Sí Mismo la humanidad, y el nombre que nadie conoce, sino Él Mismo. Usted y yo pasaremos la eternidad concentrándonos en Él, en Su Persona. Si usted no está interesado en Jesús hoy, no sé por qué querría ir al cielo. Porque todo lo que vamos a hablar allá es de eso. Vamos a hablar en cuanto a Él.

Él es llamado: la raíz y el linaje de David y esto lo une a Él con el Antiguo Testamento. Pero Él es la estrella resplandeciente de la mañana para la iglesia. Usted tiene que haber notado que la estrella resplandeciente de la mañana siempre aparece en el momento más oscuro de la noche. Cuando aparece, indica que el sol saldrá pronto. El Antiguo Testamento concluyó diciendo que el Sol de justicia se levantaría con salvación en Sus alas. Ésa es la esperanza del Antiguo Testamento. (Véase Mal. 4:2) Pero para nosotros, Él es la Estrella resplandeciente de la mañana, que vendrá en el momento más tenebroso u oscuro.

La invitación final y una advertencia

Y el Espíritu y la Esposa dicen: Ven. Y el que oye, diga: Ven. Y el que tiene sed, venga; y el que quiera, tome del agua de la vida gratuitamente. Yo testifico a todo aquél que oye las palabras de la profecía de este libro: Si alguno añadiere a estas cosas,

Dios traerá sobre él las plagas que están escritas en este libro. Y si alguno quitare de las palabras del libro de esta profecía, Dios quitará su parte del libro de la vida, y de la santa ciudad y de las cosas que están escritas en este libro. [Ap. 22:17-19]

La Esposa es la iglesia. Ésta es una invitación doble: una invitación para que Cristo venga, y una invitación a los pecadores a ir a Cristo antes que Él venga. El Espíritu Santo está en el mundo en el presente. Él se une en la oración de la iglesia. Él dice: "Señor Jesús, ven, ven".

El Espíritu Santo está realizando Su obra en el mundo hoy, convirtiendo y convenciendo a los hombres. Él obra a través de Su Palabra y a través de la iglesia que proclama Su Palabra. La invitación es la de ir, la de ir y tomar del Agua de la Vida: A todos los sedientos: Venid a las aguas; y los que no tienen dinero, venid, comprad y comed. Venid, comprad sin dinero y sin precio, vino y leche. (Is. 55:1). El Señor Jesucristo dijo: Si alguno tiene sed, venga a mí y beba. (Jn. 7:37). Ésa es la invitación que sale hoy. Si usted está cansado de beber del pozo negro de este mundo, Él le invita a venir. ¡Y qué invitación!

La última promesa y oración

El que da testimonio de estas cosas dice: Ciertamente vengo en breve. Amén; sí, ven, Señor Jesús. La gracia de nuestro Señor Jesucristo sea con todos vosotros. Amén. [Ap. 22:20-21]

Ciertamente vengo en breve. Cuando estas cosas empiecen a pasar, Él está ya a la puerta.

Ven, Señor Jesús es el deseo del corazón de todo creyente verdadero.

La gracia de nuestro Señor Jesucristo sea con todos vosotros. Amén. El Antiguo Testamento concluye con una maldición; el Nuevo Testamento concluye con una bendición de gracia sobre los creyentes. A todos se les ofrece gracia, pero si algún hombre (no importa su mérito), rehúsa la oferta que se le extiende, él debe llevar el juicio pronunciado en este libro.

Todavía se le ofrece al hombre gracia. Éste es el método de Dios para salvar a los pecadores. Por cierto, que necesitamos de la gracia de Dios.

"Sublime gracia del Señor que a un infeliz salvó; fui ciego más hoy miro yo, perdido y Él me halló".

Made in the USA
Columbia, SC
24 September 2024